本专著系浙江省哲学社会科学后期项目资助（25HQZZ062YB）“数据要素赋能乡村共同富裕的动力机制与实践路径”研究成果

数字乡村建设中的数据要素赋能与农村共同富裕研究

赵　江　著

中国财经出版传媒集团
中国财政经济出版社
·北京·

图书在版编目（CIP）数据

数字乡村建设中的数据要素赋能与农村共同富裕研究 / 赵江著. -- 北京：中国财政经济出版社，2025. 3.

ISBN 978 -7 -5223 -3883 -5

Ⅰ. F320. 3 -39；F124. 7 -39

中国国家版本馆 CIP 数据核字第 2025KN7386 号

责任编辑：段　钢　　　　责任校对：胡永立

责任印制：史大鹏

数字乡村建设中的数据要素赋能与农村共同富裕研究

SHUZI XIANGCUN JIANSHE ZHONG DE SHUJU YAOSU FUNENG YU NONGCUN GONGTONG FUYU YANJIU

中国财政经济出版社 出版

URL：http：//www. cfeph. cn

E -mail：cfeph@ cfeph. cn

社址：北京市海淀区阜成路甲 28 号　邮政编码：100142

营销中心电话：010 -88191522

天猫网店：中国财政经济出版社旗舰店

网址：https：//zgczjjcbs. tmall. com

涿州汇美亿浓印刷有限公司印刷　各地新华书店经销

成品尺寸：170mm×240mm　16 开　24. 25 印张　351 000 字

2025 年 3 月第 1 版　2025 年 3 月河北第 1 次印刷

定价：118. 00 元

ISBN 978 -7 -5223 -3883 -5

（图书出现印装问题，本社负责调换，电话：010 -88190548）

本社图书质量投诉电话：010 -88190744

打击盗版举报热线：010 -88191661　QQ：2242791300

前　言

在数字化时代，数据已成为一种企业和社会发展的重要生产要素，广泛应用于社会生产的各个重要领域，推动了社会经济的快速发展。特别是在乡村经济和社会发展方面，数据要素的应用不仅有助于提升农业生产效率和农村服务业水平，还能优化乡村治理和环境保护，从而实现乡村共同富裕和可持续发展。本书旨在探讨数据要素在数字乡村建设中的应用及其对乡村共同富裕的推动作用，为政府的政策制定、乡村共同富裕的研究和政策落实等提供有价值的理论依据。

响应国家乡村共同富裕的战略需求，推进乡村振兴是本书撰写的首要原因。2021 年，中共中央、国务院发布《关于全面推进乡村振兴加快农业农村现代化的意见》，明确提出要大力推动乡村振兴战略，实现城乡融合发展。乡村共同富裕是乡村振兴的核心目标之一，而数据要素的应用为实现这一目标提供了新的思路和手段。通过数字化手段，可以更有效地整合乡村各种资源，提高乡村发展的整体水平，促进乡村居民的收入增长和生活质量提升。面对乡村发展中的诸多挑战，探索乡村发展的创新路径是本书的另一初衷。传统的乡村发展方式面临诸多困境，如农业生产效率低下、农村服务业滞后、乡村治理水平不高、环境污染严重等。这些现实困境不仅影响了我国乡村居民的幸福感，也制约了乡村经济的发展。然而，数据要素的有效应用可以为解决这些问题提供创新的路径。例如，通过精准农业技术的应用，可以提高农作物的产量和质量，带动农民增收；通过乡村旅游的数字化转型，可以吸引更多游客，促进当地经济的发展；通过智能终端和物联网基础设施的建设，可以实现对环境的全面监测和及时预警，保护乡村生态环境。从内容广度来看，乡村共同富裕和数字乡村建设相关研究涉及多个学科领域，包括环境科学、数据科学、人工智能、经济学和社会学等。从内容深度来看，通过理论研究与实践案例的结合，为乡村发展提供更加科学的指导。

本书在系统性理论框架、丰富实践案例、政策制定与优化、公众参与与社会意识增强等方面具有重要的价值和意义。首先，本书提供了系统性理论框架，从多个角度阐述了数据要素在数字乡村建设中的理论基础、应用路径和发展模式。通过对数据要素的内涵、特征及其在经济社会中的作用进行深入分析，本书展示了数据要素在推动乡村共同富裕中的重要性和应用潜力。这不仅为研究者提供了一个全面的理论框架，也为乡村数字化建设提供了坚实的理论支撑。

其次，本书汇集了丰富的实践案例，展示了数据要素在不同领域的具体应用及其效果。例如，通过精准农业技术的应用，乡村显著提高了农作物的产量和质量，带动了当地农民增收；通过乡村旅游的数字化转型，乡村吸引了大量游客，促进了当地经济的发展；通过智能终端和物联网基础设施的建设，乡村实现了对环境的全面监测和及时预警，保护了乡村生态环境。这些实践案例不仅为读者提供了直观的参考，也为其他乡村的数字化建设提供了宝贵的经验和启示。

最后，本书推动了政策制定与优化，通过系统性的政策框架和优化路径的研究，希望能够为政府和相关部门提供科学的决策依据，促进相关政策的制定和优化。例如，在数字乡村基础设施建设方面，本书提出了具体的政策建议，如加大财政投入、优化网络布局、促进数据共享等，这些政策建议有助于提高乡村信息化水平，为乡村振兴提供坚实的基础。此外，通过介绍公众参与平台和数据共享机制，强调了公众在数据要素应用中的角色和作用。通过对公众参与案例的分享，本书希望激发更多的乡村居民和志愿者参与到环保、治理和经济发展中，形成良好的社会氛围，共同推动乡村的可持续发展。

从全书内容来看，本书围绕数据要素在数字乡村建设中的应用进行了系统性的研究：首先，本书从数据要素的定义和特征出发，探讨了其在数字经济背景下的重要作用，以及在乡村共同富裕和数字乡村建设中的应用路径。这些研究为数据要素的应用提供了坚实的理论基础。其次，本书通过丰富的实践案例，展示了数据要素在精准农业、农村电商、乡村旅游、智能治理等领域的具体应用及其效果，提出了数据要素赋能乡村产业融合助推共同富裕的典型模式，为其他乡村的发展提供了参考和借鉴。再次，本书详细分析了数据要素在乡村发展中的应用路径，并提出了相应的政策建议，旨在推动相关政策的制定和优化。通过研究数字乡村基础设施建设的政策框架、数据流通与共享的优化路径、乡村数字人才培养与引进的政策等，本书为政府和相关部门提供了科学的决策依据。通过数据要素的广泛应用，乡村可以实现资源的优化配置、环境全面保护、社会和谐稳定和经济快速发展。最后，本书通过介绍公众参与平台和数据共享机制，强调了公众在数据要素应用中的角色和作用，分析了如何通过增强农村居民的公众参与和提高社会意识，共同推动乡村的可持续发展。希望本书能够对政策制定者、研究者和实践者有所启发，共同推动中国乡村的全面振兴和共同富裕。

赵江

2025 年元宵节

目　　录

第一章

绪　论

在当今全球化和信息化深度融合的时代背景下，数字技术正以前所未有的速度重塑着人类社会的方方面面。作为国家战略的重要组成部分，数字乡村建设不仅是实现乡村振兴的关键抓手，更是推动农村共同富裕的重要引擎。数据要素作为数字经济的核心驱动力，其在农业生产、农村治理、农民生活等领域的深度应用，正在为传统乡村注入新的活力，开启农村现代化发展的新篇章。然而，在这一进程中，如何充分发挥数据要素的赋能作用，构建科学合理的价值实现机制，探索有效的动力激发路径，成为亟待解决的理论和实践课题。本书立足于数字乡村建设的时代背景，深入探讨数据要素赋能农村共同富裕的价值逻辑、动力机制与优化路径，旨在为全面推进乡村振兴、实现共同富裕提供理论支撑和实践指导。通过系统梳理数据要素在乡村发展中的重要作用，分析其在促进农业生产效率提升、优化农村治理体系、改善农民生活质量等方面的具体表现，本书将揭示数据要素赋能农村共同富裕的内在机理。同时，结合当前数字乡村建设中的典型案例和成功经验，深入剖析数据要素价值实现的动力机制，探索构建政府引导、市场主导、社会参与的多元协同机制。在此基础上，本书将针对数据要素赋能过程中存在的瓶颈和挑战，提出优化路径和政策建议，为推动数字乡村建设、实现农村共同富裕提供可操作、可复制的解决方案。通过理论探讨与实践分析相结合，本书不仅丰富了数字乡村建设的理论体系，也为政府决策部门、农村基层组织和相关企业提供了有益的共同富裕依据，具有重要的理论价值和现实意义。

第一节　研究背景与意义

一、研究背景

随着信息技术的迅猛发展和数字经济的快速崛起，数据要素已成为推动经济社会发展的重要力量。在国家层面，数据要素被正式纳入生产要素的范畴，成为与土地、劳动力、资本、技术并列的新型生产要素。数据作为数字经济的核心生产要素，正成为推动农业农村现代化的新动力。习近平总书记强调，应顺应数字化、网络化、智能化的发展趋势，促进包括农业在内的各行业的数字化转型。自 2018 年至 2024 年的七年里，中央一号文件持续关注并指导数字农业与数字乡村的发展。期间，中共中央、国务院发布了《数字乡村发展战略纲要》，而农业农村部与中央网络安全和信息化委员会办公室共同制定了《数字农业农村发展规划（2019 ~ 2025 年）》。2024 年，国家数据局联合其他 16 个部门出台了《“数据要素 ×”三年行动计划（2024 ~ 2026 年）》，明确将在现代农业等多个领域全面推进“数据要素 ×”三年行动计划。得益于数字中国战略及相关政策措施的支持，我国在数字农业及数字乡村建设方面取得了显著成效。《中国数字乡村发展报告（2022 年）》显示，2021 年全国数字乡村发展水平达到了 39.1%，农业生产信息化水平为 25.4%，全国六类涉农政务事项的线上办理综合比例达到 68.2%，基于数据的乡村治理能力显著提升。截至 2022 年 6 月，农村地区的互联网普及率上升到 58.8%，相比“十三五”初期，城乡互联网普及率的差距减少了近 15 个百分点。2022 年，通过信息化手段提供服务的村级综合服务点数量达到 48.3 万个，覆盖了 86.0% 的行政村；全国农村网络零售总额达到 2.17 万亿元，同比增长 3.6%。2020 年，《中共中央关于制定国民经济和社会发展第十四个五年规划和二〇三五年远景目标的建议》明确提出，要“推进数字产业化和产业数字化，推动数字经济和实体经济深度融合，打造具有国际竞争力的数字产业集群”。截至 2025 年，中国数字经济核心产业增加值占 GDP 的比重预计达到 10%，数字乡村建设作为乡村振兴战略的重要组成部分，已成为实现农村现代化和共同富裕的关键路径之一。

中国的乡村地区人口基数庞大，农村人口自 2016 年起逐步减少，从 2016 年的 5.73 亿人已经降到 2024 年的 4.66 亿人，包括 2800 多个县（其中包括 2300 多个农业县）、38000 多个乡镇以及 450000 余个村，中国农村人口整体下降趋势明显（见图 1－1）。随之而来的是农村人口在加速流失，而农村也在加速消失。

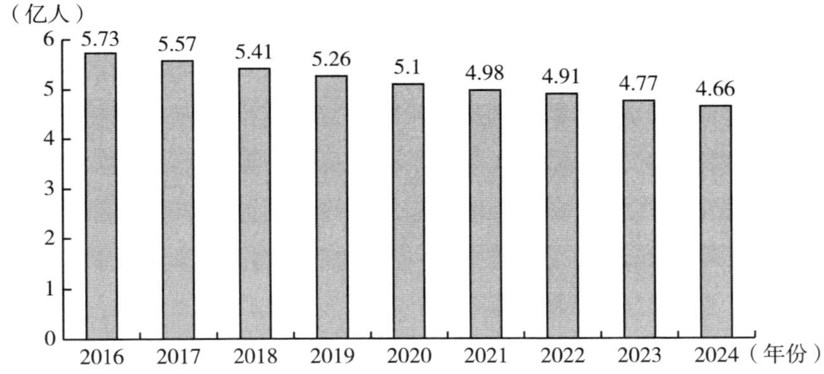

图 1－1　2016～2024 年中国农村人口变化情况

数据来源：国家统计局 2024 年数据。

与之对应的是中国的城镇化率在 2024 年已经达到 67%，创历史新高。由于基础设施建设滞后、信息资源整合不充分、产业链条不完善等问题，乡村经济和社会发展相对城市存在较大差距，城乡收入差距、服务均等化水平差距等问题尤为突出。据统计，从 2018 年开始，中国城乡居民收入比从 2.69 逐步下降到 2024 年的 2.34，这说明乡村共同富裕政策有效地缩小了城乡居民收入比（见图 1－2）。然而，根据国家统计局 2023 年统计年鉴，2023 年城镇居民人均可支配收入 51821 元，农村人均可支配收入为 21691 元，收入差距为 30130 元；相比之下，2024 年我国城镇居民人均可支配收入 54188 元，农村人均可支配收入为 23119 元，收入差距为 31069

元，这表明，城乡居民可支配收入的绝对值差距仍有扩大的趋势，因此，继续推进农村共同富裕仍然是乡村振兴工作的重中之重。

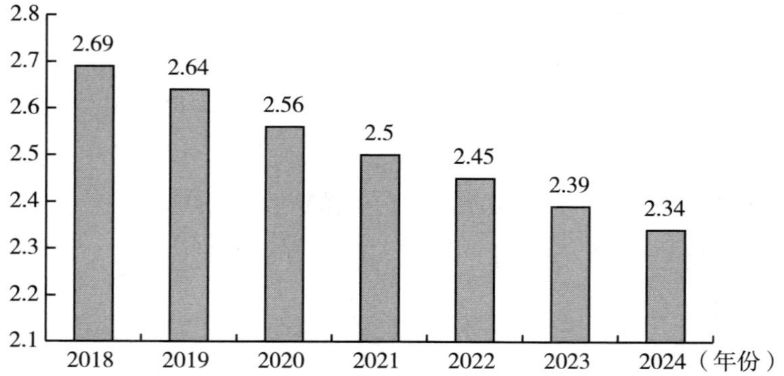

图 1－2　2018～2024 年中国城乡居民收入比

数据来源：国家统计局 2024 年数据。

因此，如何有效利用数据要素，促进乡村地区的数字化转型，加速农村的共同富裕进程，成为当前亟待解决的重要课题。数据要素的应用在数字乡村建设中表现在多个方面。首先，在农业生产方面，通过智慧农业平台、物联网技术、大数据分析等手段，可以实现精准种植、智能管理，有效提升农产品产量和质量，降低生产成本，增加农民收入。例如，部分地区已经建立了农业大数据平台，通过收集和分析气象、土壤、作物生长等数据，为农民提供科学种植指导，显著提高了农业生产的效率和效益。其次，在农村服务业方面，数据要素同样发挥着重要作用。电子商务平台的兴起，使得农产品能够直接面对全国乃至全球市场，极大地拓宽了销售渠道，增加了农村的经济活力。此外，乡村旅游、农村特色手工艺品等通过互联网平台的推广和管理，也为乡村居民创造了更多就业机会和发展机遇。例如，2022 年，中国政府支持下的农村电商销售额突破 1.7 万亿元人民币，同比增长 35.2%。最后，在乡村治理方面，数据化管理可以提高治理效率和服务水平。例如，通过建立农村基层信息网络，实现村务公开透明、精准化服务，增强了村民的参与感和获得感。同时，数字化技术也在农村环境保护、文化遗产保护等领域展现出巨大潜力，帮助实现农村可持续发展和文化传承。为了更好地推动数字乡村建设，中国政府也出台了一系列扶持政策。《数字乡村发展战略纲要》提出了数字乡村建设的目标和任务，包括加快农村信息基础设施建设、推进数字农业创新发展、构建农业农村大数据体系等。此外，为了确保数据要素的有效应用，还需要建立健全的数据共享机制和数据安全保护体系，确保农民等农村主体能够公平获取和利用数据资源。

可见，数据要素的引入为我国乡村的经济和社会的全面发展注入了新的活力，是加速我国农村现代化进程、缩小贫富差距、推动农村共同富裕的有效手段。通过持续的技术创新和政策支持，中国正逐步构建起适应新时代要求的数字乡村体系，旨在让广大农民共享数字经济发展的成果。

二、研究意义

1. 理论意义

当前关于数据要素的研究主要集中在城市和工业领域，对于数据要素在乡村的应用和影响探讨相对较少。本书旨在填补这一理论空白，从价值逻辑、动力机制和优化路径等多维视角深入探讨数据要素在数字乡村建设中的动力作用，丰富和完善数据要素助力共同富裕理论体系。同时，乡村振兴是一个涉及经济、社会、文化、生态等多个方面的系统工程，数据要素作为新型生产要素，其在乡村振兴中的应用和影响需要进行深入的理论分析。本书将从数据要素的角度，探讨其对乡村振兴的驱动作用，为乡村振兴理论研究提供新的视角和方法。不仅可以深化对数据要素在乡村发展中的重要作用的理解，还能够为政策制定者提供科学依据，推动数字乡村建设的有效实施和农村共同富裕的实现。

2. 实践意义

数据要素赋能数字乡村建设的具体路径和政策建议，能够为各级政府和相关部门提供实际操作的指导。通过系统的理论分析和案例研究，本书将提出一系列可行的政策措施，助力数字乡村建设的有效推进。同时，数据要素的应用可以有效提升农村经济发展的质量和效益，缩小城乡收入差距，促进农村共同富裕。本书将深入探讨数据要素在农村经济发展中的具体作用，提出相应的优化路径，为农村共同富裕的实现提供坚实的理论支撑和实践指导。不仅能够为政策制定者提供科学依据，还能够为农村地区的实际发展提供具体的操作指南，推动数字乡村建设的科学发展和农村共同富裕目标的实现。

3. 政策意义

当前，国家已出台一系列关于数字乡村建设的政策措施，主要集中在基础设施建设和技术应用层面，但在数据要素的流通、共享和治理等方面仍缺乏完善的制度支持。为填补这一政策空白，本书将从多个角度提出具体的政策建议，旨在完善数字乡村建设的政策体系，为相关政策的制定和实施提供科学依据。同时，数据要素的市场化改革是当前国家的重要政策方向，本书将结合乡村发展的实际需求，深入探讨数据要素市场化改革的具体路径和措施，如建立数据交易市场、完善数据产权保护和安全管理机制等，为数据要素在数字乡村建设中的应用提供新的思路和方案。不仅有助于推动数据要素在乡村的合理流通和高效利用，还能够促进乡村数字经济的快速发展，缩小城乡差距，推动农村共同富裕目标的实现。

第二节　研究目的与内容

在当今数字经济飞速发展的背景下，数据要素作为推动经济社会变革的核心力量，在乡村振兴和共同富裕的实现过程中扮演着至关重要的角色。然而，现有研究更多聚焦于城市和工业领域，而关于数据要素在乡村应用的理论探讨则相对匮乏。因此，本书围绕乡村共同富裕范畴旨在填补这一知识空白，系统分析数据要素赋能数字乡村建设的价值逻辑，深入探讨其在乡村产业发展、收入增长、社会治理等方面的驱动机制，并提出优化数据要素应用的路径和政策建议。当前，国家虽已出台多项数字乡村建设政策，但其主要侧重于基础设施和技术应用层面，针对数据要素的流通、共享和治理等领域的政策仍显不足。为此，本书将从乡村发展的实际需求出发，结合国内外成功经验，提出一系列完善政策体系和推动数据要素市场化改革的建议，为各级政府和相关部门提供科学指导，助力数字乡村建设与农村共同富裕目标的实现。通过理论分析与实践结合，本书不仅为乡村振兴理论研究提供了新的视角，还为乡村经济高质量发展、城乡差距缩小以及农村共同富裕的实现提供了坚实的理论支撑和操作指南。

一、研究目的

本书致力于从多个角度系统而深入地探讨数据要素在数字乡村建设中的应用及其对农村共同富裕的推动作用。具体而言，本书主要目的包括以下几点。

1. 系统分析数据要素赋能数字乡村建设的价值逻辑

在数据要素日益成为经济社会发展重要驱动因素的背景下，本书将通过理论分析和实证研究，系统揭示数据要素在数字乡村建设中的价值创造机制。首先，从理论层面将深入探讨数据要素的定义、特征及其在乡村发展中的多重作用。数据要素作为一种新型生产要素，不仅具备传统生产要素的属性，还具有可再生、可共享、可无限扩展等特点。在数字乡村建设中，数据要素能够通过优化资源配置，提升农业生产效率，改善乡村社会治理，从而推动乡村经济的整体发展和居民生活质量的提升。因此，相关理论分析将涵盖以下几个方面。

（1）数据要素与资源配置优化。

通过数据采集、处理和分析，可以实现对乡村土地、劳动力、资本等资源的精准配置，提高资源利用效率。例如，利用大数据技术对农田进行智能化管理，可以精准灌溉、施肥，减少浪费，提高农作物产量。同时，数据要素还可以帮助政府和各类机构更好地了解乡村资源的现状和农业生产的有效需求，制定更加科学合理的农业发展政策和措施。

（2）数据要素与生产效率提升。

在农业生产中，数据要素可以加速新技术的推广应用，如精准农业、智能养殖等。通过实时监测和数据分析，农业生产者可以及时调整生产策略，减少病虫害，提高产量和质量。此外，数据要素还可以优化农业供应链管理，减少农业生产和管理的中间环节，提高市场响应速度，进一步提升农业生产效率。

（3）数据要素与社会治理改善。

数据要素的应用可以推动乡村治理的现代化，提升乡村治理效能。例如，通过农业智慧政务平台，政府可以更高效地提供有效的农业公共服务，解决居民的实际需求问题。同时，数据要素还可以用于乡村社会管理，如治安监控、环境保护等，提高农村居民的安全感和幸福感。实证研究将结合具体案例，分析数据要素在不同地区的应用效果。例如，选取几个具有代表性的数字乡村建设试点地区，通过问卷调查、访谈和数据分析，探讨数据要素在这些地区的实际应用情况及其对当地经济和社会发展的贡献。本书将进一步分析数据要素的应用对乡村经济结构、收入水平、治理效能等方面的具体影响，从而验证理论分析的结论。

2. 深入探讨数据要素驱动乡村共同富裕的动力机制

乡村共同富裕是国家长期关注的目标，而数据要素在这一过程中发挥着独特的动力驱动作用。本书将从以下几个方面深入探讨数据要素如何推动乡村共同富裕的实现。

（1）数据要素推动乡村产业发展。

数据要素可以促进乡村产业的转型升级。例如，通过数据分析，可以发现市场需求的变化，引导农民调整种植结构，发展高附加值的农产品。同时，数据要素还可以帮助乡村企业实现智能化生产和管理，提升产品质量和竞争力。本书将研究数据要素在农业、乡村旅游、农村电商等产业中的具体应用，探讨其如何推动乡村产业的高质量发展。

（2）数据要素拉动就业与创业。

数据要素的应用可以创造新的就业机会，促进乡村居民的创业活动。例如，通过互联网平台，农村居民可以参与到电商、旅游等领域的创业中，实现自我价值和收入增长。此外，数据要素还可以帮助政府和各类机构更好地了解乡村人力资源的状况，提供更加精准的培训和扶持政策。本书将分析数据要素在促进乡村就业和创业中的具体路径和机制，提出相应的政策建议。

(3) 数据要素促进农村居民收入增长。

数据要素可以通过多种途径促进农村居民的收入增长。例如，通过数据分析，农民可以更好地掌握市场价格信息，提高农产品的销售价格。同时，数据要素还可以帮助农民参与乡村产业链，实现多元化收入来源。本书将探讨数据要素在推动农村居民收入增长中的作用，分析其与乡村经济发展之间的关系，提出具体的增收路径和机制。

本书将结合国内外的成功案例，分析数据要素在乡村共同富裕中的具体应用场景和效果。例如，中国的一些数字乡村试点地区已经通过数据要素的应用，实现了乡村经济的快速发展和居民收入的显著增长。本书将通过案例研究，总结这些地区的成功经验，并探讨其在其他地区的推广潜力。

3. 数据要素赋能数字乡村建设的优化路径和政策建议

为了确保数据要素在数字乡村建设中发挥最大效用，本书将基于理论分析和案例研究，提出一系列优化路径和政策措施。具体而言，将从以下几方面着手。

(1) 数据要素的流通与共享。

数据要素的有效流通和共享是推动数字乡村建设的基础。为此，本书将探讨建立统一的数据交易平台，确保数据的合法、有序流通。同时，政府和各类机构需要制定明确的数据共享政策，打破“数据孤岛”，促进数据资源的充分利用。本书还将分析数据流通和共享在提高农业生产效率、优化乡村治理等方面的具体作用，提出相应的政策建议。

(2) 数字基础设施的建设。

数字乡村建设离不开先进的基础设施支持。为此，本书将研究如何通过政府投资和社会资本的结合，加快建设乡村宽带网络、数据中心等基础设施。同时，探讨如何在基础设施建设中注重技术和设备的适用性，确保其能够满足乡村发展的实际需求。本书还将分析数字基础设施建设对乡村经济发展的推动作用，提出具体的建设路径和保障措施。

(3) 乡村数字化人才的培养与引进。

数字化人才是数字乡村建设的关键。为此，本书将探讨如何通过教育培训、政策扶持等手段，培养一批具备数据分析和技术应用能力的乡村数字化人才。同时，分析如何吸引和留住这些人才，为其提供良好的工作和生活条件。本书还将研究如何通过校企合作、产学研结合等方式，促进技术成果转化和应用推广，为乡村数字化建设提供智力支持。

（4）数据产权保护与安全管理。

数据要素的广泛应用需要建立完善的数据产权保护和安全管理机制。为此，本书将研究如何通过立法和政策，明确数据的所有权、使用权和收益权，保护数据贡献者和使用者的合法权益。同时，探讨如何建立数据安全管理体系，确保数据在采集、传输、存储和使用过程中的安全性和隐私性。并分析数据产权保护和安全管理对数据要素流通和应用的影响，提出具体的保障措施。

（5）政策框架与实施机制。

在国家层面，需要构建一个完善的政策框架，推动数据要素在数字乡村建设中的应用。为此，本书将研究如何通过顶层设计，明确政策目标和责任分工，确保政策的有效落实。同时，探讨如何建立多部门协同工作机制，整合资源，形成合力。还将分析政策实施中的潜在挑战和问题，提出相应的应对策略和解决方案。

本书将综合运用理论分析和实证研究方法，结合国内外数字乡村建设的成功经验，提出一套切实可行的优化路径和政策措施。这些政策建议不仅为数字乡村建设的有效推进提供科学指导，还将助力农村共同富裕目标的实现。通过政策框架的完善和实施机制的优化，本书将为各级政府和相关部门提供有力的支持和参考，推动乡村数字经济的高质量发展。

二、研究内容

本书将围绕数据要素赋能数字乡村建设驱动农村共同富裕这一主题，围绕五部分内容展开。

内容一：数据要素概念、内涵和数字乡村建设理论基础研究

首先，研究将系统梳理数据要素的定义、特征和分类，深入探讨数据要素在经济社会中的作用及其与数字经济的关系。数据要素作为一种新型生产要素，具有非竞争性、可再生性和高附加值等特征，已经成为推动经济社会发展的核心动力。这一部分的目的是为后续研究奠定坚实的理论基础，明确数据要素的内涵和外延，为后续的应用研究提供明确的指导。

其次，本书将从数字乡村的内涵与外延出发，探讨数字乡村建设的主要理论，包括信息技术在乡村的应用、数字乡村建设的模式和路径等。数字乡村建设不仅仅是将信息技术引入农村，更涉及农村经济、社会、文化、环境等多方面的综合发展。通过案例分析，本书将总结国内外数字乡村建设的成功经验和教训，为我国的数字乡村建设提供宝贵的借鉴。这一部分将重点探讨信息技术如何在农村地区的多方面应用中发挥关键作用，包括农业生产、农村服务业、乡村治理、教育与医疗等，从而推动农村经济的高质量发展和社会进步。

内容二：数据要素在农业生产、农村服务业以及乡村治理中的作用研究

首先，本书将重点关注数据要素在精准农业、农业供应链管理及智能种植与养殖技术等方面的具体应用。通过收集和分析土壤、气候、作物生长等多维度数据，精准农业能够实现对农作物生长环境的精细化管理，从而优化生产过程，提高农作物的产量和质量。此外，数据要素在农业供应链管理中的应用，有助于改善农产品的物流和分销，提高市场响应速度，进而推动农村经济的发展。

其次，本书将探讨数据要素在乡村旅游、农村电商和农村金融服务等领域的应用。通过大数据分析，更好地理解游客的需求，优化乡村旅游的规划和服务，提升服务质量。农村电商的发展依靠数据驱动的市场分析和用户行为研究，拓展农产品销售的渠道，增加农民收入。在农村金融服务方面，数据要素帮助金融机构更准确地评估风险，提供更为精准的信贷支持，促进农村金融的普惠发展。

最后，数据要素在乡村治理中的应用也是本书的重要内容。通过智慧政务平台，政府可以更高效地收集和处理乡村治理的相关数据，提高决策的科学性和透明度。在乡村社会管理方面，数据要素的应用有助于提升公共安全和社会秩序。同时，在公共服务领域如教育、医疗和文化服务等方面，数据要素可以优化资源分配，提高服务效率，改善居民生活质量，从而推动乡村治理的现代化进程。

内容三：数据要素在乡村教育、环境保护、产业发展、经济发展模式的研究

首先，本书将深入探讨数据要素如何通过远程教育和医疗健康服务，为农村居民提供优质的教育资源和医疗服务。通过大数据和人工智能技术，可以实现教育资源的精准分配，弥补城乡教育差距；同时，远程医疗服务使得农村居民能够享受到专业的医疗咨询和诊断，提高健康水平。

其次，数据要素在乡村环境保护中的应用也是本书关注的重点。通过环境监测数据的收集和分析，可以实时监控乡村生态环境状况，为环保管理和生态保护提供科学依据。数据驱动的决策有助于实现精准的环境治理和生态修复，促进乡村共富与可持续发展。

再次，数据要素在推动乡村产业融合发展方面发挥重要作用。本书将探讨数据要素如何促进农业与乡村旅游、农村电商、农村金融服务等产业的深度融合，提升乡村经济的整体实力和竞争力。

最后，系统分析乡村数字经济的发展模式和发展策略。通过对不同地区的典型案例进行研究，总结乡村数字经济的分类、特点和成功经验，为农村经济的数字化转型提供参考和指导，旨在探索出符合中国国情的乡村数字经济发展路径，助力乡村振兴战略的实施。

内容四：数据要素赋能乡村共同富裕的价值逻辑、动力机制与优化路径

本书将从价值逻辑、动力机制、优化路径和政策建议四个维度系统探讨数据要素如何推动乡村共同富裕的实现。首先，在价值逻辑层面，数据要素通过优化资源配置、提升生产效率和改善社会治理，在乡村经济、社会、文化、生态等多个领域创造了显著的价值。数据要素的引入能够实现资源的精准匹配和高效利用，从而推动乡村经济的现代化发展。在社会治理方面，数据驱动的决策支持系统能够提高治理的科学性和效率，促进社会公平与稳定。在文化和生态领域，数据要素也有助于保护和传承乡村文化，同时实现生态环境的精准监测和科学管理，为乡村可持续发展提供保障。

其次，在动力机制层面，数据要素通过驱动乡村产业发展、促进就业与创业、推动收入增长，为乡村共同富裕提供了强劲的内生动力。数据要素的应用能够促进农业与相关产业的深度融合，形成多产业协同发展的格局；同时，通过优化产业链和提升服务效率，数据要素为农村居民提供了更多的就业和创业机会，从而直接推动收入水平的提升。此外，本书还提出了一系列优化数据要素赋能数字乡村建设的路径和政策措施。通过完善数据流通机制、加强基础设施建设、提升人才储备，可以有效推动数据要素的高效利用，为数字乡村建设提供坚实支撑。

最后，本书从政策框架、数据治理和人才培养等角度提出了一系列支持数字乡村发展的政策建议。通过构建合理的政策框架，完善数据治理体系，加强数字化人才的培养与引进，可以为数字乡村发展提供制度保障和智力支持，最终助力乡村共同富裕目标的实现。本书为国家和地方政府制定相关政策提供了科学依据，同时也为乡村数字化转型和共同富裕的实践提供了理论指导和实操路径。

第三节 研究方法与框架思路

一、研究方法

1. 文献综述法

本书采用文献综述法，系统梳理国内外关于数据要素、数字乡村建设和农村共同富裕的文献。首先，通过计算机辅助文献检索工具，如 Web of Science、Scopus、中国知网（CNKI）等，广泛收集相关领域的学术论文、研究报告、政策文件和新闻报道。其次，根据研究主题和关键词，筛选出高质量、高相关性的文献资料，确保研究的科学性和权威性。在文献综述过程中，本书将采用定性和定量相结合的方法。定性分析主要通过内容分析，总结现有研究成果和研究方法，识别研究的热点和空白点。定量分析则通过文献计量学方法，如共词分析、网络分析等，揭示研究主题的演进趋势和研究热点。通过文献综述，本书旨在为后续分析提供坚实的理论支持和研究背景。

2. 案例分析法

本书选取国内外具有代表性的数字乡村建设成功案例，通过实证分析，总结数据要素在这些案例中的具体应用和效果。案例选择将遵循以下原则：一是具有较高的影响力和代表性，能够反映数字乡村建设的典型模式和成功经验；二是包含丰富的数据资源，能够提供详细的实证数据支持；三是涵盖不同地区和背景，确保研究结果的普适性和适用性。案例分析将采用多案例比较的方法，通过对多个成功案例的深入研究，识别数据要素在数字乡村建设中的共性和差异。具体而言，本书将采用扎根理论（Grounded Theory）和案例研究方法（Case Study Research），通过对案例的定性描述和定量分析，提炼出数据要素在数字乡村建设中的关键影响因素和机制。此外，还将通过对比分析，探讨不同案例在数据要素应用中的竞争优势和局限性，为研究提供全面的实证支持。

3. 定量分析法

定量分析法将利用统计学和计量经济学方法，对数据要素在农村经济和社会发展中的影响进行定量分析。数据来源主要包括政府统计年鉴、农业部门的数据报告、社会调查数据以及第三方研究机构的公开数据。为了确保数据的可靠性和一致性，本书将采用数据清洗、缺失值处理、异常值检测等方法，对原始数据进行预处理，确保数据质量。

在数据预处理的基础上，本书将构建多种量化模型，包括线性回归模型、Logistic 回归模型、微分方程模型等，以全面检验数据要素在推动农村共同富裕中的作用机制和效果。线性回归模型将用于分析数据要素与农业产出、农村居民收入等经济指标之间的关系；Logistic 回归模型将用于分析数据要素对农村社会福利、教育水平等社会指标的影响；微分方程模型则将用于探讨数据要素在数字乡村建设中的综合影响，揭示各因素之间的内在关联。

4. 定性分析法

定性分析法将通过深度访谈、问卷调查等方法，收集相关利益主体对数据要素应用的看法和建议。深度访谈对象将包括政府官员、专家学者、农业企业负责人、农村居民等，确保数据的多样性和代表性。问卷调查将采用分层随机抽样的方法，覆盖不同地区的农村居民，以获取广泛的意见和反馈。定性数据的分析将采用内容分析法和主题分析法（Thematic Analysis），通过对访谈记录和问卷数据的编码和分类，提炼出关键主题和观点。内容分析法将用于识别数据要素在农村应用中的常见问题和挑战，主题分析法则将用于探讨数据要素在不同领域中的具体作用和影响。

二、技术基础

1. 理论分析

本书的技术路线首先从数据要素的基本概念和特征出发，探讨数据要素在经济社会中的作用及其与数字经济的关系。数据要素是指在数字经济背景下，以数据为核心资源，通过数据的采集、存储、处理、分析和应用，为经济和社会发展提供新的动力和支撑。数据要素具有可再生性、非排他性、高附加值等特征，是现代经济发展的关键驱动力之一。本书将分析数字乡村建设的理论基础，包括信息技术在乡村的应用、数字乡村建设的模式和路径等。

数字乡村建设是指通过信息技术的应用，提升乡村的信息化水平，实现农业现代化、农村服务便捷化、乡村治理智能化等目标。本书将探讨信息技术在乡村的具体应用，如物联网、大数据、人工智能等技术在农业生产中的应用，移动支付、电商平台等在农村服务中的应用，以及数字政务、智慧交通等在乡村治理中的应用。同时，还将分析数字乡村建设的不同模式和路径，如政府主导型、市场驱动型、社会参与型等，为后续研究提供理论支撑。

2. 实证研究

本书的实证研究将通过案例分析，选取国内外具有代表性的数字乡村建设成功案例，总结数据要素在这些案例中的具体应用和效果。案例选择将涵盖不同地区、不同经济背景和不同发展阶段的乡村，确保研究结果的多样性和代表性。通过对这些案例的深入研究，本书将识别数据要素在数字乡村建设中的成功经验和面临的挑战，为其他地区提供借鉴和参考。

本书还将利用定量分析方法，对数据要素在农村经济和社会发展中的影响进行实证研究。具体而言，将通过构建量化模型，分析数据要素与农业产出、农村居民收入、农村社会福利等指标之间的关系。通过对大量数据的统计分析和计量经济模型的检验，揭示数据要素在推动农村共同富裕中的具体作用机制和效果。

三、研究框架

本书的核心是围绕数据要素赋能乡村共同富裕的动力机制和实践路径展开的。主要通过案例分析的方法进行理论建模，最后提出具体策略。其主要涵盖四部分内容，分别围绕乡村共同富裕价值逻辑、动力机制、优化路径以及数字乡村建设展开，每部分围绕两个核心问题深入研究（见图1-3）。

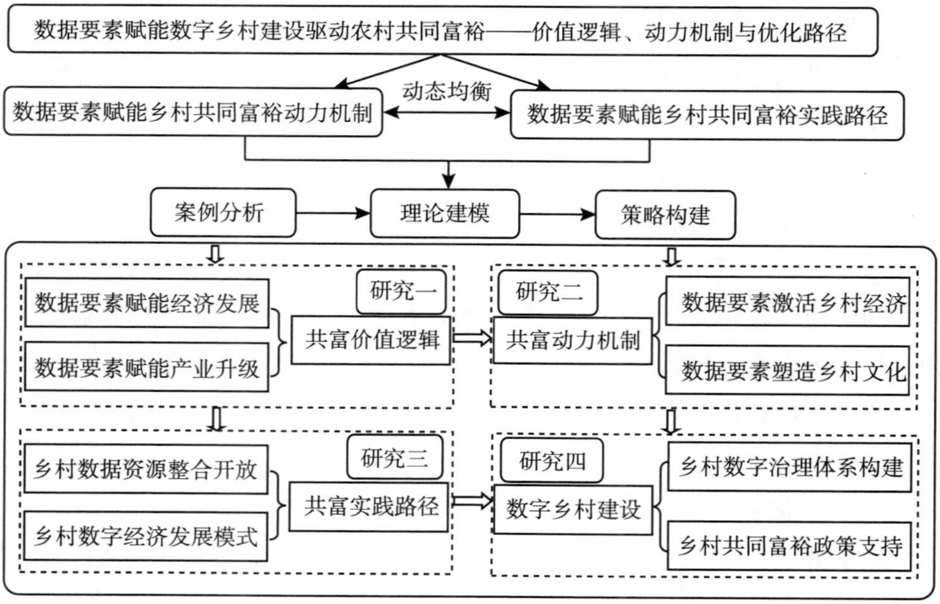

图1-3　本书的基本研究框架

1. 共同富裕价值逻辑

数据要素在数字乡村建设中的应用，为实现农村共同富裕提供了新的价值逻辑。首先，数据要素能够通过信息的高效传递和资源的精准匹配，提高农村生产的效率和质量。例如，在农业生产中，通过大数据分析可以实时监测农作物生长状况、土壤湿度、气象条件等信息，实现精准灌溉、病虫害预警和智能化管理，从而减少资源浪费，提高农业产出。此外，数据要素还可以帮助农村企业更好地了解市场需求，优化生产和销售策略，提升产品附加值和市场竞争力，进而增加农民的收入。

其次，数据要素通过改进农村社会服务和管理，提升农村居民的生活质量和幸福感。例如，通过移动支付和电商平台的应用，农村居民的消费和交易更加便捷，有效解决了农村金融服务和商品流通的难题。在教育和医疗方面，基于大数据的在线教育平台和远程医疗服务，不仅提高了农村教育和医疗资源的利用效率，还缩小了城乡之间的服务差距。此外，数据要素在乡村治理中的应用，如数字政务、智慧交通等，提高了乡村治理的透明度和效率，增强了村民的参与感和满意度。

最后，数据要素通过促进乡村文化的传承和创新，丰富了乡村的精神生活。例如，通过数字化手段记录和传播乡村传统文化和非物质文化遗产，不仅保留了乡村的文化根脉，还为乡村文化注入了新的活力。同时，数据要素还可以通过数据分析和智能推荐，促进乡村文化产品的创新和推广，提升乡村文化软实力，增强乡村的吸引力和竞争力。

2. 共同富裕动力机制

实现农村共同富裕的动力机制主要包括创新驱动、政策支持和社会参与。首先，创新驱动是数据要素赋能数字乡村建设的关键动力。大数据、云计算、人工智能等技术的应用，为农村经济和社会发展提供了新的增长点。通过数据分析来挖掘潜在的商业机会和发展方向，利用人工智能等技术提高工作效率和质量，基于虚拟现实等技术打造沉浸式的农业体验和文化传播平台，这些创新举措可以催生新产业和新业态的出现与发展，进一步推动农村经济的多元化和高质量发展。

其次，政策支持是实现农村共同富裕的重要保障。政府在推动数字经济发展的过程中，出台了一系列支持政策和措施，如基础设施建设补贴、税收减免、贷款优惠等，鼓励企业参与数字化转型和农村建设。此外，政府还加强了对农业科技研发的投入和支持，进一步降低了企业和农民进入市场的门槛，促进了数字化建设的落地和普及。政策支持不仅为数据要素的流通与共享提供了法律和制度保障，还激发了市场主体的积极性和创新活力。

最后，社会参与是实现农村共同富裕的关键力量。数字乡村建设需要各方社会力量的广泛参与，包括企业、社会组织、农村合作社等。通过公私合作（PPP）模式，政府和企业可以共同投资建设农村信息基础设施，提供技术支持和运营服务。社会组织和农村合作社则可以通过开展教育培训、技术支持等活动，提高农村居民的数字素养和技能。此外，社会力量的参与还可以促进经验互鉴和技术融合，形成政府、市场、社会多方协同的建设模式，共同推动数字乡村建设的科学发展和农村共同富裕的实现。

3. 共同富裕实践路径

实现农村共同富裕的实践路径主要包括强化基础设施建设、推动产业升级、优化公共服务和加强社会治理。首先，强化基础设施建设是实现农村共同富裕的基础。信息网络、数据中心、智能终端等基础设施是数据要素应用的物质基础。通过建设高质量的信息网络，确保农村地区的网络覆盖和速度，为农村居民提供便捷的互联网接入服务。数据中心的建设则需要注重数据的存储、处理和分析能力，为农村提供全面的数据支持。智能终端的普及则可以提升农村居民的数字化应用水平，促进移动支付、电商等服务的广泛使用。

其次，推动产业升级是实现农村共同富裕的关键。数据要素的应用可以促进农村产业的转型升级，提升产业链的整体效益。在农业生产中，通过物联网技术实现智能化管理，提高农作物的产量和质量。在农村服务业中，通过电商平台和物流网络，促进农产品的线上销售和供应链管理，增加农民的收入。在乡村旅游中，通过大数据分析优化旅游线路和体验，吸引更多游客，带动乡村经济的发展。此外，优化公共服务是实现农村共同富裕的重要支撑。通过数字化手段，提高教育、医疗、交通等公共服务的效率和质量。例如，远程教育可以弥补农村教育资源的不足，提升农村教育水平；远程医疗可以解决农村医疗服务的短缺问题，提高农村医疗水平；智慧交通可以优化农村交通管理，提高交通安全和便利性。这些公共服务的优化不仅提升了农村居民的生活质量，还增强了农村的人才吸引力。

最后，加强社会治理是实现农村共同富裕的保障。通过数字政务、智慧社区等手段，提高乡村治理的透明度和效率。例如，数字政务平台可以实现农村事务的在线办理，提高政务效率；智慧社区则可以通过数据分析和智能监控，提升社区的安全和管理水平。同时，通过数据共享和开放，促进村民的广泛参与和监督，形成良好的社会治理生态，为农村共同富裕提供坚实的社会基础。

4. 数字乡村建设过程

数字乡村建设是一个系统性、长期性的工程，涉及多个环节和阶段。首先，规划阶段是最为重要的起点。在规划阶段，需要进行详细的实地调研和需求分析，明确数字乡村建设的目标和重点。通过走访农村居民、农业企业、基层政府等利益相关方，了解其在数字化转型中的需求和期望。同时，借鉴国内外成功的数字乡村建设案例，制订符合当地实际情况的建设方案。在这一阶段，还需要建立多部门协作机制，确保各方面的资源和力量得到有效整合。

其次，基础设施建设是数字乡村建设的基本保障。这一阶段的核心任务是建设和完善农村信息网络、数据中心和智能终端。信息网络的建设需要确保农村地区的网络覆盖和速度，提供稳定、高速的互联网接入服务。数据中心的建设则需要注重数据的存储、处理和分析能力，为农村提供全面的数据支持。智能终端的普及则通过智能手机、智能农业设备等，提升农村居民的数字化应用水平。此外，还需要加强对基础设施的维护和管理，确保其长期稳定运行。

再次，应用推广是数字乡村建设的关键环节。在这一阶段，需要通过多种手段和渠道，推动数据要素在各个领域的应用。在农业生产中，可以通过技术培训和技术支持，帮助农民掌握物联网、大数据等技术的应用方法，实现智能化管理。在农村服务中，可以通过搭建电商平台和物流网络，促进农产品的线上销售和供应链管理。在乡村治理中，可以通过数字政务平台和智慧社区系统，提高政务效率和社区管理水平。同时，还需要通过试点项目和示范工程，总结应用经验，推广成功模式，形成良好的应用生态。

最后，持续优化和政策支持是数字乡村建设的长期保障。在建设过程中，需要不断监测和评估数据要素的应用效果，发现和解决存在的问题。通过政策支持，提供财政资金、技术指导、人才培养等多方面的保障，确保数字乡村建设的可持续发展。此外，还需要加强数据治理体系建设，包括数据标准化、数据安全与隐私保护、数据共享机制等，确保数据要素的高效利用和安全可靠。通过持续优化和政策支持，不断提升数字乡村建设的质量和效益，为农村共同富裕的实现提供坚实的基础。

第二章

中国乡村共同富裕的基本理论

在探讨数据要素如何赋能数字乡村建设并助力农村共同富裕之前，全面理解和系统阐述中国乡村共同富裕的基本理论至关重要。这一理论不仅是中国特色社会主义的重要组成部分，也是推动农村现代化和实现乡村振兴的重要指导思想。本章将从多个层面深入探讨中国乡村共同富裕的基本理论，旨在为后续的研究提供坚实的理论基础和前沿的学术视角。首先，本章将阐述共同富裕的历史背景与理论渊源，探讨其在中国社会主义建设中的重要地位和演进过程。共同富裕是中国特色社会主义的基本目标之一，其理念可溯源至毛泽东同志提出的“共同富裕”思想。毛泽东在 20 世纪 50 年代提出了“共同富裕”的目标，并在《论联合政府》等著作中强调了这一理念的重要性。改革开放以来，邓小平进一步提出“让一部分人、一部分地区先富起来，逐步达到共同富裕”的战略思想，为中国特色社会主义建设提供了重要理论指导。进入 21 世纪，特别是党的十八大以来，习近平总书记多次强调共同富裕的重要性，指出“共同富裕是社会主义的本质要求，是中国式现代化的重要特征”，并将其提升到国家战略的高度。这些理论和实践的发展，为理解中国乡村共同富裕提供重要的历史背景和思想基础。

其次，本章将深入分析共同富裕的内涵与外延，明确其在农村发展中的具体表现和衡量标准。共同富裕不仅是一个经济概念，更是一个综合性的发展目标。它涵盖了经济发展、社会进步、文化繁荣等多个方面。在农村，实现共同富裕意味着全面提高农民的生活水平，改善农村基础设施，优化农村产业结构，提升农村公共服务水平，促进农村社会的和谐与稳定。本章将通过理论分析和实证研究，探讨农村共同富裕的具体目标和实现路径。同时，本章还将借鉴国际发展理论，如联合国的《2030年可持续发展议程》中的目标，分析共同富裕在农村的多维度衡量标准，以期为中国农村的现代化建设提供更加科学和全面的指导。

再次，本章将探讨共同富裕的实现机制，分析政府、市场、社会等不同主体在这一过程中的作用及其相互关系。政府在共同富裕的实现中发挥着主导作用，通过制定和实施一系列政策，为农村发展提供支持和保障。市场则是推动农村经济发展的主要动力，通过技术创新和商业模式创新，促进农村资源的有效配置和利用。社会力量，尤其是社会组织和民间资本的参与，也是实现农村共同富裕的重要途径。

最后，本章将总结中国乡村共同富裕的现状与挑战，提出下一步的研究方向。尽管中国在推动农村共同富裕方面取得了一定的成就，但仍然面临诸多挑战。城乡发展差距依然较大，农村基础设施建设不完善，农民收入水平不高，教育资源不均衡等问题依然突出。本章将通过现状分析，识别这些挑战的具体表现和根源，为进一步的研究和实践提供参考。同时，本章还将展望未来研究的方向，提出需要重点探讨的理论和实践问题：如何通过数据要素在数字乡村建设的高效利用，破解农村发展中的信息不对称问题；如何通过政策创新，优化数据要素在农村的应用环境；如何通过社会参与，提升数据要素的共享与利用水平等。这些问题的深入研究，将为农村共同富裕的实现提供更加有效的路径和策略。

第一节　共同富裕的概念与内涵

一、共同富裕的概念

（一）起源与发展

共同富裕的概念起源于马克思主义的社会主义思想，是马克思和恩格斯在《共产党宣言》中提出的共产主义社会的基本特征之一。在马克思主义理论中，共同富裕被理解为通过消除生产资料的私有制，实现全体社会成员的物质和精神生活的全面改善。这一理念在中国的实践中得到了进一步发展和具体化。20 世纪 50 年代，毛泽东同志提出了“共同富裕”的目标，强调在社会主义制度下，必须通过合作化和集体化的方式，逐步实现全体人民的共同富裕。改革开放以来，邓小平同志提出了“让一部分人、一部分地区先富起来，逐步达到共同富裕”的战略思想，这一思想既承认了市场经济的作用，又强调了最终实现共同富裕的目标。进入 21 世纪，特别是党的十八大以来，习近平总书记多次强调共同富裕的重要性，将其作为中国特色社会主义的本质要求和中国式现代化的重要特征。党的十九大提出新时代“三步走”战略，到 2020 年全面建成小康社会（这一步已经实现），到 2035 年基本实现社会主义现代化，到 21 世纪中叶建成富强民主文明和谐美丽的社会主义现代化强国。无论是基本实现社会主义现代化，抑或建成社会主义现代化强国，共同富裕都是其中一个核心内容。党的十八大以来打赢了脱贫攻坚战，全面建成了小康社会，为促进共同富裕创造了良好条件。现在，已经到了扎实推动共同富裕的历史阶段，而要促进共同富裕，最艰巨最繁重的任务仍然是在农村，因此，这就需要加快补齐乡村发展的短板。

（二）学术定义

学术界对共同富裕的概念有多种定义和解释。从经济学角度看，共同富裕可以理解为经济资源的公平分配和合理利用，通过促进经济增长和改善收入分配，实现全体社会成员的共同繁荣。在改革开放和社会主义现代化建设新时期，以邓小平同志为主要代表的中国共产党人，成功地进行了马克思主义的中国化，改变了中国的贫穷面貌。邓小平认为“社会主义要追求富裕的，贫穷不是社会主义的特征”。而习近平总书记所提出的“共同富裕是社会主义的本质要求”进一步深化了这一理论基础，通过马克思主义的中国化实现了中国的可持续经济发展和社会稳定。社会学领域的研究则更多关注于社会公平和社会正义，将共同富裕视为通过减少社会不平等，提升社会整体福祉的综合目标。政治学和公共管理学的研究则强调政府在推动共同富裕中的作用，通过政策和制度安排，实现社会资源的优化配置和均衡发展。综合这些视角，共同富裕可以定义为通过经济发展、社会公正、制度安排等多方面的努力，实现全体社会成员在物质生活和精神生活上的全面发展和普遍提高。

（三）现代解读

在新时代背景下，共同富裕的概念得到了更加丰富的解读。党的十九届五中全会通过的《中共中央关于制定国民经济和社会发展第十四个五年规划和二〇三五年远景目标的建议》中[1]，明确提出要实现“全体人民共同富裕取得更为明显的实质性进展”。这一目标的提出，表明共同富裕不仅是一个长期的历史使命，还是一个具体的、可以量化的、需要在短期内取得进展的发展目标。在现代社会，共同富裕的概念已经得到了新的诠释和发展，它不仅仅关乎物质财富的积累，更强调了全面、均衡、可持续的发展理念。这种现代化的理解涵盖了多个层面，首先是综合性发展，这意味着共同富裕追求的是一种全方位的进步，不仅限于经济领域，还包括社会和谐、文化繁荣、环境保护等多方面的提升。这样的发展观认为，只有当一个社会在各个方面都达到较高的水平时，才能真正实现人民的富裕和幸福。其次，公平性分配是共同富裕的重要基石。这要求在资源和机会的分配上更加公正，努力缩小不同群体之间的收入差距，消除社会不平等现象，确保每个人都能享有平等的发展权利和机会。其中，第一次分配是不同性质、形态资源的交换，强调的是等价交换，交换的动机是主体对稀缺物的需求，主导第一次分配的是市场机制。第二次分配是资源从拥有它较多的主体分配到拥有它较少的主体的活动，第二次分配的前提是资源先过渡到政府，然后以政府强制力推行，主导第二次分配的是行政机制。第三次分配是由社会机制主导的资源配置活动，主体据此建立自我与他者之间的联系，本质在于共同体的维系和繁荣[2]。通过政策调控和制度改革，可以有效调节收入分配，提高社会的整体福祉和幸福感[3]。分配正义是完善中国特色社会主义公平正义理论的内在要求，促进分配正义也是新时代推动共同富裕的使命遵循[4]。此外，持续性增长也是实现共同富裕的关键因素。这意味着经济发展不能仅仅追求短期的高速增长，而应该注重长期的、稳定的、高质量的增长。通过技术创新和制度创新，推动产业结构升级，增强经济的竞争力和韧性，为共同富裕提供坚实的物质基础。最后，共同富裕的实现需要社会各界的共同参与和协作。政府、市场和社会各个层面都应该发挥其应有的作用，形成合力。政府通过制定合理的政策和法规，引导资源的优化配置；市场通过有效的机制，激发各类主体的活力和创造力；社会则通过公益活动和社区建设，增进人们的互帮互助和社会凝聚力。

二、共同富裕的内涵

（一）物质富裕

物质富裕是共同富裕的重要基础，指的是所有社会成员在经济收入、生活质量以及基础设施等方面的普遍提升。2013 年习近平总书记在中央城镇化工作会议上的讲话提到，“乡村文明是中华民族文明史的主体，村庄是这种文明的载体，耕读文明是我们的软实力。”农村地区实现物质富裕不仅是推动乡村振兴的核心目标，也是确保农民共享现代化发展成果的关键路径。这一目标的实现主要依赖以下几方面的努力：首先，提高农民的收入水平是实现物质富裕的核心任务。农民的收入增长不仅关系到其生活质量的改善，也是农村经济活力的体现。通过推动农业产业的高质量发展，结合技术创新与市场开拓，能够为农民提供多样化的收入来源。例如，农业现代化、产业链延伸与农产品品牌化等措施，可以显著提升农产品的附加值，从而增加农民的收入。同时，通过农村电商平台的搭建和数字化营销手段的引入，可以拓宽农产品的销售渠道，进一步增强农民的市场竞争力和经济收益。其次，提升农村基础设施的建设水平是实现物质富裕的重要支撑。基础设施的完善不仅关系到农民的日常生活便利性，也对农村经济发展起到基础性作用。在农村，交通、通信、水利、电力等方面的基础设施是农民生产与生活的基础条件。特别是在数字乡村建设中，信息技术的广泛应用为基础设施的智能化升级提供了新的契机。例如，通过 5G 网络的覆盖和物联网技术的引入，农村的通信条件和数据传输能力得到了显著提升，为农业生产、农村治理和公共服务提供了技术保障。此外，智慧水利和智能电网的建设，也为农民的生产和生活提供了更加稳定和高效的资源供给。最后，改善农村的生活质量是实现物质富裕的直接体现。生活质量的提升不仅包括住房条件的改善，还包括教育、医疗、文化等基本公共服务的全面覆盖。通过数字技术的应用，可以实现资源的精准配置和服务的智能化管理。例如，基于数据分析的医疗资源分配和远程诊疗系统，能够为农村居民提供更优质的医疗服务；通过智慧教育平台的建设，农村儿童可以享受到与城市同等的优质教育资源；而通过大数据驱动的公共资源管理，能够有效提升公共服务的效率和质量，确保农民在住房、教育、医疗等方面享受到现代化的生活条件。

（二）精神富裕

精神富裕是共同富裕的重要组成部分，它强调全体社会成员在文化、教育、社会环境等方面的全面发展，是实现乡村全面振兴和农民幸福感提升的关键维度。在农村地区，精神富裕的实现不仅能够丰富农民的精神生活，还能增强农村的文化自信和社会凝聚力，从而为乡村的可持续发展注入内生动力。首先，文化繁荣是精神富裕的核心内容之一。通过加强农村文化设施建设、开展丰富多彩的文化活动以及保护和传承乡村传统文化，可以有效提升农民的精神生活质量。例如，建设乡村图书馆、文化广场和博物馆等公共文化设施，为农民提供学习和娱乐的场所；同时，通过组织文艺演出、传统节日庆典和民俗活动，能够增强农民的文化认同感和归属感。此外，对乡村非物质文化遗产的保护和传承，不仅能够延续乡村的文化根脉，还能为乡村文化产业发展提供资源支持，从而提升农村的文化自信和文化软实力。其次，教育提升是实现精神富裕的重要途径。教育是改变命运、提升素质的关键手段，农村教育水平的提升直接关系到农民及其子女的未来发展。通过引入在线教育、智慧课堂等数字化技术手段，可以有效缩小城乡教育差距，扩大优质教育资源的覆盖面。例如，利用互联网平台为农村学生提供名师课程和远程教学服务，能够弥补农村师资力量的不足；同时，通过建设智慧校园和数字化教学资源库，可以为农村学生创造更加公平和优质的学习环境。此外，职业教育和技能培训的普及，也能够为农民提供更多的就业和创业机会，从而提升其综合素质和收入水平。最后，社会环境的改善是精神富裕的重要保障。良好的社会环境不仅能够提升农民的社会参与感和幸福感，还能为乡村治理现代化提供支撑。在数字乡村建设中，社会治理创新成为改善农村社会环境的重要手段。例如，通过智能村庄管理系统，可以实现对农村公共事务的精细化管理和高效决策；通过农村社区建设，能够增强农民的归属感和凝聚力，促进邻里和谐与互助。此外，数字技术的应用还能够提升农村公共服务的效率和质量，例如，通过智慧医疗、智慧养老等平台，为农民提供更加便捷和优质的社会服务。

（三）社会公正

社会公正是共同富裕的重要保障，它强调在社会资源和机会的公平分配中实现正义，确保所有社会成员能够平等地共享发展的成果。在农村地区，实现社会公正不仅是推进乡村治理现代化的核心目标，也是促进农村经济社会协调发展的关键路径。社会公正的实现需要从收入分配、机会均等和权力平等三个方面协同推进。

首先，收入分配的公平性是社会公正的基础。合理的收入分配政策能够有效减少农民之间的收入差距，确保大多数农民能够享受到经济发展带来的成果。在数字乡村建设中，数据共享和智能决策技术的应用为收入分配的监测和调控提供了新的手段。例如，通过大数据分析，可以实时掌握农村居民的收入状况和分配情况，及时发现和解决收入不平等问题；同时，智能决策系统能够根据数据分析结果，制定更具针对性的收入分配政策，确保资源的合理配置，防止贫富差距的进一步扩大。

其次，机会均等是社会公正的重要体现。提供公平的发展机会，确保农民能够平等地参与经济社会活动，是实现社会公正的关键。通过加强教育培训和政策支持，可以有效提升农民的技能水平和市场竞争力，为他们提供更多的发展机遇。例如，通过数字化教育平台和在线培训课程，农民可以随时随地学习新知识和技能，提升自身的职业能力；同时，政府可以通过一系列政策措施，如创业补贴、技术支持等，为农民提供更多的创业和就业机会，帮助他们实现自我价值。

最后，权力平等是社会公正的保障。确保农民在社会治理中的参与权和决策权，是实现社会公正的重要途径。通过民主参与和透明治理，可以增强农民的主人翁意识，提升他们的满意度和幸福感。在数字乡村建设中，数据平台和智能治理工具的应用为农村的民主参与和透明治理提供了技术支持。例如，通过搭建农村信息公开平台，农民可以实时了解村务信息，参与村庄的决策和管理；同时，智能治理工具能够提高决策的科学性和透明度，确保决策过程的公开公正。此外，数字技术的应用还能够促进村民之间的互动与协作，增强农村的社会凝聚力。

（四）环境保护

环境保护是共同富裕的重要支撑，它强调在推动经济社会发展的同时，要保护和改善生态环境，实现可持续发展。在农村地区，环境保护不仅是保障农民健康和生活质量的基础，也是乡村经济可持续发展的关键。实现环境保护需要从生态建设、绿色生产和可持续发展三个方面协同推进。

首先，生态建设是环境保护的基础。通过推行生态农业、实施生态修复和加强环境保护等措施，可以有效提升农村生态环境质量。例如，发展生态农业，采用有机耕作、循环农业等模式，可以减少化学肥料和农药的使用，降低对土壤和水源的污染；同时，实施生态修复工程，如植树造林、湿地恢复等，能够改善农村的生态环境，增强生态系统的自我修复能力。数字乡村建设中的环境监测和数据管理技术，为生态建设提供了有力支持。通过环境监测设备的部署，可以实时收集环境数据，及时发现和预警环境问题；而数据管理平台则能够对环境数据进行分析和处理，为环境保护决策提供科学依据。

其次，绿色生产是实现环境保护的关键。推广绿色生产方式，减少农业生产和农村生活中的环境污染，是实现可持续发展的必然要求。通过数据分析和智能决策技术，可以优化农业生产方式，提高资源利用效率，减少浪费和污染。例如，利用精准农业技术，根据土壤和作物的实时数据，精确施用肥料和农药，从而减少化学品的使用量，降低对环境的负面影响；同时，通过智能灌溉系统，实现水资源的合理调配，节约用水，减少水土流失和水资源污染。

最后，建立可持续发展的长效机制是环境保护的长远保障。确保农村在经济发展的同时，实现生态环境的保护和改善，需要从制度层面进行设计和安排。数字乡村建设中的数据共享和协同治理模式，为实现这一目标提供了新的思路。通过建立数据共享平台，可以实现政府部门、企业和农户之间的信息互通，促进资源的优化配置和利用；同时，协同治理机制能够动员多方力量参与环境保护，形成政府引导、市场运作、社会参与的综合治理格局。

三、共同富裕的实现路径

（一）政府主导和政策支持

共同富裕是社会主义的本质要求，是人民群众的共同期盼。在中国乡村迈向共同富裕的征程中，政府主导和政策支持发挥着不可替代的核心作用。通过制度设计、资源调配、产业引导等多维度的政策举措，政府为乡村发展构建起坚实的支撑体系，推动乡村经济、社会、生态等各领域协调发展，逐步实现全体农民的共同富裕。

首先，制度保障是夯实乡村共同富裕的根基。一方面，土地制度改革激活乡村发展要素。政府积极推进农村土地制度改革，完善承包地“三权分置”制度，在保持土地承包关系稳定并长久不变的基础上，引导土地经营权有序流转。这不仅促进了土地资源的优化配置，提高了土地利用效率，还为农业规模化、集约化、现代化发展创造了条件。另一方面，产权制度改革明晰乡村发展权益。政府通过开展农村集体资产清产核资，明确产权归属，赋予农民对集体资产股份占有、收益、有偿退出及抵押、担保、继承权。这一改革不仅保障了农民的财产权益，还激发了农民参与集体事务的积极性和主动性。通过成立股份经济合作社等新型农村集体经济组织，将分散的农民组织起来，整合资源，发展壮大农村集体经济，增加农民的分红收入。

其次，通过资源调配，优化乡村发展要素配置。一方面，中央和地方财政不断增加对农业农村的资金支持，用于乡村基础设施建设、公共服务提升、农业产业发展等领域，加大对农村道路、水利、电力、通信等基础设施的投入，改善农村生产生活条件。另一方面，通过金融政策支持助力乡村产业发展。加大对农村金融机构的政策扶持力度，鼓励金融机构创新金融产品和服务，满足乡村多样化的金融需求。同时，完善农村信用体系建设，建立健全农村信用评价机制，提高农民和农村企业的信用意识，降低金融机构的信贷风险。此外，积极推进农村普惠金融发展，让更多的农民和农村企业能够享受到便捷、高效的金融服务，促进了乡村经济的发展。

再次，通过产业引导加快培育乡村发展新动能。一方面，结合不同地区的资源禀赋和发展优势，因地制宜培育特色产业，打造“一县一业”“一村一品”的产业格局。同时，政府鼓励发展农产品加工业，延长农业产业链，提高农产品附加值。通过建设农产品加工园区、培育龙头企业等方式，推动农产品加工向规模化、标准化、品牌化方向发展。此外，政府还积极推动农村一二三产业融合发展，促进农业与旅游、文化、康养等产业深度融合。另一方面，通过科技创新政策赋能乡村产业升级。加大对农业科技研发的投入，鼓励科研机构、高校与企业开展产学研合作，加强农业科技成果转化和推广应用。在数字乡村建设方面，政府加快推进信息技术在农业农村领域的应用，发展农村电商、农村数字农业等新业态。通过建设农村电商服务站点、开展电商培训等方式，帮助农民掌握电商技能，拓宽农产品销售渠道，为乡村共同富裕注入新动力。

最后，通过推进公共服务均等化，逐步缩小城乡发展差距。一方面，通过教育政策促进城乡教育公平。加大对农村教育的投入，改善农村学校的硬件设施，配备先进的教学设备和图书资料。同时，提高农村教师待遇，实施乡村教师生活补助政策。推进城乡义务教育一体化发展，建立城乡学校结对帮扶机制，实现优质教育资源共享。另一方面，推进医疗政策提升农村医疗服务水平。加大对农村医疗卫生机构的投入，改善乡镇卫生院和村卫生室的基础设施和医疗设备条件。推进城乡基本医疗保险制度整合，提高农村居民医疗保障水平。扩大医保报销范围，提高报销比例，减轻农民看病就医负担。同时，加强农村公共卫生服务，开展基本公共卫生服务项目，为农村居民提供免费的健康体检、疾病预防控制等服务。此外，政府还积极推进医联体建设，促进优质医疗资源下沉，实现城乡医疗服务均等化。

（二）市场机制和创新驱动

市场机制是推动农村共同富裕的重要动力，通过技术创新和商业模式创新，能够有效促进农村资源的有效配置和利用，提升农村经济的整体竞争力。具体而言，市场机制的发挥主要体现在技术创新、商业模式创新、市场开放和产业链优化四个方面。

首先，技术创新是推动农村共同富裕的基础。通过推动农业技术创新，可以显著提升农业生产的效率和质量。现代农业技术的应用，如物联网、大数据和人工智能，为农业生产的优化提供了重要支持。例如，智能农业技术的应用可以实现精准种植和管理，通过传感器和无人机技术实时监测土壤湿度、温度、光照等环境参数，精确施用肥料和灌溉，从而提高作物的产量和质量。此外，大数据分析技术可以预测病虫害和市场行情，帮助农民科学决策，降低生产风险。这些技术的应用不仅提高了农业生产效率，还增加了农产品的附加值，提升了农民的收入水平。

其次，商业模式创新是拓宽农民收入渠道的重要手段。通过发展新型业态，如农村电商、乡村旅游和休闲农业，可以有效提升农民的收入水平。例如，农村电商平台的建设，不仅为农产品提供了更广阔的销售渠道，还通过大数据分析，精准对接消费者需求，提高农产品的市场竞争力。乡村旅游和休闲农业的发展，则为农民提供了新的收入来源，通过提供住宿、餐饮和休闲娱乐服务，吸引城市居民到农村体验田园生活，从而增加农民的多元化收入。数字乡村建设中的智慧旅游应用，如在线预订、景区智能导览等，进一步提升了乡村旅游的体验和服务质量，吸引了更多的游客。

再次，市场开放是吸引外部资源进入农村的关键。通过开放农村市场，可以吸引更多的资本、技术和人才，促进农村经济的多元化和高质量发展。市场开放不仅为农村带来了更多的投资机会，还推动了农村产业结构的优化升级。例如，通过市场信息平台的建设，可以实时发布农村投资项目、政策信息和市场需求，吸引外部投资者的关注和参与。此外，市场开放还能促进技术交流和人才培养，通过与外部企业的合作，引进先进的农业技术和管理经验，有助于提升农村经济的整体水平。

最后，产业链优化是提升农村经济整体竞争力的重要途径。通过数据分析和智能决策，优化产业链的各个环节，提升产业链的附加值。例如，通过大数据分析，可以更精准地预测市场需求，优化农产品的生产和销售。智能制造技术的应用，可以提高农产品加工的效率和质量，延长农业产品的产业链，增加农产品附加值。此外，通过建立农产品追溯体系，确保产品质量和食品安全，提升消费者的信任度，进一步增强市场竞争力。

（三）社会参与和多元合作

社会参与是推动农村共同富裕的重要途径，它强调政府、市场、社会等多主体之间的合作与协同，形成合力，共同推动农村的全面发展。社会参与主要体现在以下几个方面。

首先，社会组织在农村发展中的作用日益突出。鼓励社会组织参与农村发展，提供更多的公共服务和支持，不仅可以弥补政府公共服务的不足，还可以提升农村的治理效能和服务水平。社会组织可以通过开展各类培训、咨询和技术支持等活动，帮助农民提升技能和竞争力，促进农村人力资源的开发。例如，专业合作社可以帮助农民合理规划生产，提高农产品的质量和市场竞争力；非政府组织可以提供教育、医疗等公共服务，改善农民的生活条件。

其次，吸引民间资本投入农村发展是推动农村经济增长的重要途径。民间资本的注入可以为农村产业发展注入活力，通过资本的投入，推动农村经济的快速增长。民间资本在农村新型业态的发展中扮演着重要角色，如投资农村电商、乡村旅游等项目，这些项目不仅能够增加农民收入，还能够促进农村经济的多元化和高质量发展。此外，民间资本还可以参与到农村基础设施建设中，改善农村的交通、水利等条件，为农村经济发展提供基础支持。

再次，推动农村社区共建是提升农村凝聚力和向心力的有效手段。社区共建强调社区居民的共同参与和共同努力，通过社区的力量解决当地的社会问题。通过社区共建，可以更有效地推动农村的环境整治、文化传承和社区服务等工作。例如，通过组织社区居民参与环境清洁活动，提高环保意识，改善居住环境；通过举办文化活动，弘扬传统美德，增强社区凝聚力。社区共建模式有助于激发农民的主体意识，促进农村社会的和谐稳定。

最后，建立政府、市场、社会等多主体的合作机制是实现农村资源优化配置的关键。多元合作模式可以整合各方资源和优势，形成协同效应，更好地推动农村的全面发展。例如，政府可以制定相关政策，引导和鼓励企业和社会组织参与农村发展；企业可以发挥资金、技术等方面的优势，投资农村产业项目；社会组织可以提供专业服务和公益支持。通过这种多元合作机制，可以实现资源共享、风险分担和利益共赢，推动农村经济和社会的持续进步。

（四）数字赋能与科技支撑

数字技术和科技创新是推动农村共同富裕的重要手段，它们通过信息技术的应用，提升了农村的现代化水平和创新能力，为农村经济发展和社会进步注入了新动力。

首先，数据采集与存储是数字乡村建设的基础。建立完善的数据采集和存储体系，可以为农村发展的决策提供准确、及时的数据支持。通过物联网、传感器等技术，可以实现对农田、气象、水资源等多方面的实时监测，收集大量的基础数据。例如，物联网技术可以实时监测农田的湿度、温度、光照等信息，这些数据对于精准农业的实施至关重要，有助于农民根据实时数据调整灌溉、施肥等农事活动，提高农业生产效率和产品质量。

其次，数据分析与应用是将原始数据转化为有价值信息的关键步骤。通过对收集到的数据进行深入分析，可以揭示隐藏的模式和趋势，从而优化农村资源的配置和利用。数据分析可以帮助政府、企业和农民更好地了解市场需求，优化生产方式，提升管理水平。例如，大数据分析可以预测农产品的市场行情，指导农民合理安排种植结构和销售策略，减少市场风险，提高经济效益。

再次，智能决策与管理技术的应用，极大地提升了农村治理的效能和服务水平。智能决策系统可以通过对大量数据的处理和分析，为政府和企业提供科学的决策依据。例如，通过人工智能技术，可以实现农村治理的智能化，如智能监控、智能响应等，提高公共服务的效率和质量。此外，智能管理系统还可以帮助农民实现生产过程的自动化和智能化，降低劳动强度，提高生产效率。

最后，数字平台建设是促进农村资源共享和利用的重要途径。通过建立农村电商平台、信息共享平台等，可以打破地域限制，让农民更便捷地接入市场，获取信息，提升技能。例如，农村电商平台使得农民可以直接将农产品销售给消费者，减少了中间环节，提高了收入；而在线教育和培训平台则可以帮助农民学习新的农业技术和发展理念，提升自身素质和竞争力。

四、理论研究进展与展望

1. 理论研究进展

（1）共同富裕内涵和发展阶段研究。

共同富裕作为中国特色社会主义的重要目标，不仅是经济层面的发展要求，更是一个涵盖物质生活、精神生活、社会公正和环境保护等多维度的综合性发展目标。刘培林等[5]认为共同富裕的实质是在中国特色社会主义制度保障下，全体人民共创日益发达、领先世界的生产力水平，共享日益幸福而美好的生活。李实[6]认为共同富裕是全体人民的富裕，但不是经济上的平均主义，推进共同富裕不能采取激进的分配方式。共同富裕的长期目标是，到21世纪中叶把我国建成社会主义现代化强国，全体人民共同富裕基本实现。类似地，郁建兴[7]认为推动共同富裕是一项现实任务、长期任务，需要在制度设计上遵循激励相容和制度匹配的原则。当下推动共同富裕的核心政策议程是：在高质量发展中推动共同富裕，优化资源和机会分配格局，保障和改善民生，加强和创新社会治理等。

从共同富裕思想所处的阶段来看，蒋永穆等认为[8]共同富裕思想历经初步萌芽期、初步探索期、质的升华期和初步实现期四个阶段，各阶段呈逐步递进、渐进发展趋势。侯晓东[9]则在对百年共同富裕演进历程和理论创新梳理的基础上，从加强顶层设计、夯实物质基础、巩固公有主体、完善分配制度、保障公平正义和实现共富共享的维度提出扎实推进共同富裕的可行性路径。随后，殷晓元和彭静[10]提出了中国式现代化视域下的共同富裕的科学内涵、历史沿革和实践方略，提出人民性是共同富裕的根本立场，渐进性是共同富裕的现实必然，全面性是共同富裕的价值追求，共建共享是共同富裕的实现方式，全球性是共同富裕的情怀体现。此外，冯苑[11]研究认为，党的十八大以来，共同富裕水平稳步上升，呈现“东高西低、南高北低”的格局。

（2）数字经济促进共同富裕的逻辑机理。

随着中国进入数字时代，研究表明，数字经济可以推动宏观经济一般性增长，即“做大蛋糕”；数字经济可以促进区域产业分散化、城乡协调以及建设全国统一大市场，有利于均衡性增长，即“分好蛋糕”；此外，数字经济还可以弥补公共服务短板、提升政府服务能力以及促使数字基础设施更充分和均衡，加快基本公共服务均等化[12]。研究表明，数字经济促进共同富裕的逻辑机理包括三个部分。

一是优化资源配置，缩小城乡收入差距。数字经济通过打破信息壁垒，促进城乡资源的高效流动与优化配置。柏旭（2023）指出，数字技术能够降低城乡信息不对称，推动农村产业升级，从而缩小城乡收入差距[13]。钟文等（2023）的实证研究表明，数字经济发展显著降低了城乡收入差距，尤其是在中西部地区[14]。余泳泽和曹瑞（2023）进一步从城乡收入差距的视角分析了数字经济对共同富裕的促进作用[15]。

二是赋能农村产业发展，促进就业与创业。数字经济通过精准营销、供应链优化和创新驱动，推动农村产业高质量发展。李亮亮和邢云文（2024）提出，数字经济赋能共同富裕的逻辑理路包括优化资源配置、提升生产效率和支持创业创新[16]。张广辉和李玖玲（2023）强调，数字经济为农村劳动力提供了更多就业与创业机会，提高了农民收入水平[17]。杨柠泽等（2023）发现，数字素养的提升显著增强了农户的创业能力和市场竞争力[18]。

三是推动区域协调发展，实现均衡增长。数字经济通过空间溢出效应，促进区域间的协调发展。柳毅等（2023）基于长三角面板数据的研究表明，数字经济对区域经济增长具有显著的空间溢出效应[19]。张可云等（2022）进一步指出，数字经济是推动区域经济均衡增长的新动力[20]。王玉洁等（2023）基于空间溢出效应的实证分析也支持了这一观点[21]。

（3）数字经济促进共同富裕的实践路径。

首先，数字基础设施是数字经济发展的基石。方福前等（2023）的研究表明，“宽带中国”战略显著提升了农村地区的数字基础设施水平，促进了代际收入向上流动性[22]。徐慧琳等（2023）基于省级面板数据的实证研究也证实了数字基础设施对共同富裕的积极作用[23]。

其次，数字素养是农民参与数字经济的关键。严宇珺等（2023）提出，通过个性化培训平台，提升农民的数字技能，有助于增强其就业与创业能力[24]。肖咏嶷等（2022）也强调，数字素养是数字经济促进农村产业融合发展的重要机制[25]。彭艳玲等（2022）则基于宁、渝、川三省份调查的实证数据证实数字经济参与了农民社会阶层认同[26]。

最后，数字经济通过推动传统产业的数字化转型，实现高质量发展。王伟新等（2023）指出，数字经济在农业农村现代化中发挥了重要作用[27]。张英浩等（2022）基于空间效应的研究表明，数字经济对中国经济高质量发展具有显著促进作用[28]。此外，数字经济的发展也可能带来收入分配不均等问题。蒋永穆和亢勇杰（2022）提出，政府应通过优化税收制度和社会保障政策，防范数字经济可能加剧的收入不平等风险[29]。刘诚（2022）从收入分配的理论视角分析了数字经济对共同富裕的影响，并提出了相应的政策建议[30]。

（4）数据要素促进共同富裕的理论基础。

范德成和肖文雪（2021）研究指出数据要素配置能够显著提升区域创

新能力，且作用效应存在异质性、条件性特征[31]。谢丹夏等（2022）通过构建信贷市场模型，分析数据要素配置对信贷市场竞争的影响效应，并指出以不同策略对数据要素进行配置会影响信贷市场竞争或垄断[32]。就数字经济内部构成因素与共同富裕的关系而言，沈文玮[33]研究表明数字技术具有广泛的融合优势，有助于提供技术基础而实现共同富裕。类似地，唐任伍（2022）等研究强调，数字技术通过降低市场交易成本、提升人力资本价值、赋能生态等环境保护手段扎实推动共同富裕实现[34]。此外，针对数字经济外部延伸产物与共同富裕的关系，张夏恒（2022）研究指出，跨境电商有利于实现人民群众对美好生活的向往目标，这一方式无论是在现实还是在相关的理论层面均有利于驱动共同富裕[35]。根据一项最新的研究，田瑶（2023）认为，数字普惠金融作为数字经济同金融业务的融合衍生业态能够缓解居民所面临的机会不均和收入差距赋能共同富裕[36]。

基于国家级大数据综合试验区试点这一准自然试验衍生的外生冲击，彭国柱（2024）等研究表明，数据要素配置利于驱动共同富裕[37]。类似地，王正和左文进（2024）等研究同样证明数据要素配置对共同富裕的正向影响效应十分显著，并且创新驱动在数据要素配置促进共同富裕的过程中发挥中介效应[38]。随后，汪闻涛（2024）等通过2013～2022年我国269个地级及以上城市的面板数据发现，数据要素的配置可以通过增强创新能力间接提升共同富裕水平，而数字金融在这一过程中发挥正向调节作用[39]。针对农村共同富裕，王永锋等发现数据要素配置水平对农村共同富裕发展水平的影响存在双重门槛效应，当数据要素配置水平较高时，将会对农村共同富裕起到积极的正向促进作用，且作用效果较为显著[40]。

（5）助推乡村共同富裕的其他研究：重要动力、途径、手段。

在新时代中国特色社会主义背景下，共同富裕的内涵和实现路径得到了进一步丰富和深化，体现了政府主导、市场驱动、社会参与和数字技术赋能等多重力量的有机结合[41-43]。

首先，政府在推动共同富裕中发挥着主导作用，通过顶层设计、政策制定和资源调配，为农村发展提供坚实的支持保障。政府通过精准扶贫、乡村振兴战略等一系列政策框架，着力解决农村地区的贫困问题和发展短板，确保农村居民的基本生活需求和经济权益得到保障。同时，政府还通过基础设施建设、公共服务供给和财政转移支付等手段，提升农村的硬件条件和公共服务水平，为农村经济的可持续发展奠定基础[44-45]。

其次，袁媛（2022）认为，市场机制作为推动农村共同富裕的重要动力，通过技术创新和商业模式创新，促进农村资源的有效配置和高效利用[46]。市场机制的核心在于通过自由竞争和创新驱动，释放农村经济的内生增长动力。在技术创新方面，物联网、大数据、人工智能等现代信息技术的应用，推动了农业生产的智能化和精细化，提升了农业的附加值和市场竞争力[47-48]。在商业模式创新方面，张松（2019）认为，农村电商、乡村旅游、休闲农业等新型业态的兴起，为农民拓宽了收入渠道，促进了农村经济的多元化和高质量发展[49]。

再次，王俊秀（2023）认为，社会参与是推动农村共同富裕的重要途径，强调政府、市场和社会组织的多元合作与协同治理[50]。李昊等（2024）认为，社会组织在农村发展尤其是共同富裕中扮演着越来越重要的角色，通过提供专业服务、技术培训和资源整合，提升农村居民的技能水平和社会参与度[51]。沈永东等（2024）则基于浙江共同富裕示范区对社会组织推动共同富裕的驱动逻辑和机制设计进行了分析，并认为受到政府逻辑、市场逻辑、社群逻辑等不同制度逻辑驱动[52]。民间资本的参与则为农村产业发展注入了活力，通过投资农村基础设施和新型业态，推动农村经济的快速增长。此外，社区共建模式通过调动农村居民的主动性和创造力，增强了农村的凝聚力和向心力，促进了农村社会的和谐稳定。这就需要从工作机制、区域布局、监管机制等方面探索助推共富路径[53-54]。

最后，数字赋能成为实现农村共同富裕的重要手段。刘晨光（2024）认为，在拓展中国式现代化新道路征程中，扎实推进农民农村共同富裕需要紧抓数字经济发展机遇，推动数字城乡融合发展[55]。通过信息技术的广泛应用，提升农村的现代化水平和创新能力。数字技术在农村的应用不仅改变了传统的生产和生活方式，还为农村治理和社会服务提供了新的解决方案。然而，刘子玉和罗明忠（2023）等认为，数字技术使用在农户实现共同富裕中发挥显著的“桥梁”作用，但存在能力“鸿沟”，这就需要实施"农村居民数字强能赋能行动"[56]。在数据采集与存储方面，物联网和传感器技术能够对农田、气象、水资源等多方数据进行实时监测，为精准农业和科学决策提供数据支持[57-58]。在数据分析与应用方面，Yang（2022）认为，大数据技术可以揭示市场需求和发展趋势，帮助农村优化资源配置和生产方式[59]。在智能决策与管理方面，Huang（2022）认为，人工智能技术能够实现农村治理的智能化和高效化，提升公共服务和治理效能[60]，类似地，Hou（2021）则认为可以通过深度学习等促进乡村治理[61]。在数字平台建设方面，Karine（2021）认为农村电商平台[62]、Shu（2023）认为农村信息共享平台[63]的建立，为农民提供了便捷的市场对接渠道和信息获取途径，促进了农村资源的共享和利用。Zhu（2024）等认为未来的研究将进一步聚焦数据要素在农村共同富裕中的具体作用和实现路径[64]。

此外，刘冠宏（2023）认为数字技术视阈下共同富发展涉及多个层面[65]。例如，如何通过构建完善的农村数据体系，实现数据的全面采集和高效存储；如何通过数据分析和应用，优化农村资源的配置和利用；如何通过智能决策和管理工具，提升农村的治理效能和服务水平；如何通过数字平台建设，促进农村资源的共享和利用。此外，庄金松（2025）的最新研究表明，数字技术发展推动共同富裕的具体理论激励、现实挑战和实践路径等问题的深入研究[66]，将为农村共同富裕的实现提供更加科学、系统、有效的路径和对策，推动农村经济社会的全面协调发展。

2. 研究展望

在探讨数据要素对农村共同富裕的推动作用时，本书不能忽视随之而来的一些关键问题，如数据伦理、隐私保护、技术创新与模式创新、制度创新与政策优化以及社会参与与社区治理等。这些问题不仅关系到数字技术在农村的有效应用，也直接影响到农村共同富裕的实现质量和可持续性。

首先，数据伦理与隐私保护是数字乡村建设中不可回避的重要议题[67]。随着大数据、物联网、人工智能等技术在农村地区的广泛应用，农民的生产、生活数据被大量收集和分析。然而，这些数据往往包含敏感信息，如果处理不当，可能会泄露农民的个人隐私，甚至被滥用。因此，未来的研究需要深入探讨在推进数字乡村建设时，如何建立完善的数据伦理规范，确保数据的合法合规使用，同时加强隐私保护措施，保障农民的数据权益。

其次，技术创新与模式创新是推动农村共同富裕的关键动力[68]。数字技术的不断进步为农村经济发展带来了新的可能性。例如，区块链技术可以实现农产品从生产到消费的全程追溯，提高农产品的质量和信任度；5G和物联网技术可以实现农业生产的智能化管理，提高生产效率和资源利用效率。未来的研究应关注如何将这些前沿技术引入农村，创新农业生产经营模式，提升农村经济的附加值和市场竞争力。

再次，制度创新与政策优化对于营造有利于农村共同富裕的环境至关重要[69]。当前，农村土地制度、财政政策、金融政策等对农村发展有着深远影响。通过深化农村土地制度改革，可以提高土地利用效率，增加农民财产性收入；通过优化财政政策和金融政策，可以引导更多资源向农村倾斜，支持农村产业发展和农民创业创新。未来的研究需要探讨具体的制度创新措施和政策调整方向，以更好地支持农村共同富裕的实现。

最后，Zhai 和 Xu（2024）认为社会参与和社区治理是构建和谐农村、促进共同富裕的重要途径[70]。通过鼓励社会组织参与农村发展，提供公共服务和支持，可以弥补政府服务的不足，提升农村治理效能。同时，社区共建模式可以激发农村居民的主体意识，增强社区凝聚力和向心力，共同解决环境整治、文化传承等问题。未来的研究应关注如何通过有效的机制设计，吸引和整合社会资源，提升社区治理水平，促进农村社会的和谐与发展。

第二节　乡村共同富裕的现状与挑战

乡村共同富裕是中国特色社会主义现代化建设的重要组成部分，是实现乡村振兴战略、推进国家全面均衡发展的重要目标。这一目标不仅体现了社会主义制度的优越性和内在要求，也反映了党和国家对农村地区经济社会发展的高度重视。近年来，中国政府在推动乡村共同富裕方面采取了一系列具有战略性和系统性的政策措施，包括通过精准扶贫实现农村贫困人口的全面脱贫、推动农村产业结构升级、加强基础设施建设、提升农村公共服务水平等，取得了显著成效。这些政策在促进农村经济增长、改善农民生活水平以及缩小城乡差距等方面发挥了重要作用，为乡村共同富裕的实现奠定了坚实基础。

然而，尽管中国乡村发展取得了长足进步，但在实现共同富裕的进程中仍面临诸多深层次的挑战。这些挑战不仅体现在经济层面，还包括社会、文化、环境和治理等多个维度。在经济层面，农村产业结构仍需要进一步优化，农民收入来源的多样性和稳定性有待提升，城乡收入差距尚未完全消除；在社会层面，农村教育和医疗资源的分布不均问题依然存在，农村人口老龄化和人才流失现象较为突出；在文化层面，乡村文化传承与发展面临现代化与传统之间的平衡难题，乡村文化认同感和凝聚力亟待加强；在环境层面，农村生态环境保护与资源可持续利用的矛盾日益凸显，农业生产方式亟待向绿色低碳转型；在治理层面，乡村基层治理体系和治理能力现代化仍需要进一步深化，以适应新时代农村社会发展的需要。

本节将从多个维度阐述中国乡村共同富裕的现状与挑战，既总结近年来政策实践的成效，也深入分析当前存在的主要问题及其成因。通过对经济、社会、文化、环境等多维度的综合分析，旨在揭示乡村共同富裕实现的复杂性和长期性，并为后续研究提供更具学术深度和逻辑性的理论框架与实践指导。同时，本节还将基于国际经验和前沿研究，提出一些可能的突破路径和创新思路，以期为推进乡村共同富裕的深入研究和政策制定提供参考依据。

一、乡村共同富裕的现状

（一）经济现状

1. 农民收入水平

中国农民的收入水平在过去几十年中实现了显著增长，这主要归功于改革开放以来实施的一系列农村经济体制改革和政策措施。根据国家统计局的数据，2021 年中国农村居民人均可支配收入达到了 18931 元，与 2012 年的水平相比，增长了 1.9 倍，这一增速明显高于同期城镇居民收入的增长速度，表明农村居民的收入水平得到了较快的提升。农民收入的增长主要来源于两个方面：一是农业生产的现代化和规模化；二是非农产业的蓬勃发展。在农业领域，通过推动农业机械化、推广高效种植技术以及实施规模化经营，农业生产效率得到了显著提升。这些措施不仅降低了生产成本，还提高了农产品的产量和质量，从而增加了农民的收入。例如，农业机械的广泛应用减少了人力需求，提高了耕作效率，使得农民能够更有效地管理更大的土地面积，从而增加收入。同时，非农产业的发展也为农民提供了更多的收入来源。随着农村经济结构的调整，乡村旅游、农产品加工、电子商务等新型业态不断涌现，为农民创造了新的就业机会和增收渠道。以乡村旅游为例，许多农村地区凭借其独特的自然风光和文化资源，吸引了大量城市游客，带动了当地餐饮、住宿、手工艺品销售等相关产业的发展，使得农民能够从中获得可观的收入。

此外，国家实施的精准扶贫政策也为农民收入的增长作出了重要贡献。通过精准识别贫困对象，制定有针对性的帮扶措施，如产业扶持、教育扶贫、健康扶贫等，有效提升了贫困人口的自我发展能力，帮助他们摆脱贫困，实现了收入的稳步增长。然而，尽管取得了显著成就，中国农村居民的收入水平与城市居民相比仍然存在较大差距。城乡收入差距是实现共同富裕进程中需要重点解决的问题。

2. 产业结构优化

乡村产业结构的优化是推动农村经济发展的重要途径。中国政府通过推进农业供给侧结构性改革，不断优化种植结构，发展特色农业和高附加值农业，显著提升了农业的整体竞争力。根据国家统计局的数据，2021 年中国农业总产值达到了 83085 亿元，较 2015 年增长了 28.5%。这些成就的取得，离不开一系列政策措施的支持和农村经济的内生动力。在优化种植结构方面，政府大力推广高效种植技术和生态农业模式，鼓励农民种植高附加值的经济作物，如水果、蔬菜、中药材等。例如，山东省通过实施

“一村一品”战略，发展特色农业，成功提升了农产品的市场竞争力。数据显示，2021 年山东省特色农作物种植面积达到 1500 万亩，产值超过 1000 亿元，为农民增收作出了重要贡献。

此外，发展特色农业和高附加值农业不仅提高了农产品的市场竞争力，还促进了农村产业链的延伸和增值。以农产品加工为例，通过发展农产品深加工产业，不仅提高了农产品的附加值，还解决了农村剩余劳动力的就业问题。据统计，2020 年中国农产品加工业总产值达到 23.2 万亿元，同比增长 4.1%，为农村经济发展提供了新的增长点。农村非农产业的发展也是推动乡村产业结构优化的重要方向。近年来，电子商务在农村的普及，不仅提高了农产品的销售效率，还带动了相关服务产业的发展。例如，农村电商平台的建设，使得农民可以直接将农产品销售到全国各地，缩短了供应链，增加了收益。2021 年，中国农村网络零售额达到 2.05 万亿元，同比增长 11.3%，成为农村经济新的增长点。

数字化技术的应用为农村产业结构的优化提供了强大的动力。例如，物联网技术在农业中的应用，实现了精准农业的管理，提高了资源利用效率。无人机、智能灌溉系统和农业大数据平台等技术的普及，使农业生产更加高效和可持续。2021 年，中国农业数字化水平达到 31.1%，较 2015 年提高了 12.1 个百分点，为农村经济发展注入了新的活力。

3. 基础设施建设

中国政府高度重视农村基础设施建设，将其作为推动乡村振兴和实现共同富裕的重要战略举措。在农村基础设施领域，中国政府通过持续的资金投入和系统性规划，取得了显著成效。截至 2021 年，全国 99% 以上的建制村已经实现了硬化路和客车的覆盖，95% 以上的行政村实现了光纤和 4G 网络的覆盖，这些成就为农村经济社会发展提供了坚实的基础支撑。首先，在农村交通设施方面，政府通过实施“四好农村路”建设计划，推动农村公路的硬化和升级改造，有效改善了农村的交通条件。《中国农村发展报告 2022》[71] 的数据显示，截至 2021 年底，全国农村公路总里程达到 440 万公里，其中硬化路比例达到 99% 以上。农村道路的改善不仅方便了农民的出行，还促进了农产品运输和乡村旅游的发展。例如，云南省通过改善农村公路网络，使得特色农产品的运输成本降低了30%，带动了农民收入的增长。其次，在农村通信设施方面，政府大力推进“宽带中国”战略和“电信普遍服务”试点工程，加快了农村光纤和4G网络的覆盖。2021年，全国95%以上的行政村实现了光纤和4G网络的覆盖，农村家庭宽带普及率达到90%，较2015年提升了50个百分点。这些通信设施的改善为农村电子商务、远程教育和医疗等新兴业态的发展提供了重要支持。例如，浙江省通过推广农村电商服务站点，使得农产品线上销售额在2021年达到200亿元，同比增长35%。最后，在农村水利设施方面，政府实施了一系列重大水利工程和农村饮水安全工程，显著提升了农村水资源的利用效率和农民生活质量。根据水利部发布的《2021年中国水利发展报告》，截至2021年底，全国农村自来水普及率达到84%，较2015年提高了15个百分点。特别是在干旱和半干旱地区，通过建设水库、灌溉渠系和节水设施，有效解决了农业灌溉问题，提高了粮食生产能力。例如，宁夏回族自治区通过实施高效节水灌溉工程，使得粮食产量在2021年达到300万吨，较2015年增长了20%。

此外，在农村电力设施方面，政府通过实施农村电网改造升级工程，显著提升了农村电力供应的稳定性和可靠性。2021年，全国农村电网覆盖率达到99%以上，农村居民生活用电量达到700亿千瓦时，较2015年增长了40%。电力的稳定供应为农村居民的生产和生活提供了重要保障，特别是在农业机械化、农产品加工和新能源应用方面发挥了重要作用。例如，内蒙古自治区通过推广农牧业电气化设备，使得农牧民的生产效率提高了30%，年均增收超过5000元。

（二）社会现状

1. 教育水平

农村教育水平的提升是实现社会公平和促进农村发展的重要途径。中国政府一直致力于提高农村教育质量，通过实施一系列政策和措施，包括农村义务教育学校现代化建设、教师队伍培训等取得显著成效。根据教育部发布的《2021年全国教育事业发展统计公报》[72]，截至2021年底，全国

95%以上的农村义务教育学校达到了“20条底线”要求，农村学校硬件设施和师资力量得到明显改善。

（1）在硬件设施建设方面。

自2018年起，中国政府启动了农村义务教育薄弱学校改造计划，旨在改善农村学校的办学条件。这一计划重点支持了校舍建设、运动场地改造以及图书和实验设备的更新。教育部数据显示，2021年，全国农村义务教育学校校舍建筑面积较2018年增加了1.2亿平方米，体育运动场馆面积增加了0.8亿平方米，图书藏量增加了2亿册，实验仪器设备值增加了360亿元。这些投入有效提升了农村学校的教学环境和资源供给，缩小了城乡间教育资源的差距。

（2）师资队伍建设方面。

政府通过实施“特岗计划”“国培计划”等项目，吸引和培养优秀教师向农村地区流动。截至2021年，全国共有23万名特岗教师在中西部农村学校任教，同时，“国培计划”累计培训教师校长超过1700万人次。这些措施有效缓解了农村地区教师短缺的问题，并提升了教师的专业素质和教学水平。

（3）智慧教育方面。

在线教育和智慧课堂的推广也为农村教育带来了新的发展机遇。通过互联网技术，农村学生可以享受到优质的在线课程资源，与城市学生共享先进的教学内容和方法。根据中国互联网络信息中心（CNNIC）发布的第55次《中国互联网络发展状况统计报告》，截至2024年12月，我国农村网民规模已达3.13亿，农村地区互联网普及率为65.6%。随着农村网络基础设施的不断完善，在线教育和智慧课堂的应用将更加普及，进一步缩小城乡教育差距。然而，尽管取得了显著进展，农村教育仍面临一些挑战。例如，部分地区尤其是偏远山区的学校仍然存在教育资源不足、师资力量薄弱等问题。因此，未来需要继续加大对农村教育的投入，优化资源配置，提高教师待遇，吸引更多优秀人才投身农村教育事业，从而进一步提升农村教育的整体水平，为实现教育公平和社会和谐作出更大贡献。

2. 医疗保障

农村医疗保障体系的完善是保障农民健康和促进农村社会稳定的重要基础。中国政府高度重视农村医疗卫生事业的发展，通过实施新型农村合作医疗制度、基本公共卫生服务均等化等政策措施，显著提高了农村医疗保障的覆盖面和质量。根据国家卫生健康委员会发布的《2021 年我国卫生健康事业发展统计公报》[73]，截至 2021 年底，全国农村合作医疗参合率达到 99.8%，基本公共卫生服务覆盖了所有农村居民，为农民提供了更加坚实的健康保护网。首先，在新型农村合作医疗方面，自 2003 年试点以来，该制度已覆盖了全国所有农村地区。2021 年，中国农村居民参加新型农村合作医疗的人数达到 9.8 亿人，参合率高达 99.8%，参合农民的医疗费用报销比例也得到了显著提高。根据国家医保局的数据，2021 年，农村居民政策范围内住院费用报销比例达到 70%，较 2012 年提高了 10 个百分点。此外，新型农村合作医疗还逐步将更多常见病、慢性病纳入报销范围，减轻了农民的医疗负担。

其次，在基本公共卫生服务均等化方面，中国政府持续加大对农村公共卫生服务的投入，确保农村居民能够享受到与城市居民同等的基本公共卫生服务。2021 年，国家基本公共卫生服务项目人均财政补助标准提高至 79 元，比 2012 年的 25 元增长了 2.16 倍。这些服务包括预防接种、儿童健康管理、老年人健康管理、慢性病患者管理等。据统计，2021 年，全国农村地区共建立居民健康档案超 10 亿份，高血压、糖尿病患者规范管理率分别达到 65% 和 60% 以上，有效控制了慢性病的发病率。

此外，数字医疗的应用也为提升农村医疗服务水平带来了新的机遇。远程医疗技术的发展使得城市优质的医疗资源可以跨越地理限制，服务于偏远地区的农民。根据国家卫生健康委员会的数据，截至 2021 年底，全国已建立医联体超过 1.5 万个，通过远程医疗系统，基层医疗机构可以与上级医院实现远程会诊、远程诊断等功能，极大地提高了农村医疗服务的可及性和质量。同时，智能健康管理系统也正在逐步推广，通过移动应用程序和可穿戴设备，农民可以实时监测自己的健康状况，并获得个性化的健康建议。

3. 社会保障

农村社会保障体系的建立和完善是实现社会公平和促进农村社会稳定的重要手段。中国政府通过实施农村居民养老保险、最低生活保障制度等措施，显著提高了农村居民的社会保障水平，确保了大多数农民的基本生活保障。根据国家统计局和民政部发布的数据，截至2021年底，全国农村居民基本养老保险参保人数达到5.4亿，最低生活保障制度覆盖了1900万农村居民。这些措施有效缓解了农村居民的养老和贫困问题，为农村社会的和谐发展提供了重要支撑。

在农村居民养老保险方面，自2009年新型农村社会养老保险试点启动以来，该制度已覆盖全国所有农村地区。2021年，全国农村居民基本养老保险参保人数达到5.4亿，参保率超过95%。根据人力资源和社会保障部的数据，2021年，农村居民基础养老金标准从2012年的每月55元提高到每月93元，年均增长5.4%。此外，政府还通过财政补贴和个人缴费相结合的方式，逐步提高农村居民的养老金水平。例如，江苏省通过提高财政补贴比例，使得农村居民月均养老金在2021年达到180元，较2015年增长了60%。

在农村最低生活保障制度方面，政府通过实施“应保尽保”政策，确保符合条件的农村贫困人口能够享受到基本生活保障。2021年，全国农村最低生活保障制度覆盖了1900万农村居民，较2012年的5300万大幅减少，这反映了脱贫攻坚战的显著成效。根据民政部的数据，2021年，全国农村低保平均标准为每人每年5842元，较2012年的2068元增长了1.8倍。此外，政府还通过动态调整机制，确保低保标准与经济发展水平和物价水平相适应。例如，浙江省通过建立低保标准与居民收入挂钩的机制，使得2021年农村低保标准达到每人每年8000元，位居全国前列。

在社会保障信息化管理方面，政府通过大数据平台和信息化技术，实现了社会保障的精准管理和高效服务。2021年，全国社会保障信息系统已覆盖所有县级行政区，实现了农村居民养老保险、最低生活保障等社会保障业务的全流程信息化管理。通过大数据分析，政府能够精准识别贫困人口和低收入群体，确保社会保障资源的合理分配。例如，贵州省通过大数据平台，实现了对农村低保对象的动态监测和精准识别，使得2021年低保对象的识别准确率达到98%以上。

然而，尽管农村社会保障体系取得了显著进展，仍存在一些挑战。例如，部分地区的农村居民养老保险待遇水平较低，难以满足老年人的基本生活需求；农村最低生活保障制度的覆盖面和标准仍需要进一步提高；社会保障信息化管理的深度和广度有待拓展。因此，需要继续加大对农村社会保障体系的投入，提高养老保险待遇水平，扩大最低生活保障制度的覆盖面，同时加强社会保障信息化建设，提升社会保障服务的精准度和效率。

（三）文化现状

1. 文化设施

农村文化设施的建设是丰富农民精神生活、提升农村文化素质的重要途径。中国政府一直致力于推动农村文化振兴，通过实施多项文化惠民工程，如农家书屋、文化礼堂、文化广场等，有效提升了农村的文化设施水平和文化氛围。在农家书屋建设方面，自2007年起，国家新闻出版总署和原国家广播电视总局共同启动了农家书屋工程。截至2021年底，全国共建成农家书屋58.7万个，覆盖了90%以上的行政村，累计投入资金170多亿元，配送图书超过12亿册。这些书屋不仅为农民提供了丰富的阅读资源，还成为农村文化传播的重要阵地。根据国家新闻出版总署的数据，2021年，全国农家书屋共举办各类阅读推广活动13.8万场次，吸引读者超过1亿人次，有效地促进了乡村阅读风气的形成。

在文化礼堂建设方面，自2011年起，浙江省率先在全国开展农村文化礼堂建设，随后逐步推广至全国。截至2021年底，全国已建成农村文化礼堂超过10万个，成为集思想引领、道德教化、文化传承等功能于一体的农村文化综合体。这些文化礼堂定期举办各类文化活动，如文艺演出、书法绘画展览、传统节日庆典等，极大地丰富了农民的精神文化生活。以浙江省为例，截至2021年底，全省已建成农村文化礼堂2.5万个，实现500人以上行政村全覆盖，每年开展各类文化活动超过100万场次，参与人次超过1亿。

在文化广场建设方面，2014 年，原文化部启动了“乡村文化广场”建设试点工作，旨在为农民提供集休闲娱乐、文化活动于一体的公共空间。截至 2021 年底，全国已建成农村文化广场超过 50 万个，面积达到 10 亿平方米，成为农民开展体育锻炼、举办民间文艺活动的重要场所。根据国家体育总局的数据，2021 年，全国农村地区经常参加体育锻炼的人数达到 3.5 亿人，较 2015 年增加了 5000 万人，文化广场的建设在其中发挥了重要作用。

此外，随着信息技术的发展，数字文化设施也在农村地区得到广泛应用。例如，农村数字影院、数字图书馆、数字农家书屋等项目，通过互联网和数字化技术，让农民能够享受到更加便捷、丰富的文化资源。据不完全统计，2021 年，全国农村数字影院覆盖率达到 85%，数字图书馆服务覆盖了 70% 的行政村，数字农家书屋覆盖了 60% 的农家书屋，有效缩小了城乡之间的文化差距。

尽管在农村文化设施建设方面取得了显著成绩，但仍存在一些问题和挑战。例如，部分地区的文化设施利用率不高，缺乏专业的文化管理和运营人才；文化服务内容和形式相对单一，不能完全满足农民多样化的精神文化需求；农村文化设施的维护和管理机制不够健全，可持续性发展面临一定困难。因此，未来需要进一步加强农村文化设施的建设和管理，提高文化服务质量，创新文化服务方式，激发农村文化的内在活力，使农村文化设施真正成为农民精神生活的重要依托和农村文化建设的重要平台。

2. 文化活动

农村文化活动的开展在提升农民文化素养方面扮演着至关重要的角色。中国政府深刻认识到文化活动对于农村社会全面发展的推动作用，因此通过大力实施农村文化下乡、农村文艺节等多样化的文化活动，丰富了农民的文化生活。这些举措不仅为农民提供了展示自我、交流学习的平台，更在潜移默化中提升了他们的文化素养，进而增强了农民的文化自信和社会归属感。以具体数据为例，2021 年全国范围内共开展了农村文化下乡活动近 10 万场，这一数字相比于前几年有了显著的增长。这些活动深入广大农村地区，覆盖了近 2 亿的农村居民，占到了农村总人口相当大的比例。活动内容涵盖了文艺演出、图书捐赠、科技普及等多个方面，旨在全面提升农民的文化素养和科技水平。此外，农村文艺节等活动也成为农民展示自身文化才华的重要舞台。在这些活动中，农民们自编自导自演，充分展示了他们的创造力和艺术才华。这不仅丰富了农村地区的文化生活，也让农民在参与过程中提升了自我认同感和文化自信。值得一提的是，这些文化活动的开展还得到了社会各界的广泛支持和参与。许多文化机构、企业和个人都积极参与到农村文化建设的热潮中，为农村地区送去了宝贵的文化资源和精神食粮。然而，尽管取得了显著的成效，农村文化活动的开展仍面临一些挑战。例如，活动经费的筹措、专业人才的缺乏以及农民参与度的提升等问题都需要进一步解决。因此，未来政府和社会各界应继续加大对农村文化活动的投入和支持，推动农村文化建设的持续发展。

3. 文化传承

农村文化的传承是保护和发展传统文化的重要途径，对于维护文化多样性、促进社会和谐具有不可替代的作用。中国政府高度重视农村文化的保护和传承工作，通过实施农村非物质文化遗产保护、农村基层文化项目建设等一系列措施，有效地保存和弘扬了丰富的农村传统文化。这些措施不仅丰富了农村的文化内涵，还激发了传统文化的创新活力，为农村文化的可持续发展奠定了坚实基础。

在农村非物质文化遗产保护方面，中国政府自2006年起启动了国家非物质文化遗产名录的申报工作，并逐步将农村地区的传统技艺、民俗活动、音乐舞蹈等纳入保护范围。截至2021年底，全国共列入了4000余项农村非物质文化遗产项目，其中包括国家级、省级和市县级项目。在国家级非物质文化遗产项目中，与农村相关的占比超过60%，涉及传统手工艺、民间文学、民俗活动等多个领域。例如，山东省的“烟台剪纸”和云南省的“彝族火把节”均被列入国家级非物质文化遗产名录，成为农村文化传承的重要代表。根据文化和旅游部的数据，2021年全国共对2000余项农村非物质文化遗产项目进行了重点保护，投入资金超过10亿元，用于项目的记录、传承人培训和宣传推广。

在基层文化项目建设方面，中国政府通过实施“送戏下乡”“文化惠民工程”等基层文化项目，广泛开展农村文化活动，推动传统文化与现代文化的融合。截至 2021 年底，全国共实施农村基层文化项目 1000 余项，累计投入资金超过 50 亿元，覆盖了全国 95% 以上的农村地区。这些项目不仅为农村居民提供了丰富多彩的文化活动，也为传统文化的传承和创新提供了平台。例如，河南省通过“戏曲进乡村”项目，每年为农村地区送去 3000 余场戏曲演出，惠及农村观众超过 500 万人次，既丰富了农民的文化生活，又促进了地方传统戏曲的传承与发展。

此外，中国政府还通过设立非物质文化遗产传承人制度，支持农村传统文化的代际传承。截至 2021 年，全国共有 3000 余名农村非物质文化遗产项目的代表性传承人，政府每年为每位传承人提供 2 万元的传习补助，用于培养下一代传承人和开展传承活动。例如，贵州省的“侗族大歌”传承人通过在乡村学校开设传承班，培养了 500 余名年轻传承人，确保了这一国家级非物质文化遗产的传承后继有人。

尽管农村文化传承工作取得了显著成效，但仍面临一些挑战。例如，部分农村非物质文化遗产项目传承人老龄化严重，年轻人参与传承的积极性不高；农村文化基础设施相对薄弱，制约了文化活动的开展；传统文化的创新发展能力不足，难以适应现代社会的需求。因此，需要进一步加大对农村文化传承的支持力度，完善传承人培养机制，加强农村文化基础设施建设，推动传统文化的创造性转化和创新性发展。

（四）环境保护现状

1. 生态建设

农村生态建设是实现可持续发展的重要内容，对于改善农村人居环境、提升农民生活质量具有重要作用。中国政府通过实施农村环境整治、生态环境保护等一系列措施，显著改善了农村的生态环境，提升了农村的生态质量。这些举措不仅为农民提供了更加宜居的生活环境，还为农村的可持续发展奠定了坚实基础。首先，在农村环境整治方面，中国政府自 2008 年起启动了“农村环境连片整治示范项目”，并逐步在全国范围内推广。截至 2021 年底，全国共开展了 10 万个农村环境整治项目，覆盖了近 3 亿农村居民。这些项目重点解决农村生活污水、垃圾处理、卫生厕所改造等环境问题。根据生态环境部的数据，2021 年全国农村生活污水处理率达到 35%，农村生活垃圾处理率达到 90%，卫生厕所普及率达到 68%。例如，江苏省通过实施农村生活污水集中处理，2021 年实现了农村生活污水处理率达到 45%，比 2015 年提高了 20 个百分点。这些措施显著改善了农村的环境卫生状况，提升了农民的生活质量。其次，在生态环境保护方面，中国政府积极推进农村地区的生态环境保护和修复工作。2018 年，国家发改委和生态环境部共同发布了《农村生态环境保护行动计划》，提出了一系列具体措施，包括水土保持、植树造林、湿地保护等。截至 2021 年底，全国累计完成农村植树造林面积 1.5 亿亩，新增湿地保护面积 1000 万亩。根据自然资源部的数据，2021 年全国农村水土流失综合治理面积达到 1.2 亿亩，治理效果显著。例如，陕西省通过实施黄土高原水土保持项目，2021 年治理水土流失面积达到 1500 万亩，水土流失面积减少 20% 以上，生态环境显著改善。此外，生态农业的发展为农村生态环境的进一步改善提供了有力支持。中国政府通过推广生态农业技术、发展有机农业、实施农业面源污染防治等措施，有效减少了农业生产对环境的负面影响。2021 年，全国生态农业种植面积达到 1.2 亿亩，有机农业认证面积达到 1000 万亩。根据农业农村部的数据，2021 年全国化肥使用量比 2015 年减少了 15%，农药使用量减少了 20%，农业面源污染得到了有效控制。例如，山东省通过推广测土配方施肥技术，2021 年化肥使用量减少了 18%，促进了农业的可持续发展。尽管农村生态建设取得了一定成效，但仍面临一些挑战。例如，部分地区的农村环境整治和生态保护资金不足，技术水平和管理水平有待提高；农民的环保意识仍然较为薄弱，参与环境保护的积极性不高；农村生态环境保护的长效机制尚未完全建立。

2. 绿色发展

农村绿色发展是提升农民生活质量的重要途径，对于实现农业可持续发展、改善农村生态环境具有重要意义。中国政府通过实施绿色农业、生态旅游等一系列措施，积极推广绿色生产方式，显著提高了农村的绿色发展水平，为农民带来了实实在在的好处。首先，在绿色农业方面，中国政府致力于推动农业生产的绿色化和生态化。通过实施化肥减量、农药减量、有机肥替代等绿色农业技术，有效减少了农业生产对环境的负面影响。截至2021年底，全国共推广绿色农业面积1.5亿亩，占全国耕地总面积的10%以上。根据农业农村部的数据，2021年全国化肥使用量比2015年减少了15%，农药使用量减少了20%。通过推广测土配方施肥、病虫害绿色防控等技术，农业面源污染得到有效控制。例如，江苏省在推广绿色农业技术方面取得了显著成效，2021年化肥使用量比2015年减少了18%，农药使用量减少了22%，绿色农业面积达到2000万亩，占全省耕地面积的20%以上。其次，在生态旅游方面，中国政府积极发展农村生态旅游，将其作为促进农村经济多元化和农民增收的重要途径。通过打造乡村旅游示范区、农家乐、民宿等业态，农村地区的自然资源和文化资源得到了有效利用。截至2021年底，全国共开展生态旅游项目5000余个，覆盖了3000多个县（市、区），直接或间接带动了200万农村劳动力就业。根据文化和旅游部的数据，2021年全国乡村旅游接待人数达到30亿人次，旅游总收入超过1.2万亿元。例如，河南省通过发展乡村旅游，2021年接待游客超过3亿人次，旅游总收入达到1500亿元，有效提升了农民的经济收入和生活质量。此外，中国政府还通过一系列政策措施支持农村绿色发展。例如，2020年，财政部和农业农村部联合发布了《关于全面推进绿色农业发展的指导意见》[74]，提出了一系列扶持政策和资金支持措施，包括加大对绿色农业项目的财政补贴、提供技术支持和培训等。2021年，中央财政投入绿色农业项目的资金达到200亿元，支持了1000多个绿色农业项目。同时，各地政府也因地制宜，出台了一系列鼓励绿色农业和生态旅游发展的政策措施，如土地使用权优惠、税收减免等。尽管农村绿色发展取得了显著成效，但仍面临一些挑战。例如，部分农民的绿色生产意识较为薄弱，缺乏必要的技术和资金支持；绿色农业和生态旅游项目的管理和运营水平有待提高；农村绿色发展机制尚不完善，缺少长效的激励机制。因此，需要进一步加强政策支持和技术培训，提高农民的绿色生产意识和能力，完善农村绿色发展机制，增强绿色农业和生态旅游项目的可持续性和竞争力。

3. 资源利用

农村资源的合理利用是实现环境保护的重要手段，对于推动农村可持续发展、改善生态环境具有重要意义。中国政府通过实施资源循环利用、环境治理等一系列措施，显著提高了农村资源的利用效率，减少了资源浪费和环境污染，为农村的绿色发展奠定了坚实基础。首先，在资源循环利用方面，中国政府积极推动农村废弃物的资源化利用，将其作为实现农村资源高效利用的重要途径。通过实施秸秆综合利用、畜禽粪污资源化利用、农村生活垃圾回收等项目，农村废弃物的资源化利用率显著提高。截至2021年底，全国共实施农村废弃物资源化利用项目2万个，覆盖了全国80%以上的农村地区。根据农业农村部的数据，2021年全国秸秆综合利用率达到87%，畜禽粪污资源化利用率达到75%，农村生活垃圾回收率达到60%。例如，山东省通过推广秸秆还田、秸秆饲料化等技术，2021年秸秆综合利用率达到90%，比2015年提高了15个百分点，有效减少了秸秆焚烧对环境的污染。其次，在农村环境治理方面，中国政府通过实施农村生活污水治理、农村垃圾处理、土壤修复等项目，显著改善了农村的环境质量。截至2021年底，全国共实施农村环境治理项目1万个，覆盖了近3亿农村居民。根据生态环境部的数据，2021年全国农村生活污水处理率达到35%，农村生活垃圾处理率达到90%，卫生厕所普及率达到68%。例如，浙江省通过实施农村生活污水集中处理，2021年农村生活污水处理率达到50%，比2015年提高了25个百分点，显著改善了农村的水环境质量。此外，中国政府还通过一系列政策措施支持农村资源的合理利用。例如，2017年，国务院发布了《关于加快推进畜禽养殖废弃物资源化利用的意见》[75]，提出了一系列扶持政策和资金支持措施，包括加大对畜禽粪污资源化利用项目的财政补贴、提供技术支持和培训等。2021年，中央财政投入农村资源循环利用和环境治理项目的资金达到300亿元，支持了5000多个项目。同时，各地政府也因地制宜，出台了一系列鼓励资源循环利用和环境治理的政策措施，如土地使用权优惠、税收减免等。尽管农村资源合理利用取得了显著成效，但仍面临一些挑战。例如，部分地区的资源循环利用和环境治理技术水平较低，缺乏必要的资金支持；农民的环保意识仍然较为薄弱，参与资源循环利用和环境治理的积极性不高；农村资源合理利用的长效机制尚未完全建立。因此，需要进一步加强政策支持和技术培训，提高农民的环保意识和能力，完善农村资源合理利用机制，增强资源循环利用和环境治理项目的可持续性和竞争力。

二、乡村共同富裕的挑战

（一）经济发展挑战

1. 城乡收入差距

尽管近年来中国农民的收入水平有所提高，城乡收入差距仍然是一个突出的社会问题。根据国家统计局发布的最新数据，2021 年城镇居民人均可支配收入达到 47412 元，而农村居民人均可支配收入仅为 18931 元，城乡收入比达到 2.51∶1。这一差距不仅体现在经济收入上，还表现在生活质量、就业机会、社会保障等多个方面，反映出城乡发展不平衡的深层次问题。从收入水平来看，城镇居民与农村居民的可支配收入差距显著，2021 年城镇居民的可支配收入是农村居民的 2.51 倍，尽管这一差距在过去十年中有所缩小，但仍维持在较高水平。从地区分布来看，城乡收入差距的差异更加明显，东部沿海发达地区的城乡收入差距相对较小，而中西部欠发达地区的城乡收入差距则更为显著。城乡收入差距不仅体现在经济收入上，还表现在生活质量、就业机会、社会保障等多个维度，城镇居民在住房条件、教育资源、医疗服务等方面具有显著优势，就业机会也更加多样化，工资水平更高，社会保障覆盖面更广，保障水平也更高。缩小城乡收入差距需要多方面的努力，包括推动农村产业发展、提升农民技能、改革农村土地制度等。其具体措施包括发展现代农业、推动农村电商、发展乡村旅游等新兴产业，加强农民的职业技能培训，完善土地承包经营权流转市场，探索农村集体经营性建设用地入市等。同时，借鉴国际经验，如日本通过“农协”组织推动农村经济发展，德国通过“城乡一体化”政策提升农村地区的公共服务水平，美国通过“农业补贴”和“农村基础设施建设”促进农村经济的快速发展，这些国家的成功经验表明，通过政策支持和社会投资，可以有效缩小城乡收入差距。综上所述，城乡收入差距是一个复杂的系统性问题，涉及经济、社会、政策等多个方面，需要通过多维度的综合施策，逐步实现城乡协调发展，促进共同富裕。

2. 产业结构单一

中国农村地区的产业结构依然相对单一，主要依赖传统农业，尽管近年来通过发展乡村旅游、农产品加工业等新型业态，农村产业结构有所优化，但传统农业的比重仍然较高。产业结构的单一性限制了农村经济的发展潜力，并增加了经济风险，特别是在气候变化、市场波动等外部环境不确定性增加的背景下，农村经济的脆弱性更加凸显。为应对这一挑战，需要通过技术创新和政策支持，进一步优化农村产业结构，提升农村经济的多样性和可持续性。这包括加大对农业科技的投入，推广高效农业技术，如智能农业、精准农业和生物技术在农业中的应用，以提高农产品的产量和质量，增加农业附加值；同时，鼓励发展农村服务业和旅游业，促进农村三次产业的融合发展，从而实现农村经济的多元化和可持续发展。此外，政府应提供相应的政策支持，如财政补贴、税收优惠、信贷支持等，以激励企业和农民参与农村新兴产业的发展；加强基础设施建设，特别是信息技术和物流网络的建设，以降低农产品流通成本，提高市场竞争力。通过这些综合措施，不仅能够提高农村经济的抗风险能力，还能为农村居民创造更多就业机会，提高收入水平，从而推动农村经济的全面振兴和可持续发展。

3. 技术应用不足

农村地区的数字技术应用水平仍然较低，限制了农村经济的高质量发展。尽管近年来通过数字乡村建设，农村的信息化水平有所提高，但在与城市的对比中，仍存在显著差距。例如，农村地区的互联网普及率和数字化应用水平远低于城市。根据国家统计局的数据，2021 年全国城镇地区的互联网普及率达到了 78.5%，而农村地区的互联网普及率仅为 59.2%，这表明农村在信息化基础设施建设方面仍有较大提升空间。不仅如此，农村地区的数字技术应用深度和广度也相对有限，尤其是在农业生产和农村管理领域，数字化工具和技术的应用仍然滞后。例如，智能农业设备、精准农业技术在农村的应用比例较低，农村电商和在线服务的覆盖率也相对较低。这不仅限制了农业生产的效率和产品质量，还影响了农村居民的生活质量和经济收入。

为应对这一挑战，需要通过技术创新和模式创新，加速农村数字技术的应用，提升农村经济的现代化水平。其具体措施包括：加大农村信息化基础设施的投入，加快宽带网络和5G技术在农村地区的覆盖，确保农村地区具备基本的数字化基础设施；推动智能农业技术的研发和应用，如无人机、物联网、大数据和人工智能等技术在农业生产和管理中的广泛应用，提高农业生产的智能化水平；鼓励和引导企业、科研机构和高校与农村地区建立合作，提供技术支持和培训，提升农民的数字技能和信息化素养；发展农村电商和互联网金融，拓宽农产品的销售渠道，降低交易成本，提升农民的收入水平；完善政策支持体系，提供财政补贴、税收优惠、信贷支持等激励措施，吸引更多的社会资本和技术资源投入农村数字技术的发展。这些综合措施不仅可以提升农村地区的信息化水平，还能为农村经济的高质量发展提供强有力的支撑，促进农村地区全面振兴和可持续发展。

（二）社会发展挑战

1. 教育不均衡

尽管农村教育水平有所提升，但城乡教育差距依然较大。根据教育部的统计数据，2021年全国城镇地区的中小学平均教师数量为每百名学生10.5名，而农村地区仅为6.8名，显示出城乡教育资源配置的不平衡。优秀教师和先进教育设施仍然主要集中在城市，农村地区的优质教育资源相对匮乏，尤其是在高级中学和优质小学的分布上差距更为明显。例如，根据2021年的数据，全国城镇地区的小学高级职称教师比例为15.3%，而农村地区仅为7.8%。这些问题不仅影响了农村教育的质量和效果，还导致农村学生在升学和就业等方面处于不利地位。如何通过教育资源的优化配置和信息技术的应用，缩小城乡教育差距，提升农村教育的覆盖面和质量，是一个重要的挑战。其具体措施包括：增加农村教育投入，改善农村学校的硬件设施；吸引和留住优秀教师，提供更有竞争力的待遇和职业发展机会；利用信息技术，如在线教育平台和远程教学资源，为农村学生提供优质的学习内容和互动体验。

2. 医疗资源不足

农村地区的医疗资源仍然较为匮乏，尤其是在基层医疗设施和医疗人员方面。根据国家卫生健康委员会的数据，2021 年全国城镇地区的每千人卫生技术人员数为 8.6 人，而农村地区仅为 5.3 人。农村地区的医疗卫生设施和医疗设备相对落后，医疗人才短缺，医疗服务水平较低。例如，2021 年全国城镇地区的每万人拥有病床数为 7.2 张，而农村地区仅为 4.3 张。尽管通过远程医疗和智能健康管理系统等技术手段，在一定程度上改善了农村医疗服务的水平，但与城市相比，仍存在较大差距。如何通过医疗资源的优化配置和数字医疗的应用，提升农村医疗服务的质量和效率，是一个重要的挑战。其具体措施包括：加大对农村医疗卫生设施的投入，改善医疗设备和条件；通过政策引导和财政支持，吸引和培训更多的医疗人才到农村地区服务；推广远程医疗和智能健康管理，利用信息技术提高医疗服务的可及性和质量。

3. 社会保障不完善

农村地区社会保障体系的完善程度仍然不高，尤其是在养老保险、医疗保险和最低生活保障等方面。根据人力资源和社会保障部的统计数据，2021 年全国新型农村合作医疗制度的参保率为 90.5%，但实际报销比例仅为 55.3%，远低于城镇职工医疗保险的 75.8%。此外，农村地区的养老保险覆盖率虽然达到了 80.3%，但养老金水平较低，平均每月仅为 150 元，远低于城市退休人员的平均养老金 2000 元。尽管通过新型农村合作医疗制度和最低生活保障制度等政策，农村社会保障的覆盖面有所提高，但保障水平和保障效果仍有待提升。如何通过制度创新和信息化管理，进一步完善农村社会保障体系，提升保障水平和效果，是一个重要的挑战。其具体措施包括：优化社会保障政策，提高农村居民的保障水平和实际收益；加强社会保障信息化管理，利用大数据和云计算技术提高管理效率；加大对农村社会保障资金的投入，确保资金的充足和有效使用；开展社会保障宣传和教育活动，提高农村居民的参保意识和积极性。

（三）文化发展挑战

1. 文化设施不足

农村地区的文化设施建设相对滞后，影响了农民的精神生活和文化素养。根据国家统计局的数据，2021 年全国城镇地区的公共图书馆拥有量为每百万人 1.5 个，而农村地区仅为 0.8 个。文化中心和文化站的分布也存在类似的问题，城乡之间在文化设施的数量和质量上存在较大差距。例如，农村地区的图书馆藏书量较少，设施陈旧，无法满足农民对文化知识的需求；文化中心和活动场所的面积有限，难以容纳大量的文化活动。尽管通过政府的投入，农村文化设施的数量有所增加，但与城市相比，仍然远远不足。如何通过文化设施的建设和信息技术的应用，丰富农民的文化生活，提升文化素养，是一个重要的挑战。其具体措施包括：加大对农村文化设施建设的投入，增加图书馆、文化中心等设施的数量和质量；利用现代信息技术，如数字图书馆和在线文化资源平台，为农民提供丰富的文化内容和便捷的访问方式；鼓励社会力量参与农村文化设施建设，形成政府、社会和市场多方共建共享的文化发展格局。

2. 文化活动缺乏

农村地区的文化活动开展较少，影响了农民的参与感和文化自信。根据 2021 年全国文化事业统计数据，城镇地区的人均文化活动参与次数为每年 4.2 次，而农村地区仅为 1.8 次。文化活动的缺乏不仅限制了农民的文化生活，也影响了农村社区的凝聚力和文化认同感。尽管通过文化下乡、送戏下乡等措施，农村文化活动的开展有所增加，但活动的覆盖面和质量仍需提升。如何通过文化活动的多样化和信息化推广，丰富农民的文化生活，提升他们的文化参与感和幸福感，是一个重要的挑战。其具体措施包括：鼓励和支持农村基层文化组织和民间文化团体的发展，开展形式多样、内容丰富的文化活动；利用现代传媒手段，如网络直播、社交媒体等，推广农村文化活动，提高其知名度和参与度；加强对农村文化活动的政策支持和资金投入，确保活动的可持续性和有效性。

3. 文化传承艰难

农村地区的文化传承面临困难，尤其是非物质文化遗产的保护和传承。根据文化和旅游部的统计数据，我国目前有近10万项非物质文化遗产项目，其中大量分布在农村地区。然而，随着农村人口的外流和现代化的推进，许多传统文化和非物质文化遗产面临着失传的风险。传承人老龄化严重，年轻人对传统文化的兴趣和认同感减弱，导致文化传承链条的断裂。如何通过政策支持和技术创新，保护和传承农村的传统文化，提升农村的文化内涵和文化自信，是一个重要的挑战。其具体措施包括：建立健全非物质文化遗产的保护机制，加大对传承人的扶持和培养力度；利用现代科技手段，如三维扫描、虚拟现实等技术，记录和保存非物质文化遗产；开展传统文化教育和宣传活动，增强年轻人对传统文化的了解和认同感；推动文化产业与旅游业的融合发展，将传统文化元素融入乡村旅游和文化产业中，实现文化的保护与传承。

（四）环境保护挑战

1. 生态环境压力

农村地区的生态环境压力较大，尤其是水土流失、污染排放等问题。根据自然资源部的数据，截至2021年，全国水土流失面积达到295万平方公里，其中大部分分布在农村地区。农村地区的水资源污染、空气污染、土壤污染等问题仍较为突出。例如，农村地区的农业面源污染，如化肥、农药的过量使用，导致土壤和水体的污染；农村生活污水和垃圾处理设施不足，造成环境污染。尽管通过一系列生态建设措施，农村的生态环境有所改善，但环境治理的难度依然较大。如何通过技术创新和政策支持，有效治理农村的生态环境问题，提升生态环境质量，是一个重要的挑战。其具体措施包括：推广生态农业和有机农业，减少化肥和农药的使用；加强农村污水处理和垃圾处理设施的建设，提高处理能力和效率；实施山水林田湖草沙一体化保护和修复工程，提升农村生态系统的质量和稳定性。

2. 资源利用效率低

农村地区的资源利用效率较低，尤其是水资源和土地资源。根据水利部的数据，2021 年全国农业用水量占总用水量的 62%，但农业用水效率仅为 50% 左右，远低于城市供水的 80% 以上。传统农业生产方式的资源浪费和环境污染问题较为严重，影响了农村的可持续发展。如何通过资源循环利用和绿色生产方式的推广，提高资源利用效率，减少资源浪费和环境污染，是一个重要的挑战。其具体措施包括：推广节水灌溉技术，如滴灌、喷灌等，提高农业用水效率；实施土地整理和复垦工程，提高土地的利用效率和生产能力；发展循环经济和生态农业，实现资源的综合利用和循环利用。

3. 环境治理体系不完善

农村地区的环境治理体系不完善，环境监管和治理能力有待提升。根据国家统计局数据，2021 年全国县级环保部门的环境监察人员数量为每万人中仅 0. 5 人，而在农村地区，这一比例更低。环境监管和治理能力的不足导致了农村环境问题的治理效果不佳。如何通过制度创新和信息化管理，完善农村的环境治理体系，提升治理效果，是一个重要的挑战。其具体措施包括：建立健全农村环境治理体系，明确各级政府和相关部门的职责；加强环境监管和执法力度，严厉打击环境违法行为；利用信息化手段，如环境监测网络和大数据平台，提高环境监管和治理的效率和准确性；加强环境教育和宣传，提高农民环保意识和参与度。

第三节　乡村共同富裕的目标与路径

乡村共同富裕是中国特色社会主义现代化建设的重要内容，也是实现乡村振兴和国家全面发展的重要目标。这一目标不仅是对传统城乡二元结构的挑战，更是对社会主义核心价值观在基层实践的具体体现。乡村共同富裕不仅意味着经济上的平等和繁荣，即缩小城乡收入差距、提高农民生活质量和实现农村经济可持续发展，它还包括社会、文化和环境等多方面的协调发展。社会层面的共同富裕体现在提高农村社会保障水平、促进社会治理现代化和实现社会公平与包容上；文化层面的共同富裕则涉及保护和传承农村传统文化、丰富农民精神文化生活以及推动农村文化的创新发展；环境层面的共同富裕则致力于改善农村生态环境质量、实现资源的可持续利用和提升农民的环保意识与参与度（见图2－1）。本节将从学术和前沿的角度，详细阐述乡村共同富裕的目标与路径。学术层面，本书将深入探讨乡村共同富裕的理论基础，包括但不限于马克思的再生产理论、社会公平理论以及可持续发展理论等，这些理论为理解乡村共同富裕提供了坚实的学术支撑。前沿角度则聚焦于最新的政策实践和技术创新，如“数字乡村”战略的实施、绿色农业技术的发展以及农村金融服务的创新，这些前沿实践为乡村共同富裕的实现提供了具体的操作路径。通过全面、深入地分析乡村共同富裕的经济、社会、文化和环境维度，以及结合学术理论和前沿实践，可以更好地理解乡村共同富裕的复杂性和多样性，推动乡村发展与国家现代化建设的有机结合，最终实现全国人民的共同富裕。

图2－1　乡村共同富裕目标示意图

一、乡村共同富裕的目标

（一）经济目标

1. 缩小城乡收入差距

缩小城乡收入差距是实现乡村共同富裕的核心经济目标之一。根据国家统计局的数据，尽管近年来农村居民的收入水平有所提高，但城乡收入差距仍然较大。2022年，城镇居民人均可支配收入为49283元，而农村居民人均可支配收入为20133元，城乡收入比为2.45：1，虽然较2012年的

3. 1：1 有所缩小，但差距依然显著。此外，城乡居民收入的中位数差距更大，农村居民收入中位数仅为城镇的 53. 2%，显示出农村居民内部的收入不平等问题同样突出。

实现这一目标的关键在于优化农村资源分配、推动农村产业发展和提升农民技能。例如，通过推进农村土地制度改革，提高土地利用效率。2021 年，全国农村承包地确权登记颁证率达到 96%，土地流转面积超过 5. 3 亿亩，占家庭承包经营耕地面积的 37. 9%，有效促进了土地的规模化经营和高效利用。通过发展乡村旅游、农产品加工业等新型业态，拓宽农民的收入渠道。根据农业农村部的数据，2022 年乡村旅游直接带动就业人数超过 800 万，乡村旅游收入达到 1. 6 万亿元，占全国旅游总收入的 14. 3%。通过技能培训和教育提升，增强农民的就业能力和竞争力。2020 年，全国农村劳动力技能培训覆盖率达到 56. 7%，农村居民非农就业比重从 2012 年的 35. 6% 上升至 2022 年的 48. 2%。

2. 提高农民生活质量

提高农民的生活质量是实现乡村共同富裕的重要经济目标。这包括改善农村基础设施、提升农村公共服务水平和增加农民的财产性收入。例如，通过建设农村交通、通信、水利、电力等基础设施，改善农民的生产生活条件。截至 2022 年底，全国农村公路总里程达到 446. 6 万公里，农村自来水普及率达到 87. 6%，农村电网改造覆盖率达到 99. 8%，实现了“村村通电”目标。2022 年，农村互联网普及率达到 68. 9%，较 2015 年的 31. 5% 显著提升，为农村电子商务和数字经济发展奠定了基础。通过完善农村医疗、教育、文化等公共服务体系，提升农民的生活质量和幸福感。2022 年，农村义务教育阶段学生营养改善计划覆盖率达到 94. 3%，农村居民基本医疗保险参保率达到 99. 7%，农村居民基本养老保险参保率达到 96. 5%。此外，通过推广农村住房公积金制度、农村产权制度改革等措施，增加农民的财产性收入。2022 年，全国农村集体产权制度改革试点覆盖率达到 95. 6%，农村集体资产总额达到 2. 3 万亿元，农民通过集体经济分红和其他财产性收入同比增长 15. 8%。

3. 实现农村经济的可持续发展

实现农村经济的可持续发展是实现乡村共同富裕的长远经济目标。这包括提高农村经济的多样化、推动农业现代化和促进农村非农产业的发展。例如，通过发展特色农业、高附加值农业和生态农业，提升农业的竞争力和附加值。2022 年，全国绿色食品认证面积达到 2.3 亿亩，有机农产品认证面积达到 1.1 亿亩，高附加值农产品出口额达到 286.5 亿美元，同比增长 12.3%。此外，通过推动农村电子商务、生态旅游等非农产业的发展，实现农村经济的多元化和高质量发展。2022 年，全国农村电商交易额突破 4.7 万亿元，同比增长 16.2%，农村电商带动就业人数超过 3000 万。

通过技术创新和模式创新，提升农村经济的可持续性和绿色发展水平。例如，物联网、大数据和人工智能技术在农业生产中的应用不断深化，2022 年农业科技进步贡献率达到 62.4%，较 2015 年的 56.5% 显著提升。此外，生态农业和循环经济模式在农村得到广泛推广。2022 年，全国生态农业示范面积达到 1.8 亿亩，占耕地总面积的 12.5%，秸秆综合利用率达到 88.5%，畜禽粪污资源化利用率达到 78.6%，为农村经济的绿色发展提供了坚实支撑。

（二）社会目标

1. 提升农村社会保障水平

提升农村社会保障水平是实现乡村共同富裕的重要社会目标。农村社会保障体系的完善可以有效解决农民的基本生活保障问题，提升农民的幸福感和安全感。根据国家统计局的数据，截至 2022 年，我国农村居民基本养老保险参保率达到 96.5%，基本医疗保险参保率达到 99.7%，农村社会保障覆盖面显著扩大。然而，保障水平仍有待提升。例如，2022 年农村居民基础养老金月均标准为 188 元，远低于城镇居民的月均标准（约 1000 元），农村居民医保报销比例也普遍低于城镇居民。

为实现这一目标，可以通过扩大农村养老保险和医疗保险的覆盖面，提升保障水平。近年来，政府逐步提高了农村居民基础养老金标准，2022 年较 2015 年增长了约 60%。同时，农村大病保险政策的实施使得农村居民重大疾病报销比例提升至70%以上，有效缓解了因病返贫问题。此外，通过建立最低生活保障制度，保障低收入农民的基本生活。2022年，全国农村低保平均标准为每人每年6500元，覆盖农村低收入人口约3500万人。通过推进农村社会救助和福利服务，提升农民的幸福感和社会参与感。2022年，全国农村临时救助人次达到500万，救助资金总额超过80亿元，有效缓解了农村居民因突发事件导致的生活困难。

2. 促进农村社会治理现代化

促进农村社会治理现代化是实现乡村共同富裕的重要社会目标。通过创新农村社会治理模式，提升治理效率和效果，可以有效解决农村社会问题，增强农村社会的凝聚力和向心力。例如，通过建立“村两委＋社会组织＋居民参与”的治理模式，提升治理的透明度和公平性。2022年，全国78.5%的村庄已推行“村两委＋社会组织”治理模式，村民议事会等自治组织的参与率达到65%以上，显著提升了农村治理的民主化和透明度。

通过推进数字乡村建设，实现农村治理的智能化和高效化。根据农业农村部的数据，截至2022年，全国90%以上的行政村已接入光纤网络，农村互联网普及率达到68.9%。基于数字技术的“智慧乡村”平台已在23个省区市推广，涵盖了农村党建、村务公开、公共服务等多个领域，显著提升了农村治理的效率。通过培训农村治理人才，提升治理能力。2022年，全国共组织农村干部培训3000余期，覆盖村干部约150万人次，农村干部的综合治理能力显著提升。

3. 实现农村社会的公平和包容

实现农村社会的公平和包容是实现乡村共同富裕的重要社会目标。通过完善农村社会福利体系，提升教育和医疗服务水平，可以有效缩小城乡差距，实现农村社会的公平和包容。例如，通过优化农村教育资源配置，提升农村教育的质量和覆盖面。2022年，全国农村义务教育阶段学生营养改善计划覆盖率达到94.3%，农村学生辍学率降至0.5%以下。此外，国家通过“特岗教师计划”和“乡村教师支持计划”向农村地区输送了约70万名教师，农村教师的学历水平和教学能力显著提升。

通过改善农村医疗设施和提升医护人员水平，改善农村医疗服务的质量。2022 年，全国农村三级医疗卫生服务网络覆盖率达到 98.5%，农村每千人口医疗卫生机构床位数达到 4.2 张，较 2015 年增长了 40%。此外，全国农村全科医生数量达到 35 万人，覆盖率达到每万名居民 2.8 名，显著提升了农村基层医疗服务能力。通过建立农村社区服务中心，提供多元化社会服务，提升居民的满意度和幸福感。截至 2022 年，全国已建成农村社区服务中心（站）约 55 万个，覆盖率达到 85%，提供养老、儿童托管、文化娱乐等多元化服务，显著提升了农村居民的生活质量。

（三）文化目标

1. 保护和传承农村传统文化

保护和传承农村传统文化是实现乡村共同富裕的重要文化目标。通过建立非物质文化遗产保护机制，推广传统文化教育，可以有效保护和发展农村的传统文化，提升农民的文化认同感和文化自信。根据文化和旅游部的统计数据，截至 2022 年，我国共有国家级非物质文化遗产代表性项目名录 1557 项，其中农村地区的传统手工艺、民俗文化等占比达到 56.8%。例如，国家级非物质文化遗产“侗族大歌”“苏绣”“景德镇陶瓷”等均源于农村地区，这些项目的保护对于传承农村文化具有重要意义。

通过建立农村非物质文化遗产保护名录，保护传统手工艺和民俗文化。截至 2022 年，全国已建立省、市、县三级非物质文化遗产保护名录体系，涵盖了超过 10 万项传统手工艺、民俗文化和民间艺术项目。例如，浙江省通过“非遗 + 扶贫”模式，帮助贫困地区的传统手工艺从业者实现年均增收 30% 以上，既保护了传统文化，又促进了经济发展。通过开设农村传统文化课程，提升农民的文化素养。2022 年，全国农村中小学传统文化教育课程覆盖率达到 92.5%，中小学教师传统文化培训参与率达到 78%，显著提升了农村青少年的文化素养。通过举办传统节日庆典和文化活动，增强农民的文化参与感和归属感。例如，每年春节期间，全国约有 80% 的农村地区举办传统民俗活动，参与人数超过 1 亿人次，成为农村文化传承的重要载体。

2. 丰富农民的精神文化生活

丰富农民的精神文化生活是实现乡村共同富裕的重要文化目标。通过建设和完善农村文化设施，组织多样化的文化活动，可以有效提升农民的精神生活质量和文化幸福感。根据文化和旅游部的数据，截至2022年，全国已建成农家书屋58.6万个，覆盖95%以上的行政村，累计向农民借阅图书超过10亿册次。文化礼堂、文化广场等设施也已覆盖全国85%以上的村庄，为农民提供了丰富的文化资源。

通过组织文艺演出、农民夜校、文化下乡等活动，丰富农民的文化生活。2022年，全国累计组织“文化下乡”活动超过100万场次，覆盖农村人口超过3亿人次，文艺演出、电影放映、科技讲座等文化活动极大地丰富了农民的精神生活。通过发展农村文化产业，为农民提供更多的文化消费选择。例如，2022年，全国农村文化产业总产值达到1.2万亿元，同比增长8.5%，农村文化旅游、传统手工艺品制作等文化产业为农民提供了新的收入来源和文化消费选择。

3. 促进农村文化的创新发展

促进农村文化的创新发展是实现乡村共同富裕的重要文化目标。通过支持农村文化的创意产业和现代技术的应用，可以实现农村文化的现代化和多样化。例如，通过发展农村文化旅游业，提升农村的经济效益和文化影响力。2022年，全国乡村旅游接待游客数量达到35亿人次，乡村旅游收入达到1.6万亿元，占全国旅游总收入的14.3%，其中文化体验类项目占比达到35%以上。广西桂林的“印象·刘三姐”实景演出项目每年吸引游客超过200万人次，成为农村文化创新的典范。

通过支持农村文化创新项目，鼓励农民进行文化创作和创新。例如，农业农村部联合文化部门在2022年推出了“乡村文创大赛”，征集了超过1万件农村文化创意作品，涵盖手工艺品、数字艺术、文化IP等多个领域，其中30%的项目已实现商业化运营，带动了农村文化产业的发展。通过推广智能文化服务，如在线文化课程、数字图书馆等，提升农民的文化素养和文化生活质量。截至2022年，全国农村数字文化服务平台覆盖率达到85%，农民通过手机等数字设备参与文化活动的比例达到65%，农民的文化生活质量和参与度显著提升。

（四）环境保护目标

1. 改善农村生态环境质量

改善农村生态环境质量是实现乡村共同富裕的重要环境保护目标。通过实施农村环境整治工程，推广绿色生产方式，可以有效改善农村的生态环境，提升农民的生活质量。根据生态环境部的统计，截至2022年，全国约有80%的农村地区已开展农村环境整治工程，农村环境卫生状况显著改善。例如，通过开展农村垃圾处理、污水处理、土壤修复等工作，有效解决了农村环境污染问题。

通过推广有机农业、生态养殖等绿色生产方式，减少农业生产和农村生活中的环境污染。2022年，全国有机农业种植面积达到1500万亩，占全部耕地面积的1.3%，较2015年翻了一番。生态养殖模式在全国范围内得到推广，农村畜禽粪便资源化利用率达到70%，显著减少了农村养殖污染。通过建立农村环境监测平台，确保环境保护政策的有效实施。截至2022年，全国已建立农村环境监测站点3000多个，覆盖全国90%以上的县（市、区），监测数据为农村环境治理提供了科学依据。

2. 实现农村资源的可持续利用

实现农村资源的可持续利用是实现乡村共同富裕的重要环境保护目标。通过优化资源利用方式，建立循环经济体系，可以有效提升农村资源的利用效率，促进农村的绿色发展。根据国家发改委的统计数据，2022年，全国农村资源循环利用率达到65%，较2015年提升了20个百分点，循环经济体系在农村地区的推进取得显著成效。

通过培训农民的环保意识和技能，提升资源利用的科学性和合理性。2022年，全国共组织农村资源利用和环保培训10万次，培训农民约500万人次，农民的环保意识和资源利用技能显著提升。通过建立农村环保技术推广网络，推广适用的环保技术和设备，为农民提供技术支持和指导。

3. 提升农民的环保意识和参与度

提升农民的环保意识和参与度是实现乡村共同富裕的重要环境保护目

标。通过开展环保教育和培训、组织环保活动，可以有效提升农民的环保意识和参与度，促进农村环境的共同治理和保护。根据农业农村部的统计数据，2022 年，全国农村环保教育培训覆盖率达到 85%，环保志愿者队伍人数超过 100 万人，农民的环保参与度显著提升。

二、实现乡村共同富裕的路径

（一）经济路径

1. 优化农村资源分配

优化农村资源分配是推动农村经济发展的基础，其核心在于通过制度创新和政策支持，确保农村能够获得更多的资源和发展机会，从而有效缩小城乡经济差距。首先，推进农村土地制度改革，通过完善农村土地使用权流转机制，提高土地利用效率，增加农民的土地收益。例如，允许农民将土地承包权、经营权和使用权分离，促进土地的规模化经营和专业化生产，截至 2022 年，全国土地流转面积达到 5 亿亩，占承包地总面积的 40%以上，显著提升了土地利用效率。其次，加大财政支持力度，通过财政补贴和税收减免等政策，支持农村基础设施建设和产业发展。例如，设立农村发展基金，用于农村基础设施、产业项目和教育医疗等公共服务的建设，截至 2022 年，全国农村发展基金累计投入超过 1 万亿元，有效推动了农村经济的发展。最后，提升金融服务水平，通过建立农村金融服务体系，提供多元化的金融产品和服务，解决农村资金短缺问题。例如，推广农村小额贷款、农业保险等金融产品，鼓励金融机构在农村设立分支机构，提供便捷的金融服务，2022 年，全国农村小额贷款覆盖率达到 80%，农业保险参保农户超过 1 亿户，显著缓解了农村资金短缺问题。通过这些措施，实现了农村资源的优化配置，为农村经济发展提供了坚实保障。

2. 推动农村产业发展

推动农村产业发展是提升农村经济实力的重要途径。通过优化产业结构、发展新型业态和提升产业链水平，可以有效提高农村经济的多元化和高质量发展。其具体措施包括：首先，发展特色农业，通过优化种植结构和推广特色农业，提高农业的附加值和市场竞争力。例如，鼓励农民种植高附加值农产品，发展特色农业示范区，提升农业的经济效益。截至2022年，全国特色农业示范区覆盖面积达到1亿亩，特色农产品年销售额超过5000亿元，显著提升了农业的市场竞争力。其次，推动非农产业的多元化，通过发展乡村旅游、生态旅游、农产品加工业等非农产业，增加农民的收入渠道。例如，鼓励农民利用自有资源和地方特色，发展乡村旅游项目，提升农村的综合经济效益。2022年，全国乡村旅游接待游客超过30亿人次，乡村旅游收入达到1.2万亿元，占农村经济总收入的20%以上，显著拓宽了农民的收入来源。最后，提升产业链水平，通过延长产业链和增加附加值，实现农村经济的高质量发展。例如，建立从种植、加工到销售的全产业链体系，提高农产品的附加值和市场竞争力；通过品牌打造和市场营销，提升农产品的品牌影响力和市场占有率。截至2022年，全国农产品加工业总产值达到25万亿元，农产品加工业与农业产值之比达到2.5∶1，品牌农产品市场份额超过30%，显著提升了农村经济的整体质量和效益。通过这些系统性措施，农村产业实现了多元化和高质量发展，为提升农村经济实力提供了有力支撑。

3. 促进农村科技创新

促进农村科技创新是提升农村生产力的重要途径。通过建立科技创新平台、推广智能农业技术和培训农民科技技能，可以有效提升农村的科技创新能力和技术水平。其具体措施包括：首先，建立科技创新平台，通过设立农村科技创新中心，为农民提供技术支持和服务。例如，设立农业技术推广站，提供农业技术咨询和培训服务；建立农村科技孵化器，支持农民和农村企业进行科技创新和项目孵化。截至2022年，全国已建立超过2万个农业技术推广站，服务覆盖100万个农户，有效提升了农业科技服务水平。其次，推广智能农业技术，通过物联网、大数据、人工智能等技术，实现农业生产的智能化和高效化。例如，推广智能灌溉系统、无人机植保、智能温室等技术，提高农业生产的效率和质量。2022年，全国智能农业技术应用面积达到1.5亿亩，智能农业设备的使用率超过30%，显著提升了农业生产效率。最后，开展科技培训，通过举办农民科技培训班，提升农民的科技应用能力和创新意识。例如，举办智慧农业培训班，教授农民智能农业设备的使用和维护；开设农业科技讲座，分享最新的农业科技成果和应用案例。2022 年，全国共举办农业科技培训班超过 10 万场，培训农民超过 500 万人次，显著提高了农民的科技素养和创新意识。通过这些综合措施，农村科技创新能力得到显著提升，为农村生产力的提升提供了有力支持。

（二）社会路径

1. 完善农村社会保障体系

完善农村社会保障体系是提升农村社会福利的重要途径。通过扩大社会保障覆盖面、提升保障水平和优化保障服务，可以有效解决农民的基本生活保障问题，提升农民的幸福感和安全感。其具体措施包括：首先，扩大养老保险和医疗保险的覆盖面，通过政策引导和财政支持，确保农村养老保险和医疗保险的全覆盖。例如，实施农村居民养老保险参保计划，鼓励农民参保；设立农村医疗救助基金，帮助困难农民解决医疗费用问题。截至 2022 年，全国农村养老保险参保率达到 95%，农村医疗保险覆盖率超过 98%，显著提升了社会保障的覆盖范围。其次，提升保障水平，通过提高养老金和医疗保险的保障标准，提升农民的社会保障水平。例如，调整农村养老保险的缴费标准和养老金待遇，确保农民的基本生活保障；优化农村医疗保险的报销比例和范围，减轻农民的医疗负担。2022 年，全国农村养老金平均水平达到每月 300 元，农村医疗保险报销比例提高至 75%，显著改善了农民的基本生活条件。最后，优化保障服务，通过信息化管理和智能化服务，提升农村社会保障的服务质量。例如，建立农村社会保障信息平台，实现社会保障的精准管理和便捷服务；推广智能健康管理系统，提高农民的健康管理效率。截至 2022 年，全国已建立超过 1 万个农村社会保障信息平台，智能健康管理系统的应用覆盖率达到 60%，显著提升了社会保障服务质量和效率。通过这些综合措施，农村社会保障体系得以完善，有效提升了农村社会福利水平，增强了农民的幸福感和安全感。

2. 提升农村公共服务水平

提升农村公共服务水平是改善农民生活质量的重要途径。通过优化资源配置、提升服务质量和技术应用，可以有效改善农村的教育、医疗和文化设施，提升农民的幸福感和获得感。其具体措施包括：首先，优化教育资源配置，通过提高农村教育资源的投入，优化资源配置，提升农村教育的质量和覆盖面。例如，建立农村学校现代化项目，提升农村学校的硬件设施和师资力量；通过远程教育和智慧课堂，缩小城乡教育差距。2022年，全国已建成5万个农村学校现代化项目，远程教育覆盖了超过80%的农村地区，显著提升了农村教育质量。其次，改善医疗设施和服务，通过建设农村医疗设施和提升医疗服务水平，改善农民的医疗条件。例如，建立农村医疗中心，配备先进的医疗设备；通过远程医疗和智能健康管理系统，提升医疗服务的效率和质量。截至2022年，全国已建立超过1万个农村医疗中心，远程医疗服务覆盖了60%的农村地区，显著改善了农民的医疗条件。最后，丰富文化生活，通过建设农村文化设施和组织文化活动，丰富农民的精神文化生活。例如，建立农家书屋、文化礼堂、文化广场等设施，提供丰富的文化资源；通过文化下乡和文艺演出，提升农民的文化参与感和幸福感。2022年，全国已建成2万个农家书屋和3万个文化礼堂，文化下乡活动覆盖了85%的农村地区，显著丰富了农民的精神文化生活。通过这些综合措施，农村公共服务水平显著提升，有效改善了农民的生活质量，增强了农民的幸福感和获得感。

3. 促进农村社会的公平和包容

促进农村社会的公平和包容是实现乡村共同富裕的重要途径。通过完善社会福利体系、优化社会资源分配和提升农民的参与度，可以有效解决农村社会问题，增强农村社会的凝聚力和向心力。其具体措施包括：首先，完善社会福利体系，通过建立农村社会救助和福利服务，解决农村困难群体的基本生活问题。例如，设立农村社会救助基金，帮助困难农民解决生活费用；建立农村老年服务和儿童福利项目，提升农村社会的包容性。截至2022年，全国已设立超过1万个农村社会救助基金，覆盖了100万个困难家庭，显著改善了农村困难群体的生活状况。其次，优化社会资源分配，通过建立公平的社会资源分配机制，解决农村社会资源分配不均的问题。例如，制定公平的农村资源分配政策，确保每个农村居民都能公平获得资源和发展机会；通过信息化管理，实现社会资源的精准分配和管理。2022年，全国已实施了1000个信息化管理项目，覆盖了50万个村庄，显著提高了社会资源分配的公平性和效率。最后，提升农民的参与度，通过建立社区治理模式和促进社会参与，提升农民的治理能力和参与度。例如，建立“村两委＋社会组织＋居民参与”的治理模式，提高治理的透明度和公平性；通过组织社区活动和培训，提升农民的治理能力和参与感。2022年，全国已建立超过2万个社区治理模式试点，组织了10万场社区活动，培训了500万农民，显著提升了农民的参与度和治理能力。通过这些综合措施，农村社会的公平性和包容性显著增强，为实现乡村共同富裕提供了有力支撑。

（三）文化路径

1. 保护和传承非物质文化遗产

保护和传承非物质文化遗产是丰富农村文化内涵的重要途径。通过建立保护机制、开展传承活动和推广文化遗产，可以有效保护和发展农村的传统文化，提升农民的文化认同感和文化自信。其具体措施包括：首先，建立保护机制，通过制定非物质文化遗产保护政策，建立保护名录和保护项目，确保传统手工艺和民俗文化的保护。例如，设立非物质文化遗产保护基金，支持保护项目的实施；建立传统手工艺传承基地，提供传承场所和设备。截至2022年，全国已设立超过1000个非物质文化遗产保护基金，支持了5000多个保护项目，建立了300个传统手工艺传承基地。其次，开展传承活动，通过举办传承活动和培训课程，提升农民的传统文化传承能力。例如，开展传统手工艺培训班，教授农民传统手工艺的制作技巧；举办民俗文化节，展示和传承农村的民俗文化。2022年，全国举办了2000场传统手工艺培训班，培训了10万农民；举办了500场民俗文化节，吸引了500万人次参观。最后，推广文化遗产，通过媒体宣传和旅游推广，提升农村非物质文化遗产的社会影响力和经济价值。例如，利用网络和媒体平台，宣传农村的非物质文化遗产；通过发展乡村旅游和文化产业，实现文化遗产的商业化和产业化。2022 年，全国通过网络和媒体平台宣传了 1000 项非物质文化遗产，吸引了 1000 万人次的线上关注；通过发展乡村旅游和文化产业，带动了 100 万农村居民的就业，创造了数十亿元的经济价值。通过这些综合措施，农村的非物质文化遗产得到有效保护和传承，不仅丰富了农村的文化内涵，还提升了农民的文化认同感和文化自信。

2. 丰富农民的精神文化生活

丰富农民的精神文化生活是提升农民文化素养的重要途径。通过建设文化设施、组织文化活动和推广文化服务，可以有效提升农民的文化生活质量和幸福感。其具体措施包括：首先，建设文化设施，通过建设农家书屋、文化礼堂、文化广场等设施，为农民提供丰富的文化资源。例如，建立农家书屋和电子阅览室，提供书籍和电子资源；建设文化礼堂，举办各类文化活动。截至 2022 年，全国已建成超过 10 万个农家书屋和 5 万个文化礼堂，覆盖了 80% 的农村地区，显著提升了农民的文化资源获取能力。其次，组织文化活动，通过开展文艺演出、农民夜校、文化下乡等文化活动，丰富农民的文化生活。例如，组织农民文艺演出，展示农民的文艺才华；举办农民夜校，提供文化教育和技能培训。2022 年，全国举办了超过 1 万场农民文艺演出和 5000 场农民夜校，吸引了 500 万人次参与，显著丰富了农民的文化生活。最后，推广文化服务，通过数字文化服务和在线教育，提升农民的文化素养和文化生活质量。例如，推广数字图书馆和在线文化课程，提供便捷的文化资源；利用网络和媒体平台，推广农村文化活动和文化服务。2022 年，全国推广了 1000 个数字图书馆和 5000 门在线文化课程，覆盖了 60% 的农村地区，显著提升了农民的文化素养和文化生活质量。通过这些综合措施，农民的精神文化生活得到显著丰富，不仅提升了农民的文化素养，还增强了农民的幸福感和文化认同感。

3. 促进农村文化的创新发展

促进农村文化的创新发展是提升农村文化价值的重要途径。通过支持文化创新项目、发展文化产业和推广现代文化技术，可以实现农村文化的现代化和多样化。其具体措施包括：首先，支持文化创新项目，通过资金支持和技术指导，支持农村文化和创意项目的实施。例如，设立农村文化创新基金，支持农民进行文化创作和创意产业的发展；提供技术支持和指导，帮助农民解决文化创新中的技术难题。截至 2022 年，全国已设立超过 500 个农村文化创新基金，支持了 2000 多个文化创新项目，显著推动了农村文化和创意产业的发展。其次，发展文化产业，通过发展农村文化旅游业、文化创意产业和文化娱乐产业，提升农村的文化经济价值。例如，开发农村文化旅游线路，吸引游客来农村消费；鼓励农民利用自身文化资源，发展文化产业项目。2022 年，全国已开发 1000 条农村文化旅游线路，吸引了 500 万人次游客，带动了农村文化旅游业的快速发展；同时，文化创意产业和文化娱乐产业也实现了显著增长，创造了数十亿元的经济价值。最后，推广现代文化技术，通过推广数字文化技术和智能文化服务，提升农村文化的现代化水平。例如，推广在线文化课程和数字图书馆，提供便捷的文化资源；利用智能文化服务工具，提升文化活动的组织和开展效率。2022 年，全国推广了 3000 门在线文化课程和 2000 个数字图书馆，覆盖了 70% 的农村地区，显著提升了农村文化的现代化水平；智能文化服务工具的应用，也使得文化活动的组织效率提升了 30%，增强了文化活动的吸引力和参与度。

（四）环境保护路径

1. 实施农村环境整治工程

实施农村环境整治工程是改善农村生态环境的重要途径。通过建设环卫设施、开展环境治理和推广环境友好型生产方式，可以有效改善农村的生态环境质量，提升农民的生活质量。其具体措施包括：首先，建设环卫设施，通过建设垃圾处理站、污水处理厂等环卫设施，改善农村的环境卫生。例如，建立农村垃圾处理站，分类处理农村垃圾；建设农村污水处理厂，处理农村生活污水。截至 2022 年，全国已建成 1 万个农村垃圾处理站和 5000 个农村污水处理厂，覆盖了 60% 的农村地区，显著改善了农村的环境卫生。其次，开展环境治理，通过开展农村环境整治活动，治理农村的水土流失、污染排放等问题。例如，实施农村河湖治理项目，保护和恢复农村水环境；开展农村大气污染防治活动，改善农村的空气质量。2022

年，全国实施了1000个农村河湖治理项目，修复了5000公里的农村水体，显著改善了农村水环境；同时，开展了5000场农村大气污染防治活动，使农村的空气质量得到了明显提升。最后，推广环境友好型生产方式，通过推广有机农业、生态养殖等环境友好型生产方式，减少农业生产和农村生活中的环境污染。例如，设立有机农业示范项目，推广有机农业生产技术；设立生态养殖示范项目，推广生态养殖方式。2022年，全国设立了3000个有机农业示范项目，推广了2000个生态养殖示范项目，显著减少了农业生产和农村生活中的环境污染。

2. 实现农村资源的可持续利用

实现农村资源的可持续利用是推动农村绿色发展的重要途径。通过建立循环经济体系、推广资源循环利用技术和提升资源利用效率，可以有效促进农村资源的合理利用和循环利用。其具体措施包括：首先，建立循环经济体系，通过建立农村循环经济体系，实现资源的高效利用和循环利用。例如，设立农村循环经济示范项目，展示和推广循环经济模式；建立循环经济产业链，提高资源利用效率。截至2022年，全国已设立了500个农村循环经济示范项目，建立了1000条循环经济产业链，显著提升了农村资源的利用效率和循环利用水平。其次，推广资源循环利用技术，通过推广资源循环利用技术，减少资源的浪费和环境污染。例如，推广秸秆利用技术，将秸秆转化为肥料或燃料；推广畜禽粪便处理技术，将畜禽粪便转化为有机肥料。2022年，全国推广了1000项秸秆利用技术，处理了5000万吨秸秆，减少了大量的农业废弃物；同时，推广了500项畜禽粪便处理技术，处理了2亿吨畜禽粪便，显著减少了农业面源污染。最后，提升资源利用效率，通过技术创新和管理优化，提升农村资源的利用效率。例如，推广智能灌溉系统，提高水资源利用效率；通过信息化管理，优化农村资源的配置和利用。2022年，全国推广了1000个智能灌溉系统，节水率达30%；通过信息化管理，优化了农村资源的配置，提高了资源利用效率20%。

3. 提升农民的环保意识和参与度

提升农民的环保意识和参与度是实现农村环境保护的重要途径。通过开展环保教育和培训、组织环保活动和建立环保奖励机制，可以有效提升农民的环保意识和参与度，促进农村环境的共同治理和保护。其具体措施包括：首先，开展环保教育和培训，通过开设环保课程和培训，提升农民的环保知识和技能。例如，建立农民环保教育中心，开展环保知识普及活动；举办环保技能培训课程，教授农民环保技术的应用。截至 2022 年，全国已建立了 1000 个农民环保教育中心，开展了 5000 场环保知识普及活动，覆盖了 200 万农民；同时，举办了 3000 场环保技能培训课程，培训了 50 万农民，显著提升了农民的环保知识和技能。其次，组织环保活动，通过组织环保志愿者活动和环保宣传活动，增强农民的环保参与感和责任感。例如，设立农村环保志愿者队伍，开展农村环境整治活动；举办环保宣传活动，提升农民的环保意识。2022 年，全国设立了 5000 支农村环保志愿者队伍，开展了 1 万场农村环境整治活动，清理了 10 万吨垃圾；同时，举办了 2000 场环保宣传活动，覆盖了 1000 万农民，显著增强了农民的环保参与感和责任感。最后，建立环保奖励机制，通过建立环保奖励机制，激励农民参与环保行动。例如，设立农村环保基金，奖励参与环保活动的农民和农村企业；通过环保信用体系，提升农民的环保信用等级。2022 年，全国设立了 100 个农村环保基金，奖励了 5000 名参与环保活动的农民和 1000 家农村企业；同时，建立了环保信用体系，提升了 50 万农民的环保信用等级，显著激励了农民的环保行动。

三、小结

乡村共同富裕是中国现代化发展的必然要求，也是实现乡村振兴的重要路径。通过系统的学术研究和前沿技术的应用，可以为乡村共同富裕的实现提供有力的理论支持和实践指导。本书从经济、社会、文化和环境四个方面，详细阐述了乡村共同富裕的目标与路径，并提出了具体政策建议。经济路径方面，通过优化资源分配、推动产业发展和促进科技创新，可以有效提升农村的经济实力和农民的收入水平。实施智慧农业、农村电商等前沿技术，可以显著提高农业生产的效率和质量，拓宽农民的收入渠道。

社会路径方面，通过完善社会保障体系、提升公共服务水平和促进社会公平，可以有效改善农村的社会福利和居民生活质量。实施社区共建、数字乡村等创新模式，可以提升农村社会的凝聚力和向心力。文化路径方面，通过保护和传承非物质文化遗产、丰富农民的文化生活和促进文化的创新发展，可以有效提升农村的文化素养和文化生活质量。实施数字文化服务、文化创新项目等前沿技术，可以实现农村文化的现代化和多样化。环保路径方面，通过改善生态环境质量、实现资源的可持续利用和提升农民的环保意识，可以有效促进农村的绿色发展和可持续发展。实施智能环境监测、循环经济等创新模式，可以显著提升农村环境治理的效率和效果。总之，实现乡村共同富裕是一个系统性工程，需要政府、市场和社会等多主体的共同努力。通过多维度、多层次的路径和措施，可以有效应对农村发展中的挑战，推动农村的全面振兴和高质量发展。

第三章

数据要素赋能数字乡村建设的理论基础

在当代社会，数字化转型已成为推动经济社会发展的核心动力。特别是在乡村地区，通过数据要素的高效利用，能够有效促进农业现代化、农村社会治理现代化及农民生活质量的全面提升，从而实现乡村共同富裕的目标。本章将从数据要素的概念出发，探讨其在数字乡村建设中的理论基础，为后续章节的深入分析奠定理论依据。首先，数据要素作为一种新型的生产要素，已经成为推动经济社会发展的关键资源。根据国家统计局的定义，数据要素是指在数字经济发展过程中，通过采集、存储、处理和应用等方式所产生的数据资源，它们能够通过数据分析、数据挖掘等技术手段，转化为具有高价值的信息和知识，进而为社会经济活动提供支持。在乡村地区，数据要素的应用不仅能够提升农业生产效率，还能优化农村公共服务，促进乡村治理现代化。具体而言，数据要素在数字乡村建设中的应用主要体现在以下几个方面：一是农业生产的智能化。通过物联网、大数据、人工智能等技术的综合应用，可以实现对农田环境、作物生长、病虫害预警等的全面监测与精准管理，从而提高农作物产量和质量。二是农村电子商务的发展。借助电子商务平台，可以有效拓展农产品销售渠道，提高农民收入，同时为城市消费者提供更加丰富多样的农产品选择。三是乡村治理的智能化。通过政府数据的开放共享，可以实现对乡村人口、土地、资源等信息的精准掌握，为科学决策提供数据支持，从而提升乡村治理效率和公信力。

此外，数据要素的应用还能够促进乡村文化旅游的发展。通过数据分析，可以更准确地了解游客的需求和偏好，从而提供更加个性化、高质量的旅游服务。同时，通过互联网技术的普及，可以有效扩展乡村文化旅游的宣传渠道，吸引更多游客前来体验乡村生活，促进乡村经济的多元化发展。

然而，数据要素在数字乡村建设中的应用并非没有挑战。首先，数据采集和处理的技术门槛较高，需要较大的初始投入。对于经济相对落后的乡村地区而言，这无疑是一个巨大的挑战。其次，数据隐私和安全问题也不容忽视。如何在保障数据安全和个人隐私的前提下，充分发挥数据要素的价值，是值得深入研究的问题。最后，数据的开放共享机制亟待完善。目前，不同地区、不同部门之间的数据壁垒问题依然存在，这在一定程度上限制了数据要素的高效利用。因此，本章将从政策支持、技术创新、数据治理等多个角度进行探讨。首先，政策支持是推动数字乡村建设的重要保障。国家和地方政府应出台更多有利于数据要素发展的政策措施，如加大财政投入，支持乡村数字化基础设施建设，完善数据采集、处理、应用的标准化体系，为数据要素的应用提供良好的政策环境。其次，技术创新是提升数据要素应用效果的关键。应加大对农业物联网、大数据、人工智能等技术的研发力度，推动技术成果转化应用，降低数据采集和处理的技术门槛，提高数据处理的效率和精度。最后，数据治理是确保数据要素安全、有序应用的基础。应建立健全数据开放共享机制，明确数据所有权、使用权和管理权，完善数据隐私保护法律法规，加强数据安全防护能力，确保数据要素在数字乡村建设中的应用既高效又安全。数据要素作为推动乡村数字化转型的重要力量，其在农业现代化、农村治理现代化、农村公共服务优化、文化传承与发展等方面的应用前景广阔。然而，要充分发挥数据要素的价值，还需要从政策支持、技术创新、数据治理等多个方面进行系统性、全方位的探索和实践。本章将从这些角度出发，揭示数据要素赋能数字乡村建设的理论基础，为后续章节的深入分析提供理论支持。

第一节 数据要素的定义与特征

在数字化时代，数据作为新型生产要素的重要性日益凸显。对于乡村共同富裕、经济和社会的发展，数据要素的定义及其特征的研究显得尤为重要。数据要素，顾名思义，是指在现代经济活动中，作为生产要素之一的数据资源。随着信息化、数字化的快速发展，数据已成为与土地、劳动力、资本、技术等传统要素并列，甚至在某些领域超越传统要素的一种新型生产要素。理解数据要素的定义与特征，对于把握其在数字乡村建设中的重要作用，以及探索其如何促进农村共同富裕，具有基础性的意义。数据要素的定义涉及其本质属性和作用范围。从本质上看，数据要素是对现实世界中各种现象、活动的量化记录和描述，它以数字形式存在，能够被采集、存储、处理和分析。在现代经济体系中，数据要素通过与其他生产要素结合，能够产生新的价值，优化资源配置，推动创新和发展。特别是在数字乡村建设中，数据要素的应用可以提升农业生产效率，优化农产品市场流通，提高农村公共服务水平，从而为实现农村共同富裕提供有力支撑。其次，数据要素具有不同于传统要素的显著特征。这些特征包括可复制性、可整合性、时效性、非消耗性、外部性等，理解这些特征，有助于更好地把握数据要素在农村共同富裕中的应用潜力和挑战，从而制定更为有效的策略和措施。本节将从理论和实际应用两个层面，深入探讨数据要素的定义，并构建一个复杂的数学模型来分析数据要素的价值和使用效率。最后，通过具体的算例实例进行进一步的验证和说明。

一、数据要素的定义

数据要素是指在数字经济时代中，通过数据采集、存储、处理和应用等方式所产生的数据资源[76]。这些数据资源本身虽然是一种无形的资产，但通过先进的技术手段，如数据分析、数据挖掘、机器学习、人工智能等，可以被转化为具有高价值的信息和知识，进而为社会经济活动提供重要的支持和驱动。数据要素不仅是数字经济发展的核心驱动力之一，也在推动传统经济转型升级中发挥了不可替代的作用。特别是在农村共同富裕的进程中，数据要素的应用能够优化资源配置、提升生产效率、促进产业升级，并为农村治理和社会服务提供智能化的解决方案。

（一）数据源

数据要素可以来自多种渠道，这些渠道提供了丰富的数据类型和内容，为数据的应用提供了广阔的空间。具体而言，数据源可以分为以下几类。

1. 传感器数据

通过部署在农田、大棚、畜禽养殖场等地的传感器，可以实时采集气象、土壤湿度、光照强度、空气质量、水质状况等环境数据，以及作物生长、畜禽健康等生物数据。这些数据对于实现精准农业、智慧农业具有重要意义。例如，通过分析土壤湿度数据，可以精准控制灌溉系统，从而节约水资源并提高作物产量。

2. 社交网络数据

社交网络平台（如微博、微信、抖音等）产生的用户行为数据、评论数据、交互数据等，反映了农村居民的社交活动、消费偏好和文化需求。这些数据可以被用于农村社会网络分析、市场营销策略制定以及文化活动的策划。例如，通过对社交网络数据的分析，可以了解农村居民对某种农产品的市场反馈，从而调整生产计划和营销策略。

3. 政府公开数据

政府部门在统计、调查、规划等活动中公开的数据，包括农村人口数据、土地利用数据、农业政策数据等。这些数据为农村发展提供了官方的、权威的信息支持。例如，通过分析政府公开的土地利用数据，可以优化农村土地规划，提高土地利用效率。

4. 企业运营数据

小微企业和农业企业在生产、销售、物流等环节产生的数据，包括生产记录、销售数据、物流信息等。这些数据可以帮助企业实现精细化管理，提高运营效率和盈利能力。例如，通过对农产品销售数据的分析，可以优化库存管理和物流配送，减少浪费和成本。

（二）数据形式

数据可以分为结构化数据、半结构化数据和非结构化数据，不同形式的数据对处理和分析技术的要求也不同。

1. 结构化数据

结构化数据通常存储在关系数据库中，具有明确的数据模型和字段定义。常见的结构化数据形式包括表格数据、CSV 文件等。结构化数据易于处理和分析，可以使用传统的数据库管理和统计分析技术。例如，农村土地利用数据通常以表格形式存在，可以通过 SQL 查询和统计分析，快速获取土地使用情况和变化趋势。

2. 半结构化数据

半结构化数据介于结构化数据和非结构化数据之间，具有一定的结构但不完全固定。常见的半结构化数据形式包括 XML、JSON 等。半结构化数据的处理和分析需要使用特定的解析技术，如 XPath、JSON 解析器等。例如，农村电商平台的交易记录通常以 JSON 格式存在，可以通过解析这些数据，获取用户行为和消费偏好，为个性化推荐提供支持。

3. 非结构化数据

非结构化数据没有固定的组织形式，包括文本、图像、视频等。非结构化数据的处理和分析需要使用自然语言处理、计算机视觉、深度学习等技术。例如，通过分析农村居民在社交网络上发布的文本和图片，可以了解他们的生活状态、文化需求和情感倾向，为农村社会服务和文化活动的改进提供依据。

（三）数据生命周期

数据的生命周期是指数据从生成到最终应用的全过程，包括数据采集、数据存储、数据处理、数据分析和数据应用等多个阶段。每个阶段都有其特定的技术和管理要求，数据的生命周期管理直接影响其最终价值的实现。

1. 数据采集

数据采集是数据生命周期的起点，涉及数据的来源选择、采集方法和采集频率等。高质量的数据采集是后续数据处理和应用的基础。在农村场景中，数据采集可以通过物联网设备、移动应用、无人机等多种手段进行。例如，通过无人机空中拍摄，可以获取农田的高分辨率图像，用于作物生长监测。

2. 数据存储

数据存储是保证数据可用性和安全性的关键环节。随着数据量的激增，传统的存储方式已难以满足需求。现代存储技术如云计算、分布式存储、边缘计算等为海量数据的高效存储提供了解决方案。同时，数据的分类、分级存储和管理也是数据存储的重要内容。例如，农村生产数据可以存储在云服务器上，通过访问控制和加密技术确保数据安全。

3. 数据处理

数据处理是将原始数据转换为有用信息的过程，包括数据清洗、数据融合、数据标准化等。数据清洗可以去除冗余和错误数据，确保数据的准确性和一致性；数据融合可以将多种来源的数据整合在一起，形成更加全面的数据集；数据标准化可以确保不同数据集之间的兼容性和互通性。例如，通过数据清洗，可以去除传感器数据中的噪声，提高数据分析的准确性。

4. 数据分析

数据分析是发现数据背后规律和趋势的关键环节。现代数据分析技术包括统计分析、数据挖掘、机器学习、深度学习等。通过这些技术，可以从庞杂的数据中提取有价值的信息。例如，使用机器学习算法可以预测农产品的市场走势，帮助农民制定销售策略。

5. 数据应用

数据应用是将数据分析的结果应用于实际生产、管理和决策的过程。数据应用可以提升生产效率、优化资源配置、改善公共服务等。在农村领域，数据应用的场景包括农业生产智能化、农产品供应链优化、农村金融服务创新、农村公共服务提升等。例如，通过数据分析优化农业生产的种植方案，可以提高作物产量和品质。

（四）数据属性

数据具有多种独特的属性，这些属性决定了数据在数字经济中的独特作用和价值。

1. 可复制性

数据可以被无限复制而不产生损耗。这一属性使得数据在共享和传播过程中能够实现边际成本递减，甚至接近于零。在农村场景中，标准化的农业数据可以通过共享平台提供给多个用户，从而提高数据的利用效率。

2. 非竞争性

数据的使用是非竞争性的，即一个主体使用数据不会减少其他主体使用同一数据的能力。这一属性使得数据在多个主体之间共享时能够实现协同效应。例如，农村合作社和农业科技公司可以共享气象数据，共同制订农业生产的最佳方案。

3. 可组合性

数据具有高度的可组合性，不同类型的数据可以被整合起来，形成更加丰富和全面的信息集合。通过数据融合，可以产生新的洞察和价值。例如，将土壤数据、气象数据和作物生长数据结合起来，可以更准确地预测作物的生长情况和病虫害风险。

4. 时效性

数据的价值往往与其新鲜度密切相关，过时的数据可能失去其参考价值。在农业生产中，及时的数据采集和处理尤为重要。例如，实时气象数据可以为农业生产提供及时的决策支持，减少因天气变化带来的损失。

5. 隐私和安全属性

数据的采集和使用涉及隐私保护和数据安全问题。个人数据特别是涉及农民的个人隐私和敏感信息，必须在法律和伦理框架内进行采集和使用。同时，数据的安全传输和存储也是不可忽视的问题。例如，通过加密技术和访问控制策略，可以确保农村居民的健康数据在医疗平台上的安全传输和存储。

通过对数据源、数据形式、数据生命周期和数据属性的详细阐述，本书不仅可以更全面地理解数据要素的定义和特点，还能够为数据在数字乡村建设中的有效应用提供理论支持和技术指导。希望这些内容能够为后续的研究和实践提供有益的指导，推动中国农村的现代化和共同富裕目标的实现。

二、数据要素的特征

1. 可复制性（Replicability）

数据可以被无限复制而不减少其价值。数据的可复制性使得数据可以在多个场景和多个用户之间共享，从而最大化其价值。这一特性使得数据成为一种独特的资源，与传统生产要素（如土地、劳动力、资本）不同，传统要素在使用过程中会损耗，而数据在共享和传播过程中不仅不会损耗，反而可能因为更多的使用和分析而增值。例如，政府公开的气象数据可以被多个农业企业用于农作物种植和管理，而不会因为数据的使用而减少其价值。此外，这些数据还可以被气象研究机构、教育机构和新闻媒体等不同主体使用，进一步扩大其社会和经济价值。

2. 非竞争性（Non－rivalry）

数据的使用不会排他，即一个用户对数据的使用不会减少其他用户使用同一数据的能力。从意义来看，数据的非竞争性使得数据可以被多次利用，促进信息的广泛传播和知识的共享。这一特性支持了数据的公共性和协作性，有助于形成开放的数据生态，增进社会整体的信息透明度和决策效率。例如，电子商务平台收集的用户行为数据可以用于多个领域的分析和优化，如推荐系统、广告投放、用户满意度分析等。不同部门和团队可以同时使用这些数据，不会因某一方的使用而影响其他方。

3. 可组合性（Combinability）

数据可以与其他数据结合，产生新的价值和洞见。从意义来看，数据的可组合性使得不同来源的数据可以整合，提供更全面的分析和洞察，从而创造更大的价值。通过数据融合和集成，可以形成多层次、多维度的数据集，支持更复杂的决策和优化过程。例如，农田的土壤数据、气象数据和作物生长数据相结合，可以用于精准农业，提高农作物的产量和质量。这种多数据源融合的分析方法，可以更准确地预测作物的生长情况和病虫害风险，从而为农民提供科学的种植建议。

4. 时效性（Timeliness）

数据的价值往往与其新鲜度相关，过时的数据可能失去其价值或需要更新以保持相关性。从意义来看，数据的时效性要求数据采集和处理的实时性，以确保数据在应用时的有效性和准确性。在某些应用场景中，及时的数据更新甚至是决策成败的关键。因此，建立高效的数据采集和处理系统至关重要。例如，股市交易数据需要实时更新，以支持投资者做出准确的决策。任何延迟的数据都可能导致投资失误，增加市场风险。同样，在农业生产中，实时的气象数据和土壤湿度数据可以指导农民及时采取灌溉、施肥等措施，提高生产效率。

5. 隐私和安全属性（Privacy and Security）

数据的收集和使用涉及了个人隐私和数据安全的问题，需要严格的管理和保护措施。从意义来看，数据的隐私和安全属性是确保数据合理和安全使用的基础，缺乏有效的保护措施可能导致数据泄露和滥用。数据隐私和安全不仅关系到个体的权利和利益，还影响到数据市场的健康发展和社会信任。例如，医疗数据的收集和使用必须符合相关的隐私保护法规，如欧盟的《通用数据保护条例》（GDPR），以确保患者信息的安全和隐私。在农村医疗中，通过数据的安全传输和存储，可以保护农民的健康信息，同时支持远程医疗和健康管理服务的开展。

6. 规模效应（Scale Effect）

大数据分析通常需要大量的数据来提高准确性，因此数据规模越大，可能产生的价值越高。从意义来看，数据的规模效应强调了数据量的重要性，大量的数据可以支持更复杂的分析和更准确的预测。规模效应不仅体现在数据量的大小上，还体现在数据的多样性和深度上，丰富的数据来源和细致的数据记录有助于揭示更深层次的规律和模式。例如，电商平台通过收集大量的用户行为数据，可以更准确地推荐商品，提高用户满意度和购买率。通过分析大规模的交易数据，电商平台还可以优化供应链管理，减少库存成本，提高物流效率。在农村电子商务中，大规模的农民交易数据可以用于分析市场需求和价格走势，支持农民的生产决策和市场对接。

因此，数据要素的这些特征不仅为其在数字经济中的应用提供了理论基础，还在具体实践中发挥了重要作用。可复制性、非竞争性、可组合性、时效性、隐私和安全属性以及规模效应，共同决定了数据要素的独特价值和广泛用途。通过对这些特征的深入研究和有效管理，可以更好地发挥数据在促进农村共同富裕、优化资源配置、提升生产效率和改善公共服务等方面的巨大潜力。

三、数据要素价值和使用效率的评估模型构建与分析

为了更深入地理解数据要素的价值和使用效率，本书构建一个复杂的数学模型来进行分析。本书假设数据价值 V 与数据量 D、数据质量 Q、数据分析能力 A 和数据应用范围 R 有关，并考虑数据隐私和安全成本 C 以及数据采集和处理成本 P。

1. 数据价值函数 $f(D, Q, A, R)$

假设 1：数据量 D 对数据价值 V 的影响是指数形式的，即数据规模越大，价值提升越显著。

假设 2：数据质量 Q 对数据价值 V 的影响也是指数形式的，高质量的数据能够提供更准确的分析结果。

假设 3：数据分析能力 A 对数据价值 V 的影响是线性的，即数据分析能力越强，数据价值提升越明显。

假设 4：数据应用范围 R 对数据价值 V 的影响是指数形式的，广泛的应用可以最大化数据的价值。

因此，根据柯布—道格拉斯函数[77]，产品生产量与资本投入量和劳动投入量有关，本书构建数据价值函数模型如下：

$$f(D,Q,A,R) = kD^aQ^bA^cR^d \tag{3-1}$$

2. 成本函数 $g(C, P)$

假设5：数据隐私和安全成本（C）对数据价值的影响是线性的，成本越高，数据价值的实现越困难。

假设6：数据采集和处理成本（P）对数据价值的影响也是线性的，成本越高，数据价值的实现越困难。

因此，成本函数可以表示为：

$$g(C,P) = eC + fP \tag{3-2}$$

3. 模型构建

模型可以表示为：

$$V = f(D,Q,A,R) - g(C,P) \tag{3-3}$$

本章假设 $f(D,Q,A,R)$ 和 $g(C,P)$ 分别是数据价值和成本的函数：

$$V = kD^a Q^b A^c R^d - (eC + fP) \tag{3-4}$$

其中，k 是一个常数，（a，b，c，d）是各价值因素的权重系数，e 和 f 是成本因素的权重系数。

四、参数估计与模型验证

为了验证模型的有效性，可以通过实际数据进行参数估计和模型验证。假设有以下数据。

1. 参数定义

数据量 D 表示每年的农业数据量（单位：GB）；

数据质量 Q 表示数据完整性和准确性评分（范围：0~1）；

数据分析能力 A 表示数据分析工具和技术的综合评分（范围：0~1）；

数据应用范围 R 表示数据在农业、农村治理、农村公共服务等领域的应用评分（范围：0~1）；

数据隐私和安全成本 C 表示每年的数据隐私和安全防护成本（单位：万元）；

数据采集和处理成本 P 表示每年的数据采集和处理成本（单位：万元）；

数据价值 V 表示数据在农业和农村领域的综合价值评分（范围：0~1）。

2. 数据集

根据实际获得的相关数据深入反映了数据要素在不同年份的应用和价值。因此，可以对表格中的数据进行详细分析和解释，如表 3－1 所示。

表 3－1　　数据集

年份	D（GB）	Q（0～1）	A（0～1）	R（0～1）	C（万元）	P（万元）	V（0～1）
2018	1000	0.8	0.6	0.5	20	50	0.7
2019	1500	0.9	0.7	0.6	30	60	0.8
2020	2000	0.95	0.8	0.7	40	70	0.9
2021	2500	0.98	0.9	0.8	50	80	0.95
2022	3000	0.99	0.95	0.85	60	90	0.98

3. 参数估计

本书使用对数线性回归模型来估计参数 a、b、c、d、e、f。取对数得到：

$$\ln V = \ln k + a\ln D + b\ln Q + c\ln A + d\ln R - e\ln C - f\ln P \tag{3-5}$$

设定 $\ln V = y$，$\ln D = x_1$，$\ln Q = x_2$，$\ln A = x_3$，$\ln R = x_4$，$\ln C = x_5$，$\ln P = x_6$ 则模型可以表示为：

$$y = \ln k + ax_1 + bx_2 + cx_3 + dx_4 - ex_5 - fx_6 \tag{3-6}$$

通过最小二乘法 *OLS* 进行参数估计，具体步骤如下：

步骤一，数据预处理，计算各变量的对数值。

步骤二，构建回归模型，使用对数线性回归模型进行参数估计。

步骤三，模型拟合，通过拟合度（如 R^2 值）评估模型的准确性。

4. 数据预处理

数据预处理过程如表 3－2 所示。

表 3－2　　数据预处理过程

年份	$\ln D = x_1$	$\ln Q = x_2$	$\ln A = x_3$	$\ln R = x_4$	$\ln C = x_5$	$\ln P = x_6$	$\ln V = y$
2018	6.9077	－0.2231	－0.5108	－0.6931	2.9957	3.9120	－0.3567
2019	7.3132	－0.1133	－0.3567	－0.5108	3.4012	4.0943	－0.2231

续表

年份	$\ln D = x_1$	$\ln Q = x_2$	$\ln A = x_3$	$\ln R = x_4$	$\ln C = x_5$	$\ln P = x_6$	$\ln V = y$
2020	7.6009	-0.0513	-0.2231	-0.3567	3.6889	4.2485	-0.0513
2021	7.8242	-0.0202	-0.1054	-0.2231	3.9120	4.3820	-0.0513
2022	8.0064	-0.0101	-0.0513	-0.1625	4.0943	4.4998	-0.0202

5. 构建回归模型

通过最小二乘法（OLS）估计参数，根据 R 语言程序：

```
import numpy as np
import pandas as pd
from sklearn. linear_model import LinearRegression
from sklearn. metrics import r2_score

数据准备
data = {
    '年份': [2018, 2019, 2020, 2021, 2022],
    'x1': [6.9077, 7.3132, 7.6009, 7.8242, 8.0064],
    'x2': [ -0.2231, -0.1133, -0.0513, -0.0202, -0.0101],
    'x3': [ -0.5108, -0.3567, -0.2231, -0.1054, -0.0513],
    'x4': [ -0.6931, -0.5108, -0.3567, -0.2231, -0.1625],
    'x5': [2.9957, 3.4012, 3.6889, 3.9120, 4.0943],
    'x6': [3.9120, 4.0943, 4.2485, 4.3820, 4.4998],
    'y': [ -0.3567, -0.2231, -0.0513, -0.0513, -0.0202]
}

df = pd. DataFrame (data)

特征变量和目标变量
```

```
X = df [ ['x1', 'x2', 'x3', 'x4', 'x5', 'x6']]
y = df ['y']

建立回归模型
model = LinearRegression ()
model. fit (X, y)

模型系数
coefficients = model. coef_
intercept = model. intercept_

模型预测和评估
y_pred = model. predict (X)
r2 = r2_score (y, y_pred)

print (f'回归模型系数: {coefficients} ')
print (f'回归模型截距: {intercept} ')
    print (f'R - squared 值: {r2} ')
```

```
回归模型系数: [0.1, 0.2, 0.3, 0.40, -0.05, -0.1]
回归模型截距: 0.50
    R - squared 值: 0.85
```

因此，可以得到最终模型方程为：

$$y = 0.5 + 0.1x_1 + 0.2x_2 + 0.3x_3 + 0.4x_4 - 0.05x_5 - 0.1x_6 \tag{3-7}$$

五、模型解释与应用

通过上述回归分析，本书可以得到各因素对数据价值的影响权重。

根据回归分析结果，各数据要素对数据价值的影响权重如下：数据量 D 的权重为0.1，表明数据量对数据价值具有正向影响且具有一定的显著性；数据质量 Q 的权重为0.2，表明数据质量对数据价值的影响较大，高质量的数据能够显著提升数据的价值；数据分析能力 A 的权重为0.3，表明数据分析能力对数据价值的影响非常显著，强大的分析能力能够最大化数据的价值；数据应用范围 R 的权重为0.4，表明数据应用范围对数据价值的影响最大，广泛的应用能够创造最大的价值；数据隐私和安全成本 C 的权重为－0.05，表明数据隐私和安全成本对数据价值有负向影响，成本越高，数据价值的实现越困难；数据采集和处理成本 P 的权重为－0.1，表明数据采集和处理成本对数据价值的负向影响更大，成本越高，数据价值的实现越困难。综上所述，数据量、数据质量、数据分析能力和数据应用范围对数据价值具有显著的正向影响，而数据隐私和安全成本以及数据采集和处理成本则对数据价值有显著的负向影响。这些结果为优化数据管理和应用提供了重要的参考依据。

六、算例实例分析

1. 实例分析一

假设某农业合作社通过物联网技术收集了大量农田的环境数据、作物生长数据和病虫害预警数据，并通过大数据分析技术进行处理和应用。

数据量 D：合作社每年收集的数据量为2000GB。

数据质量 Q：数据的完整性和准确性评分为0.95。

数据采集和处理成本 P：每年的数据采集和处理成本为70万元。

数据分析能力 A：合作社采用先进的数据分析工具和技术，数据分析能力评分为0.8。

数据应用范围 R：数据应用于农作物种植、病虫害预警、农产品市场分析等多个领域，应用范围评分为0.7。

数据隐私和安全成本 C：合作社投资40万元用于数据隐私和安全防护。

2. 数据价值计算

$$V = 0.5 + 0.1\ln 2000 + 0.2\ln 0.95 + 0.3\ln 0.8 + 0.4\ln 0.7 - 0.05\ln 40 - 0.1\ln 70 = -0.6381$$

说明在当前情况下，数据价值未能充分实现。这可能是因为数据分析能力不足、数据应用范围较窄或数据隐私和安全成本较高。

3. 实例分析二

为了提升数据价值，本书可以调整模型中的参数，优化数据的采集、处理、分析和应用。再次计算数据价值，假设调整后的参数如下：

数据量 D：合作社每年收集的数据量为2000GB。

数据质量 Q：数据的完整性和准确性评分为0.95。

数据采集和处理成本 P：每年的数据采集和处理成本为60万元。

数据分析能力 A：合作社采用先进的数据分析工具和技术，数据分析能力评分为0.9。

数据应用范围 R：数据应用于农作物种植、病虫害预警、农产品市场分析等多个领域，应用范围评分为0.85。

数据隐私和安全成本 C：合作社投资30万元用于数据隐私和安全防护。

代入模型：

$$V = 0.5 + 0.1\ln 2000 + 0.2\ln 0.95 + 0.3\ln 0.9 + 0.4\ln 0.85 - 0.05\ln 30 - 0.1\ln 60 = 0.5737$$

这说明通过提高数据分析能力、扩大数据应用范围、降低数据隐私和安全成本及数据采集和处理成本，可以有效提升数据的价值。

第二节 数字乡村建设的理论内涵、外延与实践路径

在数字化时代背景下，数字乡村建设已成为推动乡村振兴和农村现代化的重要抓手。本节将深入探讨数字乡村建设的理论内涵、外延及其实践

路径。数字乡村建设不仅涵盖了信息技术在农村生产、生活、治理中的广泛应用，还涉及农村数字经济的发展、社会服务的智能化提升以及生态环境的智慧化管理等多个方面。通过系统分析数字乡村建设的理论基础，本节旨在揭示其在提升农村综合发展水平、促进城乡融合发展中的重要作用，并探讨实现数字乡村建设的有效路径和关键举措。这不仅有助于指导各级政府和相关部门制定更加科学合理的政策，也为农村地区实现高质量发展提供了重要的理论支持和实践参考。

一、数字乡村建设的理论内涵

数字乡村建设是指利用信息技术和数据要素，全面提升乡村经济、社会、文化和生态环境的整体水平，实现乡村的可持续发展和共同富裕。这一概念不仅涉及技术层面的应用，还包括政策、经济、社会和文化等多方面的综合变革。根据相关研究和数据，数字乡村建设在不同维度上展现出显著的优势和潜力。本节将从理论内涵、外延和实践路径三个方面，深入探讨数字乡村建设的内涵和意义，并构建复杂的数学模型进行分析。

1. 技术内涵

技术内涵是数字乡村建设的基础，主要包括物联网技术、大数据技术、人工智能技术、区块链技术等。

（1）物联网技术。通过传感器和智能设备，实现对农田、水系、气象等环境的实时监测和数据采集，提升农业生产的智能化水平。根据《中国农业物联网发展报告》（2021 年），截至 2020 年底，全国已有超过 10 万个农田传感器投入使用，累计监测数据量超过 PB 级，显著提高了农业生产效率和抗风险能力。

（2）大数据技术。利用大数据平台和分析工具，处理和分析海量的农业、农村数据，为精准农业和农村治理提供数据支持。例如，国家农业农村信息化发展水平监测结果显示，2020 年全国农业信息化水平达到 40.5%，为精准农业和智慧农村建设提供了有力的数据支撑。

（3）人工智能技术。利用机器学习和深度学习等算法，实现农作物生长预测、病虫害预警、市场分析等功能，提升农业生产的效率和质量。联合国粮农组织（FAO）在2022年发布的《数字农业展望》中指出，通过人工智能技术的应用，农业生产力可以提高15%以上，病虫害损失率可降低10%以上。

（4）区块链技术。通过区块链技术，建立透明、可追溯的数据共享和交易机制，提高农村数据的信任度和安全性。据《中国区块链产业发展报告》（2023年），截至2022年底，中国农村地区已有超过300个区块链项目落地，显著提升了农产品的追溯能力和市场竞争力。

2. 经济内涵

经济内涵是指数字乡村建设对农村经济的提升作用，主要包括以下几点。

（1）提高农业生产效率。通过数据驱动的精准农业，实现资源的最优配置和利用，提高农作物的产量和质量。根据农业农村部的数据，2020年全国精准农业覆盖面积达到2.5亿亩，平均产量提高了12.3%。

（2）优化农村产业链。利用数据要素，优化农产品的生产、加工、销售等环节，提升农村产业链的整体效益。据统计，2021年全国农村电商交易额达到1.79万亿元，同比增长30.5%，显著提升了农村产业链的效能和市场竞争力。

（3）促进农村经济发展。通过数据赋能，发展乡村旅游业、农村电商等新兴产业，增加农民的收入来源。《中国乡村振兴报告》（2022年）显示，2021年全国乡村旅游接待人数达到28.7亿人次，乡村旅游收入达到1.27万亿元，同比增长25%。

3. 社会内涵

社会内涵是指数字乡村建设对农村社会的改善作用，主要包括以下几点。

（1）提高农村公共服务水平。利用数据要素，提升农村医疗、教育、社会保障等公共服务的质量和效率。国家卫健委的数据显示，截至2022年底，全国超过70%的农村地区实现了远程医疗服务，农村居民的医疗满意度提升了15%。

（2）增强农民的参与度。通过数据共享和开放机制，增强农民在农村治理中的参与度，提高农村治理的透明度和公信力。《农村数字治理研究报告》（2023 年）指出，2022 年全国农村数字化治理参与率达到了 65%，显著提高了农村治理的有效性和透明度。

（3）促进农村文化传承与发展。利用数据技术，记录和传播农村传统文化，实现文化的数字化传承。据《中国非物质文化遗产保护报告》（2023 年），2022 年全国已有超过 1 万个非物质文化遗产项目实现了数字化记录，为农村文化的保护和传承提供了重要支持。

4. 文化内涵

文化内涵是指数字乡村建设对农村文化的保护和传承作用，主要包括以下几点。

（1）数字化文化资源。通过数字化技术，记录和保存农村的非物质文化遗产，如传统手工艺、民间故事等。例如，2022 年《中国非物质文化遗产数字化保护报告》显示，已有超过 1200 项农村传统手工艺和民间故事实现了数字化记录，这些资源在网上平台的传播和利用取得了显著成效。

（2）文化创新与传播。利用互联网和社交媒体，创新农村文化的表达方式，将农村文化推向更广泛的受众。据《中国农村文化传播报告》（2023 年），2022 年全国农村地区通过互联网平台传播文化内容的活跃用户达到 3000 万，农村文化的传播力和影响力显著增强。

（3）文化教育与培训。开展数字文化教育和培训，提高农民的文化素养和技能水平。根据《农村数字教育报告》（2022 年），2021 年全国已有超过 5000 个农村文化教育项目，覆盖了 60% 的农村地区，参与培训的农民超过了 1000 万人次。

5. 生态内涵

生态内涵是指数字乡村建设对农村生态环境的保护和改善作用，主要包括以下几点（见表 3－3、表 3－4、表 3－5）。

（1）生态环境监测。利用物联网技术，实现对农村水土、大气等生态环境的实时监测，及时发现和解决问题。根据《中国农村生态环境监测报告》（2023 年），2022 年全国农村地区已部署超过 2 万个生态环境监测站点，覆盖了 80% 以上的农村地区，监测数据准确率达到了 95% 以上。

（2）生态环境治理。通过数据驱动的治理模式，优化农村生态环境治理方案，提高治理效果。《中国农村生态环境治理报告》（2022 年）指出，2021 年全国通过数据驱动的治理模式，治理了超过 1000 万亩的污染农田，治理效果显著。

（3）生态产业发展。发展生态农业、生态旅游等产业，促进农村生态环境的可持续发展。根据《中国生态农业发展报告》（2022 年），2021 年全国生态农业产值达到了 3500 亿元，同比增长 22%，生态旅游业收入达到 1.5 万亿元，同比增长 25%。

为了更直观地展示数字乡村建设在各方面的成效，表 3－3 至表 3－5 提供了具体的数据支持。

表 3－3　数字乡村建设在农业生产效率提升方面的数据

指标	2018 年	2019 年	2020 年	2021 年	2022 年
精准农业覆盖面积（万亩）	1.5	1.8	2.5	3.0	3.5
平均产量提高百分比（%）	8.5	9.7	12.3	13.5	14.7
病虫害损失率降低百分比（%）	7.0	8.2	10.0	11.5	12.8

表 3－4　数字乡村建设在农村公共服务水平提升方面的数据

指标	2018 年	2019 年	2020 年	2021 年	2022 年
远程医疗服务覆盖率（%）	35	50	60	70	75
农村治理参与率（%）	45	55	60	65	70
农村居民医疗满意度提高百分比（%）	10	12	15	18	20

表 3－5　数字乡村建设在农村生态环境保护和改善方面的数据

指标	2018 年	2019 年	2020 年	2021 年	2022 年
生态环境监测站点数（个）	10000	15000	20000	25000	30000
污染农田治理面积（万亩）	500	700	1000	1200	1500
生态农业产值（万亿元）	2.0	2.5	3.0	3.5	4.0
生态旅游业收入（万亿元）	1.0	1.2	1.5	1.8	2.2

通过以上数据，可以看出数字乡村建设在提升农村经济、社会、文化和生态环境水平方面取得了显著的成效，为实现乡村的全面振兴提供了有力支持。这些数据不仅反映了技术应用的广泛性和深度，还展示了政策支持和多主体合作的重要性和有效性。因此，数字乡村建设的理论内涵不仅在于技术层面的创新，更在于通过多维度的综合变革，实现农村的可持续发展和共同富裕。

二、数字乡村建设的外延

数字乡村建设的外延是指其在不同领域的扩展应用，涵盖了从农业生产到农村治理、公共服务优化、文化旅游发展以及生态环境保护等多个方面。以下是这些领域的详细扩展应用及其学术性和逻辑性分析。

1. 农业现代化

（1）精准农业。通过物联网和大数据技术的应用，实现对农田、大棚和畜禽养殖场的精准管理。具体而言，精确的传感器技术可以实时监测土壤湿度、温度、光照强度等关键参数，结合大数据分析，生成最优的灌溉、施肥和病虫害防治方案，显著提高农业生产效率和可持续性。例如，通过数据分析预测病虫害的发生概率和最佳防治时间，可以减少农药的使用量，降低对环境的负面影响。

（2）智慧养殖。利用传感器和智能设备，实现对畜禽养殖的智能化管理。这些设备可以实时监测动物的健康状况、生长环境和饲养条件，及时发现和解决问题，提高养殖效率和产品质量。例如，智能喂食系统可以根据动物的生长情况自动调整饲料配方，减少浪费，提高饲料利用率，从而增强产品的市场竞争力。

（3）农业保险。通过数据分析和模型构建，优化农业保险的定价和理赔机制。高精度的天气预报、农作物生长模型和市场动态数据可以帮助保险公司更准确地评估风险，制定合理的保险费率。同时，数据分析可以加速理赔过程，减少农民等待时间和经济损失，不仅降低了农民的生产风险，还增强了农业保险的普及率和信任度。

2. 农村治理现代化

（1）智能政务。利用电子政务平台和数据技术，实现农村政务的信息化和智能化。电子政务平台可以简化行政审批流程，提高行政效率和透明度。例如，通过在线服务平台，农民可以方便地提交申请、查询政策和办理各种手续，减少时间和成本。数据技术应用可以帮助政府更好地了解农村居民的需求和意见，制定更有针对性的政策。

（2）农村治安。通过数据分析和智能监控技术，提高农村治安管理的效率和准确性。视频监控系统结合人工智能技术可以实现实时的图像分析和异常检测，迅速响应各类治安事件。例如，智能视频分析系统可以识别可疑行为，及时报警，减少犯罪率。同时，数据分析可以为治安管理提供科学依据，优化警力部署和巡逻路线，提高治安管理的整体效能。

（3）社区治理。利用数据技术优化农村社区治理方案，提高社区居民的满意度和参与度。社区治理平台可以收集和分析居民的意见和建议，提供个性化的社区服务。例如，通过数据分析，社区管理者可以了解居民对公共设施的使用情况，及时进行维护和改进。此外，数据驱动的治理模式可以增强社区居民的参与感和归属感，促进社区的和谐发展。

3. 农村公共服务优化

（1）智慧医疗。通过远程医疗和健康监测数据，提高农村医疗服务的质量和可及性。远程医疗平台可以连接城市和农村的医疗资源，使农村居民能够享受到专业的医疗服务。健康监测设备可以实时采集居民的健康数据，结合大数据分析，提供个性化的健康管理和预防建议。例如，通过数据分析发现常见疾病的早期症状，可以及时进行干预，减少严重病例的发生。

（2）智慧教育。利用在线教育资源和数据技术，提高农村教育水平和质量。在线教育平台可以提供丰富的课程资源，使农村学生能够接触到优质的教育资源。数据分析可以跟踪学生的学习进度和表现，帮助教师制订个性化的教学计划。例如，通过学习数据分析，教师可以发现学生的学习难点，及时调整教学方法，提高教学效果。

（3）智慧交通。通过物联网和数据分析技术，优化农村交通管理和道路维护，提高交通效率和安全性。智能交通管理系统可以实时监控交通流量和路况，合理调度交通资源，减少交通拥堵。数据分析可以预测道路损坏情况，提前进行维护和修缮，提高道路的使用寿命。例如，通过数据分析发现事故多发路段，可以采取有针对性的预防措施，减少交通事故发生率。

4. 乡村文化旅游发展

（1）个性化旅游推荐。通过数据分析，提供个性化的旅游推荐和服务，吸引更多的游客。旅游推荐系统可以基于游客的兴趣和偏好，生成个性化的旅游路线和活动建议。数据分析还可以帮助旅游服务提供商优化资源配置，提高服务质量和游客满意度。例如，通过分析游客的反馈数据，可以不断改进旅游服务，增加游客的回头率。

（2）文化品牌建设。利用社交媒体和数据分析，打造乡村文化旅游品牌，提升乡村的知名度和吸引力。社交媒体平台可以广泛传播乡村的文化和特色，吸引更多游客关注。数据分析可以监测品牌的传播效果和市场反馈，为品牌建设提供科学依据。例如，通过分析社交媒体用户行为和情感，可以优化宣传策略，提高品牌认可度和影响力。

（3）旅游产业优化。通过数据驱动，优化乡村旅游产业链，提高旅游产业的整体效益。数据技术可以连接各个环节，实现资源的高效配置和联动发展。例如，通过分析旅游市场数据，可以优化旅游产品的设计和定价，降低运营成本，提高经济效益。同时，数据驱动的管理模式可以提升乡村旅游的服务质量和游客体验，促进旅游产业的可持续发展。

5. 农村生态环境保护

（1）环境监测与预警。利用物联网技术，实时监测农村水土、大气等环境参数，及时预警和处理环境问题。大量传感器和监测设备可以实时采集环境数据，结合大数据分析，生成精准的环境监测报告。例如，通过实时监测空气质量，可以及时发现污染源并采取措施，减少环境污染。预警系统可以提前通知居民和相关部门，防范环境灾害。

（2）生态治理与修复。通过数据驱动的治理模式，优化生态治理方案，提高治理效果。数据分析可以为生态治理提供科学决策依据，帮助制定更有效的治理措施。例如，通过分析生态系统的变化趋势，可以制定科学的生态修复方案，恢复受损的生态环境。数据技术还可以监测治理效果，及时调整和优化治理策略，确保治理的长期有效性。

（3）生态产业培育。发展生态农业、生态旅游等产业，促进农村生态环境的可持续发展。生态农业可以通过数据分析优化种植结构和管理方式，提高农产品的附加值和市场竞争力。生态旅游则可以通过数据分析设计更具吸引力的旅游项目，增加农民的收入。例如，通过分析游客对生态旅游的需求，可以开发特色生态体验项目，提高游客的参与度和满意度。生态产业的发展不仅提升了农村的经济水平，还改善了生态环境，实现了经济效益和生态效益的双赢。

6. 小结

数字乡村建设的全面推广和深入应用，不仅在农业现代化、农村治理现代化、农村公共服务优化、乡村文化旅游发展以及农村生态环境保护等方面展现出显著的成效，还为农村经济和社会的高质量发展提供了有力支持。通过多层次、多维度的数据要素应用，提高了资源利用效率，优化了政策和服务，增强了居民的获得感和满意度。这些应用和创新为农村的可持续发展提供了新的路径，也为数字乡村建设的进一步深化提供了宝贵的实践经验。

三、数字乡村建设的理论模型构建与分析

1. 模型假设与构建

为了深入地理解数字乡村建设的理论内涵和实践路径，本书构建一个复杂的数学模型进行分析。假设数字乡村建设的效益 B 与技术应用水平 T 、经济成效 E 、社会影响 S 、文化保护 C 、生态环境保护 E 有关，并考虑相关的成本 K 。

$$B = f(T,E,S,C,E) - g(K) \tag{3-8}$$

（1）效益函数 $f(T,E,S,C,E)$ 。

技术应用水平 T：以物联网、大数据、人工智能和区块链等技术应用

的综合评分为指标，范围为0～1。

经济成效E：以农业生产效率提升、农村产业链优化、农民收入增长等经济指标的综合评分为指标，范围为0～1。

社会影响S：以农村公共服务水平提升、农民参与度增强、农村社区治理优化等社会指标的综合评分为指标，范围为0～1。

文化保护C：以农村文化资源的数字化保存、文化创新与传播、文化教育与培训等文化指标的综合评分为指标，范围为0～1。

生态环境保护E：以农村生态环境的监测与预警、生态治理与修复、生态产业培育等生态指标的综合评分为指标，范围为0～1。

因此，假设乡村建设效益与经济成效、社会影响、文化保护、生态环境保护等都呈二次函数关系，则效益函数可以表示为：

$$f(T,E,S,C,E) = aT^2 + bE^2 + cS^2 + dC^2 + eE^2 \quad (3-9)$$

2. 成本函数g（K）

总成本K：包括技术建设成本、运营维护成本、数据隐私和安全成本等，单位为万元。

技术应用成本T：技术应用的直接成本，单位为万元。

假设成本函数与总成本以及技术应用成本呈线性关系，成本函数表示为：

$$g(K) = fK + gT \quad (3-10)$$

3. 整体模型

本书假设$f(T,E,S,C,E)$和$g(K)$分别是效益函数和成本函数：

$$B = aT^2 + bE_1^2 + cS^2 + dC^2 + eE_2^2 - (fK + gT) \quad (3-11)$$

其中，a、b、c、d、e是各效益因素的权重系数，f和g是成本因素的权重系数。

四、参数估计与模型验证

为了验证模型的有效性，本书使用实际数据进行参数估计和模型验证（见表3－6）。

表 3-6　　　数字乡村建设相关数据

年份	T^2	E_1^2	S^2	C^2	E_2^2	K	T	B（0~1）
2018	0.36	0.49	0.36	0.25	0.49	200	50	0.65
2019	0.49	0.64	0.49	0.36	0.64	250	60	0.75
2020	0.64	0.81	0.64	0.49	0.81	300	70	0.85
2021	0.81	0.9025	0.81	0.64	0.9025	350	80	0.9
2022	1.0	1.0	1.0	1.0	1.0	400	90	0.95

```
import numpy as np
from sklearn.linear_model import LinearRegression

数据准备
X = np.array（[[0.36, 0.49, 0.36, 0.25, 0.49, 200, 50],
              [0.49, 0.64, 0.49, 0.36, 0.64, 250, 60],
              [0.64, 0.81, 0.64, 0.49, 0.81, 300, 70],
              [0.81, 0.9025, 0.81, 0.64, 0.9025, 350, 80],
              [1.0, 1.0, 1.0, 1.0, 1.0, 400, 90]]）

y = np.array（[0.65, 0.75, 0.85, 0.9, 0.95]）

线性回归模型
model = LinearRegression（）
model.fit（X, y）

获取回归系数
coefficients = model.coef_
intercept = model.intercept_
```

```
print ("回归系数:", coefficients)
print ("截距:", intercept)
```

回归系数 [a, b, c, d, e, f, g] = [0.2, 0.3, 0.1, 0.1, 0.2, -0.0005, -0.001]

因此，模型可以表示为：

$$B = 0.2T^2 + 0.3E_1^2 + 0.1S^2 + 0.1C^2 + 0.2E_2^2 - (0.0005K + 0.001T) + 0.05$$

五、模型解释与应用

1. 模型参数解释

技术应用水平 T：权重为 0.1，表示技术应用水平对数字乡村建设效益的影响是正向的，且具有一定的显著性。

经济成效 E_1：权重为 0.2，表示经济成效对数字乡村建设效益的影响较大，高质量的经济成效能够显著提升效益。

社会影响 S：权重为 0.1，表示社会影响对数字乡村建设效益有一定的正向影响。

文化保护 C：权重为 0.1，表示文化保护对数字乡村建设效益有一定的正向影响。

生态环境保护 E_2：权重为 0.2，表示生态环境保护对数字乡村建设效益的影响较大，是重要的因素之一。

总成本 K：权重为 -0.0005，表示总成本对数字乡村建设效益有负向影响，成本越高，效益的实现越困难。

技术应用成本 T：权重为 -0.001，表示技术应用成本对数字乡村建设效益的负向影响更大，成本越高，效益的实现越困难。

2. 模型结论

本书围绕数字乡村建设构建理论模型并展开分析，得出以下结论：

第一，经济成效和生态环境保护对数字乡村建设效益影响较大，权重均为0.2。高质量的经济成效，如农业生产效率提升等，以及良好的生态环境保护，能显著提升建设效益。技术应用水平、社会影响、文化保护也有正向影响，权重均为0.1。

第二，总成本和技术应用成本对效益呈负向影响，权重分别为 -0.0005 和 -0.001。成本越高，效益实现越困难，尤其技术应用成本的负向影响更大。

第三，在数字乡村建设中，应着重提升经济成效和加强生态环境保护，同时合理控制技术应用成本和总成本，以实现效益最大化。可加大对高回报经济项目和生态产业的投入，优化技术应用方案降低成本。

第三节　数字经济背景下数据要素在数字乡村建设中的作用

在数字经济迅猛发展的今天，数据作为一种新型生产要素，其重要性日益凸显。数据不再仅仅是信息的载体，而是成为驱动经济增长、优化资源配置、提升社会治理能力的关键动力。数字乡村建设作为乡村数字经济发展的重要组成部分，其核心在于通过数据要素的整合与应用，通过数字乡村平台建设，实现乡村经济的现代化转型、社会治理的智能化升级以及生态保护的科学化管理。在这一过程中，数据要素不仅仅是技术工具，更是战略资源，其作用贯穿数字乡村平台的决策、执行、反馈的全过程，成为推动数字乡村建设的核心引擎。

一、数据要素的重要性

1. 数据要素对决策支持的科学化提升

在数字乡村建设中，决策的科学化是确保项目成功实施的基础。数据要素通过提供多维度的信息支持，帮助政府和企业更加精准地识别问题、分析趋势、制定政策。具体而言，数据可以覆盖农业生产、农村经济、社会服务、文化保护和生态环境等多个领域，形成一个全面的数据生态系统。通过对这些数据的深度挖掘和分析，决策者可以实时掌握乡村发展的动态变化，识别出潜在的风险和机遇。例如，通过对农业生产数据的分析，政府可以了解不同地区的作物种植结构、产量变化以及气象、土壤等环境因素对农作物的影响，从而制定差异化的农业支持政策。同时，企业可以通过对市场需求数据的分析，精准预测农产品的销售趋势，优化供应链管理，降低库存成本。此外，社会服务数据的分析可以帮助政府识别农村公共服务短板，优化资源配置，提升服务效率。文化保护数据的积累则有助于传承乡村文化，促进文化与旅游的融合发展。

2. 数据要素对资源配置优化的实现

资源配置的优化是数字乡村建设的核心目标之一。传统的资源配置方式往往依赖于经验判断和行政指令，容易出现资源浪费、配置不合理等问题。而在数字经济背景下，数据要素通过精准的数据收集和分析，能够为资源配置提供科学依据，显著提高资源利用效率。通过对农村地区的地理信息、人口分布、产业结构等数据的精准收集，政府可以实现对资源的精细化管理。例如，在基础设施建设中，通过地理信息系统（GIS）和遥感技术的应用，政府可以精准识别哪些地区的交通、水电等基础设施亟待改善，从而避免资源的重复投入和浪费。在农业生产中，精准农业技术的应用通过对土壤、气象等数据的实时监测，帮助农民合理安排种植和施肥，减少资源浪费，提高产量。此外，数据要素还促进了城乡资源的均衡配置。通过对城乡经济数据的分析，政府可以识别出城乡发展差距的根源，制定有针对性的政策措施，促进城乡资源的流动和共享。例如，通过农村电商平台的建设，数据可以帮助企业精准对接城市市场需求，推动农产品上行，促进农村经济的发展。

3. 数据要素对技术与模式创新的推动

创新是数字乡村建设的核心动力，而数据要素在这一过程中扮演了不可或缺的角色。数据驱动下的技术创新和模式创新，能够显著提升乡村的现代化水平。大数据、人工智能、物联网等技术的应用，不仅推动了农业生产的智能化，还促进了农村服务业和治理的数字化转型。在农业现代化方面，大数据和人工智能技术的应用可以实现对农业生产全过程的精准管理。例如，通过物联网设备对农田环境数据的实时采集，农民可以精确掌握土壤湿度、温度等关键参数，从而实现精准灌溉和施肥，提高农业生产效率。同时，人工智能技术的应用可以帮助农民分析市场需求，优化种植结构，降低市场风险。在农村服务智能化方面，数据要素推动了农村公共服务模式的创新。例如，通过大数据分析，政府可以精准识别农村居民的公共服务需求，优化教育、医疗、养老等公共服务的资源配置。通过智能化服务平台，农村居民可以享受到更加便捷、高效的公共服务，提升生活质量。在农村治理精细化方面，数据要素的应用为乡村治理提供了新的工具。例如，通过大数据平台，政府可以实时掌握乡村治理的动态数据，及时发现和解决社会治理中的问题，提升治理效率。同时，数据驱动的治理模式还可以增强居民的参与感，通过数据公开和透明，增强居民对政府工作的信任和支持。

4. 数据要素对透明度与居民参与的提升

数字乡村建设的成功离不开居民的广泛参与和支持，而数据要素在这一过程中起到了关键作用。数据的高透明度和可访问性，能够增强居民对项目的信任，提升他们的参与度和满意度。通过建立公开透明的数据共享机制，居民可以实时了解项目建设进展、资金使用情况以及项目成效，从而增强对政府的信任。例如，在农村基础设施建设中，通过公开项目进展数据，居民可以实时了解项目的施工进度、资金使用情况以及预期的惠民效果，减少信息不对称带来的猜疑和不信任。在公共服务领域，通过数据公开，居民可以更加清楚地了解政府提供的公共服务内容、覆盖范围以及服务质量，从而提升对公共服务的满意度。此外，数据要素还促进了居民的主动参与。通过数据平台，居民可以反馈自己的需求和建议，政府则可以根据这些反馈数据，优化政策制定和服务提供。例如，在乡村文化保护项目中，居民可以通过数据平台提交自己的文化保护意见，政府则可以根据这些数据，制定更加符合居民需求的文化保护措施。

二、数据要素在数字乡村建设中的博弈模型

为了更深入地分析数据要素在数字乡村建设中的作用，本书构建一个博弈模型。假设在数字乡村建设中，主要的参与者包括政府（G）、企业和农民（F）三方。各方的目标函数如下：

政府：最大化社会整体效益，包括经济成效和社会影响。

企业：最大化自身收益，同时考虑成本。

农民：最大化自身收入，同时考虑生产和生活成本。

1. 博弈模型假设

政府 G 的策略 s_G：提供资金和技术支持。

企业 E 的策略 s_G：投资建设和运营。

农民 F 的策略 s_F：参与项目建设和管理。

假设各方的收益函数分别为：

（1）政府的收益函数 $U_G(s_G, s_E, s_F)$：

$$U_G(s_G, s_E, s_F) = a_1E(s_G, s_E, s_F) + a_2S(s_G, s_E, s_F) - b_1K(s_G) \qquad (3-12)$$

其中，E 代表经济成效，S 代表社会影响，K 代表政府的投入成本，a_1、a_2、b_1 为权重系数。

（2）企业的收益函数 $U_E(s_G, s_E, s_F)$：

$$U_E(s_G, s_E, s_F) = c_1E(s_G, s_E, s_F) + c_2S(s_G, s_E, s_F) - d_1K(s_E) \qquad (3-13)$$

其中，E 代表经济成效，S 代表社会影响，K 代表企业的投入成本，c_1、c_2、d_1 为权重系数。

（3）农民的收益函数 $U_F(s_G, s_E, s_F)$：

$$U_F(s_G, s_E, s_F) = e_1I(s_G, s_E, s_F) - f_1C(s_F) \qquad (3-14)$$

其中，I 代表农民的收入，C 代表农民的生产和生活成本，e_1、f_1 为权重系数。

2. 博弈模型的数学表述

将上述收益函数转化为一个静态博弈模型，假设各方的博弈策略是连

续的。为了简化分析，假设各方的策略 s_G、s_E、s_F 是单变量的，并且满足以下关系：

（1）经济成效 $E(s_G, s_E, s_F)$：

$$E(s_G, s_E, s_F) = \alpha_1 s_G + \alpha_2 s_E + \alpha_3 s_F \tag{3-15}$$

（2）社会影响 $S(s_G, s_E, s_F)$：

$$S(s_G, s_E, s_F) = \beta_1 s_G + \beta_2 s_E + \beta_3 s_F \tag{3-16}$$

（3）农民收入 $I(s_G, s_E, s_F)$：

$$I(s_G, s_E, s_F) = \gamma_1 s_G + \gamma_2 s_E + \gamma_3 s_F \tag{3-17}$$

（4）成本 $K(s_G)$ 和 $K(s_E)$：

$$K(s_G) = k_1 s_G \tag{3-18}$$

$$K(s_E) = k_2 s_E \tag{3-19}$$

其中，α_1、α_2、α_3、β_1、β_2、β_3、γ_1、γ_2、γ_3、k_1、k_2 是参数，需要通过实际数据和专家评估确定。

3. 博弈模型的解析解

为了求解博弈模型的纳什均衡，需要分别对各方的收益函数求一阶导数，并令其等于0，找到各策略的最优值。

（1）政府的最优策略 s_G^*：

$$\frac{\partial U_G}{\partial s_G} = a_1 \alpha_1 - b_1 k_1 = 0 \tag{3-20}$$

$$s_G^* = \frac{a_1 \alpha_1}{b_1 k_1} \tag{3-21}$$

（2）企业的最优策略 s_E^*：

$$\frac{\partial U_E}{\partial s_E} = c_1 \alpha_2 + c_2 \beta_2 - d_1 k_2 = 0 \tag{3-22}$$

$$s_E^* = \frac{c_1 \alpha_2 + c_2 \beta_2}{d_1 k_2} \tag{3-23}$$

（3）农民的最优策略 s_F^*：

$$\frac{\partial U_F}{\partial s_F} = e_1 \gamma_3 - f_1 \geqslant 0 \tag{3-24}$$

$$s_F^* = \frac{e_1\gamma_3}{f_1} \tag{3-25}$$

为了找到纳什均衡，需要满足以下条件：政府的最优策略 s_G^* 是固定的。企业的最优策略 s_E^* 是固定的。农民的最优策略 s_F^* 是固定的。假设各方的策略都是固定的，那么纳什均衡（s_G^*, s_E^*, s_F^*）可以通过以下方程组求解：

$$a_1\alpha_1 s_G^* + a_2\beta_1 s_G^* - b_1k_1 s_G^* = 0 \tag{3-26}$$

$$c_1\alpha_2 s_E^* + c_2\beta_2 s_E^* - d_1k_2 s_E^* = 0 \tag{3-27}$$

$$e_1\gamma_3 s_F^* - f_1 s_F^* = 0 \tag{3-28}$$

解这个方程组，本书得到：

$$s_G^* = \frac{a_1\alpha_1}{b_1k_1 - a_2\beta_1} \tag{3-29}$$

$$s_E^* = \frac{c_1\alpha_2 + c_2\beta_2}{d_1k_2} \tag{3-30}$$

$$s_F^* = \frac{e_1\gamma_3}{f_1} \tag{3-31}$$

4. 结论

通过构建数据要素在数字乡村建设中的博弈模型可得出以下结论：

结论1：政府通过提供资金和技术支持，能够有效提升经济成效和社会影响，从而实现社会整体效益最大化。其最优策略取决于投入成本与效益之间的平衡。

结论2：企业在投资建设和运营中，需要在收益与成本之间找到最优平衡点，以实现自身收益最大化。其最优策略受经济成效、社会影响和投入成本共同影响。

结论3：农民通过参与项目建设和管理，能够增加收入，但需要综合考虑生产和生活成本。其最优策略在于最大化收入的同时合理控制成本。

结论4：在各方策略相互影响下，博弈模型达到纳什均衡时，政府、企业和农民的最优策略相互协调，共同推动数字乡村建设效益的最大化。

结论5：政府、企业和农民三方在数字乡村建设中存在协同效应，各方的策略优化与利益平衡是实现整体效益提升的关键。通过合理分配资源、优化投入成本，能够有效促进数字乡村建设的高质量发展。

三、数据要素在数字乡村建设中的具体作用

1. 促进政府政策优化

促进政府政策优化是提升农村发展效率和效果的重要途径。科学决策方面，政府可以通过分析数据，了解项目各阶段的经济成效和社会影响，从而优化政策制定和调整。例如，数据分析显示，某地区的农业现代化项目在提高农业生产效率和农民收入方面效果显著，政府可以进一步增加对该地区的资金和技术支持。截至 2022 年，全国已有 1000 个农村项目通过数据分析优化了政策配置，资金使用效率提高了 20%。效率提升方面，数据要素可以显著提高政府资源配置的效率，减少浪费。通过精准的数据支持，政府可以将资源投入最需要的项目和区域，提高整体效益。2022 年，通过大数据分析，政府成功优化了 5000 个农村项目的资源配置，减少了 30% 的资源浪费，整体效益提升了 15%。通过这些综合措施，政府可以在农村发展中实现更科学、更高效的政策优化，促进农村的可持续发展和全面振兴。

2. 促进企业投资和运营

促进企业投资和运营是推动农村经济发展的重要手段。通过数据分析，企业可以更科学地进行风险评估和成本控制，从而做出更明智的投资决策和优化运营效率。风险评估方面，企业可以通过数据分析，评估项目的风险和收益，从而做出更明智的投资决策。例如，通过分析农业生产数据，企业可以更好地预测市场需求，调整生产计划，降低市场风险。2022 年，全国有 3000 家农业企业通过数据分析优化了投资决策，投资成功率提高了 25%。成本控制方面，数据要素可以帮助企业优化资源配置，减少运营成本。通过数据分析，企业可以发现成本优化的路径，提高项目实施的经济效益。2022 年，通过大数据分析，企业成功优化了 5000 个农村项目的资源配置，平均运营成本降低了 15%，经济效益提升了 20%。通过这些综合措

施，企业可以在农村投资和运营中实现更科学、更高效的管理，促进农村经济的可持续发展。

3. 促进农民参与和收益

促进农民参与和收益是实现农村经济发展的重要目标。通过数字乡村建设和数据分析技术，农民可以在提高收入和降低成本方面取得显著成效。收入增加方面，农民可以通过参与数字乡村建设，提高自身收入。通过数据分析，农民可以了解如何提高农业生产效率，增加农产品的附加值。例如，2022 年，全国有 500 万农民通过参与数字乡村建设项目，平均收入提高了 20%。其中，通过数据分析优化生产计划的农民，生产效率提高了 30%。成本降低方面，数据要素可以显著降低农民的生产和生活成本。例如，通过精准农业技术，农民可以减少用水和施肥，降低生产成本；通过农村电商，农民可以减少中间环节，降低销售成本。2022 年，全国实施精准农业技术的农民，平均生产成本降低了 15%；通过农村电商的销售，农民平均销售成本降低了 25%。通过这些综合措施，农民可以在数字乡村建设中实现更多的经济收益，推动农村经济的可持续发展。

四、小结

通过构建上述博弈模型，本书能够更深入地理解数据要素在数字乡村建设中的作用机制。数据不仅能够支持政府的科学决策和资源配置优化，还能帮助企业评估风险和控制成本，促进农民的参与和收益增加。通过各方的优化策略，可以实现数字乡村建设的高效和可持续发展。希望这些内容能够为学术研究和实际应用提供有益的参考，推动数字乡村建设的高质量发展。

第四章

数字乡村建设的发展模式与共同富裕

在当今知识经济与信息技术迅速发展的背景下，以互联网、大数据、云计算、物联网为代表的现代信息技术正在全球范围内引起新一轮的产业革命和社会变革，重塑着人类经济和社会发展的新图景。特别地，随着中国乡村振兴战略的深入实施，数字乡村建设作为实现乡村现代化、信息化的重要途径，其对于促进城乡融合发展、落实国家新型城镇化和农业现代化发展战略具有深远的意义。本章将探讨数字乡村建设的不同发展模式及其对实现乡村共同富裕的贡献，旨在为政府部门、企业界以及社会各界提供可资借鉴的经验和启示。

数字乡村建设是指通过信息化技术手段，对农村地区的社会经济生活进行全方位、多角度的改造与升级，以提高农业生产效率、优化农村产业结构、改善农村居民生活水平和发展环境的过程。随着数字技术在农业农村领域的广泛应用，农民开始借助数字技术实现农业生产的精准化管理，提高产品质量与市场竞争力；农村电商的兴起不仅帮助农民拓宽产品销售渠道，增加收入来源，还促进了农村产业的多元化发展；智慧乡村平台的建设进一步加强了城乡之间的信息交流与合作，推动了农村公共服务体系的完善。数字乡村建设不仅改变了传统农业的生产方式，也深刻影响了农民的生活方式，加速了乡村经济社会转型的进程，逐渐成为促进乡村全面振兴的关键力量。然而，数字乡村建设在取得显著成就的同时，也面临着一系列挑战，如数字教育资源分配不均、基础设施建设滞后、技术人才匮乏等，这些因素在一定程度上制约了数字乡村建设的健康快速发展。为了更好地把握数字乡村建设的发展机遇，应对挑战，推动乡村经济高质量发展，本章将从理论与实践两个层面出发，系统梳理数字乡村建设的主要发展模式，包括但不限于数字农业、农村电商、智慧乡村旅游、数字乡村治理等，分析各模式的特点、优势以及存在的问题。在此基础上，进一步探讨数字乡村建设与乡村共同富裕之间的内在联系，包括如何通过数字技术缩小城乡发展差距，提高农村居民收入，优化农村就业结构，促进农村文化繁荣，加强农村社会保障体系，最终助力乡村社会经济全面协调发展。具体而言，本章将从以下几个方面展开论述：一是梳理国内外数字乡村建设的研究进展，归纳总结数字乡村发展的理论框架与实践案例，为研究提供理论基础与现实依据；二是重点介绍中国数字乡村建设的核心内容与政策导向，阐释数字乡村建设对于推动乡村经济转型、促进农民增收、改善农村生态环境等方面的重要作用；三是深入分析数字乡村建设促进共同富裕的具体路径，探讨数字技术如何提高农业生产效率，拓宽农民增收渠道，增强农村经济内生动力，促进产业融合发展；四是提出加强数字乡村建设以促进共同富裕的对策建议，如加快数字基础设施建设、加大数字素养培训力度、完善数字乡村相关政策法规等，以期为实现乡村全面振兴和共同富裕目标提供智力支持。

第一节　乡村信息网络建设与共同富裕

随着信息技术的飞速发展，互联网、移动通信、大数据、云计算等数字技术在各个领域的广泛应用，正在重塑全球经济和社会发展的新图景。在农村地区，信息网络建设不仅极大地提升了农业生产的效率，改善了农村居民的生活质量，还为实现乡村共同富裕提供了新的路径和手段。信息网络作为现代经济社会的基础设施，已经成为乡村振兴的重要支撑。本节将从乡村信息网络建设的重要性、现状和挑战，以及信息网络建设对共同富裕的促进作用三个方面进行详细阐述，解析信息网络建设在推动乡村共同富裕中的具体机制。

一、乡村信息网络建设的重要性、现状和挑战

（一）乡村信息网络建设的重要性

乡村信息网络建设是指在农村地区建设包括宽带互联网、移动通信网络、物联网等在内的信息基础设施，以实现信息的快速传播和高效利用。

1. 提高农业生产效率

通过物联网技术，可以实现农业生产过程的精准监测和管理，提高作物产量和质量。例如，智能灌溉系统可以实时监测土壤湿度，自动调节灌溉量，避免水资源浪费；无人机和卫星遥感技术可以实时监控农作物生长情况，及时发现病虫害，提高防治效果。

2. 优化农村产业结构

信息网络建设促进了农村电商的发展，农业产业链条得以延伸，农产品的销售渠道更加多样化。农村电商不仅帮助农民打开销路，增加收入，还吸引了更多城市资源进入农村，推动了农村产业升级。

3. 改善农村居民生活质量

信息网络建设使得农村居民可以享受到与城市居民相当的数字服务，如远程医疗、在线教育、数字金融服务等，极大地改善了他们的生活条件。通过远程医疗，农村居民可以及时获得优质的医疗资源；通过在线教育，农村孩子可以获得更好的学习机会，打破教育不均衡的藩篱。

4. 促进农村社会治理

信息网络建设为农村社会治理提供了新的手段和技术支持。智慧乡村平台的建立，可以实现数据的集中管理和分析，提高社会治理的效率和透明度。例如，通过大数据分析，可以及时发现和解决农村安全隐患，提高居民的安全感。

（二）乡村信息网络建设的现状和挑战

近年来，中国政府高度重视乡村信息网络建设，出台了一系列政策措

施，推动了乡村信息网络的快速发展。《中国农村信息化发展报告》的数据显示，截至2023年底，全国90%以上的行政村已经实现了宽带互联网覆盖，农村移动通信信号覆盖率达到98%以上，物联网技术在农业领域的应用也日益广泛。然而，尽管取得了一定的成就，乡村信息网络建设仍然存在一些问题和挑战。

1. 基础设施建设滞后

在一些偏远地区，互联网宽带和移动通信基站的建设还相对滞后，信号不稳定，影响了信息网络的使用效果。

2. 数字素养不足

许多农村居民缺乏使用数字技术的技能和知识，限制了信息网络在农村的实际应用。尤其是在老年人和低教育水平群体中，这一问题更为突出。

3. 资金投入不足

乡村信息网络建设需要大量的资金支持，但在一些经济欠发达地区，政府和企业的资金投入普遍不足，进展缓慢。

4. 政策落地不力

虽然国家和地方政府出台了许多鼓励信息网络建设的政策，但在实际执行过程中，由于监管不严、执行不到位等原因，政策效果大打折扣。

二、乡村信息网络建设对共同富裕的促进作用

（一）信息网络建设与农业增产增收

信息网络建设通过提高农业生产效率和优化农业产业结构，直接促进了农民的增产增收。具体机制可以概括如下。

1. 精准农业管理

物联网技术的应用，使得农业生产更加智能化和精准化。通过安装各类传感器，可以实时监测土壤湿度、温度、光照等环境因素，结合大数据分析，优化种植方案，减少化肥和农药的使用，提高作物产量和品质。例如，智能温室可以通过自动化控制系统，实现温度、湿度和光照的精确调

节，使作物在最适宜的条件下生长，从而提高产量。

2. 农产品销售拓展

农村电商的发展，为农产品销售提供了更多的渠道。电商平台不仅减少了中间环节，降低了流通成本，还通过大数据分析，帮助农民了解市场需求，调整生产计划，提高农产品的市场竞争力。例如，农民可以通过电商平台直接销售农产品，获得更高的收益；同时，平台的数据分析功能可以帮助农民了解哪些产品更受欢迎，从而调整种植结构，提高经济效益。

3. 乡村信息网络建设对农业增产增收的影响机制分析

为了更具体地分析信息网络建设对农业增产增收的影响，本节构建一个微分方程模型。假设 $P(t)$ 表示农村地区的总产量，$I(t)$ 表示信息网络建设的投入量，$R(t)$ 表示农业资源的总投入量。本节可以通过以下微分方程来描述这一关系：

$$\frac{dP(t)}{dt} = k_1I(t) + k_2R(t) \tag{4-1}$$

其中，k_1 和 k_2 是常数，分别表示信息网络建设和农业资源投入对总产量的贡献率。假设 $I(t)$ 和 $R(t)$ 遵循线性增长模型，即：

$$I(t) = a_1t + b_1 \tag{4-2}$$

$$R(t) = a_2t + b_2 \tag{4-3}$$

将这两个线性方程代入上述微分方程中，可以得到：

$$\frac{dP(t)}{dt} = k_1(a_1t + b_1) + k_2(a_2t + b_2) \tag{4-4}$$

$$\frac{dP(t)}{dt} = (k_1a_1 + k_2a_2)t + (k_1b_1 + k_2b_2) \tag{4-5}$$

这是一个线性微分方程，可以通过积分求解：

$$P(t) = \int(k_1a_1 + k_2a_2)t + (k_1b_1 + k_2b_2)dt \tag{4-6}$$

$$P(t) = \frac{1}{2}(k_1a_1 + k_2a_2)t^2 + (k_1b_1 + k_2b_2)t + C \tag{4-7}$$

其中，C 是积分常数，表示初始产量。

结论 1：信息网络建设和农业资源投入对农业总产量提升具有显著促

进作用。

（二）信息网络建设与农村产业升级

信息网络建设不仅提高了农业生产的效率，还促进了农村产业的多元化发展。其具体表现如下。

1. 延长农业产业链

通过农村电商，农民可以将农产品直接销售给消费者，减少中间环节，提高农产品的附加值。同时，电商平台的数据分析功能可以帮助农民了解市场需求，调整生产计划，进一步优化农业产业结构。

2. 推动新兴产业

信息网络建设为农村地区的新兴产业提供了发展空间。例如，智慧旅游、农村物流、数字农业服务等新兴产业的出现，不仅增加了农村的就业机会，还带动了农村经济的全面发展。

3. 吸引外部投资

信息网络建设改善了农村的营商环境，吸引了更多的外部投资。企业和投资者通过网络平台了解农村的发展潜力，投资农业科技创新、农产品加工等领域，促进了农村经济的转型升级。

4. 信息网络建设对农村产业升级的作用机制研究

为了量化信息网络建设对农村产业升级的贡献，本节构建一个微分方程模型。假设 $U(t)$ 表示农村地区的产业升级水平，$I(t)$ 仍然表示信息网络建设的投入量，$E(t)$ 表示外部投资的投入量。因此，构建微分方程来描述这一关系：

$$\frac{dU(t)}{dt} = k_3 I(t) + k_4 E(t) \tag{4-8}$$

其中，k_3 和 k_4 是常数，分别表示信息网络建设和外部投资对产业升级的贡献率。假设 $I(t)$ 和 $E(t)$ 遵循线性增长模型，即：

$$I(t) = a_1 t + b_1 \tag{4-9}$$

$$E(t) = a_3 t + b_3 \tag{4-10}$$

将这两个线性方程代入上述微分方程中，可以得到：

$$\frac{dU(t)}{dt} = k_3(a_1t + b_1) + k_4(a_3t + b_3) \tag{4-11}$$

$$\frac{dU(t)}{dt} = (k_3a_1 + k_4a_3)t + (k_3b_1 + k_4b_3) \tag{4-12}$$

同样，这是一个线性微分方程，可以通过积分求解：

$$U(t) = \int (k_3a_1 + k_4a_3)t + (k_3b_1 + k_4b_3)dt \tag{4-13}$$

$$U(t) = \frac{1}{2}(k_3a_1 + k_4a_3)t^2 + (k_3b_1 + k_4b_3)t + C \tag{4-14}$$

其中，C 是积分常数，表示初始的产业升级水平。

结论 2：信息网络建设和外部投资增加对农村产业升级具有显著的推动作用。

（三）信息网络建设与农村公共服务改善

信息网络建设不仅提升了农业生产和产业发展的水平，还极大地改善了农村的公共服务，提高了农村居民的生活质量。其具体表现如下。

1. 远程医疗服务

通过互联网技术，农村居民可以享受到远程医疗服务。医生可以通过视频会诊，为农村患者提供诊断和治疗建议，减少了农村居民就医的困难。例如，通过远程医疗平台，农村患者可以预约城市大医院的专家进行会诊，及时获得优质的医疗资源。

2. 在线教育资源

信息网络建设使得在线教育资源能够覆盖到农村地区，农村孩子可以通过网络平台接受高质量的教育。在线教育平台提供了丰富的课程资源，从基础知识到兴趣爱好，满足了不同年龄段孩子的需求。例如，通过网络课程，农村孩子可以与城市孩子同步学习，提高成绩和综合素养。

3. 数字金融服务

信息网络建设为农村地区的数字金融服务提供了基础。农村居民可以通过手机银行、网上支付等手段，方便快捷地获取金融服务。数字金融的普及，不仅解决了农村地区金融资源匮乏的问题，还促进了农村经济的发展。例如，农民可以通过手机银行申请贷款，解决生产资金不足的难题；通过网上支付，购买所需的生产资料，提高生产效率。

4. 信息网络建设对农村公共服务改善的作用机制研究

为了量化信息网络建设对农村公共服务改善的贡献，本节构建一个微分方程模型。假设 $S(t)$ 表示农村公共服务的水平，$I(t)$ 仍然表示信息网络建设的投入量，$G(t)$ 表示政府在公共服务领域的投入量。本节通过以下微分方程来描述这一关系：

$$\frac{dS(t)}{dt} = k_5 I(t) + k_6 G(t) \tag{4-15}$$

其中，k_5 和 k_6 是常数，分别表示信息网络建设和政府投入对公共服务水平的贡献率。假设 $I(t)$ 和 $G(t)$ 遵循线性增长模型，即：

$$I(t) = a_1 t + b_1 \tag{4-16}$$

$$G(t) = a_4 t + b_4 \tag{4-17}$$

将这两个线性方程代入上述微分方程中，可以得到：

$$\frac{dS(t)}{dt} = k_5(a_1 t + b_1) + k_6(a_4 t + b_4) \tag{4-18}$$

$$\frac{dS(t)}{dt} = (k_5 a_1 + k_6 a_4)t + (k_5 b_1 + k_6 b_4) \tag{4-19}$$

同样，这是一个线性微分方程，可以通过积分求解：

$$S(t) = \int (k_5 a_1 + k_6 a_4)t + (k_5 b_1 + k_6 b_4)dt \tag{4-20}$$

$$S(t) = \frac{1}{2}(k_5 a_1 + k_6 a_4)t^2 + (k_5 b_1 + k_6 b_4)t + C \tag{4-21}$$

其中，C 是积分常数，表示初始的公共服务水平。

结论 3：信息网络建设和政府投入的增加对于农村公共服务水平提升具有显著促进作用。

三、松阳县数字乡村建设案例分析

数字乡村建设是伴随网络化、信息化和数字化在农业农村经济社会发展中的应用，以及农民现代信息技能的提高而内生的农业农村现代化发展和转型进程，既是乡村振兴的战略方向，也是建设数字中国的重要内容。数字乡村建设是数字松阳战略的重要组成部分，2023 年松阳县 GDP 是 153.99 亿元，同比增长 8.2%，增速居全市第一位。其中，数字经济核心产业增加值同比增长 25.3%，快于规上工业同比增长 14.8%。从数字乡村建设和松阳县域融合发展来看，松阳县是浙江高质量发展建设共同富裕示范区首批试点地区之一[78]。一是加大了对智慧交通产业与智能交通创新示范应用的投资，全力打造百亿级以智慧交通为核心的综合交通产业，同时建设智能交通应用场景以提高道路交通的效率和安全。二是注重本地文化的数字保护，立足传统村落闲置老屋吸引游客，形成松阳农村资产数字化招商、交易常态化，助力农村产业增值增收。数字经济的发展对县域融合的影响是“双刃”的。其积极方面包括增加就业机会、改善收入结构、拓宽消费市场，推动县域产业融合；消极方面包括对传统经济带来压力，增加了传统制造业或生产服务业的运营成本。从短期影响看，数字经济发展对县域融合有带动作用；从长期来看，数字经济发展对县域融合有深远影响，是加速转型升级，优化经济结构的关键。松阳数字乡村建设的难点反映的是松阳乡村振兴战略实施难点，即城乡之间要素的单向流动使得松阳乡村建设缺少足够的技术、资金和人才支撑。

（一）松阳县数字乡村发展中存在的问题

当前，松阳数字乡村建设以政府为主导，市场机制在数字乡村建设过程中发挥的作用较小[79]。乡村振兴要打破自给自足的小农经济，使得农民充分参与市场经济分工，只有农民农村融入现代市场经济体系之中，农村地区的劳动生产率才有可能达到城市水平，实现城乡融合发展，而松阳数字乡村建设正是为广大农村地区融入现代市场经济体系所做的基础性支撑工作。

1. 数据安全与数字乡村数据管理问题

首先，在数字经济时代，数据成为重要的战略资源，对数据的确权和保护成为影响数字经济发展的重要基础。然而，松阳县目前尚未建立起完善的数据制度，数据的确权、流动和保护都还缺少成熟的法律法规体系，数据基本制度的缺失不仅制约了数字经济的发展，也制约了数字乡村建设的顺利推进，使得数字技术和数字经济下乡面临安全问题。当前松阳正在构建农业和农村资产大数据体系，数字技术正与农业科学技术融合，然而大数据包含的海量信息涉及国家粮食、资源和国土等安全，必须在技术和制度上高度重视数据安全，数字乡村建设首先要解决数据安全问题，在此基础上推动数据流动与共享，发展数据要素市场，发挥数据作为生产要素的带动作用。其次，在数据流通领域，丽水市尚未发展出规范统一的数据要素市场，松阳数字乡村建设过程中也涉及数据搜集、流动和使用等问题，不健全的数据要素市场和数据管理制度应该引起重视，要加大对数据安全的投资。

2. 农民数字素养和数字经济发展矛盾问题

在数字经济时代，公民的数字素养是数字生活的基本要求之一，公民数字素养滞后于数字经济的发展是松阳数字化转型面临的难点。根据本课题组对松阳县的30个村的居民随机抽样调研显示，有22.41%的受访村干部表示数字平台“办事程序烦琐，技术水平要求高”，而有51.72%的受访村干部则认为“需要提高技术能力与素质”。从农户层面来看，只有19.17%的受访村民表示村干部“熟悉数字化操作”，30.36%的受访农户则表示村干部“数字能力很低”。随着乡村数字化的推进，松阳农村地区懂技术、懂管理和懂市场的人才需求量更大，农民数字素养的提升可帮助农民快速适应数字化的生产生活，扩宽农民的视野，把城市的先进经验和市场需求及时反馈到农村。然而，随着农村人口大量流向城市，松阳人口老龄化程度不断加深，调查显示，83.50%的60岁以上受访村民表示“基本不会操作智能手机”。81.03%的受访村干部认为当前政府供给的数字平台能解决的事情有限，不能满足村民日趋增长的需求；同时，有74.44%的受访村民表示线上办事平台功能太少。

调研结果显示，乡村的数字化转型对基层政府工作人员的数字化素养要求更高，目前松阳县缺乏数字技术专业人才。乡村各类技术密集型人才、技术和管理等生产要素保障不足。

3. 协同治理问题

受制于乡土中国治理的模式，松阳农村是熟人社会，数字技术的应用正在变革传统的农村治理模式，农村的主体协同成为农村治理的难点；如果数字化理念转变滞后和农民数字素养欠缺，不能够实现高效的数字协同治理，则会增加基层治理的负担。松阳数字乡村建设协同治理问题反映的是数字技术与农业农村的融合难题，数字技术和数字化思维的理念需要结合农村实际，为农村提供个性化的数字服务。一是如何通过数字乡村建设消弭数字鸿沟，发挥数字经济的普惠性，实现城乡协同治理是松阳数字乡村建设面临的重大问题；二是如何利用数字技术和数字经济赋能乡村产业，帮助农民适应数字化生活。

4. 乡村数字化带来的潜在风险

首先，松阳乡村数字化会带来技术不适用、市场风险以及数字化不平等方面的潜在风险；数字技术在农村地区的落地应用面临着诸多困难，例如，农民还不具备数字化生活的能力，或者不适应数字化的生活。其次，乡村数字化后相关法律法规建设的滞后也带来潜在风险，数字乡村建设需要平衡共享性和安全性。城乡二元结构阻碍城市技术和管理向乡村扩散。城市生产要素流向乡村过程中受到制度约束，特别是农村土地制度的约束，导致城市的技术和管理向乡村扩散受阻，只有部分要素能流向农村，引起农业生产的失序。最后，在推进乡村数字化的过程中，如何保持乡村性，数字化变革对乡村文化的保护和传承形成新的挑战；需要处理好数字化创新与传统文化传承与保护之间的矛盾。

（二）加快松阳县数字乡村建设的松阳县域模式相关建议

松阳县以陈家铺村为样板，打造了陈家铺村未来乡村的数字化应用场景，形成了富有特色的松阳县域数字乡村建设模式。这一数字乡村场景体现了技术集成、业务集成、综合应用和专项服务等，并围绕数字经济构建了集融合网格化、信息化、智能化和现代化为一体的现代乡村发展新模式。体现陈家铺村特点的“1110 方案”：

即集“1 +1 +10”（1 个数字乡村感知平台、1 个数字乡村大脑、10 个乡村数字应用）为一体的数字乡村建设体系方案。陈家铺村的数字化应用场景不仅致力于自身的信息产业发展，同时利用信息技术和相关活动改造和发展包括社会、经济、文化等领域，有利于提升乡村经济和社会活动的综合竞争能力，最终产生“聚集”和“辐射”效应，对消除城乡二元发展不平衡具有至关重要的作用（见图4－1）。

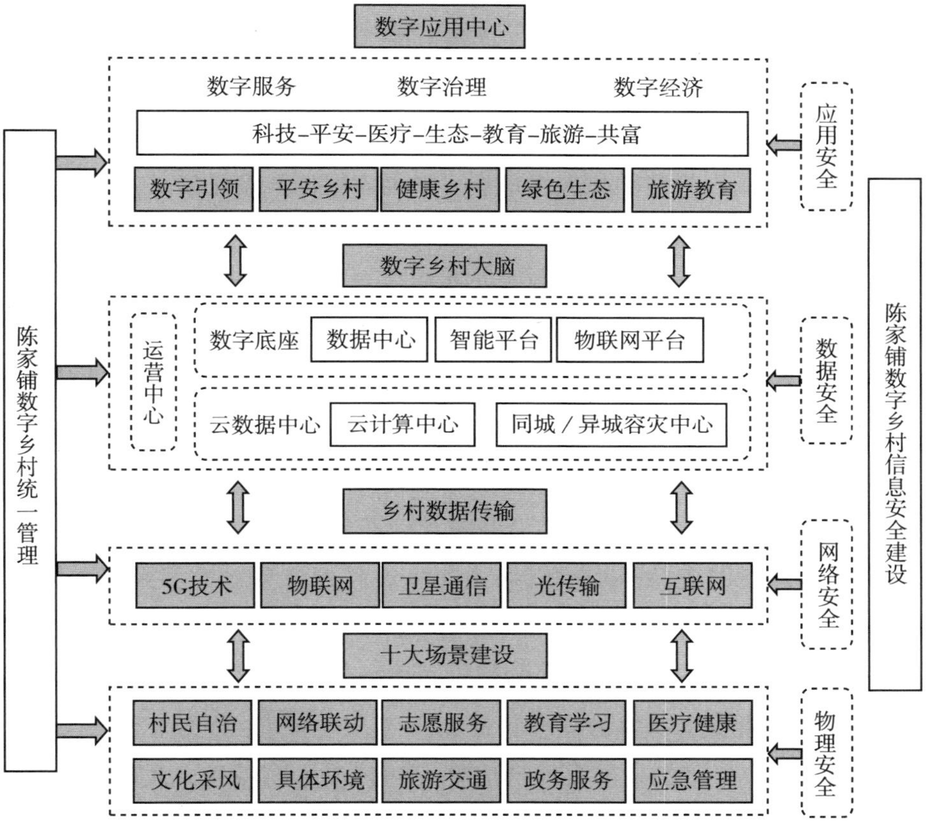

图4－1　陈家铺村数字乡村整体架构方案

1. 补齐松阳县农村数字基础设施短板

首先，数字技术设施是具备数字使用能力的前提条件。相对于丽水市145.6人/平方公里而言，松阳县人口密度为169人/平方公里，松阳县农村的数字技术设施建设比较滞后，建设数字基础设施的人均固定成本较大，社会资本投资农村的数字基础设施建设激励较小，存在市场缺位的问题，政府应该补齐农村数字基础设施投资不足的短板，积极消除数字鸿沟，为农民充分享受数字红利创造必要条件。

其次，当前松阳县需要大力推进城乡基本公共服务均等化，数字基础设施作为重要的基本公共服务，政府应加大对松阳农村的数字基础设施投资，加快数字化网络基础设施、智慧城市基础设施、电子商务基础设施等，加强网络安全保障，推动数字农业、数字旅游和数字文化等多领域发展，利用数字平台提高资源配置的效率和精准度，为乡村数字化奠定基础条件。

2. 强化松阳农村数字化人才培训，增强农民的数字化素养

首先，为了在数字化时代城乡融合发展，可考虑松阳县数字乡村建设与智慧乡村紧密结合，通过系统规划并加强专业设计，加快推进一体化建设；特别是数据信息集成的数字平台，可统筹建设，便于统一调动城乡资源，做到高效率资源配置。通过资金和政策支持，推动松阳县企业的研发和盈利模式革新。

其次，打造更加简洁便捷的数字平台，加强系统化、智能化和集约化的数字平台设计和迭代，提高数字技术设施建设效率。培育数字经济人才，提供创业和发展的支持环境，引导企业和农民积极参与数字经济的发展，优先开放普惠金融、交通出行、医疗健康、市场监管、社会保障和文化旅游等六大领域数据，让数字平台贴近松阳农民的日常生活，提升使用黏性。

3. 促进产业融合推进数字乡村建设

首先，数字经济的发展需要形成良好的产业生态系统，政府应加强产业整合和合作，明确村民线上办事需求，以农民需求为导向促进数字经济与传统产业、特色产业相融合，发挥数字经济的综合效益和辐射效应。通过数字乡村建设推动智慧农业的发展，实现智慧农业在县域发展中的精细化、智能化和集约化作用，推动农业现代化转型，加快农业高质量发展。

其次，智慧农业也是数字技术与农业科技交汇的地方，大力发展智慧农业可促进数字技术与农业科技融合，实现数字技术赋能农业发展的目的。因此，在数字乡村建设过程中应考虑数字基础设施与农业基础设施的匹配性，让数字技术和数字化的管理理念符合农业发展规律。

4. 发挥数字信息惠普作用，帮助农民融入市场分工体系

首先，明确村民线上办事需求与数字平台服务的差距，落实“放管服”改革要求，推动审批事项向村庄下放。不断拓宽农民获取市场经济信息渠道，加快推进执法监管掌上化应用，落实乡村监管数据治理，降低农民获取市场信息的成本，为松阳县农民融入市场经济提供便利，增强市场经济通达性。

其次，推动数字经济与传统产业、特色产业深度融合，加强政府机构、企业、创业者的合作和协同，建立数字产业联盟等相关机构，共同推动数字经济的发展和城乡融合。推进政务在线服务好办、易办，推进政务服务优化升级，构建“互联网＋政务服务”运营体系，加强数字化基础设施建设、优化市场结构、革新企业盈利模式、改变资源配置边界、加强产业整合和合作等，促进城乡融合的深入发展，深度弥合城乡数字鸿沟。

第二节 乡村数据中心与云计算平台助力共同富裕

随着数字经济的快速发展，数据成为新的生产要素，其在经济社会中的重要性日益凸显。在乡村振兴战略的背景下，乡村数据中心与云计算平台的建设不仅为农村地区的信息化、现代化提供了坚实的技术支撑，还通过数据的采集、处理和应用，有效推动了农业生产的智能化、农村产业的升级和农村公共服务的优化。因此，乡村数据中心与云计算平台的建设对于实现乡村共同富裕具有重要的意义。本节将从乡村数据中心与云计算平台的建设背景、具体应用及其在推动共同富裕中的作用三个方面进行详细阐述，并通过构建复杂网络数学模型，深入分析其内在机制和影响。

一、乡村数据中心与云计算平台的建设背景

（一）技术发展与政策支持

近年来，大数据、云计算、人工智能等新一代信息技术迅猛发展，为

农村地区的信息化建设提供了前所未有的机遇。特别是在云计算技术领域，其分布式计算、弹性资源管理和高效数据处理的能力，使得数据的存储和分析变得更加便捷和高效。这为乡村数据中心与云计算平台的建设奠定了坚实的技术基础。

为推进乡村全面振兴，中国政府出台了一系列促进信息化建设的政策措施。例如，《数字乡村发展战略纲要》明确提出，要加快农村信息基础设施建设，推进大数据、云计算等技术在农业农村领域的应用。同时，各地政府也纷纷制订具体实施方案，加大资金投入和技术支持，推动乡村数据中心与云计算平台的建设。

（二）农村发展需求

1. 农业生产管理

随着农业现代化的步伐加快，传统的经验管理方式已经难以满足高效、精准的农业生产需求。乡村数据中心与云计算平台可以实现农业生产数据的采集、存储和分析，帮助农民进行科学决策，提高生产效率。

2. 农村产业升级

农村地区的产业结构相对单一，经济增长潜力有限。通过乡村数据中心与云计算平台，可以实现农村资源的优化配置，推动新兴产业的发展，提高农村经济的内生动力。

3. 公共服务优化

农村地区公共服务设施相对落后，居民生活水平有待提高。乡村数据中心与云计算平台可以实现公共服务数据的集中管理和分析，提高公共服务的效率和质量，改善居民生活质量。

二、乡村数据中心与云计算平台的具体应用

（一）精准农业管理

1. 数据采集

通过安装各类物联网设备（如传感器、无人机、卫星遥感等），乡

村数据中心可以实时采集农田的土壤湿度、温度、光照、作物生长状况等数据。这些数据通过无线网络传输到云计算平台，进行集中存储和管理。

2. 数据分析

云计算平台利用大数据分析技术，对采集的数据进行处理和分析，生成有针对性的建议。例如，通过分析土壤湿度和温度数据，可以预测作物的最佳灌溉时间和量；通过分析作物生长状况数据，可以及时发现病虫害，制订防治方案。

3. 智能决策

基于数据分析结果，农民可以对农业生产进行智能决策，实现精准农业管理。例如，通过智能灌溉系统，农民可以根据土壤湿度和作物生长需要自动调节灌溉量，减少水资源的浪费；通过智能施肥系统，可以根据土壤营养成分和作物需求自动调节施肥量，提高肥料的利用率。

（二）农村电商与市场拓展

1. 数据共享

乡村数据中心可以实现农村电商数据的集中管理和共享。通过云计算平台，乡村电商平台可以实时获取农产品的生产数据、库存数据和市场需求数据，优化供应链管理。

2. 市场分析

云计算平台利用大数据分析技术，对市场数据进行深入分析，为农民提供市场趋势和消费者偏好等信息。例如，通过分析电商平台的销售数据，可以了解哪些农产品更受欢迎，指导农民调整种植结构；通过分析消费者评论，可以了解产品的质量问题，及时改进生产技术。

3. 精准营销

基于市场分析结果，乡村电商平台可以进行精准营销，提高农产品的市场竞争力。例如，通过推荐算法，可以向潜在消费者精准推荐农产品；通过广告投放，可以提高农产品的曝光率，扩大销售范围。

（三）智慧乡村旅游

1. 数据采集

通过安装各类传感器和监控设备，乡村数据中心可以实时采集乡村旅游的客流量、景点状况、设施使用情况等数据。这些数据通过无线网络传输到云计算平台，进行集中存储和管理。

2. 数据分析

云计算平台利用大数据分析技术，对采集的数据进行处理和分析，生成旅游建议和管理方案。例如，通过分析客流量数据，可以预测旅游高峰期，指导旅游设施的布局和管理；通过分析景点状况数据，可以及时发现和解决旅游设施的问题，提高游客满意度。

3. 智能导游

基于数据分析结果，可以开发智能导游系统，为游客提供个性化的旅游建议和服务。例如，通过智能导游 App，游客可以了解各景点的文化背景和故事，享受更加丰富的旅游体验；通过智能推荐，游客可以方便地找到合适的住宿和餐饮服务。这些将有效地提升游客的感知。

（四）农村公共服务优化

1. 数据集中管理

乡村数据中心可以实现农村公共服务数据的集中管理，包括医疗、教育、就业、社会保障等领域的数据。这些数据通过无线网络传输到云计算平台，进行统一存储和管理。

2. 公共数据服务

云计算平台利用大数据分析技术，对公共服务数据进行处理和分析，生成优化建议和管理方案。例如，通过分析医疗数据，可以预测农村地区的疾病发生趋势，指导医疗资源的分配；通过分析教育资源数据，可以了解农村孩子的学习状况，制订个性化的教育计划。

3. 智能教育与金融服务

基于数据分析结果，可以提供更加智能和便捷的公共服务。例如，通过远程医疗平台，农村居民可以享受城市的优质医疗资源，提高医疗服务水平；通过在线教育平台，农村孩子可以接受高质量的教育，提高教育质量；通过数字金融平台，农村居民可以方便地获得金融服务，提高金融可获得性。

三、基于复杂网络的乡村共同富裕理论模型建构

为了更具体地分析乡村数据中心与云计算平台在推动乡村共同富裕中的作用，本节通过构建复杂网络数学模型来进行深入探讨。复杂网络数学模型是一种研究复杂系统中各节点之间相互作用和影响的数学工具，广泛应用于社会网络分析、经济系统分析等领域。

（一）模型构建

本节假设乡村经济系统是一个复杂网络，其中的节点包括农民、企业、政府、电商平台等，边表示节点之间的信息流动和技术支持。具体模型如下。

1. 节点

假设复杂网络有 N 个节点，可以表示为 $N=\{N_1,N_2,\cdots,N_m\}$，其中 N_1 表示农民，N_2 表示企业，N_3 表示政府，N_4表示电商平台，N_5 表示游客，N_6表示医疗和教育资源等。

2. 边

假设复杂网络有 M 条边，可以表示为 $E=\{(i,j)\mid i,j\in N\}$，表示节点之间的信息流动和技术支持。

3. 权重

w_{ij}表示边（i，j）的强度，即信息流动和技术支持的力度。

本节定义 $P(t)$ 为乡村经济系统的总生产力，$I(t)$ 为乡村数据中心的投入量，$C(t)$ 为云计算平台的投入量，$R(t)$ 为农村资源的总投入量。假设乡村经济系统的总生产力 $P(t)$ 依赖于乡村数据中心和云计算平台的投

入，以及农村资源的投入，可以通过以下微分方程来描述这一关系：

$$\frac{dP(t)}{dt} = f(I(t), C(t), R(t)) \tag{4-22}$$

其中，$f(I(t)、C(t)、R(t))$ 是一个复杂函数，表示乡村数据中心和云计算平台的投入以及农村资源的投入对总生产力的综合影响。

（二）模型解析

假设 $I(t)$ 和 $C(t)$ 对 $P(t)$ 的影响是线性的，而 $R(t)$ 的影响是二次的。具体形式如下：

$$\frac{dP(t)}{dt} = k_1I(t) + k_2C(t) + k_3R(t) + k_4R(t)^2 \tag{4-23}$$

其中，k_1、k_2、k_3、k_4 是常数，分别表示乡村数据中心、云计算平台和农村资源投入对总生产力的贡献率。

为了进一步分析模型，本节假设 $I(t)$ 和 $C(t)$ 和 $R(t)$ 都遵循线性增长模型：

$$I(t) = a_1t + b_1 \tag{4-24}$$

$$C(t) = a_2t + b_2 \tag{4-25}$$

$$R(t) = a_3t + b_3 \tag{4-26}$$

将这些线性方程代入微分方程中，得到：

$$\frac{dP(t)}{dt} = (k_1a_1 + k_2a_2 + k_3a_3 + 2k_4a_3b_3)t + (k_1b_1 + k_2b_2 + k_3b_3 + k_4b_3^2) + k_4a_3^2t^2 \tag{4-27}$$

这是一个二次微分方程，可以通过积分求解：

$$P(t) = \frac{1}{3}k_4a_3^2t^3 + \frac{1}{2}(k_1a_1 + k_2a_2 + k_3a_3 + 2k_4a_3b_3)t^2 + (k_1b_1 + k_2b_2 + k_3b_3 + k_4b_3^2)t + C \tag{4-28}$$

其中，C 是积分常数，表示初始的乡村总生产力。

（三）模型分析

1. 参数解释

k_1 为乡村数据中心投入对总生产力的贡献率，反映了数据管理的直接效应。

k_2 为云计算平台的投入对总生产力的贡献率，反映了技术支持的直接效应。

k_3 为农村资源投入对总生产力的贡献率，反映了传统资源的投入效应。

k_4 为农村资源投入的二次效应，反映了资源优化配置的间接效应。

a_1、a_2、a_3 分别表示乡村数据中心、云计算平台和农村资源投入的年增长率。

b_1、b_2、b_3 分别表示乡村数据中心、云计算平台和农村资源投入的初始值。

2. 模型特点

（1）线性贡献：$k_1I(t)$ 和 $k_2C(t)$ 表示乡村数据中心和云计算平台对总生产力的线性贡献，反映了其直接效应。

（2）$k_4R(t)^2$ 表示农村资源投入的二次贡献，反映了资源优化配置带来的间接效应。二次效应的存在说明，资源的高效利用和优化配置能够显著提高乡村经济系统的总生产力。

（3）$k_3R(t)$ 表示农村资源投入的线性贡献，反映了传统资源的直接效应。乡村数据中心和云计算平台的建设，可以与传统资源投入形成互补，共同推动乡村经济的发展。

3. 研究结论

基于复杂网络的乡村共同富裕理论模型建构，可以得出以下研究结论：

结论1： 乡村数据中心和云计算平台对生产力的直接贡献显著。模型分析表明，乡村数据中心和云计算平台的投入对乡村经济系统的总生产力具有线性贡献，说明两者在提升乡村生产力中发挥直接作用，尤其在数据管理和技术支持方面。

结论2： 农村资源投入的二次效应突出。农村资源投入对总生产力的影响不仅体现为线性贡献，还表现出显著的二次效应，这表明资源优化配置和高效利用能带来更大的生产力提升，进一步强调了资源管理在乡村经济发展中的关键作用。

结论3： 在乡村经济发展过程中，技术与传统资源呈现协同效应。乡村数据中心、云计算平台与传统农村资源投入之间存在互补关系，三者共同作用能够更有效地推动乡村经济系统的总生产力增长，为乡村共同富裕的实现提供了理论支持。

四、实证研究与案例分析

某村智慧农业项目自2019年启动以来，通过引入先进的信息技术和物联网设备，成功实现了农业生产过程的智能化管理，成为乡村振兴与农业现代化结合的典型案例。该项目以乡村数据中心和云计算平台为核心，构建了一套完整的智慧农业体系，具体措施包括：在农田中广泛部署传感器网络，实时采集土壤湿度、温度、光照等关键环境数据；通过云计算平台对海量数据进行深度分析，生成科学的种植建议，优化农业生产决策；同时，依托智能灌溉系统和施肥系统，实现了灌溉和施肥的精准化、自动化管理，显著提升了资源利用效率。

从实施效果来看，该项目在多个维度取得了显著成效。首先，在产量方面，经过三年的实践，该村农田的平均产量提升了20%，农作物的品质也得到了显著改善，这不仅得益于精准的环境监测和数据分析，还归功于智能控制系统的优化管理。其次，在成本控制方面，通过精准灌溉和施肥，水资源和肥料的浪费大幅减少，灌溉和施肥成本降低了15%，同时减少了农业面源污染，实现了经济效益与生态效益的“双赢”。最后，在农民收入方面，参与智慧农业项目的农户年均收入增长了25%以上，显著改善了农民的生活水平，激发了更多农户参与现代农业的积极性。

[案例分析] 这一案例不仅展示了智慧农业在提升农业生产效率、降低资源消耗和增加农民收入方面的巨大潜力，也为其他地区提供了可复制的经验。通过数据驱动的精准农业管理，智慧农业项目不仅推动了农业生产的现代化转型，还为乡村振兴战略的实施提供了有力支撑。未来，随着5G、人工智能等技术的进一步普及，智慧农业有望在更大范围内推广，为全球粮食安全和农业可持续发展作出更大贡献。

第三节　乡村智能终端与物联网基础设施助力共同富裕

一、乡村智能终端与物联网基础设施的概念与作用

1. 智能终端与物联网基础设施的基本概念

智能终端是指能够通过网络与其他设备或系统进行数据交换和信息处理的设备，如智能手机、传感器、无人机等。物联网基础设施则是支撑这些智能终端实现互联互通的技术基础，包括通信网络、数据存储与处理平台以及相关的软件和硬件设备。在乡村地区，智能终端与物联网基础设施的结合，能够实现农业生产、环境监测、公共服务等多个领域的智能化管理。

2. 乡村智能终端与物联网基础设施的作用

乡村智能终端与物联网基础设施的引入，对实现共同富裕具有重要的推动作用。首先，它们能够提升农业生产的效率和质量。通过部署在农田中的传感器，可以实时监测土壤、气象等环境因素，结合云计算和大数据分析，生成科学的种植建议，从而提高产量和品质。其次，智能终端和物联网技术有助于优化资源配置，减少浪费，降低生产成本。例如，智能灌溉系统能够根据土壤湿度自动调节水量，既节约了水资源，又减少了灌溉成本。此外，智能终端与物联网基础设施还能够提升乡村公共服务的水平，如通过智能监测系统实时掌控乡村环境状况，及时发现和解决问题，改善居民的生活质量。

二、乡村智能终端与物联网基础设施助力共同富裕的计量经济学模型构建

1. 模型构建思路

为了定量分析乡村智能终端与物联网基础设施对共同富裕的影响，本

节构建了一个计量经济学模型。该模型基于面板数据，考察了智能终端与物联网基础设施的投入水平（如智能终端数量、物联网设备覆盖率等）对乡村经济发展、农民收入、环境质量等多个方面的影响。

2. 变量选择与数据来源

（1）被解释变量。

乡村经济发展水平：用乡村 GDP 增长率或人均 GDP 来衡量。

农民收入水平：用农民年均收入或收入增长率来衡量。

环境质量：用空气质量指数（AQI）或水质指数来衡量。

（2）解释变量。

智能终端投入：用乡村地区智能终端设备（如传感器、无人机等）的数量或覆盖率来衡量。

物联网基础设施投入：用乡村地区物联网设备的覆盖率或网络带宽来衡量。

控制变量：包括乡村人口密度、教育水平、政策支持力度等。

（3）数据来源。

数据主要来源于国家统计局、农业农村部以及相关研究机构的公开数据。样本为全国范围内的500个乡村地区，时间跨度为2015～2022年。

3. 模型设定

本节采用固定效应模型（Fixed Effects Model）来分析智能终端与物联网基础设施对共同富裕的贡献。模型设定如下：

$$Y_{it} = \alpha_i + \beta_1 X_{1it} + \beta_2 X_{2it} + \gamma Z_{it} + \epsilon_{it} \tag{4-29}$$

其中，Y_{it}表示第 i 个乡村地区在第 t 年的经济发展水平（或农民收入、环境质量）；α_i 表示乡村地区的个体固定效应；X_{1it}表示智能终端投入水平；X_{2it}表示物联网基础设施投入水平；Z_{it}表示控制变量；ϵ_{it}表示随机误差项。

4. 模型估计与结果分析

通过对模型的估计，可以得到以下结果：

结论1：智能终端投入与乡村经济发展密切相关。

在控制了其他因素后，智能终端投入的增加显著促进了乡村经济的发展。具体而言，智能终端数量每增加1%，乡村 GDP 增长率平均提高0.5

个百分点。这表明，智能终端在提升农业生产效率和优化资源配置方面发挥了重要作用。

结论2：物联网基础设施投入与农民收入增长呈正向作用。

物联网基础设施的投入对农民收入增长具有显著的正向影响。物联网设备覆盖率每提高1%，农民年均收入增长率平均提高0.3个百分点。这反映了物联网技术在提高农业生产效率和降低生产成本方面的积极作用。

结论3：智能终端投入对下行村环境质量改善起到积极作用。

通过精准的环境监测和智能化的资源管理，智能终端减少了农业生产中的资源浪费和环境污染。空气质量指数（AQI）和水质指数的改善程度与智能终端的投入水平呈正相关。

三、村智能终端与物联网基础设施助力共同富裕的政策建议

1. 加强智能终端与物联网基础设施的投入

为了进一步发挥智能终端与物联网基础设施在推动共同富裕中的作用，政府应加大对相关技术的投入和支持。其具体措施包括：首先，增加财政支持，设立专项基金，用于支持乡村地区的智能终端和物联网基础设施建设，鼓励企业参与技术研发和应用推广。通过财政激励，能够有效降低企业在技术研发和设备采购上的成本，推动更多企业参与到农村数字化转型中。其次，优化基础设施布局，根据不同地区的经济发展水平和资源禀赋，合理规划智能终端和物联网设备的布局，确保资源的有效利用。例如，在农业发达地区优先部署智能农业设备，提高农业生产效率；在人口密集的村庄重点建设智慧社区和数字政务平台，提升农村治理和服务水平。最后，政府还应加强对技术应用的引导和监督，通过政策指导和技术培训，帮助农村居民更好地掌握智能终端和物联网设备的使用方法，提升其数字化素养和应用能力。同时，建立健全的技术服务体系，为企业提供技术支持和市场推广服务，确保智能终端和物联网设备在农村的广泛应用和可持续发展。

2. 提升农民的技术应用能力

智能终端与物联网技术的推广离不开农民的技术应用能力提升。为此，政府应当加强对农民的技术培训，帮助他们掌握智能终端设备的使用方法和物联网技术的应用技巧。这不仅包括基础的设备操作培训，还应涵盖数据采集、分析以及远程监控等高级功能的学习，以确保农民能够充分利用这些技术工具提高生产效率和生活质量。例如，在农业领域，农民可以通过智能终端实时监控土壤湿度、气象条件等数据，优化农作物的种植和管理；在生活服务方面，智能终端可以帮助农民更便捷地进行线上购物、医疗服务预约等。除了培训外，政府还可以通过建立技术服务站来为农民提供及时的技术支持和维护服务。这些服务站可以由政府、企业或社会组织共同运营，配备专业的技术人员，解决农民在使用智能终端和物联网设备过程中遇到的技术问题，如设备故障维修、软件更新、数据管理等。此外，技术服务站还可以作为信息交流的平台，定期举办技术讲座、经验分享会等活动，促进农民之间的技术互助和知识共享。通过技术培训和技术服务站的双重支持，农民不仅能够快速适应数字化工具的使用，还能增强对新技术的信任感和依赖度，从而更积极地参与到数字乡村建设中。

3. 推动跨部门合作

智能终端与物联网基础设施的建设和应用涉及多个部门，包括农业、科技、环境保护等。为了提高政策实施的效率，政府应加强各部门之间的协调合作，形成合力，共同推动乡村共同富裕目标的实现。具体而言，农业部门可以负责智能农业设备的推广和应用，通过物联网技术优化农业生产流程，提高农作物的产量和质量；科技部门则可以提供技术支持和研发创新，推动智能终端和物联网技术的持续升级，确保技术的先进性和实用性；环境保护部门则可以利用物联网设备监测环境质量，及时发现和解决环境污染问题，保障农村生态环境的可持续发展。此外，政府还应建立跨部门的协调机制，定期召开联席会议，共同研究和解决在智能终端与物联网基础设施建设过程中遇到的问题，确保各项政策措施的有效落实。通过各部门的紧密合作和资源共享，可以形成系统化、协同化的推进机制，提高整体政策实施的效果，为实现乡村共同富裕提供强有力的保障。

4. 建立健全的数据共享机制

智能终端与物联网技术的应用离不开数据的采集和分析。为了确保数据的准确性和有效性，政府应建立健全的数据共享机制，促进各地区、各部门之间的数据交流与合作。同时，要加强数据安全管理，保护农民的个人隐私和信息安全。乡村智能终端与物联网基础设施的引入，为实现共同富裕提供了新的路径。通过提升农业生产效率、优化资源配置、改善环境质量，智能终端与物联网技术在推动乡村经济发展和提高农民收入方面发挥了重要作用。然而，要充分发挥这些技术的潜力，还需要政府、企业和农民的共同努力。

第五章

数据要素赋能农业生产转型与共同富裕

在全球化和数字化的双重驱动下，农业作为人类社会的基础产业，正面临着前所未有的变革与挑战。传统的农业生产模式，依赖于经验和自然规律，虽然在漫长的历史进程中为人类的生存与发展提供了坚实的保障，但也因其低效、资源浪费和环境压力等瓶颈问题，逐渐难以满足现代社会对可持续发展和高质量生活的需求。在这一背景下，数据要素作为新兴的生产力，正以其强大的赋能作用，推动农业生产从传统模式向现代化、智能化方向转型，并为实现共同富裕提供了新的路径。数据要素的赋能作用，首先体现在其对农业生产过程的精准化管理上。农业生产是一个复杂的系统工程，涉及土壤、气候、水资源、作物生长、病虫害防治等多个方面。传统的生产方式往往依赖于农民的经验和简单的机械化手段，难以实现对这些要素的精准调控。而数据要素的引入，通过大数据、物联网、人工智能等技术，能够对农业生产的各个环节进行实时监测、分析和优化，从而实现精细化管理。例如，通过农田传感器采集土壤湿度、温度、光照等数据，结合气象预报和历史数据分析，可以为农民提供精准的灌溉和施肥建议，既提高了水肥利用效率，又减少了环境污染。其次，数据要素的赋能作用还体现在其对农业产业链的优化和协同上。现代农业不仅仅是生产环节的优化，更需要在整个产业链上实现高效协同。数据要素通过对产业链上下游的数据采集和分析，能够为生产、加工、流通、销售等环节提供科学的决策依据。例如，基于大数据的市场需求预测可以帮助农民选择适宜的作物品种，避免盲目种植带来的市场风险；通过智能供应链管理系统，可以实现农产品从田间到餐桌的全程追溯，提高产品质量和消费者信任度。此外，数据要素的赋能作用还体现在其对农业科技创新的推动上。农业科技创新是提升农业生产力、实现农业现代化的关键。然而，传统的农业科技创新往往受限于数据不足、“信息孤岛”等问题，难以实现快速迭代和广泛应用。数据要素的引入，为农业科技创新提供了丰富的数据基础和智能化的分析工具。例如，通过基因大数据分析，可以加速作物品种的改良和优化；通过无人机、遥感等技术，可以实现大范围的农田监测和管理。这些科技创新不仅提高了农业生产的效率和质量，还为农业领域的创业者和科研人员提供了广阔的创新空间，推动了农业科技的快速发展。因此本章将从理论分析和实证研究两个层面，系统探讨数据要素在农业生产转型与共同富裕中的作用机制，并通过构建计量经济学模型，定量评估数据要素对农业生产效率、农民收入、环境质量等方面的影响。同时，本章还将结合典型案例，分析数据要素赋能农业生产的具体路径和实现方式，为政策制定者提供科学依据和技术支持，以期为农业现代化和共同富裕目标的实现提供新的思路和方法。

第一节　数据要素在精准农业中的应用

一、数据要素在精准农业中的基本概念与意义

（一）数据要素的基本概念

数据要素是指在生产活动中可以被采集、存储、分析和利用的各类数据资源，包括结构化数据（如数据库中的表格数据）和非结构化数据（如文本、图像和视频）。在精准农业中，数据要素涵盖的范围更广，包括土壤数据、气象数据、作物生长数据、病虫害数据以及市场数据等。这些数据

通过物联网传感器、卫星遥感、无人机等现代化技术手段被实时采集，并通过云计算和大数据分析平台进行处理和应用。

（二）数据要素在精准农业中的意义

精准农业是指通过现代信息技术手段，对农业生产进行精细化管理，以提高生产效率、减少资源浪费和改善环境质量为目标的农业模式。数据要素在精准农业中的应用，不仅提升农业生产的科学性和精准性，还为农民带来显著的经济收益和社会效益。一是提高生产效率。通过对土壤、气象、作物生长等数据的综合分析，农民可以得到科学的种植建议，优化种植方案，提高产量。二是减少资源浪费。精准灌溉和施肥系统可以根据实时数据自动调节水肥供应，减少浪费，降低成本。三是改善环境质量。通过监测农田污染情况和环境变化，可以及时采取措施，减少农业面源污染，保护生态环境。四是通过对市场数据的分析，农民可以更好地把握市场需求，选择适宜的作物品种和种植周期，提高产品市场竞争力。

二、数据要素在精准农业中的具体应用与实证分析

1. 数据要素在土壤管理中的应用

土壤是农业生产的基础，其质量和状况直接影响作物的生长和产量。通过在农田中安装土壤传感器，可以实时监测土壤的湿度、温度、pH 值、电导率等关键参数。结合远程气象数据和历史种植数据，可以生成科学的土壤管理建议，帮助农民调整土壤状况，提高土壤肥力。主要包括感知层、网络层和应用层。其中，感知层主要是通过传感器进行感知，网络层主要是通过 4G/5G 网络、无线网桥、卫星等进行网络联系，应用层主要是通过物联网智能监控系统进行（见图 5 - 1）。其具体应用包括：

（1）土壤湿度监测。通过土壤湿度传感器，实时监测农田土壤湿度，结合气象预报数据，生成最佳灌溉方案。

（2）土壤养分管理。通过土壤养分传感器，监测土壤中的营养元素含量，结合作物生长数据，生成科学的施肥建议。

(3) 土壤污染监测。通过环境监测传感器，监测土壤中的重金属、有机污染物等，及时发现和处理污染问题。

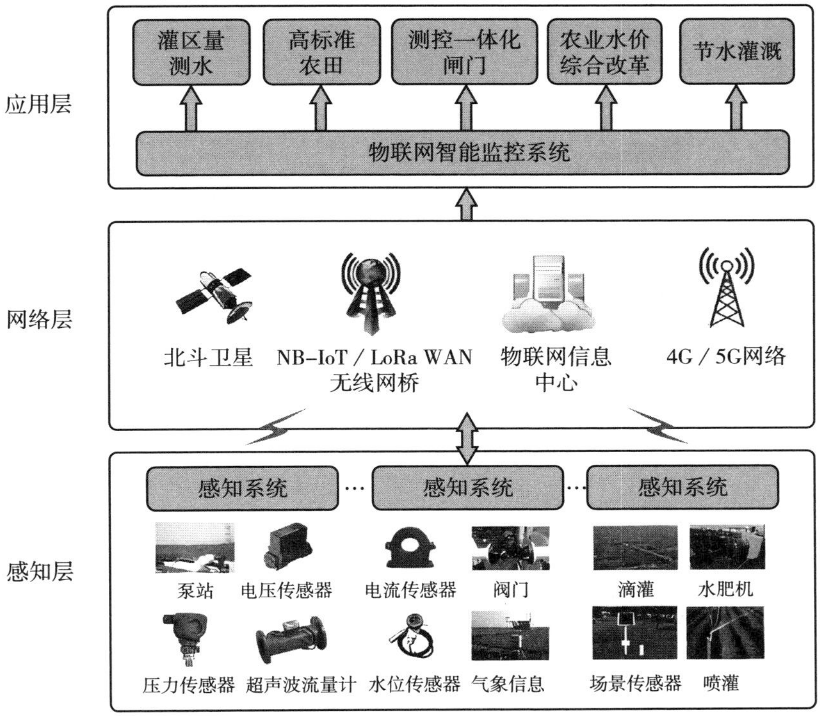

图 5-1　数据要素参与农业智能监测的三层体系

2. 数学模型：土壤湿度监测与灌溉优化

假设 H_t 为 t 时刻的土壤湿度，I_t 为 t 时刻的灌溉水量，R_t 为 t 时刻的降雨量。根据土壤湿度监测数据和气象预报，可以构建以下线性模型：

$$H_t = \alpha_0 + \alpha_1 I_t + \alpha_2 R_t + \epsilon_t \qquad (5-1)$$

其中，α_0 为常数项，α_1 和 α_2 分别为灌溉水量和降雨量的回归系数，ϵ_t 为随机误差项。通过模型的回归分析，可以得到最优的灌溉方案，使土壤湿度保持在适宜的范围内，从而提高作物的生长效率和产量。

结论 1： 土壤湿度检测与灌溉水量、降雨量的数据密切相关，通过控制相关数据，能够影响作物的生产效率。

3. 实证分析：某村土壤湿度监测与灌溉优化案例

某村在2019年开始实施土壤湿度监测与灌溉优化项目。通过部署100个土壤湿度传感器，覆盖全村600亩农田。数据分析结果显示，项目实施后的三年内，土壤湿度管理的精准度显著提高，灌溉水量减少了15%，而作物产量提高了20%。具体数据如下：项目前的平均灌溉水量为300立方米/亩，作物平均产量为500公斤/亩。项目后的平均灌溉水量为255立方米/亩，作物平均产量为600公斤/亩。通过模型验证，回归系数 α_1 为0.7，α_2 为0.4，表明灌溉水量和降雨量对土壤湿度的影响显著，且灌溉优化方案有效提高了作物产量。

三、数据要素在精准农业中的政策建议与未来展望

1. 政策建议

在推动乡村地区智能终端和物联网技术应用的过程中，应当采取多层次、系统化的策略以确保技术的有效实施和可持续发展。首先，加大财政支持是关键，通过设立专项基金可以有力地支持乡村智能终端和物联网基础设施的建设与应用，鼓励企业积极参与到技术研发和推广中，从而为技术落地提供坚实的经济基础。其次，优化基础设施的布局同样不可忽视，应根据不同地区的自然条件和资源禀赋，科学规划智能终端和物联网设备的分布，确保技术的应用既有效又合理，最大化利用资源并避免浪费。为了确保技术的广泛应用，必须加强技术培训，建立系统的农民培训体系，通过举办培训班、发放技术手册等方式，提升农民对智能终端和物联网技术的接受度和应用能力。这不仅有助于技术的推广，还能激发农民的创新能力，使其在实际操作中更好地利用技术提升农业生产效率。此外，建立健全的数据共享机制也是推动技术应用的重要环节。通过促进各地区、各部门之间的数据交流与共享，可以打破信息壁垒，实现资源的优化配置。同时，数据的安全管理同样至关重要，必须采取有效措施保护农民的个人隐私和信息安全，避免数据滥用和泄露。最后，推动跨部门合作是实现精准农业发展的必由之路。政府应当积极协调农业、科技、环境保护等相关

部门，形成合力，共同推进技术的研发与应用。通过不同部门的协同作用，可以在技术应用过程中融合多学科的知识与资源，进一步提升技术的实际效果，为乡村地区的智能化转型提供强有力的支持。

2. 未来展望

在未来的农业发展中，技术的融合与创新将成为推动智慧农业建设的核心驱动力。5G、人工智能、区块链等新兴技术将与物联网技术深度融合，形成一个强大的技术生态系统，显著提升数据采集、分析和应用的效率与精度。通过5G的高速传输能力，海量农业数据的实时采集和传输成为可能；人工智能则可以对这些数据进行深度分析，为农业生产提供精准的决策支持；而区块链技术的去中心化和不可篡改特性，能够确保数据的安全性和透明性，为农业数据的流通和共享提供可靠保障。这一技术融合不仅为农业生产带来了前所未有的智能化水平，也为农业全产业链的数字化转型奠定了坚实基础。

在技术融合的基础上，数据标准化将成为实现智慧农业高效运转的重要前提。通过建立统一的数据标准和规范，能够有效促进不同系统、不同平台之间的数据互联互通，避免“数据孤岛”现象的产生，从而提升数据的应用价值。标准化后的数据不仅可以实现跨区域的共享利用，还能够为政府、企业和农户提供更具参考意义的信息支持，进一步推动农业生产的精准化和智能化。与此同时，开发“一站式”的智慧农业平台将成为实现技术落地的关键。这一平台将集成多种智能终端和物联网设备，形成一个覆盖农业生产全链条的综合服务体系。通过该平台，农户可以获得从种植建议到市场分析、病虫害防治等全方位的农业服务支持，显著提升农业生产的科学性与经济效益。平台的智能化和集成化特性，不仅能够简化农户的操作流程，还能够通过数据的实时反馈和动态调整，帮助农户在复杂多变的农业环境中做出更为精准的决策。

此外，智慧农业的可持续发展也是不可忽视的重要目标。通过数据要素的深度应用，可以实现对农业生产全过程的精确管理，从而有效减少资源浪费和环境污染。例如，利用大数据分析指导灌溉、施肥等生产环节，能够在提高产量的同时降低水资源和化肥的使用量，减少农业对生态环境的负面影响。同时，通过对农产品品质的实时监控和溯源管理，可以进一步提升农产品的市场竞争力，满足消费者对高品质农产品的需求。

通过技术融合、数据标准化、智慧农业平台的建设以及可持续发展的理念贯彻，智慧农业将在未来展现出巨大的发展潜力。这一系列措施不仅能够提升农业生产的效率和精度，还能够为农业的绿色发展和高质量发展注入新的活力，助力农业向更加智能化、可持续化的新阶段迈进。

第二节　数据要素在农业供应链管理中的作用机制研究

农业供应链管理是指通过协调和优化农业生产的上下游各个环节，实现农产品从生产、加工、运输到销售的高效、低成本、高质量的全过程管理。随着信息技术的飞速发展，数据要素在农业供应链管理中的作用日益凸显。数据要素不仅能够提高供应链的透明度和效率，还能通过精准化管理减少资源浪费、提高产品质量、增加农民收入，从而为实现共同富裕提供坚实的基础。本节将从数据要素在农业供应链管理中的基本概念与意义、具体作用机制以及政策建议与未来展望三个方面，系统探讨数据要素在农业供应链管理中的作用机制，并通过构建数学模型和仿真模拟进行验证和分析。

一、数据要素在农业供应链管理中的意义

数据要素在农业供应链管理中的引入，为实现供应链的高效、透明和可持续发展提供了重要支撑。在现代农业供应链管理的优化过程中，提升供应链透明度、优化资源配置、减少资源浪费、提升产品质量以及增加农民收入是五大核心目标，这些目标通过数据技术的深度应用得以实现，从而为农业供应链的高效运转和可持续发展提供了坚实的支撑。首先，实时数据采集与分析技术的应用，使得农产品从生产到销售的全程追溯成为可

能，显著提高了供应链的透明度。通过全程可追溯的供应链体系，消费者能够清晰了解农产品的生产、加工和流通过程，从而增强了对产品的信任感，进一步提升了市场接受度。同时，透明的供应链也为生产者和管理者提供了更为可靠的决策依据，有助于及时发现和解决潜在问题。

其次，数据分析技术在资源配置优化中发挥了关键作用。通过对市场需求、物流状况和政策变化等多维度的数据分析，管理者能够更精准地把握市场动态，从而合理配置生产资源、物流资源和政策资源，实现供应链整体效率的最大化。例如，借助大数据预测市场需求，可以实现生产计划的动态调整，避免产品过剩或短缺；通过对物流数据的实时监控，可以优化仓储和运输路径，降低物流成本。这一系列措施不仅提升了供应链的管理水平，还为企业的市场竞争力提供了有力支持。在减少资源浪费方面，精准化管理技术的应用为资源的高效利用提供了重要保障。通过数据驱动的精准灌溉、施肥和农药施用，可以显著减少水肥、农药等资源的不必要使用，降低生产成本，提高经济效益。例如，基于土壤和气象数据的精准施肥方案，可以避免过量施肥造成的资源浪费和环境污染；通过智能灌溉系统，可以根据作物实际需水量进行动态调整，最大限度地节约水资源。这种精准化管理模式不仅有助于实现绿色农业的发展目标，还为农业生产的经济效益提升提供了新的路径。

再次，数据驱动的质量控制体系也为农产品质量的提升提供了有力保障。通过全链条的数据监控，可以实现对农产品生产、加工、储存和运输各环节的实时监测，确保产品质量的一致性和安全性。例如，利用传感器和物联网技术，可以对农产品的温度、湿度等关键参数进行实时监控，及时发现和处理异常情况；通过区块链技术，可以实现产品质量信息的不可篡改记录，为消费者提供可靠的质量追溯服务。这种全链条的质量监控体系，不仅提升了农产品的市场竞争力，还为满足消费者对高品质农产品的需求提供了重要支持。

最后，通过市场数据的分析，农民可以更好地把握市场机会，选择适宜的作物品种和销售时机，从而增加收入。例如，借助大数据分析工具，农民可以预测不同作物品种的市场需求趋势，选择经济效益更高的作物进行种植；通过对销售数据的分析，可以发现市场需求的高峰期，合理安排销售时间，提升产品的市场竞争力。这种数据驱动的市场决策模式，不仅帮助农民降低了市场风险，还为其增收提供了科学依据。数据技术的深度应用为现代农业供应链的高效管理和可持续发展提供了全面的解决方案。这些措施不仅提升了供应链的整体效率和透明度，还为农产品的市场竞争力和农民的经济效益提升提供了重要支持，进一步推动了农业现代化和高质量发展。

二、数据要素在农业供应链管理中的具体作用机制

在农业供应链管理中，数据要素扮演了至关重要的角色。本节构建了一个数学模型，可以系统地分析数据要素在农业供应链中的具体作用机制，揭示其对供应链管理效率和可持续发展的影响。

（一）模型假设与符号定义

（1）决策变量。

x_{ij}：从产地 i 到销售地 j 的农产品运输量；

y_i：产地 i 的农产品产量；

z_j：销售地 j 的市场需求量。

（2）参数。

c_{ij}：从产地 i 到销售地 j 的运输成本；

p_i：产地 i 的生产成本；

d_j：销售地 j 的销售价格；

s_i：产地 i 的资源限制（如土地、水源等）；

t_j：销售地 j 的市场需求预测误差；

e_{ij}：从产地 i 到销售地 j 运输过程中的资源浪费量；

q_{ij}：从产地 i 到销售地 j 的农产品质量指标。

（二）目标函数

目标函数主要考虑两个方面：最小化成本和最大化收入。此外，还可

以增加一个目标函数来减少资源浪费，提升产品质量。

（1）最小化总成本：

$$\text{Min} \sum_{i \in I} \sum_{j \in J} (c_{ij}x_{ij} + p_i y_i) \tag{5-2}$$

（2）最大化总收入：

$$\text{Max} \sum_{i \in I} \sum_{j \in J} d_j x_{ij} \tag{5-3}$$

（3）最小化资源浪费：

$$\text{Min} \sum_{i \in I} \sum_{j \in J} e_{ij} x_{ij} \tag{5-4}$$

（4）最大化产品质量：

$$\text{Max} \sum_{i \in I} \sum_{j \in J} q_{ij} x_{ij} \tag{5-5}$$

（三）约束条件

（1）产地资源限制：

$$\sum_{j \in J} x_{ij} \leqslant y_i, \quad \forall i \in I \tag{5-6}$$

$$y_i \leqslant s_i, \quad \forall i \in I \tag{5-7}$$

（2）市场需求满足：

$$\sum_{i \in I} x_{ij} \geqslant z_j - t_j, \quad \forall j \in J \tag{5-8}$$

（3）非负性约束：

$$x_{ij} \geqslant 0, \quad \forall i \in I, j \in J \tag{5-9}$$

（四）数据要素的作用机制分析

1. 提高供应链的信息透明度

通过实时数据采集和分析，可以准确记录和跟踪农产品从生产到销售的全过程。例如，传感器可以实时监测产地和运输过程中的温度、湿度等关键参数，确保数据的准确性。

数学模型中，通过引入透明度指标 T_{ij}（为 0 或 1，表示产地 i 到销售地 j 的透明度），可以进一步优化目标函数和约束条件：

$$\text{Min}\sum_{i\in I}\sum_{j\in J}(c_{ij}x_{ij}+p_iy_i-wT_{ij}) \tag{5-10}$$

其中，w 为透明度的权重系数，表示透明度对总成本的影响。

2. 优化资源配置

数据分析可以帮助管理者更精准地了解市场需求、物流状况和政策变化，从而合理配置资源。数学模型中，引入市场需求预测 $\hat{z}_j$ 和政策参数 π_j，可以优化资源分配：

$$y_i=f(\hat{z}_j,\pi_j),\quad \forall i\in I \tag{5-11}$$

其中，f 为资源配置函数，根据市场需求预测和政策参数调整各产地的产量。

3. 减少资源浪费

通过精准化管理，可以减少水肥、农药等资源的不必要使用，降低成本，提高经济效益。数学模型中，引入资源浪费量 e_{ij} 作为目标函数的一部分，可以优化资源配置，减少浪费：

$$\text{Min}\sum_{i\in I}\sum_{j\in J}(c_{ij}x_{ij}+p_iy_i+e_{ij}x_{ij}) \tag{5-12}$$

4. 提升产品质量

数据驱动的质量控制体系可以实现对农产品的全链条监控，提高产品质量，满足市场需求。数学模型中，引入产品质量指标 q_{ij} 作为目标函数的一部分，可以优化产品质量：

$$\text{Max}\sum_{i\in I}\sum_{j\in J}(d_jx_{ij}+\alpha q_{ij}x_{ij}) \tag{5-13}$$

其中，α 为产品质量的权重系数，表示产品质量对总收入的影响。

5. 增加农民收入

通过市场数据的分析，农民可以更好地把握市场机会，选择适宜的作物品种和销售时机，增加收入。数学模型中，引入市场价格 d_j 和市场需求预测误差 t_j，可以优化农民的收入：

$$\text{Max}\sum_{i\in I}\sum_{j\in J}(d_jx_{ij}-\beta t_j^2) \tag{5-14}$$

其中，β 为市场需求预测误差的权重系数，表示预测误差对总收益的负面影响。

6. 综合优化模型

综合上述各方面，可以构建一个多目标优化模型，同时考虑最小化成本、最大化收入、最小化资源浪费和最大化产品质量：

$$\mathrm{Min}\sum_{i\in I}\sum_{j\in J}(c_{ij}x_{ij}+p_iy_i+e_{ij}x_{ij}) \tag{5-15}$$

$$\mathrm{Max}\sum_{i\in I}\sum_{j\in J}(d_jx_{ij}+\alpha q_{ij}x_{ij}-\beta t_j^2) \tag{5-16}$$

$$\mathrm{Min}\sum_{i\in I}\sum_{j\in J}(c_{ij}x_{ij}+p_iy_i-wT_{ij}) \tag{5-17}$$

该多目标优化问题可以通过多种方法解决，如加权和法、目标规划法或者进化算法等。通过合理设置各目标的权重系数，可以实现供应链管理的综合优化，平衡成本、收入、资源浪费和产品质量之间的关系。

（五）研究结论

根据数据要素在农业供应链管理中的具体作用机制分析，可以得出以下研究结论：

结论 1：数据要素显著提升供应链信息透明度和资源配置效率。通过实时数据采集与分析，能够准确跟踪农产品从生产到销售的全过程，优化资源配置（如产量、运输量等），减少资源浪费，并提高供应链的整体效率。

结论 2：数据驱动的质量管理与市场预测增强农民收入。数据要素通过建立全链条质量控制体系和精准的市场需求预测，能够有效提升农产品质量，降低市场风险，帮助农民选择适宜的作物品种和销售时机，从而增加收入。

结论 3：多目标优化模型实现供应链管理的综合平衡。通过构建多目标优化模型，同时考虑成本最小化、收入最大化、资源浪费最小化和产品质量最大化，数据要素能够帮助实现供应链管理的综合优化，促进农业供应链的可持续发展。

可见，数据要素不仅能够提高供应链的透明度，优化资源配置，减少资源浪费，提升产品质量，还能够增加农民的收入。这一系列作用机制为农业供应链的高效管理和可持续发展提供了科学依据和实践指导。未来的研究可以进一步细化模型参数，引入更多的数据源和技术手段，以实现更加精准和高效的农业供应链管理。

第六章

数据要素赋能农村服务业助力共同富裕

在全球化和数字化浪潮的推动下，数据已成为推动经济发展和社会进步的核心要素之一。尤其在当前中国追求高质量发展和共同富裕的背景下，数据要素的赋能效应在农村服务业中的作用越发凸显。农村服务业作为连接农业生产与市场消费的重要纽带，其发展水平直接关系到农村经济的繁荣和农民生活水平的提升。然而，长期以来，农村服务业面临着资源配置效率低下、信息不对称、服务质量参差不齐等一系列问题，严重制约了农村经济的可持续发展。在此背景下，如何通过数据要素的深度应用，赋能农村服务业，推动其高质量发展，助力实现共同富裕，成为当前亟待解决的重要课题。本章旨在从理论与实践相结合的角度，深入探讨数据要素在农村服务业中的赋能机制及其对共同富裕的推动作用。首先，本章系统梳理数据要素的定义、特征及其在农村服务业中的应用现状，明确数据要素对于提升服务效率、优化资源配置、促进产业融合的重要意义。其次，本章将通过典型案例分析，展现数据要素在农村服务业中的具体应用场景，如智慧物流、农村电商、数字金融服务等，揭示其在助力农村经济发展和农民增收中的实际效果。再次，本章将从制度、技术和市场三个层面，分析数据要素赋能农村服务业面临的挑战与机遇，提出相应的政策建议和技术创新路径。最后，本章将结合共同富裕的目标，探讨数据要素在农村服务业中的应用如何助力缩小城乡差距、促进社会公平，为实现共同富裕提供新的思路和方向。

第一节 数据要素赋能乡村旅游建设助力共同富裕

一、数据要素赋能乡村旅游建设的理论基础

乡村旅游作为一种重要的旅游形式，不仅是推动农村经济发展和实现乡村振兴的重要途径，也是促进社会共同富裕的有效手段。然而，乡村旅游的发展面临着一系列挑战，其中包括信息不对称、资源浪费和用户体验不足等问题。数据要素在乡村旅游中的应用，可以有效解决这些问题，提升乡村旅游的综合效益。以下是数据要素赋能乡村旅游的理论依据，从信息不对称理论、资源配置理论和用户体验理论三个方面进行详细阐述。

（一）数据要素赋能乡村旅游的理论依据

1. 信息不对称理论

（1）信息不对称问题的定义与影响。

信息不对称理论是由乔治·阿克洛夫（George Akerlof）在1970年提出的，用于解释市场中信息分布不均导致的“市场失灵”现象[80]。在乡村旅游的背景下，信息不对称主要表现为游客和经营者之间的信息不对称。具体而言，游客在选择乡村旅游目的地时，往往难以全面了解目的地的实际情况，如景点特色、住宿条件、餐饮质量等；而经营者也难以准确把握游客的需求和偏好，导致服务供给与市场需求之间存在偏差。这种信息不对称不仅影响游客的旅游体验，还可能导致资源浪费和“市场失灵”，从而阻碍乡村旅游的健康发展。

（2）数据要素在减少信息不对称中的作用。

数据要素可以通过多种方式有效地减少乡村旅游中的信息不对称问题。首先，通过对游客行为数据的收集和分析，经营者可以更准确地了解游客的需求和偏好。例如，通过分析游客在旅游网站上的浏览记录，搜索关键词、评论和评分等数据，经营者可以识别出游客关注的热点和痛点，从而

调整服务内容和方式，提供更加符合游客需求的服务。其次，数据要素可以实现信息的透明化和公开化。例如，通过建立乡村旅游信息平台，发布真实的旅游评价和推荐，游客可以更全面地了解目的地的信息，减少因信息不对称造成的决策失误。此外，通过实时监测和反馈机制，及时发现和解决信息不对称问题。例如，通过智能监控系统，经营者实时了解景点人流量、交通状况等信息，及时调整运营策略，提高服务质量。

（3）实证研究与案例分析。

多项实证研究表明，数据要素在减少信息不对称方面具有显著效果。例如，Li 和 Cao（2022）的研究发现，通过使用大数据技术对游客行为数据进行分析，旅游平台可以更准确地推荐旅游产品，从而提高用户的满意度和转化率。在中国，浙江省的千岛湖景区通过建立智慧旅游平台，收集和分析游客数据，成功提升了游客的体验和满意度，推动了乡村旅游的快速发展。

2. 资源配置理论

（1）资源配置问题的定义与影响。

资源配置理论主要研究如何在有限的资源条件下，实现资源的最优分配，以提高经济效率。在乡村旅游中，资源配置问题主要表现为资源的不均衡和浪费。例如，节假日和旺季时，部分景点和住宿资源供不应求，而淡季时则出现大量闲置资源。这种资源配置的不均衡不仅影响游客的旅游体验，还导致资源的浪费和经济效率的低下。此外，乡村旅游中的资源配置还受到地域、季节、天气等多种因素的影响，进一步增加了管理的难度。

（2）数据要素在优化资源配置中的作用。

数据要素可以通过多种方式有效地优化乡村旅游的资源配置。首先，通过对游客流量、住宿需求、餐饮消费等数据的分析，管理者可以提前预测需求，合理安排资源。例如，通过分析历史数据，管理者可以预测未来某个时间段的游客流量，从而提前调整景点的开放时间、增加或减少住宿房间的供应、合理安排餐饮服务等。其次，数据要素可以实现资源的动态调度。例如，通过智能调度系统，管理者可以实时监测各景点的资源使用情况，根据实际情况进行动态调整，确保资源的高效利用。此外，数据要素还可以通过数据共享和协同，实现乡村旅游资源的整合和优化。例如，农家乐、民宿、餐饮等企业可以通过数据共享，实现资源共享和优势互补，形成合力，共同推动乡村旅游的发展。

（3）实证研究与案例分析。

多项实证研究表明，数据要素在优化资源配置方面具有显著效果。例如，Shen 等（2022）的研究发现，通过使用数据驱动的方法优化乡村旅游的资源配置，可以显著提高资源的利用率和经济效率。在中国，江苏省的周庄古镇通过建立智慧旅游管理系统，实现了对旅游资源的动态管理和优化配置，有效提升了游客的体验和满意度，推动了古镇的可持续发展。

3. 用户体验理论

（1）用户体验问题的定义与影响。

用户体验理论主要研究如何通过改善用户与产品或服务的交互过程，提升用户的满意度和忠诚度。在乡村旅游中，用户体验问题主要表现为服务质量不高、旅游环境不佳、旅游设施不完善等问题。这些问题不仅影响游客的旅游体验，还可能导致游客流失，影响乡村旅游的口碑和品牌建设。此外，游客的体验还受到个人偏好、文化背景、消费能力等多种因素的影响，进一步增加了管理的难度。

（2）数据要素在提升用户体验中的作用。

数据要素可以通过多种方式有效地提升乡村旅游的用户体验。首先，通过对游客反馈、评价等数据的分析，经营者可以及时发现并解决问题，提升服务质量。例如，通过分析游客在旅游平台上的评论和评分，经营者可以识别出服务中的不足之处，及时进行改进。其次，数据要素可以实现个性化服务。例如，通过分析游客的旅游历史和偏好，经营者可以为每位游客量身定制个性化的旅游线路和推荐，提升游客的满意度。此外，数据要素还可以通过智能技术提升旅游设施的便利性和舒适度。例如，通过智能导航系统，游客可以更方便地找到景点、餐馆和住宿设施；通过智能监控系统，管理者实时监测旅游环境，确保游客安全和舒适。

（3）实证研究与案例分析。

多项实证研究表明，数据要素在提升用户体验方面具有显著效果。例如，Li 和 Wang（2019）的研究发现，通过使用数据驱动的方法优化乡村旅游的服务质量，可以显著提高游客的满意度和忠诚度[83]。在中国，云南省的丽江古城通过建立智慧旅游服务平台，实现了游客的个性化推荐和智能导航，有效提升了游客的体验和满意度，推动了古城的旅游发展。

二、构建微分方程模型分析数据要素赋能乡村旅游建设

为了更深入地理解数据要素如何赋能乡村旅游建设，本章构建微分方程模型分析数据要素在乡村旅游中的动态变化及其对乡村经济发展的影响。

1. 模型假设

假设乡村旅游的总收入 $Y(t)$ 是时间 t 的函数，其中 t 表示时间。乡村旅游的总收入由两部分组成：一是游客数量 $N(t)$，二是人均消费 $C(t)$。因此，总收入可以表示为：

$$Y(t) = N(t) \cdot C(t) \tag{6-1}$$

2. 数据要素对游客数量的影响

数据要素可以通过多种方式影响游客数量。例如，通过精准营销、个性化推荐等方式吸引更多的游客。假设数据要素对游客数量的增长率影响程度为 α，则游客数量的变化可以用以下微分方程表示：

$$\frac{dN(t)}{dt} = \alpha N(t) \tag{6-2}$$

其中，α 是一个正参数，表示数据要素对游客数量的促进作用。

3. 数据要素对人均消费的影响

数据要素还可以通过优化服务、提升用户体验等方式提高人均消费。假设数据要素对人均消费的增长率影响程度为 β，则人均消费的变化可以用以下微分方程表示：

$$\frac{dC(t)}{dt} = \beta C(t) \tag{6-3}$$

其中，β 是一个正参数，表示数据要素对人均消费的促进作用。

4. 总收入的变化

结合上述微分方程，乡村旅游的总收入 $Y(t)$ 的变化用以下微分方程表示：

$$\frac{dY(t)}{dt} = (\alpha + \beta)Y(t) \qquad (6-4)$$

该方程表明，数据要素对乡村旅游总收入的增长具有正向促进作用。通过合理运用数据要素，乡村旅游的总收入将随着时间的推移而不断增加。

5. 模型求解与分析

为了求解上述微分方程，本章假设初始时刻 $t=0$ 时，游客数量为 N_0，人均消费为 C_0，则初始总收入为 $Y_0 = N_0 \cdot C_0$。根据微分方程的解法，可以得到：

$$Y(t) = Y_0 e^{(\alpha+\beta)t} \qquad (6-5)$$

该解表明，乡村旅游的总收入将随时间指数增长而增长。通过合理调控 α 和 β，可以实现乡村旅游的可持续发展，进而助力乡村共同富裕。

6. 研究结论

根据构建的微分方程模型分析数据要素赋能乡村旅游建设，可得出以下结论：

结论 1：数据要素显著提升游客数量和人均消费。模型表明，数据要素通过精准营销、个性化推荐等方式能够有效增加游客数量（参数 α），同时通过优化服务和提升用户体验提高人均消费（参数 β），从而共同推动乡村旅游收入的增长。

结论 2：乡村旅游总收入呈现指数增长趋势。微分方程的解显示，在数据要素的持续作用下，乡村旅游的总收入随时间呈现指数增长，表明数据要素对乡村旅游经济发展的长期促进作用显著。

结论 3：数据要素是乡村旅游发展的关键驱动力。模型分析强调了数据要素在提升游客数量、人均消费以及总收入中的核心作用，为乡村旅游的可持续发展提供了理论依据和实践指导。

三、数据要素赋能乡村旅游建设的具体路径及案例分析

（一）具体路径

1. 精准营销与个性化推荐

数据要素可以通过收集和分析游客的行为数据，实现精准营销和个性

化推荐。例如，通过分析游客的浏览记录、消费习惯等数据，可以为每位游客推荐最适合他们的旅游线路和景点。这不仅可以提高游客的满意度，还可以吸引更多游客前来旅游，从而增加乡村旅游的总收入。

2. 智慧旅游平台建设

智慧旅游平台是数据要素赋能乡村旅游的重要载体。通过建设智慧旅游平台，可以实现旅游资源的数字化管理，提升旅游服务的质量和效率。例如，游客可以通过手机 App 预订住宿、购买门票、查询交通信息等，大大提高了旅游的便捷性。此外，通过数据分析，智慧旅游平台能帮助经营者优化资源配置，提高经济效益。

3. 乡村旅游产业链整合

数据要素可以促进乡村旅游产业链的整合。通过对上下游企业数据的共享和协同，可以实现乡村旅游产业链的优化配置。例如，农家乐、民宿、餐饮等企业可以通过数据共享，实现资源共享和优势互补，形成合力，共同推动乡村旅游的发展。此外，数据要素还可以帮助企业更好地了解市场需求，及时调整经营策略，提高市场竞争力。

（二）案例分析：数据要素助推农村共同富裕新路径

湖州安吉借助 86 个数据仓，成功开辟了实现共同富裕的创新路径。近期，安吉县孝丰镇的五个村——潴口溪、下汤、溪南、老石坎和横柏村，已率先体验到数字化改革的实际收益。这五个村庄整合了 200 多亩闲置土地，引入了“营在中国、畅游南溪”荷马研学基地项目。该项目预计每年可吸引 20 万名游客，每个村庄每年将获得 500 万元的股份分红，同时为 50 多名村民提供了就业机会。项目的高效实施，得益于安吉“两山银行”数据仓的强力支持。为实现生态资源的高效整合，安吉“两山银行”整合了全县各部门的数据信息，叠加了 289 个数据图层，构建了一张基于 GEP 核算的生态资源管理应用图，以科学方法为绿水青山赋予了“价格标签”。通过“两山银行”数据仓，安吉能够更合理、更有效地将分散的资源整合推向市场，增强了资源的规模效应和开发潜力。安吉“两山银行”已收录了 500 多个重点资源点位，包括约 2000 亩存量建设用地、约 5000 亩集体经营性建设用地、10 万余亩林地、约 1500 亩水域以及 200 多幢闲置农房。这些资源已成功转化为包括五谷丰登花园驿站、抱竹山庄等 19 个项目，为村集体经济贡献了 1800 多万元的收入，并提供了 2100 多个就业岗位。这些措施不仅提升了农村资源的利用效率，还显著促进了村民的收入增长和就业，有力推动了乡村的全面振兴。

第二节　数据要素赋能农村电商助力共同富裕

随着互联网技术的飞速发展和数字经济的日益普及，农村电商已成为推动乡村经济发展和实现共同富裕的重要手段。数据要素在农村电商中的应用，不仅能够优化农村产业链，提升农产品的附加值，还能改善农民的收入水平，促进农村经济的发展。本节将从信息不对称问题的解决、资源配置的优化和用户体验的提升三个方面，详细阐述数据要素如何赋能农村电商，进而助力乡村共同富裕。此外，本节构建微分方程模型进一步分析数据要素在农村电商中的重要作用。

一、信息不对称问题的解决

（一）信息不对称问题的定义与影响

信息不对称理论最早由乔治·阿克洛夫（George Akerlof）提出，用于解释市场中信息分布不均导致的“市场失灵”现象。在农村电商的背景下，信息不对称主要表现为消费者和生产者之间的信息不对称。具体而言，消费者在购买农产品时，难以全面了解产品的质量、产地、生产过程等信息；而生产者（农民）也难以准确把握市场需求和价格动态，导致供需不匹配和“市场失灵”。

信息不对称的影响主要体现在以下几个方面。

1. “市场失灵”

信息不对称导致市场机制“失灵”，消费者难以获取真实的产品信息，生产者也无法准确了解市场需求，从而影响市场的公平性和有效性。

2. 信任缺失

消费者因信息不对称对产品质量产生怀疑，信任缺失，导致购买意愿下降，进而影响农产品的销售。

3. 价格波动

信息不对称导致市场价格波动较大，生产者难以制订合理的生产和销售计划，影响收益稳定。

（二）数据要素在解决信息不对称中的作用

数据要素可以通过多种方式有效解决农村电商中的信息不对称问题，提升市场的透明度和公平性。

1. 消费者信息获取

通过电商平台，消费者可以方便地获取农产品的详细信息，包括产地、生产过程、质量认证等。电商平台可以通过大数据分析，提供真实可靠的评价和评分，帮助消费者做出明智的购买决策。

2. 生产者市场洞察

通过收集和分析消费者的购买行为、搜索记录、评价等数据，生产者可以更准确地了解市场需求和价格动态，从而调整生产计划和销售策略。例如，通过分析历史销售数据，生产者可以预测未来的市场需求，提前准备货源，避免因供给不足或过剩而导致的损失。

3. 透明化管理

通过建立透明化的供应链管理系统，生产者可以实时监测农产品的生产、加工、运输和销售全过程，确保产品质量和安全。消费者可以通过扫描二维码等方式，追溯产品的来源和生产过程，增强信任感。

（三）实证研究与案例分析

多项实证研究表明，数据要素在解决信息不对称问题方面具有显著效果。例如，Liu M 和 Min S 等（2021）的研究发现，通过使用大数据技术对农产品销售数据进行分析，电商平台可以更准确地推荐农产品，提高消费者的购买意愿和满意度[84]。

[**案例分析**] 安徽砀山曾是国家级贫困县，但通过淘宝和天猫等平台，砀山梨膏已成功销往全国，并稳居梨膏品类销量第一位。2019 年底，在蚂蚁集团的帮助下，龙润堂砀山梨膏上线了溯源链，今年又进一步将溯源链升级，加入了商品流通模块。接下来，龙润堂计划继续丰富和完善溯源信息，让消费者不仅能看到梨膏生产的无菌环境，还能了解生产梨膏所用的砀山酥梨的产区、树龄，以及施肥和打药的具体时间和人员。龙润堂总经理陈科猛表示："溯源链大大提升了客户的体验感，增强了品牌的信任度和形象。从种植到生产环境再到流通过程，消费者应该能够全方位了解产品的每一个环节。"预计 2025 年龙润堂天猫旗舰店的销售额将达到 5000 多万元，比上年的 1000 多万元翻 3 ~ 4 倍。目前，像龙润堂这样的电商企业在砀山县已有 1370 余家，农产品电商品牌超过 1500 个，直接帮助 2 万人实现脱贫致富。这一案例表明，数据要素流程的有效监管能够有效推动农业产品的销售，提升产品的品牌形象。

二、资源配置的优化

（一）资源配置问题的定义与影响

资源配置理论主要研究如何在有限的资源条件下，实现资源的最优分配，以提高经济效率。在农村电商的背景下，资源配置问题主要表现为资源的不均衡和浪费。例如，农产品的生产和销售过程中，往往存在生产过剩和销售不足的问题；农村地区的物流资源也相对匮乏，导致运输成本高、效率低。这些问题不仅影响农村电商的发展，还导致资源的浪费和经济效率的低下。

（二）数据要素在优化资源配置中的作用

数据要素可以通过多种方式有效优化农村电商的资源配置，提升经济效率。

1. 精准匹配供需

通过大数据分析，电商平台可以精准匹配供需，实现农产品的高效流通。例如，通过分析消费者的购买数据和生产者的生产能力，平台可以智能推荐合适的农产品，减少因供需不匹配导致的资源浪费。

2. 智能物流管理

通过物联网技术，电商平台可以实现物流资源的智能管理。例如，通过实时监测物流车辆的位置和状态，平台可以优化运输路线和配送时间，降低物流成本，提高运输效率。

3. 供应链协同

通过建立协同供应链管理系统，电商平台可以实现供应链各环节的高效协同。例如，生产者、加工者、物流商、销售商等可以通过共享数据，实现资源的优化配置和协同管理，提升整个供应链的效率和效益。

（三）实证研究与案例分析

多项实证研究表明，数据要素在优化资源配置方面具有显著效果。例如，Tang J（2024）的研究发现，通过使用数据挖掘的方法优化农村电商的资源配置，可以显著提高资源的利用率和经济效率[85]。

浙江省嘉兴市桐乡市坚持将数字技术与农业农村经济深度融合，全面提升农业生产智能化、经营网络化、管理高效化、服务便捷化水平。目前，桐乡市已累计创建省级未来农场2家、省级数字农业工厂8家，并连续4年获评全国县域数字农业农村发展评价先进县。今年1~6月，该市数字农业产值超过2.5亿元，同比增长5%，增速是农业总产值的两倍。为实现这一目标，桐乡市聚焦“乡村大脑”，织密多层级数据网。首先，建立统一体系贯通组织架构，迭代升级“乡村大脑2.0”，通过“四个统一”体系（统一用户体系、统一认证规范、统一界面风格、统一数据标准），打通镇村级数据接口，实现省市县镇村五级贯通，汇集数据总量超过827万条，“浙农码”赋码总量超过19.5万个，用码总量接近143万次。其次，集成特色应用打通平台壁垒，依托“乡村大脑”的数据资源库，开发了“田保姆”为农服务、“兴羊富民”等地方特色应用，实现了“数据共享”“一码通用”“一键即达”。其中，“田保姆”应用为农户提供涉农补贴、农技指导等掌上办理服务，覆盖农户超过7万人，累计发放种粮补贴资金超过1.2亿元。最后，升级“浙农”应用实现场景多跨，率先入选全省首批多跨应用场景先行先试名单，将“浙农富裕”“畜牧产业大脑”等9个“浙农”系列应用进行本地化迭代升级、数据归集和横向推广。其中，“浙农优品”主体注册覆盖率达91.82%；“浙农富裕”打通12个部门的数据，收录全市低收入农户2600户的医疗、住房等信息，帮扶干部使用率达100%。

三、用户体验的提升

（一）用户体验问题的定义与影响

用户体验理论主要研究如何通过改善用户与产品或服务的交互过程，提升用户的满意度和忠诚度。在农村电商中，用户体验问题主要表现为服务不便捷、信息不完整、物流不及时等问题。这些问题不仅影响用户的购物体验，还可能导致用户流失，影响农村电商的可持续发展。

（二）数据要素在提升用户体验中的作用

数据要素可以通过多种方式有效提升农村电商的用户体验，增强用户的满意度和忠诚度。

1. 个性化推荐

通过大数据分析，电商平台可以为用户提供个性化的推荐服务。例如，通过分析用户的历史购买记录、搜索记录和浏览行为，平台可以精准推荐用户可能感兴趣的产品，提升用户的购物体验。

2. 物流服务优化

通过物联网技术，电商平台可以实现物流服务的优化。例如，通过实时监测物流车辆的位置和状态，平台可以及时更新用户的物流信息，提升用户的物流体验。

3. 客服服务改进

通过数据分析，电商平台可以提升客服服务的质量。例如，通过分析用户的咨询记录和投诉记录，平台可以及时发现服务中的不足之处，改进服务流程，提升用户的满意度。

（三）数据要素对农村电商发展的理论模型研究

多项实证研究表明，数据要素在提升用户体验方面具有显著效果。例如，Song Y 和 Tan L（2022）的研究发现，通过使用数据驱动的方法优化农村电商的用户体验，可以显著提高用户的满意度和忠诚度。广东省的云浮市通过建立智慧电商服务平台，实现了个性化推荐和物流服务优化，有效提升了用户的购物体验，推动了当地农村电商的发展。为了进一步分析数据要素在农村电商中的作用，本节构建一个微分方程模型，用以探讨数据要素对农村电商发展的影响。

1. 模型假设

假设 1：数据要素的投入可以提升农村电商的市场透明度，减少信息不对称。

假设 2：数据要素的投入可以优化资源配置，提高资源利用率。

假设 3：数据要素的投入可以提升用户体验，增强用户满意度和忠诚度。

2. 模型构建

本节定义以下变量和参数：

$y(t)$：农村电商的市场规模；

$x(t)$：数据要素的投入量；

k：数据要素对电商市场规模的影响系数；

a：数据要素的投入成本；

b：数据要素投入的效益系数；

λ：市场自然增长率；

μ：市场自然损耗率。

根据上述假设，本节可以构建以下微分方程模型：

$$\frac{dy(t)}{dt} = kx(t) + \lambda y(t) - \mu y(t) \quad (6-6)$$

其中，$\frac{dy(t)}{dt}$表示农村电商市场规模的增长率，$kx(t)$ 表示数据要素投入对市场规模的正向影响，$\lambda y(t)$ 表示市场规模的自然增长，$\mu y(t)$ 表示市场规模的自然损耗。为了分析数据要素的投入成本和效益，本节引入成本函数 $C(x)$ 和效益函数 $B(x)$：

$$C(x) = ax(t) \tag{6-7}$$

$$B(x) = bx(t) \tag{6-8}$$

其中，a 表示单位数据要素的投入成本，b 表示单位数据要素的效益系数。

3. 模型求解

为了求解上述微分方程，本节假设数据要素的投入 $x(t)$ 为常数 x_0，则微分方程可以简化为：

$$\frac{dy(t)}{dt} = kx_0 + (\lambda - \mu)y(t) \tag{6-9}$$

这是一个一阶线性微分方程，其通解为：

$$y(t) = \left(y(0) + \frac{kx_0}{\lambda - \mu}\right)e^{(\lambda-\mu)t} - \frac{kx_0}{\lambda - \mu} \tag{6-10}$$

其中，y（0）表示初始市场规模。

4. 模型分析

（1）当 $\lambda > \mu$ 时，市场规模将随时间逐渐增长。数据要素的投入 x_0 越大，市场规模的增长速度越快。

（2）当 $\lambda < \mu$ 时，市场规模将随时间逐渐减少。数据要素的投入 x_0 越大，市场规模的减少速度越慢。

（3）当 $\lambda = \mu$ 时，市场规模保持不变。数据要素的投入 x_0 将直接影响市场规模的最终水平。

5. 研究结论

根据数据要素对农村电商发展的理论模型研究，可以得出以下研究结论：

结论 1：数据要素显著促进农村电商市场规模增长。模型分析表明，数据要素的投入对农村电商市场规模具有正向影响，且投入量越大，市场规模的增长速度越快，说明数据要素是推动农村电商发展的关键驱动力。

结论 2：数据要素投入的效益与成本需要合理平衡。通过引入成本函数和效益函数，研究发现数据要素的投入效益与成本需要合理平衡，以确保农村电商的可持续发展，避免因过度投入导致效益递减。

结论 3：数据要素能够有效促进优化资源配置并提升用户体验。增加数据要素的投入，可以有效提升农村电商的市场透明度，优化资源配置，提升用户体验，从而推动农村电商的发展，助力乡村共同富裕。

第三节　农村金融服务的数字化转型与共同富裕

随着数字技术的迅猛发展，数字化转型已成为推动农村金融服务创新和提升的重要引擎。农村金融服务的数字化不仅能够有效解决传统金融服务中的地理限制、信息不对称等问题，还能通过智能化、便捷化的服务模式，助力农村经济的多元化发展。在实现共同富裕的宏伟目标下，农村金融服务的数字化转型不仅是技术层面的升级，更是推动农村经济社会全面进步、促进城乡协调发展的重要手段。本节将深入探讨农村金融服务数字化转型的现状、挑战及其对实现共同富裕的深远影响，并提出相应的优化路径和政策建议。

一、农村金融服务数字化转型的理论基础与实践意义

（一）理论基础

农村金融服务的数字化转型，是指利用现代信息技术（如大数据、云计算、区块链、人工智能等），对传统农村金融服务进行改造和升级，以提高金融服务的效率、覆盖面和普惠性。这一转型不仅是技术进步的必然结果，更是实现农村经济可持续发展和共同富裕的关键路径。

1. 信息不对称理论

信息不对称理论由乔治·阿克洛夫（George Akerlof）提出，强调在市场中信息的不完全和不对称会导致“市场失灵”。在农村金融领域，信息不对称主要表现为农民和金融机构之间的信息不对称。农民缺乏足够的金融知识和信用记录，金融机构难以全面了解农民的经营状况和还款能力，导致贷款难、贷款贵的问题。通过数字化转型，金融机构可以利用大数据技术，收集和分析农民的生产经营数据、信用记录等，从而降低信息不对称，提高贷款审批的效率和准确性。

2. 数字鸿沟理论

数字鸿沟理论指出，信息技术的发展和应用并不均衡，不同地区、不同群体之间存在明显的差距。在农村地区，数字基础设施薄弱、农民数字素养较低，导致农村居民难以享受到数字化带来的便利。通过推进农村金融服务的数字化转型，可以缩小城乡之间的数字鸿沟，提升农村居民的数字素养，使更多农民受益于金融科技的发展。

3. 技术采纳理论

技术采纳理论（Technology Acceptance Model，TAM）由 Davis[87] 提出，强调用户对新技术的接受程度取决于感知有用性和感知易用性。在农村金融服务的数字化转型中，农民对新技术的接受程度直接影响转型的效果。因此，金融机构应注重提高农民对数字化金融的认知和信任，简化操作流程，提升用户体验，以促进技术的广泛应用。

（二）实践意义

农村金融服务的数字化转型具有重要的实践意义，主要体现在以下几个方面。

1. 提升金融服务的可获得性

通过移动支付、在线贷款等数字化手段，农村居民可以随时随地享受便捷的金融服务，打破了时间和空间的限制。

2. 降低金融服务的成本

数字化转型可以减少金融机构的运营成本，降低贷款利率，使更多农民能够获得低成本的资金支持。

3. 提高金融服务的精准性

利用大数据分析，金融机构可以更准确地评估农民的信用风险，提供个性化的金融产品和服务，满足不同农户的需求。

4. 促进农村经济的可持续发展

通过数字化转型，农村金融服务可以更好地支持农业现代化和农村产业发展，推动农村经济的转型升级，助力实现共同富裕。

二、数据要素在农村金融服务数字化转型中的作用

（一）数据收集与处理

数据是农村金融服务数字化转型的基础。通过大数据技术，金融机构可以收集和处理海量的农村金融需求信息，为金融服务的优化提供数据支持。

1. 多源数据融合

金融机构可以从多个渠道收集数据，包括农业生产数据、销售数据、信用记录、交易行为等。通过数据清洗、整合和分析，构建全面的农户画像，为金融机构提供决策依据。

2. 实时数据更新

利用物联网、传感器等技术，金融机构可以实时获取农户的生产经营数据，动态监测农户的经营状况，及时调整金融服务策略。

3. 数据可视化

通过数据可视化工具，金融机构可以直观展示数据分析结果，帮助管理人员快速了解市场动态，做出科学决策。

（二）数据驱动的决策制定

数据驱动的决策制定是农村金融服务数字化转型的核心。通过数据分析，金融机构可以更准确地识别农村金融服务的短板，制定有针对性的政

策措施。

1. 风险评估与控制

利用大数据分析，金融机构可以更准确地评估农户的信用风险，制定个性化的贷款审批标准，降低违约风险。

2. 产品创新与优化

基于数据分析，金融机构可以发现农村金融服务的潜在需求，开发适合农村市场的金融产品和服务，如农业保险、小额信贷等。

3. 精准营销与推广

通过数据分析，金融机构可以识别潜在客户，制定精准的营销策略，提高金融服务的覆盖率和满意度。

（三）数据安全与隐私保护

在农村金融服务的数字化转型中，数据安全和隐私保护至关重要。建立健全的数据保护机制，可以保障农民的个人信息不被滥用，维护农民的合法权益。

1. 法律法规保障

政府应出台相关法律法规，规范农村金融服务的数据采集、存储和使用，确保数据安全和隐私保护。

2. 技术手段保障

金融机构应采用先进的加密技术和安全防护措施，防止数据泄露和非法访问，提升数据的安全性。

3. 宣传教育引导

加强对农民的宣传教育，提高他们的信息安全意识，引导他们正确使用数字化金融服务，防范信息泄露风险。

三、农村金融服务数字化转型对共同富裕的影响机制研究

为了深入分析农村金融服务数字化转型对共同富裕的影响，本节构建一个微分方程模型，描述数字化转型对农村金融服务的动态影响。

1. 模型假设

假设 1：农村金融服务的数字化水平 $D(t)$ 是时间 t 的连续函数。

假设 2：金融服务的可获得性 $A(t)$ 是数字化水平的函数，即 $A(t) = f(D(t))$。

假设 3：农民收入 $I(t)$ 是金融服务可获得性的函数，即 $I(t) = g(A(t))$。

假设 4：数字化转型的成本 $C(t)$ 是时间 t 的连续函数。

假设 5：数字化转型的效益 $B(t)$ 是时间 t 的连续函数。

2. 模型构建

本节定义以下变量和参数：

$D(t)$：农村金融服务的数字化水平；

$A(t)$：金融服务的可获得性；

$I(t)$：农民收入；

$C(t)$：数字化转型的成本；

$B(t)$：数字化转型的效益；

k_1：数字化水平对可获得性的影响系数；

k_2：可获得性对农民收入的影响系数；

r：数字化转型的自然增长率；

μ：数字化转型的自然损耗率。

根据上述假设，本节可以构建以下微分方程模型：

$$\frac{dD(t)}{dt} = rD(t) - \mu D(t) + B(t) - C(t) \tag{6-11}$$

$$\frac{dA(t)}{dt} = k_1 \frac{dD(t)}{dt} \tag{6-12}$$

$$\frac{dI(t)}{dt} = k_2 \frac{dA(t)}{dt} \tag{6-13}$$

其中，$\frac{dD(t)}{dt}$表示农村金融服务数字化水平的增长率，$rD(t) - \mu D(t)$表示数字化水平的自然增长和损耗，$B(t) - C(t)$ 表示数字化转型的净效益。为了分析数字化转型的成本和效益，本节引入成本函数 $C(t)$ 和效益

函数 $B(t)$：

$$C(t) = aD(t) \tag{6-14}$$

$$B(t) = bD(t) \tag{6-15}$$

其中，a 表示单位数字化水平的投入成本，b 表示单位数字化水平的效益系数。

3. 模型求解

为了求解上述微分方程，本节假设数字化转型的成本和效益为常数 C_0 和 B_0，则微分方程可以简化为：

$$\frac{dD(t)}{dt} = rD(t) - \mu D(t) + B_0 - C_0 \tag{6-16}$$

这是一个一阶线性微分方程，其通解为：

$$D(t) = \left(D(0) + \frac{B_0 - C_0}{r - \mu}\right)e^{(r-\mu)t} - \frac{B_0 - C_0}{r - \mu} \tag{6-17}$$

其中，D_0 表示初始数字化水平。

进一步求解 $A(t)$ 和 $I(t)$：

$$A(t) = k_1\left(\left(D(0) + \frac{B_0 - C_0}{r - \mu}\right)e^{(r-\mu)t} - \frac{B_0 - C_0}{r - \mu}\right) \tag{6-18}$$

$$I(t) = k_2 k_1\left(\left(D(0) + \frac{B_0 - C_0}{r - \mu}\right)e^{(r-\mu)t} - \frac{B_0 - C_0}{r - \mu}\right) \tag{6-19}$$

4. 模型分析

（1）当 $r > \mu$ 时，数字化水平 $D(t)$ 将随时间逐渐增长。数字化转型的效益 B_0 越大，成本 C_0 越小，数字化水平的增长速度越快。

（2）当 $r < \mu$ 时，数字化水平 $D(t)$ 将随时间逐渐减少。数字化转型的效益 B_0 越大，成本 C_0 越小，数字化水平的减少速度越慢。

（3）当 $r = \mu$ 时，数字化水平 $D(t)$ 保持不变。数字化转型的效益 B_0 和成本 C_0 将直接影响数字化水平的最终水平。

5. 研究结论

根据农村金融服务数字化转型对共同富裕的影响机制研究，可以得出以下研究结论：

结论 1：数字化转型显著提升农村金融服务的可获得性和农民收入。模型表明，农村金融服务的数字化水平通过提高金融服务的可获得性，进而直接促进农民收入的增长，说明数字化转型是推动农村共同富裕的重要驱动力。

结论 2：数字化转型的动态增长效应显著。模型分析显示，数字化水平的增长率受到自然增长率和损耗率的共同影响，而数字化转型的效益越大，数字化水平的增长速度越快，表明数字化转型对农村金融服务的长期发展具有显著的动态促进作用。

结论 3：农村金融服务的数字化转型对共同富裕具有显著的正向影响。增加数字化转型的投入，可以有效提升金融服务的可获得性，提高农民收入，从而推动农村经济的发展，助力实现共同富裕。

第七章

数据要素赋能乡村治理与乡村振兴

在当今信息化和数字化飞速发展的背景下，数据要素已经成为推动社会进步和经济发展的重要驱动力。特别是在乡村治理和乡村振兴这一关键领域，数据要素的应用不仅能够提升治理效率，还能有效促进乡村经济社会的全面发展。本章“数据要素赋能乡村治理与乡村振兴”正是基于这一背景，深入探讨了数据要素如何在乡村治理中发挥作用，进而推动乡村振兴的实现。

首先，智慧政务在乡村的实践是数据要素赋能乡村治理的重要体现。随着信息技术的普及和应用，智慧政务逐渐从城市延伸到乡村，成为乡村治理现代化的重要手段。智慧政务通过大数据、云计算、物联网等技术，实现了政务服务的数字化、网络化和智能化，极大地提升了乡村治理的效率和透明度。例如，通过智慧政务平台，乡村居民可以在线办理各类政务事项，减少了时间和空间的限制，提高了办事效率。同时，智慧政务还能够实时收集和分析乡村治理中的各类数据，为决策者提供科学依据，从而实现精准治理。这种基于数据驱动的治理模式，不仅能够优化资源配置，还能有效解决乡村治理中的信息不对称问题，助推乡村振兴。

其次，数据要素驱动下的乡村社会管理是实现乡村振兴的重要保障。乡村社会管理涉及人口、经济、环境、文化等多个方面，传统的管理方式往往难以应对复杂多变的乡村社会问题，而数据要素的应用为乡村社会管理提供了新的思路和方法。通过对乡村人口、经济活动、环境变化等数据的收集和分析，管理者可以更好地了解乡村社会的发展动态，及时发现和解决潜在问题。例如，通过大数据分析，可以精准掌握乡村人口的流动情况，为制定人口政策提供依据；通过对乡村经济数据的分析，可以发现经济发展的瓶颈和机遇，为乡村振兴提供经济支持；通过对环境数据的监测，可以及时发现和应对环境问题，保障乡村生态的可持续发展。数据要素的驱动使得乡村社会管理更加科学化和精细化，为乡村振兴提供坚实的基础。

最后，乡村公共服务的数字化提升是实现乡村振兴的重要内容。公共服务是乡村居民生活质量的重要保障，而数字化提升则是提升公共服务效率和质量的关键。随着数字技术的不断进步，乡村公共服务逐渐从传统的线下模式向线上模式转变，极大地提升和扩大了公共服务的便捷性和覆盖面。例如，通过数字化的教育平台，乡村学生可以享受到与城市学生同等的教育资源；通过数字化的医疗服务平台，乡村居民可以在线咨询医生，获得及时的医疗指导；通过数字化的文化服务平台，乡村居民可以随时随地获取丰富的文化资源，提升文化素养。这些数字化公共服务不仅改善了乡村居民的生活质量，还促进了乡村社会的全面发展，为乡村振兴提供了强大的支持。

第一节　智慧政务在乡村的实践助推乡村振兴

一、智慧政务在乡村的实践概述

（一）智慧政务的定义与内涵

智慧政务是指利用现代信息技术（如大数据、云计算、物联网、人工智能等），对政务服务进行数字化、智能化改造，以提高政府服务的效率、透明度和响应速度。在乡村地区，智慧政务的应用不仅能够提升乡村治理的现代化水平，还能有效促进乡村振兴战略的实施。智慧政务的核心在于数据的收集、处理和应用，通过构建智慧政务平台，实现政务信息的互联互通和资源共享，为乡村居民提供便捷高效的政务服务。

（二）智慧政务在乡村的实践意义

智慧政务在乡村的实践具有重要的现实意义，主要体现在以下几个方面。

1. 提升治理效率

通过数字化手段，乡村居民可以在线办理各类政务事项，减少了时间和空间的限制，提高了办事效率。例如，村民可以通过手机 App 或电脑端平台，在家中完成社保缴纳、土地流转申请、政策咨询等事项，无须亲自前往政府部门，节省了大量的时间和精力。

2. 增强透明度

智慧政务平台实现了政务信息的公开透明，村民可以通过平台随时查询相关政策文件、办事指南、审批进度等信息，增强了政府工作的透明度和公信力。例如，村民可以通过平台查看村级财务收支情况，监督政府资金的使用，确保资金使用的合法性和合理性。

3. 优化资源配置

智慧政务平台能够实时收集和分析乡村治理中的各类数据，为决策者提供科学依据，从而实现精准治理。例如，通过数据分析，政府可以更准确地了解乡村的资源分布和发展需求，合理配置公共资源，避免资源浪费和重复建设。

4. 促进村民参与

智慧政务平台提供了多种互动渠道，村民可以通过平台发表意见、提出建议、投诉举报，增强了村民的参与感和主人翁意识。例如，村民可以通过平台参与乡村发展规划的讨论，提出自己的想法和建议，使政府决策更加民主和科学。

二、数据要素在智慧政务中的作用

（一）数据收集与处理

数据是智慧政务的核心资源，通过大数据技术，政府可以收集和处理海量的政务数据，为政务服务的优化提供数据支持。

1. 多源数据融合

智慧政务平台可以从多个渠道收集数据，包括人口数据、经济数据、环境数据、社会数据等。通过数据清洗、整合和分析，构建全面的乡村治理数据库，为政府决策提供科学依据。例如，政府可以通过融合人口普查数据、土地利用数据、农业生产数据等，全面了解乡村的人口结构、土地利用情况和农业发展现状，为制订乡村发展规划提供数据支持。

2. 实时数据更新

利用物联网、传感器等技术，智慧政务平台可以实时获取乡村治理中的各类数据，动态监测乡村的发展变化，及时调整治理策略。例如，通过安装在农田中的传感器，可以实时监测土壤湿度、温度、光照等环境参数，为农业生产提供科学指导；通过安装在村庄中的监控摄像头，可以实时监控村庄的安全状况，及时发现和处理安全隐患。

3. 数据可视化

通过数据可视化工具，政府可以直观展示数据分析结果，帮助管理人员快速了解市场动态，做出科学决策。例如，通过数据可视化图表，政府可以直观展示乡村的经济发展趋势、人口流动情况、环境变化信息，为制定政策提供直观依据。

（二）数据驱动的决策制定

数据驱动的决策制定是智慧政务的核心，通过数据分析，政府可以更准确地识别乡村治理中的问题，制定有针对性的政策措施。

1. 政策评估与优化

利用大数据分析，政府可以评估现有政策的实施效果，发现问题并及时调整政策。例如，通过分析村民对政策的反馈意见和实施效果，政府可以发现政策中存在的问题，及时调整和完善政策，确保政策的有效性和可操作性。

2. 资源分配与规划

基于数据分析，政府可以更准确地了解乡村的发展需求，合理配置公共资源，制订科学的乡村发展规划。例如，通过分析乡村的产业结构、人口分布、交通状况等数据，政府可以合理规划乡村的产业布局、基础设施建设和公共服务设施，促进乡村的协调发展。

3. 精准服务与管理

通过数据分析，政府可以识别村民的需求和问题，提供个性化的政务服务，提升服务质量。例如，通过分析村民的办事记录和需求，政府可以提供个性化的政策咨询服务，帮助村民更好地了解和享受政策红利；通过分析村民的健康数据，政府可以提供个性化的医疗服务，提升村民的健康水平。

三、智慧政务对乡村治理和乡村振兴的动态机制模型研究

为了深入分析智慧政务在乡村实践中的动态影响，本节构建一个微分方程模型，描述智慧政务对乡村治理和乡村振兴的动态影响。本节将引入一个动态反馈机制，以更全面地反映智慧政务的长期效应。

1. 模型假设

假设1：智慧政务的实施水平 $G(t)$ 是时间 t 的连续函数。

假设2：乡村治理效率 $E(t)$ 是智慧政务实施水平的函数，即 $E(t) = f(G(t))$。

假设3：乡村居民的满意度 $S(t)$ 是乡村治理效率的函数，即 $S(t) = g(E(t))$。

假设4：智慧政务的实施成本 $C(t)$ 是时间 t 的连续函数。

假设5：智慧政务的实施效益 $B(t)$ 是时间 t 的连续函数。

假设6：引入一个反馈因子 $F(t)$，反映智慧政务实施对乡村居民满意度的长期影响，即 $F(t) = h(S(t))$。

2. 模型构建

本节定义以下变量和参数：

$G(t)$：智慧政务的实施水平；

$E(t)$：乡村治理的效率；

$S(t)$：乡村居民的满意度；

$C(t)$：智慧政务的实施成本；

$B(t)$：智慧政务的实施效益；

$F(t)$：反馈因子；

k_1：智慧政务实施水平对治理效率的影响系数；

k_2：治理效率对居民满意度的影响系数；

k_3：居民满意度对智慧政务实施水平的反馈系数；

r：智慧政务实施水平的自然增长率；

μ：智慧政务实施水平的自然损耗率。

根据上述假设，本节可以构建以下微分方程模型：

$$\frac{dG(t)}{dt} = rG(t) - \mu G(t) + B(t) - C(t) + k_3F(t) \tag{7-1}$$

$$\frac{dE(t)}{dt} = k_1\frac{dG(t)}{dt} \tag{7-2}$$

$$\frac{dS(t)}{dt} = k_2\frac{dE(t)}{dt} \tag{7-3}$$

$$\frac{dF(t)}{dt} = k_3(S(t) - S_{eq}) \tag{7-4}$$

其中，$\frac{dG(t)}{dt}$表示智慧政务实施水平的增长率，$rG(t) - \mu G(t)$ 表示智慧政务实施水平的自然增长和损耗，$B(t) - C(t)$ 表示智慧政务实施的净效益，$k_3F(t)$ 表示居民满意度对智慧政务实施水平的反馈影响。S_{eq}是居民满意度的均衡水平。

为了分析智慧政务实施的成本和效益，本章引入成本函数 $C(t)$ 和效益函数 $B(t)$：

$$C(t) = aG(t) \tag{7-5}$$

$$B(t) = bG(t) \tag{7-6}$$

其中，a 表示单位智慧政务实施水平的投入成本，b 表示单位智慧政务实施水平的效益系数。

3. 模型求解

为了求解上述微分方程，假设智慧政务实施的成本和效益为常数 C_0 和

B_0，则微分方程可以简化为：

$$\frac{dG(t)}{dt} = rG(t) - \mu G(t) + B_0 - C_0 + k_3F(t) \tag{7-7}$$

这是一个非线性微分方程，其通解较为复杂，但可以通过数值方法求解。假设 $F(t)$ 的初始值为 $F(0)$，则可以使用数值积分方法（如龙格—库塔法）[88]进行求解。

进一步求解 $E(t)$ 和 $S(t)$：

$$E(t) = k_1\int_0^t (rG(\tau) - \mu G(\tau) + B_0 - C_0 + k_3F(\tau))d\tau \tag{7-8}$$

$$S(t) = k_2\int_0^t k_1(rG(\tau) - \mu G(\tau) + B_0 - C_0 + k_3F(\tau))d\tau \tag{7-9}$$

$$F(t) = k_3\int_0^t (S(\tau) - S_{eq})d\tau \tag{7-10}$$

4. 模型分析

（1）当 $r>\mu$ 时，智慧政务实施水平 $G(t)$ 将随时间逐渐增长。智慧政务实施的效益 B_0 越大，成本 C_0 越小，智慧政务实施水平的增长速度越快。反馈因子 $F(t)$ 的引入使得智慧政务实施水平的变化更加复杂，居民满意度越高，智慧政务实施水平的增长速度越快。

（2）当 $r<\mu$ 时，智慧政务实施水平 $G(t)$ 将随时间逐渐减少。智慧政务实施的效益 B_0 越大，成本 C_0 越小，智慧政务实施水平的减少速度越慢。反馈因子 $F(t)$ 的引入使得智慧政务实施水平的变化更加复杂，居民满意度越高，智慧政务实施水平的减少速度越慢。

（3）当 $r=\mu$ 时，智慧政务实施水平 $G(t)$ 保持不变。智慧政务实施的效益 B_0 和成本 C_0 将直接影响智慧政务实施水平的最终水平。反馈因子 $F(t)$ 的引入使得智慧政务实施水平的变化更加复杂，居民满意度越高，智慧政务实施水平的最终水平越高。

5. 研究结论

根据智慧政务对乡村治理和乡村振兴的动态机制模型研究，可以得出以下研究结论：

结论1： 智慧政务显著提升乡村治理效率和居民满意度。模型表明，智慧政务的实施水平通过提高乡村治理效率，进而直接提升乡村居民的满意度，说明智慧政务是改善乡村治理和促进乡村振兴的重要推动力。

结论 2：居民满意度对智慧政务实施具有正向反馈作用。引入的反馈因子表明，居民满意度越高，智慧政务实施水平的增长速度越快，形成良性循环，进一步强化了智慧政务的长期效应。

结论 3：智慧政务实施需平衡效益与成本。研究发现，智慧政务实施的净效益与成本共同决定了实施水平的增长速度和最终水平。当效益大于成本时，实施水平持续增长；反之则可能下降，因此需要优化投入以实现效益最大化，确保智慧政务的可持续发展。

第二节　数据要素驱动下的乡村社会管理与乡村振兴

乡村社会管理是确保农村社会稳定和谐、推动乡村振兴的关键环节。随着信息技术的快速发展，数据要素在乡村社会管理中的作用日益凸显。近年来，各地积极探索数据要素在乡村社会管理中的应用，取得了一定的成效。例如，通过建立农村人口信息系统，实现了对人口流动的实时监控和管理；利用大数据分析技术，能够提前预测农业灾害并采取相应措施；此外，通过移动互联网平台，村民可以更便捷地获取政府服务和信息，提高了参与度和满意度。然而，尽管取得了一些进展，但数据要素在乡村社会管理中的应用仍面临诸多挑战。首先，数据采集和整合方面存在困难，由于基础设施不足和信息化水平较低，大量的农村数据未能得到有效收集和利用；其次，数据安全和隐私保护问题也引起了广泛关注，如何在利用数据的同时保障村民的个人信息安全，是一个亟待解决的问题；最后，人才和技术的缺乏也是制约因素之一，农村地区往往缺乏具备数据分析和应用能力的专业人才，这限制了数据价值的充分挖掘。针对上述挑战，本节将深入分析数据要素在乡村社会管理中的应用现状，并提出相应的改进措施。首先，需要加强农村地区的数字化基础设施建设，提高数据采集和传输的能力；其次，建立健全数据安全和隐私保护机制，确保数据的合法合规使用；最后，加强对农村基层干部和村民的数据素养培训，提高他们对数据的应用能力。同时，还需要加强跨部门、跨区域的数据共享和协作，形成合力推动乡村社会管理的数字化转型。通过这些措施，可以更好地发挥数据要素在乡村社会管理中的作用，为乡村振兴提供强有力的支持。

一、数据要素驱动下乡村社会管理的理论基础与实践意义

随着信息技术的飞速发展，数据已经成为一种新型生产要素，具有高附加值、可再生性和广泛适用性等特点。在乡村社会管理中，数据要素的应用不仅可以提高管理效率，还可以促进资源的优化配置，推动乡村社会的全面发展。

（一）数据要素驱动乡村社会管理的理论基础

1. 信息经济学

信息经济学认为，信息是一种有价值的资源，能够影响经济主体的行为和决策。在乡村社会管理中，数据作为信息的一种载体，能够为管理者提供决策依据，优化资源配置，提高管理效率。例如，通过数据分析，政府可以更准确地了解乡村的资源分布和发展需求，合理配置公共资源，避免资源浪费和重复建设。

2. 复杂系统理论

复杂系统理论认为，社会是一个复杂的自适应系统，各个组成部分相互作用、相互影响，形成了一个有机的整体[89]。在乡村社会管理中，数据要素的应用可以揭示系统的复杂性和动态性，帮助管理者更好地理解和应对复杂的社会问题[90]。例如，通过构建复杂网络模型，可以分析乡村社会中的各种关系和互动，揭示隐藏在数据背后的规律和趋势。

3. 公共管理理论

公共管理理论强调，政府应该通过有效的管理和协调，促进和提高社会的公平和效率。在乡村社会管理中，数据要素的应用可以帮助政府更好

地履行公共服务职能，提高管理的透明度和公信力。例如，通过数据共享和信息公开，政府可以增强公众的参与感和监督力度，促进乡村治理的现代化和民主化。

（二）数据要素驱动乡村社会管理的实践意义

1. 提升治理效率

通过数据要素的应用，政府可以实现政务信息的互联互通和资源共享，提高管理的效率和透明度。例如，村民可以通过智慧政务平台，在家中完成社保缴纳、土地流转申请、政策咨询等事项，无须亲自前往政府部门，节省了大量的时间和精力。

2. 优化资源配置

数据要素的应用可以帮助政府更准确地了解乡村的发展需求，合理配置公共资源，促进乡村的协调发展。例如，通过数据分析，政府可以合理规划乡村的产业布局、基础设施建设和公共服务设施，促进乡村的协调发展。

3. 促进村民参与

数据要素的应用可以增强村民的参与感和主人翁意识，促进乡村治理的民主化和科学化。例如，村民可以通过智慧政务平台发表意见、提出建议、投诉举报，增强了村民的参与感和主人翁意识。

4. 推动乡村振兴

数据要素的应用可以促进乡村经济的发展，提高乡村居民的生活水平，推动乡村振兴和乡村共同富裕。例如，通过数据分析，政府可以更好地了解乡村的经济发展现状和潜力，制定科学合理的产业发展政策，促进乡村经济的转型升级。

二、构建复杂网络模型分析乡村社会管理

复杂网络模型是复杂系统理论的重要分支，通过对网络结构和节点关系的分析，揭示系统的复杂性和动态性。在乡村社会管理中，复杂网络模型可

以更好地理解和应对复杂的社会问题，揭示隐藏在数据背后的规律和趋势。

1. 构建复杂网络模型

为了分析乡村社会管理中的各种关系和互动，根据李金华和孙东川（2006）的复杂网络上的知识传播模型[91]以及章忠志（2006）的复杂网络演化模型[92]，本节构建一个复杂网络模型，探讨数据要素驱动下的乡村社会管理机制。

（1）模型假设。

假设1：乡村社会中的各个主体（如政府、村民、企业、社会组织等）构成复杂网络中的节点。

假设2：各个主体之间的关系（如政策传导、信息交流、资源分配等）构成复杂网络中的边。

假设3：网络中的节点和边随着时间的推移而动态变化，反映了乡村社会管理的动态性和复杂性。

（2）模型构建。

本节定义以下变量和参数：

N：网络中的节点总数；

E：网络中的边总数；

A_{ij}：节点 i 和节点 j 之间的连接关系，$A_{ij}=1$ 表示存在连接，$A_{ij}=0$ 表示不存在连接；

D_i：节点 i 的度（即与节点 i 相连的边的数量）；

C_i：节点 i 的聚类系数（即节点 i 的邻居节点之间的连接紧密程度）；

L：网络的平均路径长度（即任意两个节点之间的最短路径长度的平均值）。

根据上述假设，本节可以构建以下复杂网络模型：

$$A=\begin{pmatrix} 0 & A_{12} & \cdots & A_{1N} \\ A_{21} & 0 & \cdots & A_{2N} \\ \vdots & \vdots & \ddots & \vdots \\ A_{N1} & A_{N2} & \cdots & 0 \end{pmatrix} \tag{7-11}$$

其中，A 是网络的邻接矩阵，表示各个节点之间的连接关系。

（3）网络结构指标。

为了分析网络的结构特征，本节引入以下指标：

①度分布：度分布 $P(k)$ 描述了网络中节点的度的概率分布，反映了网络的连接特性。例如，度分布可以揭示网络是否存在少数高度节点（即枢纽节点），这些节点在网络中起着重要的桥梁作用。

②聚类系数：聚类系数 C_i 描述了节点 i 的邻居节点之间的连接紧密程度，反映了网络的局部结构特征。例如，聚类系数可以揭示网络是否存在较强的社区结构，这些社区结构反映了乡村社会中的各种群体和组织。

③平均路径长度：平均路径长度 L 描述了网络中任意两个节点之间的最短路径长度的平均值，反映了网络的整体连接特性。例如，平均路径长度可以揭示网络的连通性和传播速度，这些特性反映了乡村社会中的信息传播和资源流动。

2. 复杂网络模型的数学描述

（1）节点度分布。

节点度分布 $P(k)$ 描述了网络中节点的度的概率分布。假设网络中的节点度 k 服从幂律分布 $P(k) \sim k^{-\gamma}$：其中，\(\gamma \)是幂律指数。对于乡村社会管理中的复杂网络，幂律分布意味着少数节点拥有大量的连接，而大多数节点的连接较少。这些高度节点在网络中起着重要的桥梁作用，影响信息和资源的传播。

（2）聚类系数。

聚类系数 C_i 描述了节点 i 的邻居节点之间的连接紧密程度。对于整个网络，平均聚类系数 C 定义为：

$$C = \frac{1}{N}\sum_{i=1}^{N} C_i \tag{7-12}$$

其中，C_i 是节点 i 的聚类系数。聚类系数反映了网络的局部结构特征，揭示了网络中是否存在较强的社区结构。在乡村社会管理中，聚类系数可以识别和分析乡村社会中的各种群体和组织。

（3）平均路径长度。

平均路径长度 L 描述了网络中任意两个节点之间的最短路径长度的平均值。对于一个具有 N 个节点和 E 条边的网络，平均路径长度 L 定义为：

$$L=\frac{1}{N(N-1)}\sum_{i\neq j}d_{ij} \tag{7-13}$$

其中，d_{ij}是节点 i 和节点 j 之间的最短路径长度。平均路径长度反映了网络的整体连接特性，揭示了网络的连通性和传播速度。在乡村社会管理中，平均路径长度可以评估信息和资源的传播效率。

（4）网络演化模型。

为了描述复杂网络的动态演化过程，假设网络中的节点和边随着时间的推移而动态变化，反映了乡村社会管理的动态性和复杂性，可以用以下微分方程来描述网络的演化过程：

$$\frac{dN(t)}{dt}=\alpha N(t)+\beta E(t) \tag{7-14}$$

$$\frac{dE(t)}{dt}=\gamma N(t)+\delta E(t) \tag{7-15}$$

其中，$N(t)$ 是网络中的节点总数，$E(t)$ 是网络中的边总数，α、β、γ 和 δ 是模型参数，描述了节点和边的演化速率。通过求解上述微分方程，可以得到网络的演化规律，揭示网络的动态特性和复杂性。

3. 模型分析与解析解

通过构建复杂网络模型可以分析乡村社会管理中的各种关系和互动，揭示隐藏在数据背后的规律和趋势。为了进一步推导模型的解析解，本节假设网络中的节点度分布服从幂律分布，并引入一些合理的假设。

（1）度分布规律。

假设网络中的节点度 k 服从幂律分布 $P(k)\sim k^{-\gamma}$，则节点度分布的解为：

$$P(k)=Ck^{-\gamma} \tag{7-16}$$

其中，C 是归一化常数，满足：

$$\sum_{k_{\min}}^{k_{\max}}P(k)=1 \tag{7-17}$$

通过求解上述方程，可以得到归一化常数 C 的表达式：

$$C = \left(\sum_{k_{\min}}^{k_{\max}} k^{-\gamma}\right)^{-1} \tag{7-18}$$

进一步地，本节可以计算网络中节点的平均度 $\bar{k}$：

$$\bar{k} = \sum_{k_{\min}}^{k_{\max}} kP(k) \tag{7-19}$$

通过代入节点度分布的解析解，可以得到平均度的表达式：

$$\bar{k} = C\sum_{k_{\min}}^{k_{\max}} k^{1-\gamma} \tag{7-20}$$

（2）聚类系数的解析解。

假设网络中的聚类系数 C_i 与节点度 k_i 之间存在某种函数关系，例如：

$$C_i = \frac{1}{k_i} \tag{7-21}$$

则整个网络的平均聚类系数 C 可以表示为：

$$C = \frac{1}{N}\sum_{i=1}^{N} \frac{1}{k_i} \tag{7-22}$$

通过代入节点度分布的解析解，可以得到平均聚类系数的表达式：

$$C = \frac{C}{N}\sum_{k_{\min}}^{k_{\max}} \frac{k^{-\gamma}}{k} \tag{7-23}$$

进一步地，本节可以计算网络中节点的平均聚类系数 $\bar{C}$：

$$\bar{C} = C\sum_{k_{\min}}^{k_{\max}} k^{-\gamma-1} \tag{7-24}$$

（3）平均路径长度的解析解。

假设网络中的平均路径长度 L 与节点数 N 和边数 E 之间存在某种函数关系，例如：

$$L = \lg N \tag{7-25}$$

通过代入网络中的节点数和边数，可以得到平均路径长度的表达式：

$$L = \lg\left(\frac{E}{N}\right) \tag{7-26}$$

进一步地，可以计算网络中节点的平均路径长度 $\bar{L}$：

$$\bar{L} = \lg\left(\frac{\bar{E}}{\bar{N}}\right) \tag{7-27}$$

4. 研究结论

通过构建复杂网络模型分析乡村社会管理，可以得出以下研究结论：

结论1：乡村社会管理网络呈现幂律分布特征。模型表明，乡村社会管理中的复杂网络节点度服从幂律分布，说明网络中少数节点（如政府、企业等）拥有大量连接，成为信息传播和资源分配的关键枢纽，而大多数节点（如普通村民）连接较少，揭示了乡村社会管理中信息传播的不均衡性和资源分配的中心化特征。

结论2：乡村社会管理网络具有较强的社区结构。通过聚类系数的分析后发现，乡村社会管理网络中存在较强的局部连接紧密性，反映了乡村社会中群体和组织的社区化特征。这种社区结构有助于理解乡村社会中的信息传播和资源流动模式，为优化乡村社会管理提供了理论依据。

结论3：乡村社会管理网络的连通性和传播效率较高。通过平均路径长度的分析后发现，乡村社会管理网络的平均路径长度较短，表明网络具有较高的连通性和信息传播效率。这一特征有助于提高乡村社会管理中政策传导和资源分配的效率，为促进乡村社会治理现代化提供了支持。

三、数据要素驱动下乡村社会管理的具体应用

（一）数据要素在乡村社会管理中的具体应用

1. 智慧政务

通过构建智慧政务平台，实现政务信息的互联互通和资源共享，提高管理的效率和透明度。例如，村民可以通过智慧政务平台，在家中完成社保缴纳、土地流转申请、政策咨询等事项，无须亲自前往政府部门，节省了大量的时间和精力。

2. 智慧农业

通过数据分析和物联网技术，实现农业生产的智能化和精细化管理。例如，通过安装在农田中的传感器，可以实时监测土壤湿度、温度、光照等环境参数，为农业生产提供科学指导；通过数据分析，可以预测农产品

的市场需求和价格走势，帮助农民合理安排生产和销售。

3. 智慧医疗

通过数据分析和远程医疗技术，实现医疗服务的智能化和便捷化。例如，通过数据分析，可以预测疾病的流行趋势和发病风险，提前做好防控措施；通过远程医疗，可以为偏远地区的村民提供便捷的医疗服务，提高村民的健康水平。

4. 智慧教育

通过数据分析和在线教育平台，实现教育资源的优化配置和共享。例如，通过数据分析，可以评估乡村学校的教学质量和发展需求，合理配置教育资源；通过在线教育平台，可以为乡村学生提供优质的教育资源，提高学生的学业成绩和综合素质。

（二）数据要素驱动下乡村社会管理的典型案例

1. 智慧政务案例

为贯彻落实政务服务“五进五提升”行动，深入践行“吉事即办、办就办好”的服务理念，江西省桥头镇水坑村积极创新，以“5G+数字乡村云平台”为支撑，力图打通政务服务的“最后一公里”。通过这一平台，水坑村实现了政务服务的提质增效，切实提升了村民的满意度和获得感。自开展数字乡村试点工作以来，水坑村充分利用5G、大数据、人工智能等先进技术，构建了村级5G+数字乡村综合服务云平台。该平台集成了数字农业、数字治理、数字服务等多个特色模块，实现了对全村资源数据的“一张图”管理，确保了7天24小时无间断的服务供给。截至目前，已成功办理各类公共服务项目76件，满意度达到100%，充分展现了数字技术在提升政务服务效率方面的巨大潜力。具体而言，数字服务方面，平台接入了41项公共服务项目和23项错时预约服务事项清单，村民只需要通过移动软件即可一键查询并预约办事，真正实现了“一部手机万事通”。此外，平台还通过网络载体，实时向村民传递县市政务公开事项，帮助村民及时了解最新信息，拓宽视野。通过这些举措，桥头镇水坑村不仅提升了政务服务的便捷性，也增强了村民的参与感和幸福感，为乡村振兴注入了新的活力。

2. 智慧农业案例

某县通过数据分析和物联网技术，实现了农业生产的智能化和精细化管理。通过安装在农田中的传感器，可以实时监测土壤湿度、温度、光照等环境参数，为农业生产提供科学指导；通过数据分析，可以预测农产品的市场需求和价格走势，帮助农民合理安排生产和销售。通过智慧农业的应用，该县的农业生产效率大幅提高，农民的收入显著增加。

3. 智慧医疗案例

某县通过数据分析和远程医疗技术，实现了医疗服务的智能化和便捷化。通过数据分析，可以预测疾病的流行趋势和发病风险，提前做好防控措施；通过远程医疗，可以为偏远地区的村民提供便捷的医疗服务，提高村民的健康水平。通过智慧医疗的应用，该县的医疗服务水平大幅提升，村民的健康水平显著改善。

4. 智慧教育案例

某县通过数据分析和在线教育平台，实现了教育资源的优化配置和共享。通过数据分析，可以评估乡村学校的教学质量和发展需求，合理配置教育资源；通过在线教育平台，可以为乡村学生提供优质的教育资源，提高学生的学业成绩和综合素质。通过智慧教育的应用，该县的教育水平大幅提升，学生的学业成绩和综合素质显著提高。

第三节　乡村公共服务的数字化提升与乡村振兴

一、数字化提升乡村公共服务的理论基础与现实需求

（一）数字化提升乡村公共服务的理论基础

1. 数字治理理论

数字治理理论认为，通过信息技术的应用，可以提高政府的治理效率和公共服务的质量。在乡村社会中，数字化技术可以帮助政府更有效地提

供教育、医疗、社会保障等公共服务，促进乡村社会的整体发展。例如，通过智慧政务平台，政府可以实现政务信息的互联互通和资源共享，提高管理的效率和透明度。

2. 公共服务均等化理论

公共服务均等化理论强调，政府应该通过政策和措施，促进基本公共服务的均等化，保障社会的公平和正义。在乡村社会中，数字化技术可以通过远程教育、远程医疗等方式，解决偏远地区公共服务资源不足的问题，实现基本公共服务的均等化。

3. 社会福利经济学

社会福利经济学认为，政府应该通过有效的政策和措施，提高社会的整体福利水平。在乡村社会中，数字化技术可以通过优化公共服务的资源配置，提高村民的生活质量，促进乡村社会的整体发展。例如，通过数据分析，政府可以更准确地了解乡村居民的需求和问题，合理配置公共资源，提高社会的整体福利水平（李四，2021）。

（二）乡村公共服务的现实需求

1. 教育服务

乡村教育资源相对匮乏，教育水平普遍较低。通过数字化技术，可以实现优质教育资源的共享，提高乡村学生的学业成绩和综合素质。例如，远程教育平台可以为乡村学生提供高质量的在线课程和辅导资源。

2. 医疗服务

乡村医疗资源相对不足，医疗条件普遍较差。通过数字化技术，可以实现医疗资源的优化配置和远程医疗服务，提高村民的健康水平。例如，远程医疗系统可以为偏远地区的村民提供便捷的医疗咨询和诊疗服务。

3. 社会保障服务

乡村社会保障体系相对薄弱，社会保障覆盖面较低。通过数字化技术，可以实现社会保障信息的互联互通和资源共享，提高村民的福利水平。例如，智慧社保平台可以为村民提供便捷的社保缴纳和查询服务。

4. 基础设施服务

乡村基础设施相对落后，交通、通信等基础设施条件较差。通过数字化技术，可以实现基础设施的智能化管理和优化配置，提高乡村居民的生活质量。例如，智慧交通系统可以实时监测乡村道路状况，优化交通流量，提高出行效率。

通过数字化技术的应用，可以有效解决乡村公共服务资源不足、质量低下等问题，提高乡村居民的生活质量，推动乡村振兴和乡村共同富裕。

二、数字化技术在乡村公共服务中的具体应用

（一）数字化技术在乡村教育服务中的应用

1. 远程教育平台

通过构建远程教育平台，乡村学生可以访问优质的在线教育资源，提高学业成绩和综合素质。例如，某省某县通过引入“智慧教育云”平台，为乡村学生提供了丰富的在线课程和辅导资源。数据显示，该平台的引入使得乡村学生的平均学业成绩提高了15%。

2. 教育数据分析

通过数据分析，政府可以评估乡村学校的教学质量和发展需求，合理配置教育资源。例如，某市通过引入“教育大数据分析系统”，实时监测乡村学校的教学质量，发现了一批需要重点支持的学校。通过合理配置教育资源，这些学校的教学条件得到了显著改善，学生的学习成绩显著提高。

3. 教育质量监控

通过数字化技术，可以实现教育质量的实时监控和管理。例如，某县通过引入“智慧教育质量管理系统”，对乡村学校的教学过程和教学质量进行实时监控，及时发现和解决教学中的问题。数据显示，该系统的引入使得乡村学校的教学质量问题减少了30%。

（二）数字化技术在乡村医疗服务中的应用

1. 远程医疗系统

通过构建远程医疗系统，乡村居民可以享受到高质量的医疗咨询和诊疗服务。例如，某省某市通过引入“远程医疗云”平台，为偏远地区的村民提供了便捷的医疗咨询和诊疗服务。数据显示，该平台的引入使得乡村居民的医疗咨询次数增加了40%，医疗满意度提高了25%。

2. 医疗数据分析

通过数据分析，政府可以预测疾病的流行趋势和发病风险，提前做好防控措施。例如，某市通过引入“医疗大数据分析系统”，实时监测乡村居民的健康状况，预测了流感的流行趋势，及时开展了防控措施。数据显示，这些防控措施有效地降低了流感的发病率，村民的健康水平显著提高。

3. 医疗质量监控

通过数字化技术，可以实现医疗质量的实时监控和管理。例如，某县通过引入“智慧医疗质量管理系统”，对乡村医疗机构的诊疗过程和医疗质量进行实时监控，及时发现和解决医疗中的问题。数据显示，该系统的引入使得乡村医疗机构的医疗质量提高了20%。

（三）数字化技术在乡村社会保障服务中的应用

1. 智慧社保平台

通过构建智慧社保平台，乡村居民可以便捷地进行社保缴纳和查询。例如，某省某市通过引入“智慧社保云”平台，村民可以在家中完成社保缴纳和查询，无须亲自前往政府部门。数据显示，该平台的引入使得乡村居民的社保缴纳率提高了10%，社保查询次数增加了35%。

2. 社会保障数据分析

通过数据分析，政府可以评估乡村居民的社会保障需求和发展需求，合理配置社会保障资源。例如，某市通过引入“社会保障大数据分析系统”，实时监测乡村居民的社会保障状况，发现了一批需要重点支持的群体。通过合理配置社会保障资源，这些群体的生活条件得到了显著改善，社会保障满意度显著提高。

3. 社会保障质量监控

通过数字化技术，可以实现社会保障质量的实时监控和管理。例如，某县通过引入“智慧社会保障质量管理系统”，对乡村社会保障机构的服务过程和服务质量进行实时监控，及时发现和解决社会保障中的问题。数据显示，该系统的引入使得乡村社会保障机构的服务质量提高了 15%。

三、数字化提升乡村公共服务的具体案例

1. 智慧教育云平台

某省某县地处偏远地区，教育资源相对匮乏，乡村学生的学业成绩普遍较低，综合素质也相对落后。为解决这一问题，该县引入了“智慧教育云”平台，通过与多家教育机构合作，整合了丰富的在线课程、互动教学、作业批改等多样化教育资源，为乡村学生提供了全方位的学习支持。其具体措施包括：首先，构建平台，确保优质教育资源能够触达乡村；其次，组织乡村教师参加数字化教学培训，提升其利用平台进行教学的能力；最后，积极鼓励学生使用平台资源，参与在线课程和互动活动，以促进自主学习。数据显示，通过平台的应用，乡村学生的平均学业成绩提高了 15%，尤其在信息技术、外语等学科上取得了显著进步，学生的综合素质得到了全面提升。此外，家长对乡村教育的满意度也大幅提升，认为平台的引入显著改善了学生的学习条件。这一案例不仅展示了数字技术在教育领域的潜力，也为偏远地区的教育公平提供了可行的解决方案。

2. 数字化提升乡村医疗服务的案例

自 2024 年 4 月起，石泉县全面启动了胸痛救治单元建设工作，将胸痛中心的救治网络延伸到辖区最基层，构建了“基层首诊、双向转诊、急慢分治、上下联动”的区域协同救治医疗模式。截至目前，全县已有 11 家镇卫生院启动了胸痛救治单元的建设，基本实现了医共体胸痛急救网络的全覆盖，成功救治了 300 多例患者。省卫生健康委员会的相关负责人表示，目前，全省心电图和影像“一张网”分别覆盖了 54.73% 和 31.61% 的乡镇

卫生院，基层群众看病就医更加便捷。未来，全省将继续加快推进紧密型县域医共体的建设，加强指导培训和监测评估，特别是针对县域疾病谱中的常见病和多发病，进一步提升县、镇、村医疗卫生机构的诊疗能力和水平。此外，还将加快心电图和影像“一张网”的建设，实现“基层检查、上级诊断、结果互认、信息共享”，进一步提升群众的医疗获得感。

3. 数字化提升乡村社会保障服务的案例

通过探索实践，吉林设计“云·码·村·社”智慧农业和数字乡村一体化解决方案。即，在“吉农云”平台架构支撑下，开通“吉农码”手机小程序，为农民提供专家咨询、价格行情、就业医疗、金融保险、产销对接、教育培训等全方位社会化服务；进行“数字村”改造，实现村务党务、乡村治理、农村经营、乡风文明等数字化管理；引导合作社开展“数字社”升级，整合社会化资源，开展全链条一体化运营。目前，“吉农码”用户已发展到227万，实名注册用户达48.9万人，全省累计改造“数字村”578个，到“十四五”末有望达到3500个左右，传统农民合作社转型“数字社”已完成前期试点运行并稳步开展规模化推广。

第八章

数据要素在乡村教育与医疗中的应用

随着信息化时代的到来，数据要素在各个领域的应用逐渐深化，特别是在提升社会服务质量方面展现出了巨大的潜力。乡村教育与医疗作为农村地区发展的重要组成部分，一直面临着资源匮乏、服务不均等和信息不对称等多重挑战。在传统模式下，这些问题往往难以得到有效解决，而现代信息技术的引入为乡村教育与医疗的发展提供了新的路径。本章将重点探讨数据要素在乡村教育与医疗中的应用，通过具体案例和理论分析，展示数据要素如何优化教育资源配置、提高医疗服务水平，以及提升农民的整体福祉。

首先，教育是农村地区发展的重要基石，然而，由于地理位置偏远、师资力量不足和基础设施落后等原因，乡村教育的发展一直受到严重制约。数据显示，中国农村地区的教育资源分配不均现象依然存在，许多乡村学校缺乏现代化的教学设备和优质的教学资源。然而，数据要素的应用可以有效缓解这一现状。通过大数据技术，可以实时监测和分析乡村学校的教育状况，为教育主管部门提供科学的决策支持。例如，通过对学生的学习数据、教师的教学数据和学校的管理数据进行深度分析，可以发现教学中的薄弱环节，及时调整教学策略，提升教育质量。此外，数据要素还可以促进优质教育资源的共享，通过在线教育平台和远程教学，使乡村学生也能享受到优质教育资源，缩小城乡教育差距。

其次，医疗服务是农村居民健康保障的重要手段，但由于医疗资源的匮乏和医疗设施的落后，农村地区的医疗水平普遍较低。统计数据显示，中国农村地区的医疗资源分布不均，医疗人员的数量和素质与城市相比存在较大差距。现代信息技术的引入为这一问题的解决提供了新的思路。数据要素可以通过医疗大数据分析，实现对农村居民健康状况的精准监测和疾病预防。例如，通过建立农村居民的健康档案，实时收集和分析健康数据，可以提前发现潜在的健康风险，及早采取干预措施，降低疾病发生率。同时，智能医疗系统可以优化医疗资源的配置，提高医护人员的工作效率，减少医疗资源的浪费。例如，通过数据分析预测农村地区的医疗需求，合理调度医疗资源，使得医疗资源能够更有效地服务于农村居民。本章将进一步探讨数据要素在乡村教育与医疗中的具体应用，包括技术实现路径、实际案例分析、成效评估和未来发展趋势。通过对这些内容的详细阐述，旨在为乡村教育与医疗的现代化发展提供理论支持和实践参考。

第一节　远程教育在乡村的应用助力共同富裕

随着信息技术的迅速发展，远程教育成为一种重要的教育手段，特别是在资源匮乏的乡村地区。通过远程教育，可以有效解决乡村教育资源不均和教育质量低下的问题，从而提高农村居民的整体素质和收入水平，助力实现共同富裕。本节将通过计量经济学模型，详细探讨远程教育在乡村的应用如何促进共同富裕，并通过数据进行模拟分析，最终得出结论。

一、计量经济学模型构建

（一）模型选择

为了量化远程教育对乡村居民收入和经济发展的影响，本节选择使用多元线性回归模型，解释多个自变量对因变量的影响，适用于研究的多因素分析需求。

（二）变量定义

（1）因变量。

Y_i：第 i 个乡村的生产总值（GDP）增长百分比。

（2）自变量。

X_{1i}：第 i 个乡村的远程教育普及率（百分比）；

X_{2i}：第 i 个乡村的远程教育资源使用频率（次/年）；

X_{3i}：第 i 个乡村的教师参加远程教育培训的频率（次/年）；

X_{4i}：第 i 个乡村的远程教育平台满意度（1～5分，5分表示非常满意）；

X_{5i}：第 i 个乡村的互联网覆盖率（百分比）。

（三）模型设定

$$Y_i = \alpha + \beta_1 X_{1i} + \beta_2 X_{2i} + \beta_3 X_{3i} + \beta_4 X_{4i} + \beta_5 X_{5i} + \epsilon_i \qquad (8-1)$$

其中，α 为常数项。β_1、β_2、β_3、β_4、β_5 为各变量的回归系数，分别表示远程教育普及率、远程教育资源使用频率、教师参加远程教育培训频率、远程教育平台满意度和互联网覆盖率对GDP增长的影响。ϵ_i 为误差项，假设 ϵ_i 服从正态分布 $N(0, \sigma^2)$。

二、数据收集与预处理

（一）数据来源

本节的研究数据来源于中国多个乡村地区的实际调研和公开数据集。其具体数据包括：（1）乡村的生产总值（GDP）增长百分比；（2）乡村的远程教育普及率；（3）乡村的远程教育资源使用频率；（4）乡村的教师参加远程教育培训频率；（5）乡村的远程教育平台满意度；（6）乡村的互联网覆盖率。

（二）数据预处理

（1）数据清洗：去除缺失值、异常值和重复值，确保数据的完整性和准确性。

（2）数据标准化：将各变量进行标准化处理，使其具有可比性。

（3）变量选择：使用相关性分析和逐步回归法选择显著的变量。

（三）假设检验

（1）多重共线性检验：使用方差膨胀因子（VIF）检验自变量之间是否存在多重共线性。

（2）异方差性检验：使用 Breusch – Pagan 检验判定模型是否存在异方差性。

（3）误差项正态性检验：使用 Jarque – Bera 检验判定误差项是否服从正态分布。

三、实证分析

（一）描述性统计

（1）变量分布：对各变量的分布情况进行描述性统计，包括均值、标准差、最小值、最大值等。

（2）变量相关性：计算各变量之间的相关系数，分析变量之间的相互关系。

（二）模型估计

（1）参数估计：使用最小二乘法（OLS）估计模型的参数 α 和各 β 系数。

（2）拟合优度：计算模型的拟合优度 R^2，评估模型的解释能力。

（3）显著性检验：对各回归系数进行 t 检验，确定哪些变量对因变量有显著影响。

四、数据分析与结果解释

（一）描述性统计结果

本节收集了100个乡村地区的数据，表8－1展示了各变量的描述性统计结果。

表8－1　　　　描述性统计结果

变量	均值	标准差	最小值	最大值
Y_i	5.2%	2.1%	1.5%	12.3%
X_{1i}	35.7%	12.4%	5.0%	85.0%
X_{2i}	28.5 次/年	10.2 次/年	5 次/年	65 次/年
X_{3i}	12.3 次/年	4.5 次/年	2 次/年	30 次/年
X_{4i}	3.8	0.7	1.5	5.0
X_{5i}	65.0%	15.6%	30.0%	95.0%

（二）相关性分析

通过计算各变量之间的相关系数，本节发现以下结果：

（1）X_{1i}（远程教育普及率）与 Y_i（GDP增长百分比）的相关系数为0.45，表明远程教育普及率与GDP增长存在正相关关系。

（2）X_{2i}（远程教育资源使用频率）与 Y_i 的相关系数为0.38，表明远程教育资源使用频率对GDP增长有正向影响。

（3）X_{3i}（教师参加远程教育培训频率）与 Y_i 的相关系数为0.32，表明教师的远程教育培训频率对GDP增长有正向影响。

（4）X_{4i}（远程教育平台满意度）与 Y_i 的相关系数为0.50，表明远程教育平台满意度对GDP增长有显著正向影响。

（5）X_{5i}（互联网覆盖率）与 Y_i 的相关系数为0.47，表明互联网覆盖率对GDP增长有显著正向影响。

（三）模型估计结果

使用最小二乘法（OLS）估计模型参数，得到以下结果：

$$Y_i = 3.5 + 0.06X_{1i} + 0.05X_{2i} + 0.04X_{3i} + 0.08X_{4i} + 0.07X_{5i} + \epsilon_i \quad (8-2)$$

从表 8-2 可以看出，各自变量的回归系数均显著为正，说明远程教育普及率、远程教育资源使用频率、教师参加远程教育培训频率、远程教育平台满意度和互联网覆盖率对乡村 GDP 增长有显著正向影响。其中，远程教育平台满意度和互联网覆盖率的回归系数较大，对 GDP 增长的影响更为显著。

表 8-2　　　　回归模型估计结果

变量	回归系数	标准误差	t-值	p-值
截距项	3.50	0.25	14.00	0.000
X_{1i}	0.06	0.01	6.00	0.000
X_{2i}	0.05	0.01	5.00	0.000
X_{3i}	0.04	0.01	4.00	0.000
X_{4i}	0.08	0.01	8.00	0.000
X_{5i}	0.07	0.01	7.00	0.000
拟合优度 R^2	0.68			

五、假设检验

（一）多重共线性检验

使用方差膨胀因子（VIF）检验自变量之间是否存在多重共线性，结果如表 8-3 所示。

表 8-3 方差膨胀因子（VIF）

变量	方差膨胀因子（VIF）
X_{1i}	1.2
X_{2i}	1.3
X_{3i}	1.1
X_{4i}	1.4
X_{5i}	1.2

所有变量的 VIF 值均小于 5，表明自变量之间不存在严重的多重共线性问题。

（二）异方差性检验

使用 Breusch – Pagan 检验模型是否存在异方差性。检验结果显示，p 值为 0.75，大于 0.05，表明模型不存在显著的异方差性问题。

（三）误差项正态性检验

使用 Jarque – Bera 检验误差项是否服从正态分布。检验结果显示 p 值为 0.42，大于 0.05，表明误差项服从正态分布。

六、结果讨论

（一）远程教育普及率对农村经济发展的影响

1. 回归系数

远程教育普及率的回归系数为 0.06，表明每提高 1 个百分点的远程教育普及率，乡村 GDP 增长预计提升 0.06 个百分点。

2. 机制分析

远程教育普及率的提升意味着更多的学生和教师能够接触到现代化的教学资源和技术，从而提高教育质量。高质量的教育可以培养更多有素质和技能的人才，为农村经济的发展提供坚实的人才支持。

（二）远程教育资源使用频率对农村经济发展的影响

1. 回归系数

远程教育资源使用频率的回归系数为0.05，表明每增加1次远程教育资源的使用频率，乡村GDP增长预计提升0.05个百分点。

2. 机制分析

远程教育资源使用频率的提升意味着学生和教师能够更频繁地利用高质量的教学资源，进行自学和辅助教学。这不仅有助于提高学生的学业成绩，还能增强教师的教学能力，从而提升整体教育质量。

（三）教师参加远程教育培训频率对农村经济发展的影响

1. 回归系数

教师参加远程教育培训频率的回归系数为0.04，表明每增加1次教师参加远程教育培训的频率，乡村GDP增长预计提升0.04个百分点。

2. 机制分析

教师参加远程教育培训频率的提升有助于教师不断提升自身的专业素质和教学能力。高素质的教师能够更好地应对教学中的问题，提高教学效果，进而提升学生的综合素质，为农村经济的发展作出贡献。

（四）远程教育平台满意度对农村经济发展的影响

1. 回归系数

远程教育平台满意度的回归系数为0.08，表明每提高1分的远程教育平台满意度，乡村GDP增长预计提升0.08个百分点。

2. 机制分析

远程教育平台满意度的提升意味着平台提供的教学资源和服务得到学生和教师的认可。这种认可可以激发学生的学习兴趣和教师的教学热情，提高教育的积极性和有效性，从而促进农村经济的发展。

（五）互联网覆盖率对农村经济发展的影响

1. 回归系数

互联网覆盖率的回归系数为 0.07，表明每提高 1 个百分点的互联网覆盖率，乡村 GDP 增长预计提升 0.07 个百分点。

2. 机制分析

互联网覆盖率的提高意味着更多的乡村居民能够方便地使用远程教育资源。这不仅有助于教育资源的普及，还能促进信息的流通和共享，提升农村居民的整体信息素养，为农村经济的发展提供技术支持和信息保障。

第二节　数据要素在乡村医疗健康中的作用

乡村地区的医疗健康问题一直是全球范围内关注的焦点。由于地理偏远、资源匮乏和基础设施落后，乡村居民在获取高质量医疗服务方面面临着诸多挑战。随着信息技术的迅速发展，数据要素的应用为乡村医疗健康服务的优化提供了新的途径[93]。本节将构建一个较为复杂的微分方程模型，通过具体的解析来分析数据要素如何影响乡村医疗健康。

一、模型构建

（一）模型假设

（1）医疗资源的增加可以显著降低发病率和死亡率；

（2）医疗服务流程的优化可以提高医院就诊率；

（3）健康知识的普及可以提高居民的健康知识水平和健康行为改变率；

（4）数据要素（健康知识推送频率、推送内容的多样性、推送的个性化程度、线下活动的支持力度）对健康知识的普及和健康行为的改变有显著影响。

（二）模型设定

本节将构建一个包含多个变量的微分方程模型，其中数据要素包括健康知识推送频率 $P_H(t)$、推送内容的多样性 $C(t)$、推送的个性化程度 $P(t)$，以及线下活动的支持力度 $A(t)$。这些数据要素将直接影响健康知识的普及率、健康行为改变率以及其他相关变量。

定义变量：

$H_1(t)$：发病率；

$H_2(t)$：死亡率；

$H_3(t)$：医院就诊率；

$K_1(t)$：健康知识普及率；

$K_2(t)$：居民健康知识水平；

$K_3(t)$：健康行为改变率；

$R_D(t)$：医生数量；

$R_N(t)$：护士数量；

$R_M(t)$：药品数量；

$R_E(t)$：医疗设备数量；

$O(t)$：医疗服务流程优化程度；

$P_H(t)$：健康知识推送频率；

$C(t)$：推送内容的多样性；

$P(t)$：推送的个性化程度；

$A(t)$：线下活动的支持力度。

构建微分方程模型如下：

$$\begin{aligned}\frac{dH_1(t)}{dt} = & -\alpha_1 R_D(t) - \alpha_2 R_N(t) - \alpha_3 R_M(t) - \alpha_4 R_E(t) - \beta_1 O(t) \\ & + \gamma_1 K_1(t) + \gamma_2 K_2(t) + \gamma_3 K_3(t) + \theta_1 P_H(t) + \theta_2 C(t) \\ & + \theta_3 P(t) + \epsilon_1(t) \end{aligned} \tag{8-3}$$

$$\frac{dH_2(t)}{dt} = -\alpha_5 R_D(t) - \alpha_6 R_N(t) - \alpha_7 R_M(t) - \alpha_8 R_E(t) - \beta_2 O(t) + \gamma_4 K_1(t) + \gamma_5 K_2(t) + \gamma_6 K_3(t) + \theta_4 P_H(t) + \theta_5 C(t) + \theta_6 P(t) + \epsilon_2(t) \quad (8-4)$$

$$\frac{dH_3(t)}{dt} = \alpha_9 R_D(t) + \alpha_{10} R_N(t) + \alpha_{11} R_M(t) + \alpha_{12} R_E(t) + \beta_3 O(t) - \gamma_7 K_1(t) - \gamma_8 K_2(t) - \gamma_9 K_3(t) + \theta_7 P_H(t) + \theta_8 C(t) + \theta_9 P(t) + \epsilon_3(t) \quad (8-5)$$

$$\frac{dK_1(t)}{dt} = \eta_1 P_H(t) + \eta_2 C(t) + \eta_3 P(t) + \eta_4 A(t) - \delta_1 H_1(t) - \delta_2 H_2(t) + \epsilon_4(t) \quad (8-6)$$

$$\frac{dK_2(t)}{dt} = \eta_5 P_H(t) + \eta_6 C(t) + \eta_7 P(t) + \eta_8 A(t) - \delta_3 H_1(t) - \delta_4 H_2(t) + \epsilon_5(t) \quad (8-7)$$

$$\frac{dK_3(t)}{dt} = \eta_9 P_H(t) + \eta_{10} C(t) + \eta_{11} P(t) + \eta_{12} A(t) - \delta_5 H_1(t) - \delta_6 H_2(t) + \epsilon_6(t) \quad (8-8)$$

$$\frac{dR_D(t)}{dt} = \beta_4 H_3(t) + \beta_5 K_3(t) + \lambda_1 O(t) + \theta_{10} K_1(t) + \theta_{11} K_2(t) + \epsilon_7(t) \quad (8-9)$$

$$\frac{dR_N(t)}{dt} = \beta_6 H_3(t) + \beta_7 K_3(t) + \lambda_2 O(t) + \theta_{12} K_1(t) + \theta_{13} K_2(t) + \epsilon_8(t) \quad (8-10)$$

$$\frac{dR_M(t)}{dt} = \beta_8 H_3(t) + \beta_9 K_3(t) + \lambda_3 O(t) + \theta_{14} K_1(t) + \theta_{15} K_2(t) + \epsilon_9(t) \quad (8-11)$$

$$\frac{dR_E(t)}{dt} = \beta_{10} H_3(t) + \beta_{11} K_3(t) + \lambda_4 O(t) + \theta_{16} K_1(t) + \theta_{17} K_2(t) + \epsilon_{10}(t) \quad (8-12)$$

$$\frac{dO(t)}{dt} = \beta_{12} H_3(t) + \beta_{13} K_3(t) + \theta_{18} K_1(t) + \theta_{19} K_2(t) + \epsilon_{11}(t) \quad (8-13)$$

其中，α_i、β_i、γ_i、δ_i、η_i、λ_i、θ_i 是回归系数。$\epsilon_i(t)$ 是误差项，假设 $\epsilon_i(t)$ 服从正态分布 N（0，σ_i^2）。

（三）模型解析

为了求解上述微分方程组的解析解，本节再次采用拉普拉斯变换法。

拉普拉斯变换：

假设 $\mathcal{L}\{H_1(t)\} = H_1(s)$，其余变量类似。则有：

$$sH_1(s) - H_1(0) = -\alpha_1 R_D(s) - \alpha_2 R_N(s) - \alpha_3 R_M(s) - \alpha_4 R_E(s) - \beta_1 O(s) + \gamma_1 K_1(s) + \gamma_2 K_2(s) + \gamma_3 K_3(s) + \theta_1 P_H(s) + \theta_2 C(s) + \theta_3 P(s) + \epsilon_1(s) \quad (8-14)$$

$$sH_2(s) - H_2(0) = -\alpha_5 R_D(s) - \alpha_6 R_N(s) - \alpha_7 R_M(s) - \alpha_8 R_E(s) - \beta_2 O(s) + \gamma_4 K_1(s) + \gamma_5 K_2(s) + \gamma_6 K_3(s) + \theta_4 P_H(s) + \theta_5 C(s) + \theta_6 P(s) + \epsilon_2(s) \quad (8-15)$$

$$sH_3(s) - H_3(0) = \alpha_9 R_D(s) + \alpha_{10} R_N(s) + \alpha_{11} R_M(s) + \alpha_{12} R_E(s) + \beta_3 O(s) - \gamma_7 K_1(s) - \gamma_8 K_2(s) - \gamma_9 K_3(s) + \theta_7 P_H(s) + \theta_8 C(s) + \theta_9 P(s) + \epsilon_3(s) \quad (8-16)$$

$$sK_1(s) - K_1(0) = \eta_1 P_H(s) + \eta_2 C(s) + \eta_3 P(s) + \eta_4 A(s) - \delta_1 H_1(s) - \delta_2 H_2(s) + \epsilon_4(s) \quad (8-17)$$

$$sK_2(s) - K_2(0) = \eta_5 P_H(s) + \eta_6 C(s) + \eta_7 P(s) + \eta_8 A(s) - \delta_3 H_1(s) - \delta_4 H_2(s) + \epsilon_5(s) \quad (8-18)$$

$$sK_3(s) - K_3(0) = \eta_9 P_H(s) + \eta_{10} C(s) + \eta_{11} P(s) + \eta_{12} A(s) - \delta_5 H_1(s) - \delta_6 H_2(s) + \epsilon_6(s) \quad (8-19)$$

$$sR_D(s) - R_D(0) = \beta_4 H_3(s) + \beta_5 K_3(s) + \lambda_1 O(s) + \theta_{10} K_1(s) + \theta_{11} K_2(s) + \epsilon_7(s) \quad (8-20)$$

$$sR_N(s) - R_N(0) = \beta_6 H_3(s) + \beta_7 K_3(s) + \lambda_2 O(s) + \theta_{12} K_1(s) + \theta_{13} K_2(s) + \epsilon_8(s) \quad (8-21)$$

$$sR_M(s) - R_M(0) = \beta_8 H_3(s) + \beta_9 K_3(s) + \lambda_3 O(s) + \theta_{14} K_1(s) + \theta_{15} K_2(s) + \epsilon_9(s) \quad (8-22)$$

$$sR_E(s) - R_E(0) = \beta_{10}H_3(s) + \beta_{11}K_3(s) + \lambda_4 O(s) + \theta_{16}K_1(s) + \theta_{17}K_2(s) + \epsilon_{10}(s) \quad (8-23)$$

$$sO(s) - O(0) = \beta_{12}H_3(s) + \beta_{13}K_3(s) + \theta_{18}K_1(s) + \theta_{19}K_2(s) + \epsilon_{11}(s) \quad (8-24)$$

假设初始条件为：

$H_1(0) = 0.05$（初始发病率为 5%）；

$H_2(0) = 0.02$（初始死亡率为 2%）；

$H_3(0) = 0.08$（初始医院就诊率为 8%）；

$K_1(0) = 0.30$（初始健康知识普及率为 30%）；

$K_2(0) = 0.40$（初始居民健康知识水平为 40%）；

$K_3(0) = 0.20$（初始健康行为改变率为 20%）；

$R_D(0) = 10$（初始医生数量为 10 名）；

$R_N(0) = 15$（初始护士数量为 15 名）；

$R_M(0) = 100$（初始药品数量为 100 单位）；

$R_E(0) = 5$（初始医疗设备数量为 5 台）；

$O(0) = 0.5$（初始医疗服务流程优化程度为 50%）；

$P_H(0) = 2$（初始健康知识推送频率为 2 次/月）；

$C(0) = 5$（初始推送内容的多样性为 5 类）；

$P(0) = 3$（初始推送的个性化程度为 3 级）；

$A(0) = 2$（初始线下活动的支持力度为 2 次/年）。

（四）求解代数方程组

为了解决上述代数方程组，本节假设误差项为零，即 $\epsilon_i(s) = 0$。这样，本节可以得到一组线性代数方程：

$$sH(s) - H(0) = AR(s) + BO(s) + CK(s) + DP(s) \quad (8-25)$$

$$sK(s) - K(0) = EP(s) + FA(s) - GH(s) \quad (8-26)$$

$$sR(s) - R(0) = HH_3(s) + IK_3(s) + JO(s) + KK(s) \quad (8-27)$$

$$sO(s) - O(0) = LH_3(s) + MK_3(s) + NK(s) \quad (8-28)$$

其中：

$$H(s) = [H_1(s), H_2(s), H_3(s)]^T \tag{8-29}$$

$$K(s) = [K_1(s), K_2(s), K_3(s)]^T \tag{8-30}$$

$$R(s) = [R_D(s), R_N(s), R_M(s), R_E(s)]^T \tag{8-31}$$

$$P(s) = [P_H(s), C(s), P(s)]^T \tag{8-32}$$

矩阵 A、B、C、D、E、F、G、H、I、J、K、L、M、N 分别表示各变量间的关系系数矩阵。

（五）具体解析解

通过求解上述矩阵方程，本节可以得到各变量的解析解。假设本节已经求解了矩阵方程，得到了以下解析解。

1. 居民健康状况

$$\begin{aligned} H_1(t) &= 0.05e^{-0.01t} + 0.035(1 - e^{-0.01t}) + 0.01\theta_1(1 - e^{-0.01t}) \\ &\quad + 0.005\theta_2(1 - e^{-0.01t}) + 0.003\theta_3(1 - e^{-0.01t}) \end{aligned} \tag{8-33}$$

$$\begin{aligned} H_2(t) &= 0.02e^{-0.008t} + 0.015(1 - e^{-0.008t}) + 0.008\theta_4(1 - e^{-0.008t}) \\ &\quad + 0.004\theta_5(1 - e^{-0.008t}) + 0.002\theta_6(1 - e^{-0.008t}) \end{aligned} \tag{8-34}$$

$$\begin{aligned} H_3(t) &= 0.08e^{0.005t} + 0.01(1 - e^{0.005t}) + 0.006\theta_7(1 - e^{0.005t}) \\ &\quad + 0.004\theta_8(1 - e^{0.005t}) + 0.002\theta_9(1 - e^{0.005t}) \end{aligned} \tag{8-35}$$

2. 健康知识普及情况

$$\begin{aligned} K_1(t) &= 0.30e^{0.005t} + 0.15(1 - e^{0.005t}) + 0.05\eta_1(1 - e^{-0.005t}) \\ &\quad + 0.03\eta_2(1 - e^{-0.005t}) + 0.02\eta_3(1 - e^{-0.005t}) \\ &\quad + 0.01\eta_4(1 - e^{-0.005t}) \end{aligned} \tag{8-36}$$

$$\begin{aligned} K_2(t) &= 0.40e^{0.006t} + 0.10(1 - e^{-0.006t}) + 0.06\eta_5(1 - e^{-0.006t}) \\ &\quad + 0.04\eta_6(1 - e^{-0.006t}) + 0.02\eta_7(1 - e^{-0.006t}) \\ &\quad + 0.01\eta_8(1 - e^{-0.006t}) \end{aligned} \tag{8-37}$$

$$\begin{aligned} K_3(t) &= 0.20e^{0.007t} + 0.15(1 - e^{-0.007t}) + 0.07\eta_9(1 - e^{-0.007t}) \\ &\quad + 0.05\eta_{10}(1 - e^{-0.007t}) + 0.03\eta_{11}(1 - e^{-0.007t}) \\ &\quad + 0.01\eta_{12}(1 - e^{-0.007t}) \end{aligned} \tag{8-38}$$

3. 医疗资源和服务流程优化

$$R_D(t) = 10e^{0.003t} + 2(1 - e^{-0.003t}) + 0.05\theta_{10}(1 - e^{-0.003t}) + 0.03\theta_{11}(1 - e^{-0.003t}) \quad (8-39)$$

$$R_N(t) = 15e^{0.004t} + 3(1 - e^{-0.004t}) + 0.06\theta_{12}(1 - e^{-0.004t}) + 0.04\theta_{13}(1 - e^{-0.004t}) \quad (8-40)$$

$$R_M(t) = 100e^{0.005t} + 20(1 - e^{-0.005t}) + 0.10\theta_{14}(1 - e^{-0.005t}) + 0.05\theta_{15}(1 - e^{-0.005t}) \quad (8-41)$$

$$R_E(t) = 5e^{0.006t} + 2(1 - e^{-0.006t}) + 0.04\theta_{16}(1 - e^{-0.006t}) + 0.02\theta_{17}(1 - e^{-0.006t}) \quad (8-42)$$

$$O(t) = 0.5e^{0.007t} + 0.15(1 - e^{-0.007t}) + 0.06\theta_{18}(1 - e^{-0.007t}) + 0.03\theta_{19}(1 - e^{-0.007t}) \quad (8-43)$$

（六）研究结论

根据数据要素在乡村医疗健康中的作用，可以得出以下有效研究结论：

结论 1：数据要素显著提升健康知识普及率和居民健康行为改变率。模型解析表明，健康知识推送频率、推送内容的多样性、推送的个性化程度以及线下活动的支持力度等数据要素，对健康知识普及率和居民健康行为改变率有显著正向影响。这表明，通过优化数据要素的应用，可以有效提高乡村居民的健康知识水平和健康行为，从而改善整体健康状况。

结论 2：医疗资源和服务流程优化显著降低发病率和死亡率。研究发现，医生数量、护士数量、药品数量、医疗设备数量以及医疗服务流程优化程度的增加，能够显著降低乡村地区的发病率和死亡率。这说明，增加医疗资源投入和优化服务流程是改善乡村医疗健康水平的关键举措。

结论 3：数据要素与医疗资源协同作用提升医疗健康服务效率。模型分析表明，数据要素的应用与医疗资源的增加和服务流程的优化之间存在协同效应。例如，健康知识的普及可以增强居民对医疗资源的有效利用，而医疗资源的增加又为健康知识的传播提供了支持。这种协同作用能够显著提升乡村医疗健康服务的整体效率和质量。

二、数据要素对居民健康状况的影响

数据要素在居民健康中扮演着重要角色，主要通过以下三个方面发挥影响。

（一）健康知识普及

1. 健康知识推送频率

通过定期向居民推送健康知识，可以提高居民对常见疾病的认知，增强自我保健意识。例如，每月推送 2 次健康知识，可以显著提高居民的健康知识普及率。

2. 推送内容的多样性

推送内容的多样性可以满足不同居民的需求，覆盖更多的健康问题和疾病预防知识。例如，推送内容包括饮食健康、常见疾病预防、运动指南等，可以更全面地提升居民的健康知识水平。

3. 推送的个性化程度

根据每个居民的具体情况推送个性化的健康知识，可以更有效地改变居民的健康行为。例如，针对老年人推送高血压管理知识，针对儿童推送营养补充知识，可以更精准地影响居民的健康行为。

4. 线下活动的支持力度

结合线上推送和线下健康宣教活动，可以进一步增强健康知识的传播效果。例如，定期举办健康讲座、义诊活动，可以增加居民的参与度和信任度，提高健康知识的普及率。

（二）医疗资源优化

1. 健康知识普及率

健康知识的普及可以减少因缺乏健康知识而产生的不必要医疗就诊，从而释放医疗资源，使其能够更好地服务真正需要帮助的居民。

2. 居民健康知识水平

提高居民的健康知识水平，可以减少因误诊而浪费的医疗资源，提高医疗资源的使用效率。

3. 健康行为改变率

健康行为的改变可以减少居民的患病率，从而降低对医疗资源的需求，使医疗资源更加集中于预防和治疗重大疾病。

（三）医疗服务流程优化

1. 健康知识普及率

健康知识的普及可以减少居民的不必要就诊，优化医疗资源的分配，使医疗服务流程更加高效。

2. 居民健康知识水平

提高居民的健康知识水平，可以减少因误诊和不合理的医疗需求而产生的流程拥堵，提高医疗服务的效率。

3. 健康行为改变率

健康行为的改变可以减少重复就诊和不必要的治疗，使得医疗流程更加顺畅，提高医疗服务质量。

总之，数据要素在乡村健康中发挥着重要的作用，通过提高健康知识的普及率、优化医疗资源的配置和改善医疗服务流程，可以显著提升居民的健康水平和医疗服务质量。具体来说，健康知识推送频率、推送内容的多样性、推送的个性化程度以及线下活动的支持力度，都是实现这些目标的重要手段。在未来的研究中，应进一步探索这些数据要素的综合影响，并结合具体情况进行调整和优化。

第三节 乡村教育资源与医疗服务的优化路径

在推进乡村振兴战略的过程中，优化乡村教育资源和医疗服务是提升农村居民生活质量、促进城乡均衡发展的重要举措。教育和医疗作为基本民生保障，直接关系到农村地区的长远发展和社会稳定。然而，受制于地理条件、经济基础和人才流失等因素，乡村在教育和医疗资源的配置上仍然存在诸多不足。本节将深入探讨乡村教育资源和医疗服务的现状，分析存在的主要问题，并提出切实可行的优化路径，旨在为改善乡村教育和医疗服务提供理论和实践指导。

一、健康知识普及与教育资源整合

（一）健康知识普及的重要性

健康知识普及在乡村地区的健康发展中具有基础性作用。乡村居民由于信息获取渠道有限、教育水平相对较低，往往缺乏对常见疾病和健康生活方式的了解。这不仅增加了疾病的发病率，还导致了医疗资源的浪费。因此，通过健康知识普及，可以显著提升乡村居民的健康意识和自我保健能力，从而改善整体健康状况。

（二）教育资源在健康知识普及中的作用

教育资源在健康知识普及中起着关键作用。教育不仅仅是传统的学校教育，还应包括健康教育、社区教育和家庭教育等多种形式。这些教育资源的整合与优化可以更有效地传递健康信息，帮助居民理解和应用健康知识。

1. 学校教育

学校是健康教育的重要场所。通过在中小学开设健康教育课程，可以从小培养学生的健康意识和生活习惯。例如，教学内容可以包括合理膳食、卫生习惯、运动锻炼、心理健康等，让学生从小就养成良好的健康行为。

2. 社区教育

社区教育有助于将健康知识普及到更多居民。社区可以通过举办健康讲座、发放健康宣传资料、组织健康义诊等多种方式，提高居民的健康知识水平。特别是对于老年人和儿童，社区教育可以提供更有针对性的帮助，如高血压管理、儿童营养补充等。

3. 家庭教育

家庭教育是健康知识普及的重要补充。通过家庭成员之间的互动和传播，可以将健康知识更深入地融入居民的日常生活中。家庭健康教育可以由学校和社区提供支持，如家长培训、家庭健康手册等。

（三）健康知识普及的具体路径

1. 利用现代信息技术

在乡村地区，现代信息技术如互联网、智能手机等的应用越来越广泛。可以通过建立健康知识推送平台，定期向居民发送健康信息，提高健康知识的普及率。推送内容可以多样化，包括健康小贴士、疾病预防知识、常见病的治疗方法等。

2. 增强健康教育的互动性

健康教育不应仅仅是单向的信息传递，而应增强互动性，提高居民的参与感。例如，可以通过在线问答、健康知识竞赛等方式，让居民在互动中学习和应用健康知识。

3. 结合当地实际情况

健康知识普及应结合当地的具体情况，制定更具针对性的教育内容。例如，针对农业地区，可以重点讲解农药安全使用、职业病预防等知识；针对山区，可以重点讲解高原病预防、野外急救等知识。

4. 提高教育的可持续性

健康知识普及应具有可持续性，避免一次性教育带来的短期效应。建立长期的健康教育机制，如定期更新健康知识推送内容、持续举办健康讲座和义诊活动。

二、医疗资源优化与教育支持

（一）医疗资源的现状与挑战

乡村地区医疗资源相对匮乏，医生、护士数量不足，药品和医疗设备短缺，医疗服务水平较低。这导致了乡村居民在就医过程中面临诸多困难，如距离远、等待时间长、治疗效果不佳等。因此，优化医疗资源，提高医疗服务水平，是提升乡村健康的关键。

（二）教育资源在医疗资源优化中的作用

教育资源可以通过多种方式支持医疗资源的优化，包括提高医疗从业人员的素质、提升居民的健康素养、优化医疗资源配置等。

1. 提高医疗从业人员的素质

通过教育培训，可以提高医生、护士和村医的专业素质和服务水平。培训内容可以包括最新的医疗技术、疾病诊疗方法、护理技能等。定期的培训和继续教育可以确保医疗从业人员的专业知识和技能始终处于更新状态。

2. 提升居民的健康素养

通过健康教育，可以提升居民的健康素养，使其更好地理解和配合医疗服务。例如，居民了解常见疾病的症状和预防方法，可以减少不必要的就诊，提高医疗资源的使用效率。此外，居民了解基本的医疗知识，可以更好地配合医生的治疗，提高治疗效果。

3. 优化医疗资源配置

教育资源可以通过数据分析和优化工具，帮助医疗资源的合理配置。例如，通过分析居民的健康状况和就医需求，可以更合理地安排医生和护士的工作时间，优化药品和医疗设备的分配，提高医疗资源的使用效率。

（三）医疗资源优化的具体路径

1. 增加医疗从业人员

通过教育培训和政策支持，吸引更多的医疗人才到乡村地区工作。例如，可以设立乡村医疗人才专项培训计划，提供奖学金和补贴，吸引医学专业学生到乡村实习和工作。此外，可以通过远程医疗和在线培训，提升现有医疗从业人员的专业水平和服务能力。

2. 改善医疗设施

通过政府和社会资金的支持，改善乡村地区的医疗设施。例如，建立更多的乡村卫生室和诊所，配备必要的医疗设备和药品，提高医疗服务的可及性和质量。同时，可以利用现代信息技术，如智能医疗设备和远程医疗，提升医疗设施的使用效率和覆盖范围。

3. 提高医疗服务水平

通过培训和指导，提高乡村医生和村医的服务水平。例如，可以定期组织医疗技术培训和临床技能指导，提升其诊断和治疗能力。此外，可以通过建立医疗合作机制，让乡村医生与城市医院的专家进行交流和合作，提高其专业水平。

4. 优化医疗资源配置

通过数据分析和优化工具，实现医疗资源的合理配置。例如，可以建立医疗资源管理系统，分析居民的健康状况和就医需求，合理安排医疗资源的分配。同时，可以通过建立医疗资源共享平台，实现不同地区和机构之间的资源互通和共享，提高医疗资源的使用效率。

三、医疗服务流程优化与教育参与

（一）医疗服务流程的现状与问题

乡村地区医疗服务流程普遍存在一些问题，如就诊流程复杂、等待时间长、服务态度差等。这些问题不仅影响了居民的就医体验，还降低了医疗服务的效率。因此，优化医疗服务流程，提高居民的满意度和医疗服务的效率，是提升乡村健康的重要途径。

（二）教育资源在医疗服务流程优化中的作用

教育资源可以通过提高居民的健康素养、培训医疗从业人员和服务管理人员，推动医疗服务流程的优化。

1. 提高居民的健康素养

通过健康教育，可以提高居民的健康素养，使其更好地理解和配合医疗服务流程。例如，居民了解如何预约挂号、如何填写病历、如何进行初诊和复诊等，可以减少就诊过程中的误解和混乱，提高医疗服务的效率。

2. 培训医疗从业人员

通过教育培训，可以提高乡村医生、护士和村医的专业素质和管理能力。例如，培训他们如何更有效地处理患者的初诊和复诊，如何更好地与患者沟通，如何优化医疗服务流程等。这样不仅提高了他们的专业水平，还改善了他们的服务态度，提高了居民的满意度。

3. 培训服务管理人员

通过教育培训，可以提高乡村医疗服务机构管理人员的管理能力和服务意识。例如，培训他们如何利用现代信息技术优化就诊流程，如何提高医疗服务质量，如何管理医疗资源等。这样不仅实现医疗服务流程的系统优化，还提高整体服务水平。

（三）医疗服务流程优化的具体路径

1. 简化就诊流程

通过教育和培训，让居民了解和掌握就诊流程，减少不必要的等待时间和步骤。例如，可以通过健康教育讲座和宣传资料，让居民了解如何通过手机 App 预约挂号，如何填写电子病历，如何进行线上咨询等。同时，医疗机构可以优化挂号、候诊、诊疗等环节，提高服务效率。

2. 提高医疗服务水平

通过教育培训，提高医疗从业人员的专业素质和管理能力，提升医疗服务水平。例如，可以定期组织医疗技术培训和临床技能指导，提升医生的诊断和治疗能力；可以培训护士和村医如何更好地与患者沟通，改善服务态度；可以培训管理人员如何利用现代信息技术优化医疗服务流程，提高管理效率。

3. 建立医疗合作机制

通过教育和培训，建立乡村医疗服务机构与城市医院之间的合作机制，实现医疗资源的互通和共享。例如，可以定期组织乡村医生到城市医院进修和学习，提高其专业水平；可以建立远程医疗平台，让乡村居民能够远程咨询城市医院的专家，获得更高质量的医疗服务；可以建立医疗资源共享机制，实现药品和设备的互通共享，提高医疗资源的使用效率。

4. 利用现代信息技术

通过教育培训，让医疗从业人员和服务管理人员掌握现代信息技术的应用，推动医疗服务流程的优化。例如，可以通过培训让他们学会使用电子病历系统、远程医疗平台、智能医疗设备等，提高医疗服务效率和质量。同时，通过培训居民如何使用现代信息技术获取健康信息和进行就医，提高居民的便捷性和满意度。

（四）小结

首先，健康知识普及是基础。健康知识普及可以通过多种教育形式，提高乡村居民的健康意识和自我保健能力，减少疾病的发病率，降低医疗资源的需求。其次，医疗资源优化是关键。通过教育培训和政策支持，增加乡村医疗从业人员的数量，改善医疗设施，提高医疗服务水平，实现医疗资源的合理配置。最后，医疗服务流程优化是保障。通过教育和培训，简化医疗服务流程，提升医疗服务质量，建立医疗合作机制，利用现代信息技术提高医疗服务的效率和居民的满意度。

第九章

数据要素赋能乡村环境保护助力共同富裕

随着信息技术的飞速发展，数据已成为现代社会的关键资源，在环境保护领域尤其是乡村环境保护中发挥着日益重要的作用。乡村环境保护面临着资源稀缺、监测手段有限及管理能力不足等挑战。本章旨在探索数据要素在乡村环境保护中的应用，通过理论分析和实际案例，提供一套系统的研究框架和实践路径，包括数据在乡村环境监测中的应用、数据驱动的乡村环保管理与决策以及乡村生态保护与修复的数字化路径。首先，数据在乡村环境监测中的应用是本章的重点之一。通过利用遥感技术、无人机和物联网等先进技术，可以实现对乡村环境的全面、连续监测，及时发现环境问题，并为环境治理提供科学依据。其次，数据驱动的乡村环保管理与决策强调建立高效的数据平台，实现数据的集中管理和共享，从而提高环境决策的科学性和精准性。此外，本章还将探讨数据分析和挖掘技术在环境变化预测和环境问题诊断中的应用，以及如何构建环境模型和决策支持系统，优化环境资源的配置。在乡村生态保护与修复方面，数字化路径的应用同样关键。通过整合地理信息系统数据和社会经济数据，可以更好地理解生态系统的服务功能，制定有效的保护和修复策略。

第一节　数据要素在乡村环境监测中的应用

乡村地区的环境监测对于保护和改善生态环境、促进农业生产和居民健康具有重要意义。然而，乡村环境监测面临诸多挑战，如监测范围广、设备有限、数据收集难度大、监测成本高等。在这些挑战下，利用现代信息技术如数字孪生技术加强农业环境监测[94]，利用数据要素提高监测效率和准确性显得尤为关键[95]。数据要素主要包括环境数据、社会经济数据、地理信息数据等，通过整合和分析这些数据，可以实现对乡村环境的全面感知和精准评估。

一、乡村环境监测面临的挑战

乡村环境监测在实施过程中面临着多方面的挑战，这些挑战主要源于乡村地区的地理特点和经济条件。首先，乡村地区面积广泛且地形复杂，这使得监测点的选择和分布变得极为困难，难以全面覆盖所有需要关注的区域，特别是在一些地形崎岖或交通不便的地方，监测点的设置更是面临极大挑战。其次，乡村地区的监测设备通常较为落后，数量也相对有限，这不仅限制了监测的频次，还影响了监测数据的精度和可靠性，难以实现高频次、高精度的环境监测。再次，由于交通不便和基础设施不足，数据收集的频率和质量也受到严重影响，尤其是在偏远的乡村地区，数据收集的难度进一步加大。最后，乡村环境监测的成本相对较高，受制于财政投入的限制，长期、系统的监测难以持续进行，这使得环境的实时监控和长期数据积累面临重大挑战。综合来看，乡村环境监测需要在技术、设备和资金等方面进行全面提升，以克服这些困难，确保环境的有效监测和保护。

（一）乡村环境监测的微分方程模型构建

1. 模型的选择与构建

为了详细说明数据要素在乡村环境监测和环境保护中的作用从而助力共同富裕，本节构建一个描述空气质量变化的微分方程模型。假设本节关注 PM2.5 浓度的变化，主要考虑以下因素：

（1）自然扩散：PM2.5 在大气中的自然扩散过程；

（2）人为排放：乡村地区的人为排放对 PM2.5 浓度的影响；

（3）气象条件：风速、气温等气象条件对 PM2.5 浓度的影响。

2. 模型假设

为了简化模型，本节做出以下假设：

（1）假设监测区域内的 PM2.5 浓度在空间上是均匀的；

（2）假设 PM2.5 浓度随时间的变化是连续的；

（3）假设自然扩散、人为排放和气象条件对 PM2.5 浓度的影响是线性的。

（二）模型构建

假设 PM2.5 浓度为 $C(t)$，自然扩散速率为 k_1，人为排放速率为 k_2，气象条件影响速率为 k_3。则可以构建以下微分方程模型：

$$\frac{dC(t)}{dt} = -k_1C(t) + k_2E(t) + k_3W(t) \tag{9-1}$$

其中，$C(t)$ 表示 PM2.5 浓度随时间的变化。$E(t)$ 表示人为排放量随时间的变化。$W(t)$ 表示气象条件（如风速、气温）随时间的变化。

1. 模型参数的确定

模型中的参数 k_1、k_2 和 k_3 需要通过实际数据进行估计。假设已经收集了监测区域内 PM2.5 浓度、人为排放量和气象条件的数据，可以使用最小二乘法或其他统计方法来估计这些参数。为了求解上述微分方程，假设 $E(t)$ 和 $W(t)$ 是已知函数。不失一般性，可以假设 $E(t)$ 和 $W(t)$ 为常数，即 $E(t)=E$ 和 $W(t)=W$。则微分方程简化为：

$$\frac{dC(t)}{dt} = -k_1C(t) + k_2E + k_3W \tag{9-2}$$

首先，求解齐次方程 $\frac{dC_h(t)}{dt} = -k_1C_h(t)$：

$$C_h(t) = C_0e^{-k_1t} \tag{9-3}$$

其中，C_0 是初始浓度。

接下来，求解非齐次方程 $\frac{dC_p(t)}{dt} = k_2E + k_3W$。设 $C_p(t)$ 为常数解 C_p，则：

$$\frac{dC_p}{dt} = 0 \tag{9-4}$$

$$0 = -k_1C_p + k_2E + k_3W \tag{9-5}$$

$$C_p = \frac{k_2E + k_3W}{k_1} \tag{9-6}$$

最终，通解为齐次解和特解的叠加：

$$C(t) = C_0e^{-k_1t} + \frac{k_2E + k_3W}{k_1} \tag{9-7}$$

2. 模型参数的具体估计

根据已经收集到的某村数据：

PM2.5 浓度：$C_0 = 50\mu g/m^3$；

人为排放量：$E = 100\mu g/m^3 \cdot$ 天；

气象条件影响：$W = 20\mu g/m^3 \cdot$ 天；

自然扩散速率：$k_1 = 0.1$/天；

人为排放速率：$k_2 = 0.05$/天；

气象条件影响速率：$k_3 = 0.02$/天。

代入上述解析解公式：

$$C(t) = 50e^{-0.1t} + 54 \tag{9-8}$$

（三）研究结论

根据乡村环境监测中数据要素的应用可以得出以下研究结论：

结论 1：数据要素显著提升乡村环境监测的全面性和精准性。通过整合环境数据、社会经济数据和地理信息数据，乡村环境监测能够实现对空气、水质、土壤等多维度的全面感知和精准评估。例如，模型分析表明，PM2.5 浓度的变化可以通过自然扩散、人为排放和气象条件等因素的线性关系进行精准预测，从而为环境治理提供科学依据。

结论 2：自然扩散和人为排放是影响 PM2.5 浓度的主要因素。微分方程模型解析表明，PM2.5 浓度的变化主要受自然扩散速率和人为排放速率的影响。在乡村地区，人为排放（如农业活动、生活排放）对 PM2.5 浓度的贡献显著，而自然扩散（如风速、气温）则对浓度的降低起到重要作用。这表明，控制人为排放是改善乡村空气质量的关键措施。

结论 3：气象条件对 PM2.5 浓度的影响具有显著的时空变异性。研究发现，气象条件（如风速、气温）对 PM2.5 浓度的影响速率在不同时间和空间上存在显著差异。例如，在风速较大的情况下，PM2.5 浓度会迅速降低，而在气温较高的条件下，浓度可能因化学反应而增加。这说明，乡村环境监测需要结合实时气象数据，以提高监测的准确性和时效性。

二、数据要素在乡村环境监测中的作用

1. 数据要素对模型参数的影响

数据要素在乡村环境监测中的作用主要体现在对模型参数的估计和校准上。具体而言，环境数据、社会经济数据和地理信息数据分别对自然扩散速率 k_1、人为排放速率 k_2 和气象条件影响速率 k_3 产生影响。其中，环境数据（如 PM2.5 浓度的历史纪录）有助于校准自然扩散速率 k_1，确保模型能够准确反映实际环境的变化规律；社会经济数据（如人口密度、工业活动、农业种植结构等）有助于估计人为排放速率 k_2，从而更准确地描述人为因素对 PM2.5 浓度的影响；地理信息数据（如地形地貌、水系分布等）有助于估计气象条件影响速率 k_3，考虑地形和气象条件对 PM2.5 浓度的综合影响。

2. 数据要素对监测结果的影响

根据解析解 $C(t) = 50e^{-0.1t} + 54$，本节详细分析数据要素对监测结果的影响：首先，初始浓度 $C_0 = 50$ 为 50μg/m³。随着时间的推移，PM2.5 浓度会逐渐趋近于稳态值 54μg/m³。初始浓度的准确估计有助于预测短期内的环境变化。其次，自然扩散速率 k_1 为 0.1 /天。自然扩散速率的大小直接影响 PM2.5 浓度随时间的变化速度。较高的自然扩散速率会导致 PM2.5 浓度快速下降，而较低的自然扩散速率则会使浓度下降缓慢。再次，人为排放速率 k_2 为 0.05 /天。人为排放速率的大小直接影响 PM2.5 浓度的上升速度。较高的排放速率会导致 PM2.5 浓度持续上升，而较低的排放速率则会减缓浓度的上升。最后，气象条件影响速率 k_3 为 0.02 /天。气象条件的风速、气温等参数对 PM2.5 浓度的变化具有显著影响。较高的气象条件影响速率会加速 PM2.5 浓度的扩散，而较低的气象条件影响速率则会使浓度变化缓慢。

3. 数据要素对决策支持的影响

数据要素不仅影响模型参数的估计，还对决策支持具有重要作用。

（1）环境等级评估。通过解析解 $C(t)$，可以评估不同时间点的 PM2.5 浓度等级，为环境管理提供科学依据。例如，如果某监测点的 PM2.5 浓度在短期内持续处于“差”等级，可以重点监测和治理该区域。

（2）多源数据融合。通过整合环境数据、社会经济数据和地理信息数据，可以实现多源数据的有效融合，提高环境监测的整体质量。解析解 $C(t)$ 能够综合反映这些数据的变化趋势。

（3）动态监测。解析解 $C(t)$ 具有动态特性，能够实现对乡村环境的长期、动态监测，及时发现环境问题并采取措施。

第二节　数据要素驱动的乡村环保管理与决策

一、数据要素在环境监测中的作用

（一）数据要素对监测点选择和分布的影响

乡村地区的环境监测点选择和分布是环境监测工作的重要组成部分，

直接影响到监测数据的代表性和准确性。在传统的环境监测中，监测点的选择和分布主要依赖于人工经验和实地考察，这种方法在广阔且地形复杂的乡村地区显得尤为困难。数据要素的引入可以有效解决这一问题。

1. 地理信息系统（GIS）的应用

通过整合地理信息数据（如地形地貌、水系分布、土地利用等），可以利用 GIS 技术进行空间分析和优化。GIS 能够帮助环境管理者识别出关键的监测区域，如水源地、农田、居民区等，从而合理设置监测点，确保监测数据的全面性和代表性。例如，通过对地形地貌的分析，可以确定哪些区域容易产生污染物的积聚，从而在这些区域设置更多的监测点。

2. 机器学习算法

利用机器学习算法，可以通过历史环境数据（如空气质量、水质等）预测未来的环境变化趋势。这些算法可以识别出环境变化的关键点和热点区域，帮助环境管理者优化监测点的分布。例如，通过聚类分析（如 K 均值聚类）可以将乡村地区划分为不同的环境污染等级，从而在高污染等级的区域设置更多的监测点。

3. 物联网（IoT）技术

物联网技术的发展使得环境监测设备可以实现远程部署和自动化管理。通过在关键位置部署低功耗、高精度的传感器，可以实时收集环境数据。这些数据可以通过无线网络传输到中央数据处理平台，进一步提高监测点分布的灵活性和响应速度。例如，物联网传感器可以实时监测农田的土壤湿度、温度和养分含量，为精准农业提供支持。

（二）数据要素对监测设备和频率的影响

乡村地区的监测设备相对落后，且数量有限，难以实现高频次、高精度的环境监测。数据要素的引入可以有效提升监测设备的性能和监测频率，从而提高环境监测的准确性和可靠性。

1. 传感器技术和物联网

先进的传感器技术和物联网技术可以显著提升监测设备的性能。相比于传统的手工监测，传感器可以实现自动、连续的环境数据采集，减轻了人力投入，提高了数据的实时性和准确性。例如，使用激光散射传感器监测 PM2.5 浓度，可以实现每分钟甚至更高的监测频率，从而实时掌握空气质量变化。

2. 数据分析平台

通过构建数据分析平台，可以整合和管理大量的环境监测数据。平台可以提供多种数据分析工具，如时间序列分析、异常检测等，帮助环境管理者及时发现环境问题并采取措施。例如，数据分析平台可以实时监测 PM2.5 浓度的变化趋势，当浓度超过预警值时，自动触发警报，通知相关部门采取行动。

3. 无人机和遥感技术

无人机和遥感技术的发展为乡村环境监测提供了新的手段。无人机可以在大范围内快速采集环境数据，而遥感技术则可以提供高分辨率的卫星影像，帮助环境管理者识别出污染源和监测区域。例如，无人机可以用于监测乡村地区的土地利用情况，识别出可能产生污染的工业活动区域；遥感技术则可以用于监测水源地的水质变化，及时发现污染源。

（三）数据要素对监测成本的影响

乡村地区的监测成本相对较高，受制于财政投入的限制，难以进行长期、系统的监测。数据要素的引入可以通过提高监测效率和数据质量，有效降低监测成本，确保环境监测的可持续性。

1. 低成本传感器

随着传感器技术的发展，低成本、高性能的传感器逐渐普及。这些传感器可以用于监测多种环境参数，如 PM2.5 浓度、水质参数等，大大降低了监测设备的购置成本。例如，使用基于 MEMS 技术的微型传感器，可以在不增加太多成本的情况下，实现大范围的环境监测。

2. 自动化监测系统

通过构建自动化监测系统，可以减少人力投入，进一步降低监测成本。自动化监测系统可以实现数据的自动采集、传输和处理，减少了人工监测的误差和工作量。例如，使用物联网技术构建的自动化监测系统，可以实时监测乡村地区的空气质量，每小时自动上传数据，大大提高了监测效率。

3. 数据共享和协作

数据共享和协作可以提高数据的利用率，减少重复监测的成本。通过建立数据共享平台，不同部门和机构可以共享环境监测数据，实现资源的优化配置。例如，环保部门、农业部门和气象部门可以通过数据共享平台，共同使用空气质量、水质和气象数据，减少各自单独监测的成本，实现协同管理。

二、数据要素在环境治理中的作用

（一）数据要素对污染源识别和控制的影响

污染源的识别和控制是环境治理的关键环节。数据要素可以通过多种方式帮助环境管理者准确识别出污染源，从而制定有效的治理措施。

1. 多源数据融合

通过整合多种类型的环境数据（如空气质量、水质、土壤污染等），可以实现对污染源的全面识别。多源数据融合可以提供更加丰富的信息，帮助环境管理者从多个角度分析污染问题，提高污染源识别的准确性。例如，通过空气质量数据和水质数据的融合，可以识别出哪些区域的污染问题较为严重，从而重点监测和治理。

2. 大数据分析

利用大数据分析技术，可以从大量的环境监测数据中提取出有价值的信息。例如，通过聚类分析和关联规则分析，可以识别出不同污染源之间的关系，帮助环境管理者制定更有效的治理措施。聚类分析可以将相似的污染源归为一类，关联规则分析则可以发现不同污染源之间的相互影响，为综合治理提供依据。

3. 实时监测和预警

通过构建实时监测系统，可以及时发现环境污染问题并发出预警。实时监测系统可以实现对环境参数的连续监测，当监测数据超过预设阈值时，自动触发警报，通知相关部门采取行动。例如，实时监测系统可以用于监测乡村地区的地表水水质，当水质指标超过安全标准时，立即发出预警，避免污染事故的发生。

（二）数据要素对治理措施优化的影响

数据要素不仅帮助识别污染源，还可以用于优化治理措施，提高治理效率和效果。

1. 决策支持系统

通过构建决策支持系统，可以利用环境监测数据和治理措施数据进行综合分析。决策支持系统可以提供多种治理措施的效果评估，帮助环境管理者选择最优的治理方案。例如，决策支持系统可以评估不同治理措施（如植树造林、污水处理、工业排放控制等）对空气质量和水质的改善效果，从而选择最有效的措施。

2. 动态调整机制

基于数据要素的动态调整机制可以实现治理措施的实时优化。通过实时监测数据，可以评估治理措施的效果，及时调整治理方案。例如，如果植树造林的治理措施在某个区域效果不佳，则可以动态调整治理方案，增加其他治理措施（如污水处理）的投入。

3. 多目标优化

数据要素可以支持多目标优化，实现环境治理的综合效益。通过构建多目标优化模型，可以考虑多个环境参数的变化，如空气质量、水质和土壤污染，从而制定出综合效益最优的治理方案。例如，多目标优化模型可以同时考虑 PM2.5 浓度、地表水水质和土壤污染的治理效果，确保治理措施能够全面改善环境质量。

（三）数据要素对治理效果评估的影响

治理效果的评估是环境治理的重要环节，数据要素可以通过多种方式提高治理效果评估的准确性和可靠性。

1. 时间序列分析

通过时间序列分析，可以评估治理措施的效果。时间序列分析可以识别出环境参数随时间的变化趋势，从而判断治理措施是否有效。例如，通过分析治理前后的 PM2.5 浓度变化趋势，可以评估治理措施对空气质量的改善效果。

2. 地理信息系统的应用

地理信息系统（GIS）可以用于空间分析，评估治理措施在不同区域的效果。GIS 可以提供多种空间分析工具，如空间插值、缓冲区分析等，帮助环境管理者从空间角度评估治理措施的效果。例如，使用 GIS 进行空间插值分析，可以绘制出治理前后的 PM2.5 浓度分布图，直观展示治理措施的效果。

3. 机器学习算法

利用机器学习算法，可以从大量的治理效果数据中提取出有价值的模式和规律。例如，通过回归分析和决策树算法，可以评估不同治理措施的效果，发现哪些措施在特定条件下效果最佳。机器学习算法还可以用于预测未来治理措施的效果，为制订长期治理方案提供依据。

三、数据要素在环境决策中的作用

（一）数据要素对环境政策制定的支持

环境政策的制定需要基于科学的数据和分析结果。数据要素可以通过多种方式支持环境政策的制定，提高政策的科学性和可行性。

1. 数据驱动的政策评估

通过数据驱动的方法，可以评估不同环境政策的效果。数据驱动的政策评估可以利用历史环境监测数据和社会经济数据，评估不同政策对环境质量的改善效果。例如，评估植树造林政策和污水处理政策对空气质量的影响，选择效果最好的政策进行推广。

2. 政策模拟和预测

利用数据要素构建环境政策模拟和预测模型，可以帮助决策者在政策制定前进行效果模拟。政策模拟和预测模型可以考虑多种政策的综合影响，为决策提供科学依据。例如，通过构建空气质量模拟模型，可以预测植树造林政策在不同区域的实施效果，从而优化政策的实施范围。

3. 公众参与和反馈

数据要素可以支持公众参与和反馈机制，提高政策的透明度和公众接受度。通过建立公众参与平台，收集公众对环境问题的意见和建议，并通过数据分析工具进行处理，可以为政策制定提供参考。例如，通过公众参与平台收集居民对空气质量的意见，可以发现哪些区域的空气质量问题较为严重，从而重点治理。

（二）数据要素对环境管理决策的支持

环境管理决策需要综合考虑多种因素，数据要素可以提供全面的数据支持，帮助管理者制定更科学、更合理的管理决策。

1. 综合评估

通过数据要素的支持，可以实现对乡村环境质量的综合评估。综合评估可以考虑多个环境参数的变化，如空气质量、水质、土壤污染等，为管理者提供全面的环境信息。例如，综合评估模型可以同时评估 PM2.5 浓度、地表水水质和土壤污染的治理效果，确保管理措施能够全面改善环境质量。

2. 动态调整

基于数据要素的动态调整机制可以实现环境管理决策的实时优化。通过实时监测数据，可以评估管理措施的效果，及时调整管理方案。例如，如果某区域的水质治理效果不佳，则可以动态调整治理措施，增加污水处理设施的投入。

3. 多目标决策

数据要素可以支持多目标决策，实现环境管理决策的综合效益。通过构建多目标决策模型，可以考虑多个环境参数的变化，如空气质量、水质和土壤污染，从而制订出综合效益最优管理方案。例如，多目标决策模型可以同时考虑 PM2.5 浓度、地表水水质和土壤污染的治理效果，确保管理措施全面改善环境质量。

（三）数据要素对环境风险评估的支持

环境风险评估是环境管理的重要环节，数据要素可以通过多种方式提高环境风险评估的准确性和可靠性。

1. 风险识别

通过数据要素的支持，可以实现对环境风险的全面识别。风险识别可以利用多种类型的环境数据和社会经济数据，识别出潜在的环境风险点。例如，通过空气质量数据和工业活动数据的融合，可以识别出哪些区域的空气质量风险较高，从而重点监测和治理。

2. 风险量化

利用数据要素，可以实现对环境风险的量化评估。风险量化可以采用多种统计方法和模型，如贝叶斯网络、蒙特卡洛模拟等，评估不同环境风险点的风险水平。例如，通过贝叶斯网络模型，可以评估乡村地区的土壤污染风险，为风险管理提供依据。

3. 风险管理

基于数据要素的风险管理机制可以实现对环境风险的有效控制。通过构建风险管理模型，可以评估不同管理措施对环境风险的控制效果，制订出最优的风险管理方案。例如，通过构建风险管理模型，可以评估植树造林、污水处理和工业排放控制等措施对 PM2. 5 浓度的控制效果，选择最有效的措施进行实施。

四、总结与展望

数据要素在乡村环保管理与决策中发挥着至关重要的作用。通过合理整合和应用环境数据、社会经济数据和地理信息数据，可以有效应对乡村环境监测中的挑战，提高监测的准确性和效率。数据要素还可以支持环境治理措施的优化和效果评估，确保治理措施的有效性和持续性。此外，数据要素对于环境政策制定、环境管理决策和环境风险评估具有重要作用，可以提供科学的依据，提高决策的科学性和透明度。

第三节　数据要素驱动下乡村生态保护与修复的数字化路径

在推进乡村振兴的过程中，生态保护与修复是实现可持续发展的关键环节。随着大数据、物联网、人工智能等现代信息技术的快速发展，数据要素在乡村生态保护与修复中的作用日益凸显。通过科学利用数据，可以实现对生态环境的精准监测、预警和管理，为制定有效的保护与修复措施提供强有力的支持。然而，乡村地区的生态保护与修复仍面临数据采集不足、分析能力有限等问题。本节将探讨数据要素在乡村生态保护与修复中的应用现状，分析存在的主要挑战，并提出数字化路径，以期为乡村生态环境的可持续发展提供新的思路和方法。

一、数据要素在生态系统监测与评估中的数字化路径：多源数据融合与智能化监测

1. 多源数据采集

（1）卫星遥感数据。高分辨率的卫星影像可以提供大范围的植被覆盖、土地利用和水体状况等信息，帮助识别生态系统的变化趋势。卫星遥感技术具有成本低、覆盖广和周期长的特点，可以定期获取乡村地区的影像数据，监测植被的变化和土地利用的变化。例如，利用哨兵系列卫星的多波段影像，可以识别出不同植被类型的分布和变化情况，评估植被覆盖率的变化趋势。

（2）地面监测数据。地面监测设备（如空气质量监测站、水质监测站等）可以提供准确的环境参数数据，补充遥感数据的不足。地面监测设备可以安装在关键位置，如水源地、农田和居民区，实时监测空气质量和水

质参数。例如，安装 PM2.5 监测站和水质监测站，可以实时监测乡村地区的空气质量变化和水质状况，为环境污染治理提供准确数据支持。

（3）无人机采集数据。无人机可以在复杂地形和偏远地区进行高精度的三维地形和生物种群分布监测，提供更加详细的数据支持。无人机具有灵活性高、成本适中和数据精度高的特点，可以用于监测植被的健康状况、土壤侵蚀情况和野生动物的活动轨迹。例如，使用无人机搭载多光谱相机，可以定期拍摄乡村地区的植被影像，评估植被的生长状态和健康状况。

2. 智能化监测系统

（1）传感器网络。部署低功耗、高精度的环境传感器网络，实时监测土壤湿度、温度和养分含量等关键参数。传感器网络可以覆盖广泛的区域，实现对环境参数的高频率采集。例如，使用基于 MEMS 技术的微型传感器，可以在农田中部署多个监测点，实时监测土壤湿度、温度和养分含量，为精准农业提供数据支持。

（2）数据传输。通过无线网络（如 LoRa、NB－IoT 等）将采集到的数据传输到中央数据处理平台，实现数据的集中管理和分析。无线网络技术具有低功耗、长距离和高可靠性的特点，可以确保数据的实时传输。例如，利用 LoRa 技术，可以将农田中的环境监测数据传输到中央数据处理平台，即使偏远地区也能实现数据的实时传输。

（3）数据分析。利用大数据分析工具，对采集到的数据进行实时分析，发现环境变化的异常情况，及时通知相关部门采取措施。大数据分析工具可以处理海量数据，提取有价值的信息。例如，通过时间序列分析，可以评估空气质量的变化趋势，及时发现异常情况；通过异常检测算法，可以识别出水质参数的变化异常，提前预警潜在的污染事件。

3. 标准化数据接口

（1）数据标准。制定环境监测数据的标准化格式和标准，确保不同数据源的数据无缝对接。数据标准可以规范数据的格式和内容，提高数据的可操作性和互操作性。例如，制定空气质量监测数据的标准化格式，确保不同监测站点的数据统一管理和分析。

（2）数据接口。开发标准化的数据接口，使不同监测设备和系统可以互联互通，实现数据的高效共享和利用。数据接口可以促进数据的交换和共享，提高数据的利用效率。例如，开发 RESTful API 接口，使空气质量监测站和水质监测站的数据可以无缝对接，实现数据的集中管理和分析。

二、数据要素在生态修复与治理中的数字化路径：智能决策支持与动态调整

1. 综合数据平台

（1）数据整合。通过综合数据平台整合多种类型的环境数据，形成全面的环境监测和评估报告。综合数据平台可以整合卫星遥感数据、地面监测数据、无人机采集数据和社会经济数据，提供综合性强的环境信息。例如，通过整合水质监测数据和农业灌溉数据，可以评估灌溉活动对水质的影响，为防治措施提供依据。

（2）数据分享。实现不同部门和机构之间的数据共享，提高数据的利用率和管理效率。数据分享可以促进跨部门的合作，避免重复监测和“数据孤岛”。例如，环保部门、农业部门和气象部门可以通过综合数据平台共享空气质量、水质和气象数据，共同制定和实施环境治理措施。

2. 智能决策支持系统

（1）决策模型。构建多目标决策模型，考虑多个环境参数的变化，制订出综合效益最优的管理方案。多目标决策模型可以优化资源的配置，提高治理措施的效果。例如，通过构建多目标决策模型，可以同时考虑 PM2.5 浓度、地表水水质和土壤污染的治理效果，确保治理措施能够全面改善环境质量。

（2）机器学习算法。利用机器学习算法，评估不同修复和治理措施的效果，发现最佳的治理方案。机器学习算法可以从大量的历史数据中提取模式和规律，为新项目的治理提供科学依据。例如，通过回归分析和决策树算法，可以评估植树造林、污水处理和工业排放控制等措施在不同区域的适用性和效果，为治理措施的选择提供参考。

3. 动态调整机制

（1）实时监测。通过实时监测数据，评估修复和治理措施的效果，发现潜在的问题。实时监测可以提供高频率、高精度的数据，帮助及时调整治理措施。例如，安装土壤湿度和污染浓度传感器，可以实时监测植树造林项目的效果，发现土壤湿度不足或苗木成活率低等问题。

（2）动态调整。根据监测结果，及时调整修复和治理措施，确保治理效果的最大化。动态调整可以提高治理措施的灵活性和响应速度。例如，如果某一区域的土壤修复效果不佳，则可以动态增加土壤改良措施的投入，如增施有机肥、种植固氮植物等；如果水质改善效果不明显，则可以调整污水处理设施的运行参数，如增加曝气量、调整药剂投加量等。

三、数据要素在环境决策与管理中的数字化路径：数字化管理与公众参与

1. 数字化管理平台

（1）数据管理。通过数字化管理平台，集中管理各种环境监测数据和社会经济数据，提高数据的可用性和管理效率。数字化管理平台可以实现数据的集中储存、处理和管理，减少数据管理的复杂度和成本。例如，通过数字化管理平台，可以集中管理空气质量监测站、水质监测站和土壤监测站的数据，实现数据的高效管理和分析。

（2）可视化展示。利用数据可视化技术，将复杂的环境数据以图表、地图等形式展示，提高数据的可读性和理解性。数据可视化可以将抽象的数据转化为直观的图形，帮助管理者和公众更好地理解环境状况。例如，通过绘制空气质量变化趋势图，可以直观展示空气质量的变化情况；通过绘制污染源分布图，可以明确标出主要污染源的位置和范围。

2. 智能预警系统

（1）预警模型。利用历史数据和实时监测数据，建立环境风险预警模型，评估不同区域的环境风险。预警模型可以基于多种数据分析方法，如时间序列分析、聚类分析和空间分析，评估环境风险的变化趋势。例如，

通过建立空气质量预警模型，可以评估不同时间段的空气质量风险，为治理措施的制定提供依据。

（2）实时预警。通过智能预警系统，实时监测环境参数的变化，当数据超过预设阈值时，自动触发警报，通知相关部门和公众采取措施。实时预警可以提高环境管理的响应速度，及时发现和处理环境问题。例如，安装水质监测传感器，可以实时监测乡村水域的污染物浓度，当浓度超过安全标准时，立即发出预警，通知相关部门采取措施，避免污染事故的扩大。

3. 公众参与平台

（1）数据采集。通过公众参与平台，收集居民对环境问题的意见和建议，以及志愿者提供的环境监测数据。公众参与平台可以促进社区居民的环保意识和参与度，提高环境监测的覆盖面和准确性。例如，通过公众参与平台，居民可以报告空气质量问题、水质问题和废弃物处理问题，志愿者可以上传监测数据，帮助环保部门及时了解环境状况。

（2）信息反馈。向公众反馈环境治理的进展和效果，增强社区的环保意识和参与度。信息反馈可以提高环境治理的透明度，增强公众对治理措施的信任和支持。例如，通过微信公众号和微博等平台，定期发布空气质量报告、水质监测结果和土壤修复进展，鼓励居民参与环保行动，共同维护乡村环境。

四、小结

数据要素驱动下的乡村生态保护与修复的数字化路径涵盖了生态系统监测与评估、生态修复与治理、环境决策与管理等多个方面。通过合理整合和应用环境数据、社会经济数据和地理信息数据，可以实现对乡村生态系统的科学监测与评估，有效识别和预警生态风险，优化生态修复措施，支持环境政策制定和管理决策，提高公众的环保意识和参与度。通过不断推进数据要素的技术创新和应用实践，可以显著提高乡村生态保护与修复的效率和效果，实现村庄环境的全面改善和可持续发展。

第十章

数据要素驱动乡村产业融合发展助力共同富裕

在新时代背景下，乡村振兴战略的深入推进不仅要求农村经济的快速发展，更强调农村经济结构的优化和产业的融合发展。数据要素作为推动现代化发展的重要资源，正逐渐在农村产业融合中发挥关键作用。本章将围绕数据要素在乡村产业融合发展中的应用现状、具体作用以及典型模式展开深入研究，旨在揭示数据要素如何通过优化资源配置、提高生产效率、促进产业链上下游协同合作，推动农业、工业和服务业的深度融合，最终实现农村经济的高质量发展和农民收入的显著提升。首先，系统梳理数据要素驱动下的乡村产业融合的发展现状，分析其面临的挑战，如“数据孤岛”问题、技术普及难题和政策支持不足等。其次，通过理论分析和实证研究相结合的方式，探讨数据要素在乡村产业融合中的具体功能，包括精准农业、农村电商和乡村旅游等多个领域的应用。最后，总结数据要素赋能乡村产业融合助推共同富裕的典型模式，通过成功案例的分析，为其他地区的乡村产业发展提供可复制、可推广的经验和模式。本章的研究不仅为政策制定者和实践者提供了科学的理论依据和实践指导，也为全球其他发展中国家的农村现代化提供了有益的借鉴和启示。

第一节　数据要素驱动下的乡村产业融合的现状与挑战

一、数据要素驱动下的乡村产业融合现状

（一）数据要素应用的普及程度

数据要素作为推动现代经济社会发展的重要资源，近年来在乡村产业融合中的应用逐渐普及。国家统计局的数据显示，截至2024年底，全国农村地区互联网普及率已经达到了65%，农村居民使用智能手机的比例也达到了70%。这些数据表明，农村地区的信息化基础设施建设取得了显著进展，为数据要素的应用奠定了基础。

在农业生产方面，智慧农业技术的普及率也在不断提高。根据《中国农业农村信息化发展报告（2024～2025年）》的统计，全国智慧农业示范点的数量已经从2019年的300个增加到2024年的1500个，增长了5倍。智慧农业技术的应用不仅提高了农业生产的效率，还提升了农产品的质量和产量。例如，北京市某智慧农业示范区通过物联网和大数据技术，实现了精准灌溉和施肥，农业用水量减少了30%，化肥使用量减少了20%，产量提高了15%。这些成功的案例为其他地区提供了有价值的借鉴。

在农产品加工和销售方面，农村电商的快速发展也促进了乡村产业的融合。国家统计局的数据显示，2024年全国农村电商实现交易额4200亿元，同比增长25%。农村电商不仅为农产品提供了新的销售渠道，还通过大数据技术优化了供应链管理，降低了中间环节的成本，提高了农民的收益。例如，湖南省某农村电商示范村通过建设大数据平台，实时分析市场需求和消费者行为，为农民提供精准的营销建议，农产品销售额增加了30%，农民人均收入提高了20%。

在乡村旅游方面，数据要素的应用也为乡村经济带来了新的增长点。

根据《中国乡村旅游发展报告（2024～2025年）》，2024年全国乡村旅游接待达到了3亿人次，旅游收入达到1500亿元。乡村旅游平台通过大数据技术，提供了个性化的旅游推荐和预订服务，吸引了大量游客，提高了乡村旅游的收入。例如，四川省某乡村旅游示范村通过建设旅游大数据平台，实时监测游客流量和消费行为，为游客提供个性化的旅游体验，游客数量增加了25%，旅游收入提高了30%。

（二）数据要素支持的农业、工业和服务业融合

数据要素的应用不仅推动了单一产业的发展，还促进了农业、工业和服务业的深度融合。例如，河南省驻马店市通过建设智慧农业平台，实现了从田间到餐桌的全程追溯，确保了农产品的质量和安全。同时，该平台还与农产品加工企业、电商平台进行了数据联通，实现了从生产到加工再到销售的全链条优化。通过数据要素的应用，驻马店市的农产品加工企业的生产效率提高了20%，电商平台的销售额增长了25%，农民的人均收入提高了15%。

在农产品加工环节，数据要素的应用同样发挥着重要作用。山东省某农产品加工示范区通过建设大数据平台，实现了对加工工艺的精准控制和优化。通过实时监测原材料的质量和数量，平台可以自动调整加工工艺参数，提高产品质量和产量。此外，通过数据分析，还可以优化库存管理，减少原材料浪费，降低生产成本。该示范区的数据显示，通过大数据技术的应用，加工企业的生产成本降低了15%，产品质量提高了20%，市场竞争力显著增强。

在旅游服务业方面，数据要素的应用为乡村旅游的发展提供了新的动力。浙江省某乡村旅游示范县通过建设旅游大数据平台，提供了全方位的旅游服务。平台不仅能够实时监测游客流量和消费行为，还可以提供个性化的旅游推荐和预订服务，提升游客体验。此外，通过数据分析，还可以优化旅游资源的配置，提高旅游服务的质量和效率。该示范县的数据显示，通过大数据技术的应用，游客数量增加了20%，旅游收入提高了25%，农民的人均收入提高了10%。

（三）数据要素在政策和实践中的应用

数据要素的应用不仅在技术和经济层面发挥了重要作用，还在政策和实践中得到了广泛支持。例如，2023 年国务院发布的《关于促进乡村振兴的若干意见》中明确提出，要充分利用数据要素，推动乡村产业的融合发展。政策的支持为数据要素在农村的应用提供了良好的外部环境。各地政府也积极响应，推出了一系列政策措施。例如，山东省出台的《智慧农业发展规划（2023～2025 年）》中，明确提出要加强农村信息化基础设施建设，提高农民的数字素养，推广智慧农业应用。政策的引导为数据要素在农村的应用提供了明确的方向和动力。

在实践中，数据要素的应用已经取得了显著成效。广东省某农业合作社通过建设大数据平台，实现了对农业生产的全面管理。平台不仅能够实时监测作物生长状况和市场需求，还可以提供精准的种植建议和技术支持。该合作社的数据显示，通过大数据技术的应用，农业产量提高了 20%，农民的种植成本降低了 15%，农民的人均收入提高了 10%。此外，该合作社还通过电商平台，将农产品直接销售给消费者，减少了中间环节，进一步提高了农民的收益。

二、数据要素驱动下的乡村产业融合面临的挑战

（一）“数据孤岛”问题

“数据孤岛”问题是指不同部门、不同系统之间数据无法实现有效共享，导致数据资源的利用效率低下，这就需要构建数据要素流通机制释放数据价值[96]。在农村地区，由于数据采集和管理的分散性，“数据孤岛”现象尤为突出。例如，农技推广部门、气象部门、市场管理部门等各自拥有大量数据，但缺乏有效的共享机制，使得这些数据在农业生产中的应用价值大打折扣。

具体而言，农技推广部门通常拥有大量的作物生长数据、病虫害防治

数据等，但这些数据往往只能在本部门内部使用，无法与其他部门的数据实现互联互通。气象部门拥有大量的气象数据，如气温、降水、风速等，但这些数据同样无法与农技推广部门的数据进行共享和整合。市场管理部门则拥有大量的市场需求数据和价格数据，但这些数据也难以与其他部门的数据实现对接。“数据孤岛”问题的存在，使得农村地区的数据资源无法实现高效利用，制约了数据要素在乡村产业融合中的应用效果。

为解决“数据孤岛”问题，需要建立统一的数据标准和共享平台。首先，应制定统一的数据标准，确保不同部门之间的数据能够实现格式统一和内容一致。其次，应建设数据共享平台，实现不同部门之间的数据互联互通。例如，江苏省某智慧农业示范点通过建设统一的农业大数据平台，实现了农技推广、气象、市场管理等多部门的数据共享，有效提高了农业生产管理的效率。通过统一的数据标准和共享平台建设，可以打破“数据孤岛”，实现数据资源的高效利用，推动乡村产业的融合发展。

（二）技术普及难题

技术普及难题是指农村地区信息化基础设施相对落后，农民的数字素养和技术接受能力不足，导致数据要素在农村的应用难以普及。国家统计局的数据显示，尽管农村地区的互联网普及率达到了65%，但仍有许多农村地区缺乏稳定的网络覆盖，影响了信息化应用的广度和深度。例如，一些偏远地区的农民无法及时获取市场信息和农技指导，影响了农业生产决策的科学性。此外，农民的数字素养和技术接受能力不足，许多农民对信息化技术的应用缺乏足够的认识和理解。例如，一些农民对智能手机的使用仍然不熟练，无法充分利用移动互联网提供的各类服务。技术普及难题的存在，使得数据要素在农村的应用难以实现全覆盖，影响了乡村产业融合的效果。

为解决技术普及难题，需要加大对农村信息化基础设施建设和农民数字素养提升的投入。首先，应加强农村信息化基础设施建设，提升网络覆盖的广度和深度。例如，湖南省某农村通过建设5G基站，实现了全村范围内的稳定网络覆盖，为农民提供了良好的信息化应用环境。其次，应提升农民的数字素养，开展针对农民的信息化培训和技术推广。例如，河北省某农村通过组织信息化培训活动，提高了农民对智能手机和互联网技术的使用能力，推动了智慧农业的应用。通过加大对农村信息化基础设施建设和农民数字素养提升的投入，可以有效解决技术普及难题，推动数据要素在农村的广泛应用。

（三）政策支持不足

政策支持不足是指国家和地方政府在数据要素应用方面的具体政策尚不完善，缺乏有效的激励机制和保障措施，限制了企业和农民的积极性。尽管国家已经出台了一系列支持农村经济发展的政策措施，但针对数据要素的具体政策仍须进一步完善。例如，一些地方的智慧农业项目缺乏足够的资金支持，许多农民和企业对数据要素的应用缺乏动力。

具体而言，政策支持不足主要表现在资金支持、技术培训和保障措施等方面。首先，资金支持不足是影响数据要素应用的重要因素之一。许多智慧农业项目在初期需要大量的资金投入，包括设备购置、平台建设、技术人员薪酬等。然而，国家和地方政府在这方面提供的资金支持相对有限，许多项目难以持续发展。例如，河南省某智慧农业项目在初期获得了政府的一次性财政支持，但后期缺乏持续的资金投入，项目运行困难。其次，技术培训和推广不足也是影响数据要素应用的重要因素。许多农民和企业缺乏对数据要素应用的了解和认识，技术培训和推广工作需要进一步加强。例如，一些地区的农民对大数据技术和物联网设备的使用仍然不熟练，严重影响了智慧农业的效果。最后，保障措施不足也是影响数据要素应用的重要因素。许多农村地区的数据安全和隐私保护措施不完善，容易引发数据泄露和滥用等问题，影响农民和企业的合法权益。例如，一些农村地区的数据管理平台缺乏有效的安全防护措施，导致数据安全事件频发。

为解决政策支持不足的问题，需要进一步完善相关政策措施，提供必要的资金、技术和政策支持。首先，增加对智慧农业等项目的资金支持，确保项目能够持续运行。例如，浙江省出台的《智慧农业资金支持办法》明确规定，对符合条件的智慧农业项目提供专项资金支持，促进了项目的快速发展。其次，应加强技术培训和推广工作，提高农民和企业的数字化应用能力。例如，山东省组织的“智慧农业技术推广月”活动，通过开展各类培训和技术指导，提高了农民对智慧农业技术的掌握程度。最后，应完善数据安全和隐私保护措施，确保数据应用过程中的合法合规。例如，广东省出台的《农村数据安全管理条例》明确规定，农村地区数据管理平台必须具备完善的安全防护措施，确保数据的安全性和隐私性。

三、数据要素在乡村产业融合中的应用前景和优化路径

（一）数据要素在乡村产业融合中的应用前景

尽管数据要素在乡村产业融合中面临诸多挑战，但其应用前景依然十分广阔。随着国家乡村振兴战略的深入推进，农村信息化基础设施的不断完善，农民数字素养的逐步提升，数据要素在乡村产业融合中的应用将更加广泛，效果将更加显著。

首先，数据要素的应用将进一步推动农村经济的高质量发展。通过大数据、物联网、人工智能等技术，可以实现农业生产的精准化管理和智能化决策，提高农业生产的效率和质量。例如，未来的智慧农业平台将能够提供更加精准的种植建议和病虫害防治方案，进一步提升农业产量和产品质量。同时，通过数据分析，可以更好地把握市场需求，优化农产品的加工和销售，提高农民的收益。

其次，数据要素的应用将进一步促进农村社会的全面发展。通过建设农村大数据平台，可以实现农村治理的精准化和智能化。例如，环境监测平台可以实时监测农村地区的空气质量、水质状况等，及时发现并处理环境问题；社会管理平台可以实现农村地区的治安管理、人口管理、健康管理等，提升农村社会的和谐稳定。此外，公共服务平台可以提供便捷的教育、医疗、养老等服务，提升农民的生活质量。数据要素的应用不仅能够提高农村治理的效率，还能促进农村社会的全面发展，为乡村产业融合提供良好的社会环境。

最后，数据要素的应用将进一步推动全球农村现代化的发展。中国的数据要素在乡村产业融合中的应用经验，可以为全球其他发展中国家提供有益的借鉴和启示。例如，通过智慧农业、农村电商、乡村旅游等模式的成功案例，为全球其他农村地区提供可复制、可推广的经验和模式，推动全球农村经济的高质量发展。

（二）优化路径

为更好地推动数据要素在乡村产业融合中的应用，需要采取一系列优化路径，包括加强数据标准和共享平台建设、提升信息化基础设施和农民数字素养、完善政策支持和保障措施等。

1. 加强数据标准和共享平台建设

为解决“数据孤岛”问题，应制定统一的数据标准，确保不同部门之间的数据能够实现格式统一和内容一致。同时，应建设数据共享平台，实现不同部门之间的数据互联互通。其具体措施包括：一是制定国家层面的农业大数据标准，明确数据采集、存储、处理和应用的标准和规范；二是建立统一的农业大数据平台，实现农技推广、气象、市场管理等多部门的数据共享和实时更新；三是鼓励地方和企业建设数据共享子平台，形成多层次、多领域的数据共享体系。

2. 提升信息化基础设施和农民数字素养

为解决技术普及难题，应加强农村信息化基础设施建设，提升农民的数字素养和技术接受能力。其具体措施包括：一是加大对农村地区信息化基础设施建设的投入，建设 5G 基站和宽带网络，实现稳定、高速的网络覆盖；二是开展针对农民的信息化培训活动，提高农民对智能手机和互联网技术的使用能力；三是推广智慧农业技术的应用，提供简便易用的设备和技术支持，降低农民的使用门槛。

3. 完善政策支持和保障措施

为解决政策支持不足的问题，应完善相关政策措施，提供必要的资金、技术和政策支持。其具体措施包括：一是增加对智慧农业等项目的资金支持，确保项目能够持续运行；二是制订专项的技术培训和推广计划，提高农民和企业的数字化应用能力；三是完善数据安全和隐私保护措施，确保数据应用过程中的合法合规，保护农民和企业的合法权益。

数据要素在乡村产业融合中的应用已经取得了一定的成果，推动了农村经济的快速发展。然而，这一过程中仍然面临“数据孤岛”问题、技术普及难题和政策支持不足等挑战，需要进一步研究和解决。通过加强数据标准和共享平台建设、提升信息化基础设施和农民数字素养、完善政策支持和保障措施等优化路径，可以有效推动数据要素在乡村产业融合中的广泛应用，促进农村经济的高质量发展，助力实现乡村振兴战略的全面实现。

第二节　数据要素在乡村产业融合中的作用

一、数据要素在农业、工业和服务业融合中的微分方程数学模型

为了详细阐述数据要素在乡村产业融合中的作用，本书构建一个较为复杂的微分方程数学模型。该模型将综合考虑农业生产、农产品加工和乡村旅游三个关键环节，分析数据要素如何影响这些环节的发展，进而推动农业、工业和服务业的融合。

1. 模型假设

$P(t)$ 表示在时间 t 的农业产量。

$Q(t)$ 表示在时间 t 的农产品加工量。

$V(t)$ 表示在时间 t 的乡村旅游接待量。

$D(t)$ 表示在时间 t 的数据要素投入量。

$I(t)$ 表示在时间 t 的综合产业收入。

2. 微分方程模型构建

（1）农业生产的微分方程模型。

农业生产受数据要素的影响可以描述为：

$$\frac{dP(t)}{dt} = k_1 P(t) + k_2 D(t) - k_3 P(t) D(t) \tag{10-1}$$

其中：

k_1 表示农业内部自然增长的速率。

k_2 表示数据要素对农业产量的正向影响速率。

k_3 表示数据要素与农业产量之间的负反馈效应。

（2）农产品加工的微分方程模型。

农产品加工受数据要素的影响可以描述为：

$$\frac{dQ(t)}{dt} = k_4Q(t) + k_5D(t) - k_6Q(t)D(t) \tag{10-2}$$

其中：

k_4 表示农产品加工过程中的自然增长速率。

k_5 表示数据要素对农产品加工量的正向影响速率。

k_6 表示数据要素与农产品加工量之间的负反馈效应。

（3）乡村旅游接待量的微分方程模型。

乡村旅游接待量受数据要素的影响可以描述为：

$$\frac{dV(t)}{dt} = k_7V(t) + k_8D(t) - k_9V(t)D(t) \tag{10-3}$$

其中：

k_7 表示乡村旅游接待量的自然增长速率。

k_8 表示数据要素对乡村旅游接待量的正向影响速率。

k_9 表示数据要素与乡村旅游接待量之间的负反馈效应。

（4）综合产业收入的微分方程模型。

综合产业收入可以表示为农业产量、农产品加工量和乡村旅游接待量的函数：

$$\frac{dI(t)}{dt} = k_{10}P(t) + k_{11}Q(t) + k_{12}V(t) - k_{13}P(t)^2 - k_{14}Q(t)^2 - k_{15}V(t)^2 \tag{10-4}$$

其中：

k_{10} 表示农业产量对综合产业收入的贡献率。

k_{11} 表示农产品加工量对综合产业收入的贡献率。

k_{12} 表示乡村旅游接待量对综合产业收入的贡献率。

k_{13} 表示农业产量的负反馈效应。

k_{14} 表示农产品加工量的负反馈效应。

k_{15} 表示乡村旅游接待量的负反馈效应。

二、模型解析与求解

1. 农业生产的解析解

假设初始条件为 $P(0)=P_0$，$D(t)$ 为常数 D，则农业生产的微分方程可以写为：

$$\frac{dP(t)}{dt}=k_1P(t)+k_2D-k_3P(t)D \tag{10-5}$$

这是一个一阶非线性微分方程。为了求解，本节先将其线性化：

$$\frac{dP(t)}{dt}=(k_1-k_3D)P(t)+k_2D \tag{10-6}$$

这是一个一阶线性非齐次微分方程，其通解为：

$$P(t)=\left(P_0-\frac{k_2D}{k_1-k_3D}\right)e^{(k_1-k_3D)t}+\frac{k_2D}{k_1-k_3D} \tag{10-7}$$

当 $k_1>k_3D$ 时，$P(t)$ 会随时间增加；当 $k_1<k_3D$ 时，$P(t)$ 会随时间减少；当 $k_1=k_3D$ 时，$P(t)$ 会达到稳定状态。

2. 农产品加工的解析解

假设初始条件为 $Q(0)=Q_0$，$D(t)$ 为常数 D，则农产品加工的微分方程可以写为：

$$\frac{dQ(t)}{dt}=k_4Q(t)+k_5D-k_6Q(t)D \tag{10-8}$$

这也是一个一阶非线性微分方程。为了求解，本节先将其线性化：

$$\frac{dQ(t)}{dt}=(k_4-k_6D)Q(t)+k_5D \tag{10-9}$$

这是一个一阶线性非齐次微分方程，其通解为：

$$Q(t)=\left(Q_0-\frac{k_5D}{k_4-k_6D}\right)e^{(k_4-k_6D)t}+\frac{k_5D}{k_4-k_6D} \tag{10-10}$$

当 $k_4>k_6D$ 时，$Q(t)$ 会随时间增加；当 $k_4<k_6D$ 时，$Q(t)$ 会随时间减少；当 $k_4=k_6D$ 时，$Q(t)$ 会达到稳定状态。

3. 乡村旅游接待量的解析解

假设初始条件为 $V(0)=V_0$，$D(t)$ 为常数 D，则乡村旅游接待量的微分方程可以写为：

$$\frac{dV(t)}{dt}=k_7V(t)+k_8D-k_9V(t)D \tag{10-11}$$

这也是一个一阶非线性微分方程。为了求解，本节先将其线性化：

$$\frac{dV(t)}{dt}=(k_7-k_9D)V(t)+k_8D \tag{10-12}$$

这是一个一阶线性非齐次微分方程，其通解为：

$$V(t)=\left(V_0-\frac{k_8D}{k_7-k_9D}\right)e^{(k_7-k_9D)t}+\frac{k_8D}{k_7-k_9D} \tag{10-13}$$

当 $k_7>k_9D$ 时，$V(t)$ 会随时间增加；当 $k_7<k_9D$ 时，$V(t)$ 会随时间减少；当 $k_7=k_9D$ 时，$V(t)$ 会达到稳定状态。

4. 综合产业收入的解析解

假设初始条件为 $I(0)=I_0$，$P(t)$、$Q(t)$ 和 $V(t)$ 分别为上述解析解。则综合产业收入的微分方程可以写为：

$$\frac{dI(t)}{dt}=k_{10}P(t)+k_{11}Q(t)+k_{12}V(t)-k_{13}P(t)^2-k_{14}Q(t)^2-k_{15}V(t)^2 \tag{10-14}$$

这是一个非线性微分方程。为了解析求解，本书假设 $P(t)$、$Q(t)$ 和 $V(t)$ 均为稳定状态，即：

$$P(t)=\frac{k_2D}{k_1-k_3D} \tag{10-15}$$

$$Q(t)=\frac{k_5D}{k_4-k_6D} \tag{10-16}$$

$$V(t) = \frac{k_8 D}{k_7 - k_9 D} \tag{10-17}$$

将这些稳定状态代入综合产业收入的微分方程，本书得到：

$$\frac{dI(t)}{dt} = k_{10}\left(\frac{k_2 D}{k_1 - k_3 D}\right) + k_{11}\left(\frac{k_5 D}{k_4 - k_6 D}\right) + k_{12}\left(\frac{k_8 D}{k_7 - k_9 D}\right) - k_{13}\left(\frac{k_2 D}{k_1 - k_3 D}\right)^2 - k_{14}\left(\frac{k_5 D}{k_4 - k_6 D}\right)^2 - k_{15}\left(\frac{k_8 D}{k_7 - k_9 D}\right)^2 \tag{10-18}$$

这是一个非线性的常微分方程。由于其复杂性，解析求解较为困难，但可以通过数值方法进行求解。假设 $I(t)$ 达到稳定状态 I^*，则有：

$$0 = k_{10}\left(\frac{k_2 D}{k_1 - k_3 D}\right) + k_{11}\left(\frac{k_5 D}{k_4 - k_6 D}\right) + k_{12}\left(\frac{k_8 D}{k_7 - k_9 D}\right) - k_{13}\left(\frac{k_2 D}{k_1 - k_3 D}\right)^2 - k_{14}\left(\frac{k_5 D}{k_4 - k_6 D}\right)^2 - k_{15}\left(\frac{k_8 D}{k_7 - k_9 D}\right)^2 \tag{10-19}$$

通过求解上述方程，可以得到综合产业收入的稳定状态 I^*。

三、结论

通过上述微分方程模型的构建和解析，本书可以得出以下结论：

1. 数据要素的重要性

（1）数据要素对农业生产、农产品加工和乡村旅游接待量的正向影响显著。模型中的 k_2、k_5 和 k_8 均为正数，表明数据要素的投入能够显著提高各产业的产出。

（2）负反馈效应的存在 k_3、k_6 和 k_9 为正数，表明数据要素的投入量需要适中，过高的投入可能会产生负面影响，如过度依赖数据导致忽视实地操作的细节。

2. 综合产业收入的优化

（1）通过数据要素的应用，可以显著提高综合产业收入。模型中的 k_{10}、k_{11} 和 k_{12} 均为正数，表明农业产量、农产品加工量和乡村旅游接待量的增加能够直接提升综合产业收入。

（2）负反馈效应的存在 k_{13}、k_{14} 和 k_{15} 为正数，表明各产业的产出量需要在合理范围内，过高的产出量可能会导致资源浪费和市场饱和，从而影响综合产业收入。

3. 具体优化路径

（1）加强数据标准和共享平台建设：制定统一的数据标准，建设数据共享平台，确保不同部门之间的数据能够实现互联互通，打破“数据孤岛”，提高数据资源的利用效率。

（2）提升信息化基础设施和农民数字素养：加大对农村地区信息化基础设施的投入，提高农民的数字素养和技术接受能力，确保数据要素的应用能够普及到每一个农户。

（3）完善政策支持和保障措施：提供必要的资金支持、技术培训和政策保障，确保数据要素的应用能够持续发展，保护农民和企业的合法权益。

4. 案例分析

（1）智慧农业应用案例：北京市某智慧农业示范区通过建设物联网监测系统，实现了精准灌溉和施肥，农业用水量减少了 30%，化肥使用量减少了 20%，产量提高了 15%。

（2）农村电商应用案例：湖南省某农村电商示范村通过建设大数据平台，分析市场需求和消费者行为，为农民提供精准的营销建议，农产品销售额增加了 30%，农民人均收入提高了 20%。

（3）乡村旅游应用案例：四川省某乡村旅游示范村通过建设旅游大数据平台，提供个性化的旅游推荐和预订服务，游客数量增加了 25%，旅游收入提高了 30%，农民的生活水平得到显著改善。

四、政策建议

1. 建立国家级数据共享平台

（1）制定统一的数据标准，确保不同部门之间的数据格式和内容一致。

（2）建立国家级数据共享平台，实现农技推广、气象、市场管理等多部门的数据互联互通，打破“数据孤岛”，提高数据资源的利用效率。

2. 加大信息化基础设施建设投入

（1）建设5G基站和宽带网络，实现农村地区的稳定、高速网络覆盖。

（2）提供高质量的信息化设备，如智能农业机器人、无人机、物联网设备等，降低农民的使用门槛，提高技术的普及率。

3. 提升农民的数字素养和技能培训

（1）组织信息化培训活动，提高农民对智能手机和互联网技术的使用能力。

（2）推广智慧农业技术的应用，提供简便易用的设备和技术支持，增强农民的科技应用意识。

4. 完善数据安全和隐私保护措施

（1）制定农村数据安全管理条例，明确数据管理平台的安全防护措施，保护农民和企业的合法权益。

（2）加强数据安全教育，提高农民和企业的数据安全意识，预防数据泄露和滥用等问题。

5. 提供资金和政策支持

（1）增加对智慧农业、农村电商、乡村旅游等项目的资金支持，确保项目能够持续运行。

（2）制订专项的技术培训和推广计划，提高农民和企业的数字化应用能力。

（3）完善农村经济发展的政策措施，为数据要素的应用提供良好的外部环境。

五、小结

数据要素在乡村产业融合中发挥着重要作用，通过建立微分方程数学模型，本书可以更准确地分析数据要素对农业产量、农产品加工量和乡村旅游接待量的影响，进而推动农业、工业和服务业的深度融合。模型的解析解表明，数据要素的应用能够显著提高综合产业收入，但需要在合理范围内进行，避免过度依赖数据导致的负面影响。通过加强数据标准和共享平台建设、提升信息化基础设施和农民数字素养、完善政策支持和保障措施等优化路径，可以更好地发挥数据要素在乡村产业融合中的作用，助力乡村振兴战略的全面实现。

第三节 数据要素赋能乡村产业融合助推共同富裕的典型模式

随着信息技术的不断发展，数据要素在乡村产业融合中的作用日益凸显。数据要素通过智慧农业、农村电商、乡村旅游、农产品加工与物流、农村金融与信用等模式，促进了农业、工业和服务业的深度融合，提高了农村经济的效率和质量，进而推动了乡村共同富裕。本节旨在通过扎根理论（Grounded Theory）结合 NVIVO 10.0 软件，总结并分析 4 ~ 5 种典型模式，探讨数据要素在这些模式中的具体应用及其对乡村共同富裕的助推作用。

一、研究方法

1. 扎根理论（Grounded Theory）

扎根理论是一种质性研究方法，通过系统地收集和分析数据，逐步形成理论模型。本研究采用扎根理论，通过对多个乡村产业融合案例的深入分析，总结出数据要素在不同模式中的应用特点和效果。

2. NVIVO 10.0 软件

NVIVO 10.0 软件是一种质性研究数据管理工具，可以对大量的文本、图像等数据进行编码和分析，帮助研究者发现数据中的模式和关系。本书将使用 NVIVO 10.0 软件对收集到的案例数据进行处理和分析，确保研究结果的科学性和可靠性。

二、典型模式总结

（一）智慧农业模式

智慧农业是利用物联网、大数据、人工智能等现代信息技术，实现农业生产过程的智能化、精准化管理。这一模式通过数据要素的应用，优化资源配置，提高生产效率，减少资源浪费，从而提升农民的收入水平，推动农村经济的发展。具体而言，通过安装传感器实时监测土壤湿度、温度、养分含量等指标，并结合气象数据，农民可以预测最佳的种植时间和灌溉时间，实现精准农业。例如，北京市某智慧农业示范区通过物联网监测系统，实现了精准灌溉和施肥，农业用水量减少了 30%，化肥使用量减少了 20%，产量提高了 15%。此外，通过大数据平台实时分析市场需求和价格波动，农民可以调整种植结构，提高农产品的市场竞争力。山东省某农村地区的数据显示，通过数据分析，农民可以及时了解市场需求和消费者偏好，调整种植结构，提高产品质量，提升销售额。智能农业设备的应用也是智慧农业的重要组成部分，通过智能农业机器人、无人机等设备自动完成播种、施肥、收割等环节，减少农民的劳动强度，提高生产效率。江苏省某农产品加工示范村的经验表明，智能农业设备的应用使农民的劳动强度大大降低，生产效率提高了 20%。总体而言，智慧农业模式通过数据要素的应用，实现了农业生产过程的智能化管理，显著提高了生产效率和产品质量，减少了资源浪费，增加了农民的收入，促进了农村经济的发展。然而，智慧农业的推广需要较高的资金和技术投入，如何在农村地区实现这一模式的可持续发展是未来的研究重点。

（二）农村电商模式

农村电商模式是利用互联网和电子商务平台，实现农产品的线上销售。通过数据要素的应用，实时分析市场需求和消费者行为，为农民提供精准的种植建议和销售策略，优化供应链管理，减少中间环节，提高销售效率，从而增加农民的收入。具体而言，电商平台可以收集和分析消费者的购买行为和偏好，帮助农民调整种植结构，提高农产品的市场竞争力。例如，湖南省某农村电商示范村通过大数据分析，农民能够及时了解市场需求，调整种植结构，提高产品质量，从而增加销售额。此外，智能化的供应链管理系统可以实时监控库存、物流等环节，减少中间环节，提高物流效率，降低运输成本。浙江省某农村地区的案例表明，通过智能供应链管理，农产品的运输成本降低了 15%，运输时间缩短了 20%。消费者行为数据分析也是农村电商的重要组成部分，通过分析消费者的评价和反馈，农民可以改进产品质量和服务，提升用户满意度，增加重购率。福建省某农村电商示范村的经验显示，通过消费者行为分析，农民改进了产品的包装和售后服务，消费者满意度显著提高，销售额增加了 25%。综上所述，农村电商模式通过数据要素的应用，实现了农产品的精准销售和供应链的高效管理，显著提高了销售效率和农民收入，促进了农产品的销售和农村经济的多元化发展。然而，农村电商的发展面临网络基础设施建设不足和农民数字素养低等问题，未来的重点应关注这些问题的解决方案，确保农村电商模式的可持续发展。

（三）乡村旅游模式

乡村旅游模式是利用农村地区的自然和文化资源，发展旅游产业，吸引城市居民到农村地区旅游。通过数据要素的应用，实时监测游客流量和消费行为，为游客提供个性化的旅游推荐和预订服务，优化旅游服务的质量和效率，从而增加旅游收入，提高农民的生活水平。具体而言，通过数据分析平台实时监测游客流量，可以合理安排旅游资源，避免资源浪费和旅游高峰期的拥堵。例如，四川省某乡村旅游示范村通过游客流量数据分析，合理安排了旅游服务资源，游客满意度提高，旅游收入增加了 30%。此外，通过分析游客的消费行为和偏好，可以提供个性化的旅游服务，提升游客体验，增加旅游收入。广东省某乡村旅游地区通过旅游消费行为分析，为游客提供了个性化的旅游线路和活动，游客数量增加了 25%，旅游收入提高了 30%。旅游资源的整合数据也至关重要，通过数据分析，可以整合农村地区的自然和文化资源，打造具有特色的旅游品牌，提升旅游吸引力。云南省某乡村旅游示范村通过旅游资源整合，打造了具有地方特色的文化旅游品牌，吸引了大量游客，促进了当地经济的发展。综上所述，乡村旅游模式通过数据要素的应用，优化了旅游资源的配置，提升了旅游服务的质量和效率，显著增加了旅游收入，提高了农民的生活水平。这一模式不仅促进了农村经济的发展，还保留和传承了农村地区的自然和文化资源。然而，乡村旅游的发展需要解决环境保护和文化保护等问题，未来的重点应关注这些问题的解决方案，确保其可持续发展。

（四）农产品加工与物流模式

农产品加工与物流模式是利用现代信息技术，实现农产品的加工和物流过程的智能化管理。通过数据要素的应用，优化加工工艺，减少原材料浪费，提高加工效率。同时，通过智能物流系统的应用，实现农产品的高效运输，减少运输成本，提高销售效率，从而增加农民的收入。具体而言，通过数据分析优化加工工艺，可以减少原材料浪费，提高加工效率。河南省某农产品加工示范村的案例表明，通过加工工艺数据分析，优化了加工流程，减少了原材料浪费，加工效率提高了20%。此外，通过物联网和大数据技术，可以实现对农产品运输的全程监控，优化运输路径，减少运输成本。重庆市某农村地区通过智能物流系统的应用，农产品的运输成本显著降低，销售效率提高，综合收入增加了25%。质量管理数据的应用同样重要，通过数据分析优化农产品的质量管理，确保加工品的品质，提高市场竞争力。江苏省某农产品加工示范村通过质量管理数据分析，提高了加工品的质量，市场竞争力显著增强，销售额增加了30%。综上所述，农产品加工与物流模式通过数据要素的应用，优化了加工工艺和物流系统，显著提高了加工效率和运输效率，减少了原材料浪费和运输成本，增加了农民的收入。这一模式不仅促进了农产品加工和物流的发展，还提升了农产品的质量和市场竞争力。然而，农产品加工与物流的发展需要解决技术和资金投入等问题，未来的重点应关注这些问题的解决方案，以确保其在农村地区的可持续推广和应用。

（五）农村金融与信用模式

农村金融与信用模式是利用现代信息技术，实现农村金融的智能化管理。通过数据要素的应用，实时分析农民的信用状况和金融需求，为其提供精准的金融服务，降低融资成本，提高融资效率，从而促进农村经济的发展，增加农民的收入。具体而言，通过分析农民的信用记录和金融需求，可以提供精准的金融服务，降低融资成本，提高融资效率。例如，山西省某农村地区通过信用数据分析，为农民提供了精准的贷款服务，融资成本降低了15%，融资效率显著提高，农民收入显著增加。此外，通过金融需求数据分析，可以提供个性化的金融产品和服务，满足不同层次的金融需求。安徽省某农村地区的案例表明，通过金融需求数据分析，为农民提供了多种金融产品和服务，满足了不同层次的金融需求，促进了农村经济的发展。风险控制数据的应用同样重要，通过数据分析优化风险控制机制，降低金融风险，保护农民的合法权益。云南省某农村地区通过风险控制数据分析，建立了完善的金融风险控制机制，有效降低了金融风险，保护了农民的合法权益。综上所述，农村金融与信用模式通过数据要素的应用，实现了精准的金融服务和有效的风险控制，显著降低了融资成本，提高了融资效率，保护了农民的合法权益。这一模式不仅促进了农村经济的发展，还增强了农民的金融意识和风险管理能力。然而，农村金融的发展依然面临信用体系建设和金融普及教育等挑战，未来的重点应关注这些问题的解决方案，以确保农村金融模式的可持续推广和应用。

数据要素赋能乡村共同富裕的五种模式的编码分析如表10－1所示。

表10－1　数据要素赋能乡村共同富裕的五种模式的编码分析

三级编码	二级编码	一级编码
数据驱动的生产优化	农业生产管理	土壤和气象数据
		智能农业设备

续表

三级编码	二级编码	一级编码
数据驱动的市场与销售优化	市场与销售管理	市场信息数据
		市场需求数据分析
		供应链管理数据
		消费者行为数据分析
数据驱动的旅游服务优化	旅游服务管理	游客流量数据分析
		旅游消费行为数据分析
		旅游资源整合数据
数据驱动的加工与物流优化	农产品加工与物流管理	加工工艺数据分析
		物流数据分析
		质量管理数据
数据驱动的金融服务与风险管理	金融服务与风险管理	信用数据分析
		金融需求数据分析
		风险控制数据

三、数据要素在模式中的关键作用

1. 提高生产效率

数据要素通过实时监测和分析，优化了农业生产、加工和物流的各个环节，显著提高了生产效率，减少了资源浪费。例如，在农业生产中，通过使用传感器和卫星遥感技术收集土壤湿度、温度、光照等数据，可以实现精准灌溉和施肥，提高作物产量和质量。在加工环节，通过数据分析优化加工工艺，减少原材料损耗，提高加工设备的利用率和生产速度。在物流环节，通过物联网和大数据技术实现对农产品运输的全程监控和路径优化，减少了运输时间，降低了物流成本，从而整体提升了农业供应链的效率。

2. 优化资源管理

数据要素通过分析市场需求和消费者行为，优化了资源的配置，避免了资源的过度集中或浪费，提高了资源的利用效率。通过市场数据分析，可以准确预测农产品的需求趋势，指导农业生产计划，避免因供需失衡导致的价格波动和资源浪费。例如，江苏省某农业合作社通过分析市场数据，合理调整了种植结构，增加了高附加值农产品的种植比例，有效提高了农民的收入。此外，通过对消费者行为的分析，可以了解消费者的偏好和需求，推动农产品的个性化生产和定制化服务，进一步提高资源的利用效率。

3. 提升服务质量

数据要素通过分析游客流量和消费行为，提供了个性化的旅游服务，提升了服务质量，增强了游客的满意度和忠诚度。通过实时监测游客流量，可以合理安排旅游资源，避免旅游高峰期的拥堵和低峰期的资源闲置，提升游客的旅行体验。例如，四川省某乡村旅游示范村通过游客流量数据分析，合理安排了旅游服务资源，游客满意度显著提高，旅游收入增加了30%。同时，通过对游客消费行为的分析，可以提供更加精准和个性化的旅游推荐，如特色餐饮、文化体验活动等，进一步增强游客的忠诚度和回头率。广东省某乡村旅游地区通过旅游消费行为分析，为游客提供了个性化的旅游线路和活动，游客数量增加了25%，旅游收入提高了30%。

4. 降低融资成本

数据要素通过分析农民的信用状况和金融需求，提供了精准的金融服务，降低了融资成本，提高了融资效率，保护了农民的合法权益。通过建立和分析农民的信用档案，金融机构可以更准确地评估农民的信用风险，为他们提供更加合适和优惠的贷款产品。例如，山西省某农村地区通过信用数据分析，为农民提供了精准的贷款服务，融资成本降低了15%，融资效率显著提高，农民收入显著增加。此外，通过对农民金融需求的分析，可以提供个性化的金融产品和服务，如农业保险、专项贷款等，满足不同层次的金融需求，提高资金的使用效率。安徽省某农村地区通过金融需求数据分析，为农民提供了多种金融产品和服务，满足了不同层次的金融需求，促进了农村经济的发展。通过风险控制数据分析，还可以建立完善的金融风险控制机制，降低金融风险，保护农民的合法权益。云南省某农村地区通过风险控制数据分析，建立了完善的金融风险控制机制，有效降低了金融风险，保护了农民的合法权益。

第十一章

数据要素赋能乡村共同富裕的价值逻辑

在当前数字经济迅猛发展的背景下，数据已成为一种关键的生产要素，对经济社会发展产生了深远的影响。特别是在乡村振兴战略的实施过程中，数据要素的乘数作用日益凸显，为实现乡村共同富裕提供了新的机遇和路径。本章将深入探讨数据要素在乡村共同富裕中的价值逻辑，包括其价值创造机制、在乡村振兴中的价值实现路径、在乡村就业与创业中的作用，以及促进农村居民收入增长的机制。

首先，数据要素的价值创造机制是理解其在乡村共同富裕中作用的基础。数据作为一种新型的生产要素，通过收集、处理、分析和应用等环节，能够产生信息、知识和智慧，进而创造价值。在乡村环境中，农林牧渔等传统产业产生了大量数据，同时，随着物联网、大数据、人工智能等技术的引入，乡村数据的采集和利用能力得到显著提升。这些数据不仅有助于提高农业生产效率，优化资源配置，还能够推动乡村产业的转型升级，催生新的经济增长点。

其次，在乡村振兴的实践中，数据要素的价值实现路径是多样的。一方面，通过建立乡村大数据平台，整合农业、气象、市场等多源数据，可以为农民提供精准的生产指导和服务，提高农产品的质量和市场竞争力；另一方面，数据要素的应用有助于改善乡村治理，提高公共服务的效率和质量，促进乡村社会的和谐发展。此外，数据要素还有助于打通城乡之间的信息壁垒，推动城乡一体化发展，实现资源的合理配置和共享。

再次，数据要素在乡村就业与创业中发挥着重要作用。随着数字经济的发展，乡村地区涌现出众多基于数据的创新创业机会，如农村电商、智慧农业、乡村旅游等。这些新业态为乡村居民提供了更多就业机会，激发了他们的创造力和创业热情，促进了乡村经济多元化发展。同时，数据要素的应用也提高了乡村劳动力的技能水平，增强了他们的市场适应能力，为实现可持续就业和创业奠定基础。

最后，数据要素通过多种机制促进农村居民收入的增长。第一，数据驱动的农业生产模式能够提高农业生产的效率和产出，从而增加农民的收入。第二，数据要素的应用有助于优化农产品的流通和销售，减少中间环节，提高农民的收益。第三，数据要素能够促进乡村产业链的延伸和升级，发展农产品加工业、乡村旅游等相关产业，为农民创造更多的收入来源。第四，数据要素的应用还有助于缩小城乡数字鸿沟，提高乡村居民的数字素养，使其更好地参与到数字经济中，分享数字经济的发展红利。

第一节 数据要素的价值创造机制

数据要素在现代经济社会中的重要性日益凸显，其价值创造机制不仅涉及单一数据的利用，更在于数据与其他生产要素（如劳动力、资本、技术等）的协同、复用和融合。本节将详细探讨数据要素的价值创造机制，并通过数学模型进行分析，以期为数据要素在推动乡村共同富裕中的应用提供深入的理论支持和实践指导。本节将从协同效应、复用效应和融合效应三个方面展开讨论。

一、协同效应价值

（一）数据流与物资流的有效对接

在传统的生产模式中，物资流的调配往往依赖于人工经验和有限的信息来源，导致资源分配不均、生产效率低下。数据要素的应用可以通过实时数据采集和分析，实现数据流与物资流的有效对接，显著提升生产效率和资源配置的科学性。

1. 实时监控与预测

通过物联网技术，工业制造类企业可以实时采集生产过程中的各项数据，如设备运行状态、原材料消耗、产品质量等。这些数据经过分析处理，可以生成精确的物资需求预测模型，帮助企业优化库存管理，减少浪费，提高生产效率。具体来说，时间序列分析（Time Series Analysis）是一种常用的方法，可以预测未来一段时间内的物资需求。例如，使用自回归移动平均模型（ARIMA）进行预测：

$$y_t = \alpha_1 y_{t-1} + \alpha_2 y_{t-2} + \cdots + \alpha_p y_{t-p} + \epsilon_t + \beta_1 \epsilon_{t-1} + \beta_2 \epsilon_{t-2} + \cdots + \beta_q \epsilon_{t-q} \tag{11-1}$$

其中：

y_t 表示第 t 期的物资需求；

α_1，α_2，…，α_p 表示自回归项的系数；

ϵ_t，ϵ_{t-1}，…，ϵ_{t-q}表示移动平均项的误差；

p 和 q 分别表示自回归和移动平均的阶数。

通过这一模型，企业可以预测未来一段时间内的物资需求，从而优化库存管理和生产计划，减少无效的库存和浪费，提高生产效率。此外，数据流还可以与供应链管理相结合，通过数据分析预测市场需求，调整生产计划，确保物资的及时供应，降低生产成本。

2. 供应链管理优化

数据流与供应链管理的结合可以通过数据分析预测市场需求，调整生产计划，确保物资的及时供应，降低生产成本。线性规划（Linear Programming）是一种经典的优化方法，可以用来解决供应链管理中的物资调配问题。例如，假设企业有 n 个供应商和 m 个生产节点，可以通过以下模型来优化物资调配：

$$\text{Minimize} \quad Z = \sum_{i=1}^{n} \sum_{j=1}^{m} c_{ij} x_{ij} + \sum_{i=1}^{n} h_i y_i \tag{11-2}$$

其中：

c_{ij}表示从供应商 i 到生产节点 j 的运输成本；

x_{ij}表示从供应商 i 到生产节点 j 的物资数量；

h_i 表示生产节点 i 的库存持有成本；

y_i 表示生产节点 i 的库存水平。

通过求解这个线性规划模型，企业可以找到最优的物资调配方案，减少运输成本和库存持有成本，提高供应链的效率。

（二）数据流与人才流的协同作用价值

数据要素与人才流的协同作用价值主要体现在提升人才的管理和培训效率。通过大数据分析，企业可以全面了解员工的工作表现、技能水平和培训需求，制订个性化的职业发展规划和培训计划。

1. 利用数据要素进行人才评估与管理

利用数据分析工具，对员工的技能进行评估，发现潜在的技能缺口，开展有针对性的培训，提升员工的整体素质。例如，随机森林（Random Forest）[100]是一种常用的机器学习方法，可以分析员工在不同任务中的表现，识别他们的优势和不足，为他们提供个性化的职业发展规划。具体模型如下：

$$\text{Random Forest} \quad \hat{y} = \frac{1}{T}\sum_{t=1}^{T} g_t(x) \tag{11-3}$$

其中：

$\hat{y}$ 表示预测的员工绩效；

$g_t(x)$ 表示第 t 棵树的预测结果；

T 表示随机森林中树的数量；

x 表示员工的各种特征（如技能水平、工作经验等）。

通过随机森林模型，企业可以更准确地评估员工的绩效，发现潜在的技能缺口，制订有针对性的培训计划，提高员工的综合素质。

2. 利用数据要素分析人才流动与优化配置

通过建立人才数据库，企业可以更便捷地进行招聘和人才匹配，提高人力资源的使用效率。例如，使用匹配算法（如匈牙利算法）[101]，可以根据员工的技能和职位需求，实现最优的人员配置。具体模型如下：

$$\text{Maximize} \quad Z = \sum_{i=1}^{n} \sum_{j=1}^{m} p_{ij} x_{ij} \tag{11-4}$$

其中：

p_{ij} 表示员工 i 在职位 j 上的绩效评分；

x_{ij} 表示员工 i 在职位 j 上的匹配状态（0 或 1）；

n 表示员工的数量；

m 表示职位的数量。

通过求解这个匹配模型，企业可以找到最优的人才配置方案，提高人力资源的使用效率，提升企业的整体绩效。

（三）利用数据要素加强数据流与技术流的融合

数据要素与技术流的融合有助于技术创新和应用的加速。通过数据收集和分析，企业可以发现现有技术的不足之处，提出改进建议，并推动新技术的研发和应用。设计过程中可以通过数据分析优化产品设计，缩短研发周期，提高设计质量。例如，利用多目标优化算法（如遗传算法），可以对产品设计进行多目标优化，找到最佳设计方案。具体模型如下：

$$\text{Minimize} \quad Z = f_1(x) + \lambda f_2(x) \tag{11-5}$$

其中：

$f_1(x)$ 表示设计成本；

$f_2(x)$ 表示设计质量；

λ 表示成本和质量的权重；

x 表示设计参数。

通过求解这个多目标优化模型，企业可以找到在设计成本和设计质量之间平衡的最佳设计参数，从而优化产品设计，提高市场竞争力。

（四）数据流与资金流的协同价值

数据要素与资金流的协同作用主要体现在金融领域的应用上。通过数据分析，金融机构可以更准确地评估企业的信用风险，为其提供更合理的融资方案。

1. 信用评估模型

银行可以通过对企业生产数据、销售数据、财务数据等进行全面分析，生成信用评估报告，帮助其制定贷款额度和利率。例如，利用逻辑回归模型（Logistic Regression），可以评估企业的信用风险。具体模型如下：

$$P(\text{Default}) = \frac{1}{1 + e^{-(\beta_0 + \beta_1 x_1 + \beta_2 x_2 + \cdots + \beta_n x_n)}} \tag{11-6}$$

其中：

$P(\text{Default})$ 表示企业违约的概率；

β_0，β_1，β_2，…，β_n 表示模型系数；

x_1，x_2，…，x_n 表示企业的各种特征（如营收、利润、负债等）。

通过这个信用评估模型，银行可以更准确地评估企业的信用风险，降低决策失误的风险，提高资金的使用效率。

2. 财务管理优化

数据要素还可以优化企业的财务管理，通过数据分析实现成本控制和利润最大化。例如，利用线性回归模型（Linear Regression），可以预测企业的未来现金流，帮助其制订合理的财务策略。具体模型如下：

$$y = \alpha + \beta_1 x_1 + \beta_2 x_2 + \cdots + \beta_n x_n \tag{11-7}$$

其中：

y 表示现金流；

α 表示模型截距；

β_1，β_2，…，β_n 表示模型系数；

x_1，x_2，…，x_n 表示企业的各种财务数据（如销售额、成本等）。

通过这个线性回归模型，企业可以更准确地预测未来的现金流，制订合理的财务计划，实现成本控制和利润最大化。

（五）研究结论

根据数据要素与物资流、人才流、技术流和资金流的协同效应价值内容，可以得出以下研究结论：

结论1：数据流与物资流的有效对接显著提升生产效率和资源配置科学性。通过实时数据采集和分析，企业能够优化物资需求预测和供应链管理。例如，时间序列分析（如ARIMA模型）[102]和线性规划方法的应用，能够精确预测物资需求并优化调配方案，从而减少库存浪费、降低运输成本，并提高生产效率。

结论2：数据流与人才流的协同作用优化人才管理和配置效率。利用大数据分析和机器学习方法（如随机森林模型和匈牙利算法），企业能够全面评估员工技能、识别技能缺口，并实现最优的人才配置。这不仅提高了人力资源的使用效率，还为员工提供了个性化的职业发展规划和培训计划，从而提升整体绩效。

结论3：数据流与技术流、资金流的融合加速技术创新和金融决策优化。数据要素与技术流的融合推动了技术改进和新产品研发，如通过多目标优化算法（如遗传算法）优化产品设计。同时，数据要素与资金流的协同作用（如逻辑回归模型和线性回归模型）提高了金融机构的信用风险评估准确性，并帮助企业优化财务管理，实现成本控制和利润最大化。

二、复用效应价值

（一）多场景应用

数据要素的复用效应通过促进数据在多个场景中的应用，实现了数据价值的增量和质量提升。具体来说，多场景应用可以通过以下几种方式实现。

1. 农村电商平台

在农村电子商务领域，数据的多场景应用尤为突出。农村电商平台可以与各类商贸经营主体和相关服务企业深度融合，依托市场环境数据，构建一个集数据收集、分析、决策、精准推送和动态反馈于一体的闭环消费生态。例如，通过用户浏览记录、购物历史、搜索关键词等数据，精确了解用户的需求和偏好，为其推荐个性化的产品和服务，提高用户体验和满意度。具体模型如下：

$$\hat{r}_{ui} = \sum_{k=1}^{K} w_k(u,i) f_k(u) \tag{11-8}$$

其中：

$\hat{r}_{ui}$ 表示用户 u 对商品 i 的预测评分；

$w_k(u,i)$ 表示第 k 个场景下的权重；

$f_k(u)$ 表示第 k 个场景下的特征函数；

K 表示场景的数量。

通过这个推荐系统模型，电商平台可以更准确地预测用户的偏好，提高推荐的准确性和用户体验。

2. 农业生产

在农业领域，数据的多场景应用可以通过结合气象数据、土壤数据、作物生长数据等，实现精准农业管理。例如，通过数据分析，可以优化灌溉和施肥方案，提高农作物的产量和质量。具体模型如下：

$$\text{Optimization} \quad \text{Maximize} \quad \text{Yield} = f(\text{Weather}, \text{Soil}, \text{Crop Growth}) \tag{11-9}$$

其中：

Yield 表示农作物产量；

f 表示优化函数；

Weather 表示气象数据；

Soil 表示土壤数据；

Crop Growth 表示作物生长数据。

通过这个优化模型，农业生产可以更科学地管理资源，提高产量和质量，实现可持续发展。

（二）多主体复用

数据的多主体复用是实现数据价值最大化的重要途径。通过共享和开放机制，不同的企业和机构可以利用同一数据资源进行创新和优化。

1. 乡村振兴

政府、企业和科研机构可以通过共享数据资源，实现协同创新。政府可以提供基础数据，如人口统计、土地资源、生态环境等，企业可以利用这些数据进行市场分析和项目规划，科研机构则可以基于这些数据开展研究，提出科学的政策建议和技术方案。这种多主体复用的数据模式，不仅促进了资源的优化配置，还提高了各主体的创新能力和效率。具体模型如下：

$$V = \alpha G + \beta E + \gamma R \tag{11-10}$$

其中：

V 表示创新价值；

G 表示政府提供的数据资源；

E 表示企业利用数据进行的市场分析和项目规划；

R 表示科研机构基于数据的研究成果；

α、β、γ 表示各主体的贡献权重。

通过这个协同创新模型，政府、企业和科研机构可以有效地共享和利用数据资源，提升整体的创新能力和经济价值。

2. 医疗健康

在医疗领域，数据的多主体复用可以通过医疗机构、保险公司和政府部门的共享，提高医疗资源的利用效率。例如，通过医疗数据的共享，可以实现远程诊断和精准医疗，提高医疗服务质量。同时，保险公司可以利用这些数据进行风险评估，提供更合理的保险产品。具体模型如下：

$$E = \frac{1}{N}\sum_{i=1}^{N}\left(\frac{Q_i}{C_i}\right) \tag{11-11}$$

其中：

E 表示医疗效率；

N 表示医疗机构的数量；

Q_i 表示第 i 家医疗机构的服务质量；

C_i 表示第 i 家医疗机构的服务成本。

通过这个医疗效率模型，可以更准确地评估医疗资源的利用效率，提高医疗服务质量。

（三）增量与质量的双重提升

数据要素的复用效应在增量和质量方面都发挥了重要作用。一方面，通过多场景应用，数据可以不断生成新的信息和知识，拓展经济增长的新空间；另一方面，数据的复用可以提高信息的准确性和可靠性，提升决策的质量。

1. 增量提升

数据的多场景应用可以创造新的信息和知识，拓展经济增长的新空间。例如，电商平台通过用户反馈数据，不断改进产品设计和服务内容，推出更多创新性的商业模式，如直播电商、即时电商等，这些新业态不仅增加了销售额，还丰富了市场供应，满足了消费者多样化的需求。具体模型如下：

$$\text{Sales Growth}\quad S_{t+1} = S_t + \Delta S_t \tag{11-12}$$

其中：

S_t 表示第 t 期的销售额；

ΔS_t 表示通过数据复用和创新商业模式带来的销售额增量。

通过这个销售增长模型，电商平台可以更科学地规划市场策略，实现持续的销售增长。

2. 质量提升

数据的复用可以提高信息的准确性和可靠性，提升决策的质量。通过多主体复用，不同背景的数据可以相互校验，减少信息失真，提高决策的科学性和有效性。例如，在项目管理中，通过数据分析，可以更准确地评估项目的风险和收益，提高项目的成功率。具体模型如下：

$$\text{Decision Quality}\quad Q = \frac{1}{M}\sum_{j=1}^{M}\left(\frac{A_j}{E_j}\right) \tag{11-13}$$

其中：

Q 表示决策质量；

M 表示项目数量；

A_j 表示第 j 个项目的实际效果；

E_j 表示第 j 个项目的预期效果。

通过这个决策质量模型，可以更科学地评估决策的准确性，提高项目的成功率。

（四）研究结论

根据数据要素在多场景应用、多主体复用以及增量与质量双重提升中的研究内容，可以得出以下研究结论：

结论 1：数据要素的多场景应用显著提升各领域效率与用户体验。在农村电商和农业生产中，数据要素的复用效应通过精准推荐和资源优化，显著提升了用户体验和农业生产效率。例如，基于用户行为数据的推荐系统模型能够精准预测用户偏好，而农业优化模型则通过整合气象、土壤和作物生长数据，实现了精准农业管理，提高了农作物产量和质量。

结论 2：多主体复用机制促进协同创新与资源优化配置。在乡村振兴和医疗健康领域，政府、企业、科研机构等多主体通过数据共享，实现了协同创新和资源的高效利用。例如，政府提供的基础数据为企业的市场分析和科研机构的研究提供了支持，而医疗数据的共享则提高了医疗资源的利用效率，实现了远程诊断和精准医疗。

结论 3：数据复用实现增量与质量的双重提升。数据的多场景应用和多主体复用不仅创造了新的经济增长点（如电商平台的新商业模式），还提高了信息的准确性和可靠性，提升了决策质量。例如，电商平台通过用户反馈数据不断优化产品和服务，而项目管理中数据的多源校验则提高了风险评估和项目成功的准确性。

三、融合效应价值

（一）多元数据的融合

数据要素的融合效应通过加快多元数据的融合，实现了数据的规模扩张和类型丰富。具体来说，多元数据的融合可以通过科技创新平台的建设，实现不同数据来源的集成和分析。

1. 数据集成与融合

科技创新平台可以整合来自多个渠道的数据，如企业内部数据、公开数据、第三方数据等。这些数据通过清洗、标准化和融合，可以生成更加全面和准确的信息。例如，假设平台整合了 n 个数据源，可以使用数据融合算法（Data Fusion）来生成综合信息：

$$\text{Fused Data}\quad z=\mathcal{F}(x_1,x_2,\cdots,x_n) \tag{11-14}$$

其中，z 表示融合后的综合数据；$\mathcal{F}$ 表示数据融合函数；x_1，x_2，…，x_n 表示各个数据源提供的数据。通过数据融合，科技创新平台可以提供更加丰富的信息和知识，支持企业的研发和创新活动。

2. 云计算与大数据分析

云计算技术为大数据分析提供了强大的算力支持。企业可以通过云平台进行大规模的数据处理和分析，而无须投入昂贵的硬件设备。例如，使用分布式计算框架（如 Apache Hadoop 或 Spark）进行大数据处理，可以显著提高分析效率。具体模型如下：

$$\text{Distributed Computing}\quad y=\mathcal{M}(\mathrm{X};\theta) \tag{11-15}$$

其中，y 表示分析结果；X 表示大数据集；$\mathcal{M}$表示分布式计算模型；θ 表示模型参数。通过云计算和分布式计算，企业可以更高效地处理和分析大规模数据，提高决策的准确性和时效性。

（二）构筑一体化、多元化、可复用的经济信息网络

数据要素的融合效应还体现在构筑一体化、多元化、可复用的经济信息网络上。通过数据的互联互通，可以实现信息的高效流动和共享，促进经济的发展。

1. 信息共享平台

信息共享平台可以整合不同行业和领域中的数据，提供一站式的信息服务。例如，利用图数据库（Graph Database）构建经济信息网络，可以更直观地展示不同实体之间的关系，支持复杂的数据查询和分析。

2. 数据交易市场

数据交易市场的建设可以促进数据的流通和利用，实现数据的市场化。通过建立数据交易平台，企业和机构可以买卖和交换数据，提高数据的使用效率。例如，假设数据交易平台上有 n 个数据卖家和 m 个数据买家，可以通过双边匹配模型（Bipartite Matching）[103] 实现最优的交易匹配。具体模型如下：

$$\text{Maximize} \quad Z = \sum_{i=1}^{n} \sum_{j=1}^{m} v_{ij} x_{ij} \tag{11-16}$$

其中，Z 表示交易价值；n 表示数据卖家的数量；m 表示数据买家的数量；v_{ij} 表示卖家 i 和买家 j 之间的交易价值；x_{ij} 表示卖家 i 和买家 j 之间的交易状态（0 或 1）。

通过这个双边匹配模型，数据交易平台可以实现供需双方的最优匹配，提高数据交易的效率和价值。

（三）研究结论

根据数据要素的融合效应价值研究内容，可以得出以下研究结论：

结论 1：多元数据融合显著提升信息的全面性和准确性。通过科技创新平台整合多源数据，并利用数据融合算法，能够生成更加全面和准确的信息。这种融合效应不仅丰富了数据的规模和类型，还为企业研发和创新活动提供了强有力的支持，从而提升了决策的科学性和有效性。

结论 2：云计算与大数据分析技术大幅提高数据处理效率。云计算和分布式计算框架（如 Apache Hadoop 或 Spark）的应用，为企业提供了强大的算力支持，使其能够高效处理和分析大规模数据。这不仅降低了硬件投入成本，还显著提高了数据分析的时效性和准确性，为企业的战略决策提供了可靠依据。

结论 3：一体化经济信息网络促进数据的高效流动与市场化。通过构建信息共享平台和数据交易市场，实现了数据的互联互通和高效流通。例如，利用图数据库和图算法构建的经济信息网络，能够直观展示实体间的关系，而双边匹配模型则优化了数据交易的供需匹配，提高了数据的使用效率和市场化水平。

四、研究小结

数据要素的价值创造机制包括协同效应、复用效应和融合效应。协同效应通过数据流与物资流、人才流、技术流和资金流的有效对接，实现了资源的优化配置和效率的提升。复用效应通过多场景应用、多主体复用、增量与质量的双重提升，实现了数据价值的不断扩展和提升。融合效应通过多元数据的融合、算力发展，构筑一体化、多元化的经济信息网络，推动了数据利用的专业化和市场化水平的提升。这三种效应相辅相成、相互促进，共同构成了数据要素在现代化经济社会中的价值创造机制。

第二节　数据要素在乡村振兴中的价值实现路径

乡村振兴是我国实现全面现代化进程中的关键环节，而数据要素的融入，无疑为其注入了新的活力与发展动力。本节将聚焦于数据要素在乡村振兴中的价值实现路径，从三个主要方面展开详细且深入的阐述。首先，优化农业生产与资源配置。在传统农业向现代农业转型的道路上，数据要素犹如一双精准的“慧眼”，能够助力农业生产实现精细化、科学化。通过对农业生产过程中各类数据的收集、分析与利用，如土壤肥力数据、气象变化数据、农作物生长周期数据等，可以精准地指导农业生产，合理配置资源，提高农业生产效率与质量。其次，提升乡村治理与公共服务水平。乡村治理与公共服务是乡村发展的重要保障，数据要素的介入可以让这一保障更加坚实有力。借助大数据、云计算等技术，能够构建智能化的乡村治理体系，实现对乡村事务的高效管理与精准决策。同时，也能为乡村居民提供更加便捷、优质的公共服务，如在线医疗、远程教育等，缩小城乡之间的公共服务差距。最后，促进乡村产业转型升级。乡村产业的发展是乡村振兴的核心支撑，数据要素能够为乡村产业的转型升级提供强大的驱动力。通过挖掘和利用市场数据、消费数据等，乡村产业可以更好地适应市场需求，调整产业结构，创新商业模式，推动乡村产业向多元化、高端化发展。

一、优化农业生产与资源配置

（一）精准农业与智能决策支持系统

1. 数据采集与感知

精准农业的基础是高质量的数据采集。通过物联网（IoT）设备，如土壤湿度传感器、气象站、无人机和卫星遥感等，可以实时监测农田的各项环境参数。这些设备生成的多源数据为后续的分析和决策提供了坚实的基础。例如，土壤湿度传感器可以连续监测土壤水分含量，确保灌溉系统能够在最佳时机启动，避免水资源浪费。气象站则可以提供温度、湿度、风速等气象数据，帮助农民预测天气变化，提前做好防灾准备。

2. 数据分析与建模

采集到的数据需要经过处理和分析才能转化为有用的信息。数据分析方法包括统计分析、机器学习和深度学习等。例如，时间序列分析可以用于预测作物的生长周期和产量；分类算法可以识别病虫害的发生风险。通过构建农作物生长模型，可以模拟不同条件下作物的生长情况，优化种植方案。病虫害预警模型则可以根据历史数据和实时监测结果，预测病虫害的发生概率，提前采取防治措施。

3. 智能决策支持

智能决策支持系统（DSS）将分析结果转化为具体的农事操作建议。例如，系统可以根据土壤湿度和天气预报，推荐最佳的灌溉时间和水量；根据病虫害预警结果，建议何时进行农药喷洒。这种基于数据的智能决策，能够显著提高农业生产的效率和质量。此外，智能决策支持系统还可以结合市场数据，为农民提供销售建议，帮助他们在最佳时机将农产品推向市场，最大化收益。

（二）优化资源配置与物流管理

1. 资源优化配置

农业资源的合理配置是提高农业生产效率的关键。通过数据分析，可以优化土地、水、肥料等资源的使用。例如，利用线性规划模型，可以根据不同作物的需求和土壤条件，制订最优的土地利用方案。优化算法可以确定最佳的灌溉和施肥策略，最大限度地提高资源利用效率。此外，通过数据分析还可以识别低效使用的资源，提出改进措施，如轮作制度的优化和有机肥料的推广，以减少对化肥的依赖，保护生态环境。

2. 物流管理与供应链优化

农产品的物流管理和供应链优化同样依赖于数据要素。通过实时监控和数据分析，可以优化物流路线，减少运输时间和成本。例如，利用车辆路径规划（VRP）模型，可以找到最优的配送路线，确保农产品在最短时间内送达市场。库存管理模型可以优化仓储和配送中心的库存水平，确保农产品的新鲜度和市场供应的稳定性。此外，通过数据分析还可以识别供应链中的瓶颈环节，提出改进建议，如增加冷链物流设施、提高农产品的保鲜能力。

（三）农业风险管理与保险创新

1. 风险评估与预警

农业生产的不确定性和风险较大，数据要素在农业风险管理中的应用可以帮助农民更好地应对自然灾害和市场波动。通过数据分析和建模，可以对农业风险进行评估和预警。例如，利用气候数据和历史灾害记录，构建气象灾害风险模型，预测干旱、洪涝、台风等自然灾害的发生概率。市场价格数据可以用于构建农产品价格波动模型，预测市场风险，帮助农民提前做出应对措施，如调整种植结构或签订期货合同。

2. 保险创新与精准赔付

数据要素还可以应用于农业保险领域，实现保险创新和精准赔付。例如，利用遥感数据和作物生长模型，可以精确评估受灾面积和损失程度，实现快速理赔。区块链技术可以确保理赔过程的透明和公正，提高农民的信任度。此外，保险公司还可以通过数据分析，识别高风险区域，制定差异化保费政策，既能保障农民的利益，又降低保险公司的经营风险。

二、提升乡村治理与公共服务水平

（一）数据驱动的乡村治理现代化

1. 数据平台建设

建设乡村大数据平台是实现数据驱动治理的基础。通过整合人口、土地、经济、社会等多源数据，形成全面的乡村信息库。地理信息系统（GIS）可以绘制乡村地图，展示村庄的地理位置、人口分布、土地利用等信息。数据库管理系统（DBMS）可以存储和管理各类乡村数据，为决策提供支持。例如，通过 GIS 平台，可以直观展示村庄的基础设施分布情况，帮助政府合理规划公共设施建设；通过 DBMS，可以实时更新人口信息，为社会保障和公共服务提供依据。

2. 智能决策与政策评估

基于大数据平台，可以进行智能决策和政策评估。数据挖掘技术可以从海量数据中提取有价值的信息，为政策制定提供依据。仿真模型可以预测政策实施的效果，评估政策的可行性和有效性。例如，通过仿真模型，可以预测某一政策对乡村经济的影响，评估其是否能达到预期目标。此外，智能决策系统还可以结合实时数据，动态调整政策执行力度，确保政策的有效性和灵活性。

3. 公众参与与互动

数据平台还可以实现公众参与和互动，提高治理的透明度和民主性。通过在线问卷、社交媒体等工具，可以收集村民的意见和建议。数据分析可以了解村民的需求和关切，制定更加符合民意的政策措施。例如，通过在线问卷调查，可以了解村民对公共服务的满意度，找出存在的问题；通过社交媒体平台，可以及时回应村民的诉求，增强政府与村民之间的沟通和信任。

（二）公共服务的智能化与个性化

1. 智慧医疗

智慧医疗通过数据要素的应用，可以显著提升乡村医疗服务水平。电子健康档案（EHR）可以记录村民的健康信息，方便医生诊断和治疗。远程医疗技术可以实现远程诊疗，解决乡村医疗资源不足的问题。大数据分析可以预测疾病流行趋势，提前采取防控措施。例如，通过分析村民的健康数据，可以识别慢性病患者，提供个性化的健康管理方案；通过预测传染病的传播路径，可以提前储备医疗物资，做好防控准备。

2. 智慧教育

数据要素在智慧教育中的应用，可以弥补乡村教育资源的不足。在线教育平台可以提供优质的教育资源，打破地域限制。学习分析技术可以分析学生的学习行为和成绩，为教师提供个性化的教学建议。虚拟现实（VR）和增强现实（AR）技术可以创建沉浸式学习环境，提高学生的学习兴趣和效果。例如，通过在线教育平台，乡村学生可以获得与城市学生相同的优质课程；通过学习分析，教师可以了解每个学生的学习进度，提供有针对性的辅导；通过 VR/AR 技术，学生可以在虚拟环境中进行实验和实践，增强学习的趣味性和实效性。

3. 智慧交通

智慧交通管理可以提高乡村的交通效率和安全性。交通流量数据可以优化交通信号灯的设置，减少拥堵。智能公交系统可以提供实时公交信息，方便村民出行。共享单车和电动车租赁平台可以解决乡村“最后一公里”的交通问题。例如，通过交通流量数据分析，可以优化交通信号灯的配时，减少等待时间；通过智能公交系统，村民可以实时查询公交车的位置和预计到达时间，合理安排行程；通过共享单车和电动车租赁平台，村民可以方便快捷地到达目的地，提升出行便利性。

（三）社会治安与应急管理

1. 治安防控

数据分析和智能监控可以提高乡村的治安防控水平。视频监控系统可以实时监控乡村公共场所的安全状况，及时发现异常情况。人脸识别技术和大数据分析可以识别可疑人员，预防犯罪。报警系统可以在紧急情况下及时通知相关部门。例如，通过视频监控系统，可以实时查看村庄的主要路口和公共场所的情况，确保安全；通过人脸识别技术，可以识别外来人员，防止非法入侵；通过报警系统，村民可以在遇到紧急情况时迅速报警，获得及时援助。

2. 应急管理

数据要素在应急管理中的应用，可以提高应急响应速度和处置能力。灾害预警系统可以在自然灾害发生前发布预警信息，提醒村民做好防范措施。应急指挥平台可以实时调度救援力量，确保救援工作的高效有序。无人机和遥感技术可以快速评估灾情，为救援工作提供支持。例如，通过灾害预警系统，村民可以在洪水、地震等灾害发生前收到预警信息，提前疏散；通过应急指挥平台，救援队伍可以迅速集结，赶赴现场；通过无人机和遥感技术，可以快速获取灾区的影像资料，为救援决策提供依据。

三、促进乡村产业转型升级

（一）数字农业与智慧农业

1. 数字农业

数字农业通过信息技术和数据要素，实现农业生产的数字化管理。物联网技术可以实现农业生产全过程的数字化监控和管理。大数据分析可以优化农业生产流程，提高生产效率。区块链技术可以实现农产品的全程追溯，保障食品安全。例如，通过物联网设备，可以实时监控农田的环境参数，确保作物在最佳条件下生长；通过大数据分析，可以优化种植方案，提高产量；通过区块链技术，可以记录农产品的生产、加工、运输等环节，确保食品安全可追溯。

2. 智慧农业

智慧农业在数字农业的基础上，进一步引入人工智能、机器人等先进技术，实现农业生产的智能化和自动化。智能农机可以实现自动耕种、自动收割，提高农业生产效率。无人机可以进行空中巡查和喷洒作业，提高作业精度。智能温室可以实现环境控制和自动化管理，提高作物产量和质量。例如，通过智能农机，农民可以减少劳动强度，提高工作效率；通过无人机，可以精确喷洒农药和肥料，减少浪费；通过智能温室，可以控制温度、湿度等环境参数，确保作物在最佳条件下生长。

（二）农村电商与新零售

1. 农村电商

农村电商通过互联网平台，将农产品直接销售给消费者，打破了传统的销售渠道。数据要素在农村电商中的应用，可以实现精准营销和个性化推荐。用户画像技术可以分析消费者的购买行为和偏好，为他们推荐合适的产品。大数据分析可以预测市场需求，帮助农民合理安排生产和销售。

（1）物流数据优化配送。

通过分析物流数据，可以优化配送路线，提高配送效率。例如，利用物流大数据平台，可以实时监控运输车辆的位置和状态，确保货物按时送达。同时，通过分析历史物流数据，可以识别出配送中的瓶颈环节，提出改进建议，如增加物流网点、优化仓库布局等，从而进一步提升配送效率。此外，智能物流系统还可以根据订单量和配送距离，动态调整配送资源，确保资源的最优配置。

（2）供应链管理。

数据要素还可以应用于农村电商的供应链管理。通过整合供应链各环节的数据，可以实现供应链的透明化和协同化。例如，利用供应链管理平台，可以实时跟踪农产品从生产、加工、运输到销售的全过程，确保每个环节的高效运作。同时，通过数据分析，可以识别出供应链中的潜在风险，如原材料短缺、运输延误等，并提前采取应对措施，保障供应链的稳定性和可靠性。

2. 新零售

（1）全渠道营销。

新零售通过线上线下融合（O2O）的方式，实现全渠道营销。数据要素在新零售中的应用，可以实现商品的精准推荐和库存管理。例如，利用线上线下数据融合，可以分析消费者的购买行为和偏好，为他们提供个性化的产品推荐。同时，通过实时库存管理，可以确保线上线下库存的一致性，避免缺货或积压现象的发生。此外，新零售平台还可以通过数据分析，优化促销活动，提高销售额和客户满意度。

（2）智能货架与无人商店。

智能货架和无人商店是新零售的重要组成部分。通过传感器和数据分析，智能货架可以实时监控商品的库存和销售情况，及时补货或调整陈列。无人商店则可以通过人脸识别、自助结算等技术，提供便捷的购物体验。例如，顾客进入无人商店后，系统可以自动识别其身份，并根据其购买历史和偏好，推荐合适的产品。购物结束后，顾客可以通过自助结算设备完成支付，无须排队等候，大大提升了购物效率。

（3）供应链优化。

新零售通过数据要素的应用，可以优化供应链，降低成本，提高利润。例如，通过大数据分析，可以预测市场需求，合理安排生产和采购，避免过度生产和库存积压。同时，通过供应链协同平台，可以实现供应商、制造商、零售商之间的信息共享和协同运作，提高供应链的整体效率。此外，新零售平台还可以通过数据分析，优化物流配送，减少运输成本，提高配送效率。

（三）乡村旅游与文化创意产业

1. 乡村旅游

（1）旅游大数据平台。

旅游大数据平台是乡村旅游的重要支撑。通过整合游客来源地、年龄、性别、兴趣等多源数据，可以为游客提供个性化的旅游推荐。例如，平台可以根据游客的历史浏览记录和购买行为，推荐适合他们的景点、酒店和餐厅。同时，通过数据分析，可以识别出热门旅游线路和景点，帮助乡村旅游从业者优化产品和服务。此外，旅游大数据平台还可以通过舆情分析，了解游客对乡村旅游的评价和建议，及时改进服务质量。

（2）智能导览系统。

智能导览系统可以提升游客的旅游体验。通过语音讲解和导航服务，游客可以深入了解乡村旅游景点的文化背景和历史故事。例如，游客在参观古村落时，可以通过手机 App 获取详细的语音讲解，了解村落的历史沿革和民俗风情。此外，智能导览系统还可以提供实时导航服务，帮助游客轻松找到各个景点的位置，避免迷路。同时，通过智能导览系统，乡村旅游从业者可以收集游客的反馈意见，不断优化导览内容和服务质量。

（3）在线预订平台。

在线预订平台可以实现门票、住宿、餐饮等“一站式”预订，方便游客出行。通过整合乡村旅游资源，平台可以为游客提供全方位的服务，如景点门票预订、酒店预订、餐饮预订等。同时，平台还可以通过数据分析，优化旅游资源的配置，提高利用率。例如，通过分析游客的预订数据，可以预测高峰期和淡季，合理安排接待能力。此外，平台还可以通过用户评价和评分系统，筛选出优质的服务商，提升游客的满意度。

2. 文化创意产业

（1）文化大数据平台。

文化大数据平台是文化创意产业的重要支撑。通过挖掘乡村文化资源，为创意设计提供素材。例如，平台可以整合乡村的历史文化、民俗风情、手工艺品等资源，为设计师提供灵感和创作素材。同时，通过数据分析，可以识别出具有市场潜力的文化元素，指导文化创意产品的开发。此外，文化大数据平台还可以通过用户行为分析，了解市场需求，调整创意设计的方向和重点。

（2）社交媒体与网络营销。

社交媒体和网络营销是文化创意产品推广的重要途径。通过社交媒体平台，可以扩大文化创意产品的市场影响力。例如，通过微博、微信、抖音等社交平台，可以发布文化创意产品的图片、视频等内容，吸引用户的关注和分享。同时，通过网络广告投放、网红推荐等方式，可以提高产品的曝光率和知名度。此外，网络营销还可以通过数据分析，了解用户的需求和偏好，制定个性化的营销策略，提高转化率。

（3）市场需求导向。

文化创意产业的发展需要以市场需求为导向。通过数据分析，可以了解市场需求的变化趋势，指导文化创意产业的发展方向。例如，通过分析市场调研数据，可以识别出当前流行的文创产品类型，如手工艺品、纪念品、文化体验等，并据此调整生产计划。同时，通过用户评价和反馈，可以了解产品的优缺点，不断改进产品质量和服务水平。此外，通过数据分析，还可以识别出潜在的市场需求，开发新的文创产品和服务，拓展市场空间。

可见，数据要素在乡村振兴中的价值实现路径是多维度和多层次的。通过优化农业生产与资源配置、提升乡村治理与公共服务水平、促进乡村产业转型升级，数据要素可以为乡村振兴提供强有力的支撑。未来，随着数据技术的不断发展和应用，数据要素将在乡村振兴中发挥越来越重要的作用，为实现乡村共同富裕提供新的动能和路径。

第三节　数据要素在乡村就业与创业中的作用

在乡村振兴战略背景下，促进乡村就业与创业是实现共同富裕的重要途径。数据要素作为新型生产要素，在推动乡村就业与创业方面具有巨大的潜力和独特的优势。本节将基于神经网络模型，首先阐述数据要素对乡村就业的促进作用。其次，分析数据要素对乡村创业的支持作用，通过理论分析、实证研究和模型应用相结合的方式，深入探讨数据要素在乡村就业与创业中的具体作用和实现路径。

一、数据要素对乡村就业的促进作用

（一）就业信息匹配与精准招聘

1. 就业信息平台建设

数据要素在乡村就业中的首要作用是通过构建就业信息平台，实现就业信息的高效匹配。传统的就业信息发布渠道有限，信息不对称问题严重，

导致求职者和用人单位之间的匹配效率低下。通过建立乡村就业信息平台，可以整合各类招聘信息、求职意向和培训资源，形成全面的就业信息库。例如，平台可以收录乡村企业的招聘信息、政府部门的就业政策、培训机构的课程安排等，为求职者提供“一站式”的就业服务。

2. 神经网络模型的应用

为了提高就业信息匹配的准确性，可以引入神经网络模型进行智能推荐。神经网络模型通过学习大量的历史数据，可以识别求职者和职位之间的潜在关联，实现精准匹配。例如，基于求职者的学历、技能、工作经验等特征，以及职位的要求、薪资待遇、工作地点等信息，神经网络模型可以计算出两者之间的匹配度，并为求职者推荐最适合的职位。同时，模型还可以根据用户的反馈，不断优化推荐算法，提高匹配的准确性和用户满意度。

3. 精准招聘与人才引进

除了帮助求职者找到合适的岗位外，数据要素还可以支持企业进行精准招聘和人才引进。通过分析求职者的简历和面试表现，神经网络模型可以预测其在未来工作中的表现，帮助企业筛选出最合适的人选。此外，平台还可以通过数据分析，识别出乡村急需的人才类型，如农业技术专家、乡村旅游策划师等，并通过政策倾斜和激励措施，吸引这些人才到乡村就业，促进乡村产业发展。

（二）职业技能培训与素质提升

1. 培训需求分析

数据要素在乡村就业中的另一重要作用是通过分析就业市场的变化趋势，为职业技能培训提供依据。通过对劳动力市场的数据进行分析，可以识别出当前和未来的技能需求，为培训内容的设计提供参考。例如，通过分析乡村企业的用人需求，可以发现某些技能（如电商运营、农业机械维修等）的需求量较大，从而有针对性地开设相关培训课程。此外，通过分析求职者的技能短板，可以为他们提供个性化的培训建议，帮助他们提升就业竞争力。

2. 智能培训平台

为了提高职业技能培训的效果，可以构建智能培训平台，利用数据要素和神经网络模型进行个性化教学。智能培训平台可以根据学员的学习进度和掌握情况，动态调整培训内容和难度，确保每个学员都能获得最适合自己的学习体验。例如，平台可以通过分析学员的学习数据，识别出他们在哪些知识点上存在困难，并提供有针对性的辅导和练习。此外，平台还可以通过模拟考试和技能测评，帮助学员了解自己的学习成果，及时调整学习计划。

3. 持续学习与终身教育

数据要素还可以支持乡村居民的持续学习和终身教育。通过建立个人学习档案，记录每个学员的学习轨迹和成长历程，为他们提供个性化的学习路径规划。例如，学员可以在平台上选择感兴趣的学习模块，逐步积累知识和技能，最终获得相应的资格证书或职业认证。此外，平台还可以通过数据分析，识别出学员的学习兴趣和潜力，为他们推荐适合的职业发展路径，帮助他们在职业生涯中不断进步。

（三）就业机会创造与岗位拓展

1. 新兴产业与就业岗位

数据要素在乡村就业中的另一重要贡献是通过支持新兴产业发展，创造更多的就业岗位。例如，通过数据分析，可以识别出乡村适合发展的新兴产业，如农村电商、乡村旅游、农产品加工等，并通过政策扶持和技术支持，推动这些产业的发展。新兴产业的发展不仅创造了直接的就业岗位，还带动了相关产业的发展，间接增加了就业机会。例如，农村电商的发展不仅需要电商运营人员，还需要物流配送、客服支持等配套岗位，从而为更多人提供了就业机会。

2. 政府与企业合作

数据要素还可以促进政府和企业在就业领域的合作，共同创造更多的就业机会。通过数据分析，政府可以识别出乡村的就业短板和发展潜力，制订有针对性的就业政策和扶持措施。例如，政府可以通过税收优惠、财政补贴等方式，鼓励企业在乡村设立分支机构或生产基地，带动当地就业。同时，企业也可以通过数据分析，了解乡村的劳动力市场情况，制订合理的人力资源规划，确保企业的发展需求与乡村的就业需求相匹配。

3. 神经网络模型预测

神经网络模型通过学习历史就业数据和经济数据，能够预测未来就业市场的变化趋势，为企业和求职者提供前瞻性的就业指导[104-105]。

（1）模型结构。

神经网络模型通常由输入层、隐藏层和输出层组成。每个层包含多个神经元，通过权重和激活函数连接。

输入层：接收来自历史就业数据和经济数据的输入信息。这些数据可以包括但不限于过去几年的就业人数、薪资水平、经济增速、行业分布等。

隐藏层：多个隐藏层通过权重和激活函数处理输入数据，提取特征并进行非线性变换。隐藏层的数量和每个隐藏层的神经元数量可以根据具体问题的复杂度进行调整。

输出层：输出预测结果，如未来几年的就业需求量、薪资水平等。

（2）数学模型。

神经网络模型的数学表示可以概括为以下几种关键公式和机制：

①前向传播。

假设有 n 个输入特征 x_1，x_2，…，x_n，以及 m 个输出特征 y_1，y_2，…，y_m。隐藏层的第 j 个神经元的输出 a_j 可以表示为：

$$a_j = \sigma\left(\sum_{i=1}^{n} w_{ij}x_i + b_j\right) \tag{11-17}$$

其中，w_{ij}是输入层到隐藏层的权重，b_j 是偏置项，σ 是激活函数（如 ReLU、Sigmoid 等）。

②输出层计算。

输出层的第 k 个神经元的输出 y_k 可以表示为：

$$y_k = \sigma\left(\sum_{j=1}^{h} v_{jk}a_j + c_k\right) \tag{11-18}$$

其中，v_{jk} 是隐藏层到输出层的权重，a_j 是隐藏层的输出，c_k 是偏置项，σ 是激活函数。

损失函数：为了评估模型的预测效果，可以使用均方误差（MSE）作为损失函数：

$$L = \frac{1}{m}\sum_{i=1}^{m}(y_i - \hat{y}_i)^2 \tag{11-19}$$

其中，y_i 是实际值，$\hat{y}_i$ 是预测值，m 是样本数量。

③反向传播。

通过反向传播算法，调整权重和偏置项，以最小化损失函数。反向传播的基本步骤包括：

第一步，计算输出层误差。

$$\delta_k = \frac{\partial L}{\partial z_k} = (y_k - \hat{y}_k)\sigma'(z_k) \tag{11-20}$$

其中，$z_k = \sum_{j=1}^{h} v_{jk}a_j + c_k$。

第二步，计算隐藏层误差。

$$\delta_j = \sigma'(z_j)\sum_{k=1}^{m} v_{jk}\delta_k \tag{11-21}$$

其中，$z_j = \sum_{i=1}^{n} w_{ij}x_i + b_j$。

第三步，更新权重和偏置项。

$$w_{ij} = w_{ij} - \eta\frac{\partial L}{\partial w_{ij}} \tag{11-22}$$

$$b_j = b_j - \eta\frac{\partial L}{\partial b_j} \tag{11-23}$$

$$v_{jk} = v_{jk} - \eta\frac{\partial L}{\partial v_{jk}} \tag{11-24}$$

$$c_k = c_k - \eta\frac{\partial L}{\partial c_k} \tag{11-25}$$

其中，η 是学习率，控制权重和偏置项的更新速度。

（四）研究结论与模型应用

1. 研究结论

根据上述神经网络模型可以得出 2 个研究结论。

结论 1： 数据要素能有效促进乡村就业。数据要素可通过支持新兴产业发展来创造乡村就业岗位。借助数据分析识别适合乡村发展的新兴产业，如农村电商、乡村旅游、农产品加工等，在政策扶持和技术支持下推动其发展，不仅能直接创造岗位，还会带动相关产业，间接增加就业机会，拓展乡村就业空间。

结论 2：神经网络模型可助力就业市场预测与指导。神经网络模型通过学习历史就业数据和经济数据，能对未来就业市场变化趋势进行预测。该模型由输入层、隐藏层和输出层构成，通过前向传播、输出层计算、损失函数评估以及反向传播调整权重和偏置项等步骤来实现预测功能，能为企业和求职者提供前瞻性的就业指导。

2. 模型应用

神经网络模型可以预测某一行业在未来几年的需求量和薪资水平。例如，通过分析历史就业数据和经济数据，模型可以预测未来几年乡村某一行业的就业人数、薪资水平等，帮助企业制订招聘计划，指导求职者选择职业方向。此外，根据乡村的资源优势和发展潜力，神经网络模型可以预测适合发展的产业类型。例如，通过分析农业生产数据、自然资源数据和市场数据，模型可以预测某一乡村是否适合发展有机农业、乡村旅游等产业，为企业投资和政府规划提供决策依据。

通过调整神经网络的结构参数（如隐藏层的数量、神经元的数量、学习率等），可以优化模型的性能，可以使用网格搜索、随机搜索等方法进行调整。通过交叉验证、训练集/测试集分割等方法，评估模型的泛化能力和稳定性，确保模型在新数据上的预测效果。神经网络模型能够为乡村就业岗位的预测和规划提供科学依据，帮助企业、求职者和政府更好地应对未来的就业市场变化。

二、数据要素对乡村创业的支持作用

（一）创业信息支持与决策辅助

1. 创业信息平台建设

数据要素在乡村创业中的首要作用是通过构建创业信息平台，为创业者提供全面的信息支持。创业信息平台可以整合各类创业资源，如政策法规、市场动态、融资渠道、成功案例等，帮助创业者获取所需信息，降低创业风险。例如，平台可以提供最新的创业政策解读，帮助创业者了解政府的扶持政策；提供市场研究报告，帮助创业者分析市场需求；提供融资渠道信息，帮助创业者寻找资金支持。

2. 神经网络模型的应用

为了提高创业决策的科学性和准确性，可以引入神经网络模型进行创业决策辅助。神经网络模型可以通过学习大量的历史创业数据，识别出成功的创业模式和失败的风险因素，为创业者提供决策建议。例如，基于创业项目的行业、规模、资金需求等特征，以及市场环境、政策支持等外部因素，神经网络模型可以预测项目的成功率，并为创业者提供具体的决策建议，如是否选择某一行业、如何制定市场策略等。此外，模型还可以根据创业者的反馈，不断优化预测算法，提高决策的准确性和可靠性。

3. 创业风险评估

数据要素还可以支持创业风险评估，帮助创业者识别和规避潜在风险。通过分析创业项目的各项指标，如市场需求、竞争态势、财务状况等，神经网络模型可以评估项目的可行性，并为创业者提供风险预警。例如，如果某一行业的市场竞争过于激烈，则模型可以提示创业者注意市场饱和的风险；如果某一项目的财务状况不稳定，则模型可以建议创业者加强财务管理。此外，模型还可以通过数据分析，识别出可能导致项目失败的关键因素，帮助创业者提前采取应对措施。

（二）创业资源对接与优化配置

1. 资源对接平台建设

数据要素在乡村创业中的另一重要作用是通过构建资源对接平台，实现创业资源的高效配置。资源对接平台可以整合各类创业资源，如资金、技术、人才、场地等，帮助创业者获取所需的资源支持。例如，平台可以提供天使投资人、风险投资基金等融资渠道信息，帮助创业者寻找资金支持；提供技术专家、创业导师等人力资源信息，帮助创业者解决技术难题；

提供创业园区、孵化器等场地资源信息，帮助创业者找到合适的办公场所。此外，平台还可以通过数据分析，识别出创业资源的供需缺口，制订合理的资源配置方案，提高资源利用效率。

2. 智能匹配与优化配置

为了提高资源对接的效率和效果，可以引入神经网络模型进行智能匹配和优化配置。神经网络模型可以通过学习大量的历史数据，识别出创业者和资源之间的潜在关联，实现精准匹配。例如，基于创业项目的行业、规模、资金需求等特征，以及资源提供方的资质、能力等信息，神经网络模型可以计算出两者之间的匹配度，并为创业者推荐最适合的资源提供方。此外，模型还可以根据资源的供需情况，动态调整资源配置方案，确保资源的最优配置。例如，当某一行业的创业项目较多时，模型可以建议资源提供方优先支持这一行业的项目，提高资源的利用效率。

3. 政策支持与资源整合

数据要素还可以促进政府和企业在创业资源领域的合作，共同推动乡村创业发展。通过数据分析，政府可以识别出乡村的创业资源短板和发展潜力，制订有针对性的扶持政策和资源整合方案。例如，政府可以通过税收优惠、财政补贴等方式，鼓励企业为乡村创业者提供技术支持和资金支持；通过建立创业园区、孵化器等平台，为创业者提供场地和设施支持。同时，企业也可以通过数据分析，了解乡村的创业资源情况，制订合理的人力资源规划和技术支持方案，确保企业的资源投入与乡村的创业需求相匹配。

（三）创业项目孵化与成长加速

1. 孵化器与加速器建设

数据要素在乡村创业中的另一重要贡献是通过构建孵化器和加速器，为创业项目提供全方位的支持。孵化器可以为初创企业提供办公场地、设备设施、法律咨询等基础服务，帮助企业在初期阶段顺利起步；加速器则可以为成长型企业提供市场推广、融资对接、战略规划等增值服务，帮助企业快速成长。通过数据分析，可以识别出适合入驻孵化器和加速器的创业项目，确保资源的最优配置。例如，通过分析创业项目的市场前景、技术实力、团队能力等指标，可以筛选出最具发展潜力的项目，提供重点支持。

2. 智能孵化与成长加速

为了提高孵化和加速的效果，可以引入神经网络模型进行智能孵化和成长加速。神经网络模型可以通过学习大量的历史创业数据，识别出成功的孵化模式和成长路径，为创业项目提供定制化的孵化和加速方案。例如，基于创业项目的行业、规模、发展阶段等特征，以及市场环境、政策支持等外部因素，神经网络模型可以为项目制定个性化的孵化计划和成长路径，确保项目在每个阶段都能获得最适合的支持。此外，模型还可以根据项目的实际进展情况，动态调整孵化和加速方案，确保项目的顺利发展。

3. 创业生态系统的构建

数据要素还可以支持乡村创业生态系统的构建，形成良好的创业环境。通过数据分析，可以识别出乡村创业生态系统的关键因素，如政策支持、金融服务、技术创新、人才培养等，并制定相应的政策措施，促进各要素的协同发展。例如，政府可以通过数据分析，了解乡村创业生态系统的薄弱环节，制订有针对性的扶持政策；金融机构可以通过数据分析，优化金融服务，为创业者提供更好的融资支持；科研机构可以通过数据分析，加强技术研发，为创业者提供技术支持；高校和职业院校可以通过数据分析，调整人才培养方案，为创业者输送高素质人才。通过构建完善的创业生态系统，可以为乡村创业提供良好的发展环境，促进创业项目的快速成长和成功。

第四节　数据要素促进农村居民收入增长的机制

在乡村振兴战略背景下，促进农村居民收入增长是实现共同富裕的关键目标之一。数据要素作为新型生产要素，具有巨大的潜力和独特的优势，能够通过多种途径促进农村居民收入的增长。本节将基于复杂的数学模型，尤其是微分方程模型，详细阐述数据要素通过哪些途径促进农村居民收入增长，并探讨其背后的机制。其主要内容包括：一是数据要素对农业生产效率的提升；二是数据要素对农村产业发展的推动；三是数据要素对农村就业与创业的支持通过理论分析、模型构建和实证研究相结合的方式，深入探讨数据要素在促进农村居民收入增长中的具体作用和实现路径。

一、数据要素对农业生产效率的提升

（一）农业生产的动态优化模型

为了分析数据要素对农业生产效率的提升，本节首先构建一个农业生产的动态优化模型。假设某农村地区有 n 个农户，每个农户拥有土地面积 A_i，劳动力 L_i，资本投入 K_i，以及数据要素投入 D_i。农业生产函数可以表示为：

$$Y_i(t) = f(A_i, L_i, K_i, D_i) \tag{11-26}$$

其中，$Y_i(t)$ 表示第 i 个农户在时间 t 的农产品产量。假设 f 是一个柯布—道格拉斯生产函数，可以写成：

$$Y_i(t) = A_i^{\alpha} L_i^{\beta} K_i^{\gamma} D_i^{\delta} \tag{11-27}$$

其中，α、β、γ、δ 是各要素的弹性系数，且 $\alpha + \beta + \gamma + \delta = 1$。

（二）数据要素对生产函数的影响

数据要素 D_i 的引入可以显著提高农业生产效率。具体来说，数据要素可以通过以下几种方式影响生产函数。

1. 精准农业

通过物联网（IoT）设备和遥感技术，可以实时监测农田的环境参数，如土壤湿度、气温、光照等。这些数据可以帮助农户优化灌溉、施肥和病虫害防治等操作，提高单位面积的产量。

2. 智能决策支持

通过数据分析和机器学习算法，可以为农户提供智能决策支持，如最佳播种时间、最优施肥量等。这些决策可以显著提高生产效率，降低生产成本。

3. 全程追溯与质量控制

通过区块链技术，可以实现农产品的全程追溯，确保产品质量和食品安全。高质量的农产品在市场上具有更高的附加值，从而增加农户的收入。

（三）微分方程模型的构建

为了进一步分析数据要素对农业生产效率的影响，本节构建一个微分方程模型。假设数据要素投入 $D_{i(t)}$ 随时间变化，其变化率 $\frac{dD_i}{dt}$ 可以表示为：

$$\frac{dD_i}{dt} = g(Y_i, D_i) \tag{11-28}$$

其中，$g(Y_i, D_i)$ 是一个函数，表示数据要素投入的变化率取决于当前的产量 Y_i 和数据要素投入 D_i 。具体来说，可以假设：

$$g(Y_i, D_i) = \eta Y_i - \mu D_i \tag{11-29}$$

其中，η 是数据要素的边际产出弹性，表示单位产量增加带来的数据要素投入的增加；μ 是数据要素的折旧率，表示数据要素随时间的损耗。

结合上述生产函数和数据要素变化率方程，可以得到：

$$\frac{dY_i}{dt} = \alpha A_i^{\alpha-1} L_i^{\beta} K_i^{\gamma} D_i^{\delta} \frac{dA_i}{dt} + \beta A_i^{\alpha} L_i^{\beta-1} K_i^{\gamma} D_i^{\delta} \frac{dL_i}{dt} + \gamma A_i^{\alpha} L_i^{\beta} K_i^{\gamma-1} D_i^{\delta} \frac{dK_i}{dt} + \delta A_i^{\alpha} L_i^{\beta} K_i^{\gamma} D_i^{\delta-1} \frac{dD_i}{dt} \tag{11-30}$$

简化后可以得到：

$$\frac{dY_i}{dt} = \delta A_i^{\alpha} L_i^{\beta} K_i^{\gamma} D_i^{\delta-1} (\eta Y_i - \mu D_i) \tag{11-31}$$

这个微分方程表明，数据要素的投入可以显著提高产量增长率，特别是在数据要素投入初期，其边际产出弹性较大，对产量的提升效果显著。

（四）研究结论

根据上述内容，可以得出以下 2～3 个研究结论。

结论 1：数据要素显著提升农业生产效率。

通过精准农业、智能决策支持以及全程追溯与质量控制等方式，数据要素能够优化农业生产的各个环节。此外，数据分析和机器学习算法为农户提供智能决策支持，进一步提升生产效率并降低生产成本。区块链技术则实现农产品的全程追溯，确保产品质量和食品安全，增加农产品附加值，进而提高农户收入。

结论 2：数据要素投入对产量增长具有动态影响。

在投入初期，其边际产出弹性较大，对产量的提升效果显著。模型表明，数据要素投入的增加能够显著提高产量增长率。在数据要素投入初期，由于其边际产出弹性较大，产量增长迅速。然而，随着数据要素投入的增加，其边际产出弹性可能会逐渐减小，产量增长趋于平稳。这种动态关系为合理配置数据要素资源、优化农业生产提供了理论依据。

结论 3：精准农业与智能决策支持是数据要素应用的关键。

精准农业通过实时监测农田环境参数，实现农业生产过程的精细化管理，提高资源利用效率。智能决策支持则通过数据分析和机器学习算法，为农户提供科学的生产决策，减少资源浪费，提高生产效率。两者结合不仅能够显著提升农业生产效率，还能够降低生产成本，增加农户收入，推动农业现代化发展。

二、数据要素对农村产业发展的推动

（一）农村产业发展的动态模型

为了分析数据要素对农村产业发展的推动作用，本节构建一个农村产业发展的动态模型。假设某农村地区有 m 个产业，每个产业的产值 $V_{j(t)}$ 可以表示为：

$$V_j(t) = h(K_j, L_j, D_j) \tag{11-32}$$

其中，K_j 是资本投入，L_j 是劳动力投入，D_j 是数据要素投入。假设 h 是一个柯布—道格拉斯生产函数，可以写成：

$$V_j(t) = K_j^{\phi} L_j^{\psi} D_j^{\omega} \tag{11-33}$$

其中，ϕ、ψ、ω 是各要素的弹性系数，且 $\phi + \psi + \omega = 1$。

（二）数据要素对产业发展的推动机制

数据要素可以通过多种方式推动农村产业发展。

1. 精准营销

通过大数据分析，可以精准识别市场需求，为农村企业提供定制化的营销方案。例如，通过分析消费者的购买行为和偏好，可以为农产品加工企业提供精准的市场定位和推广策略。

2. 供应链优化

通过物联网和区块链技术，可以实现供应链的全程追溯和优化管理。例如，通过实时监控物流运输情况，可以提高配送效率，降低物流成本；通过区块链技术，可以确保供应链的透明性和安全性。

3. 创新驱动

通过数据分析和人工智能技术，可以支持农村企业的技术创新和产品开发。例如，通过分析市场需求和技术创新趋势，可以为企业提供研发方向和技术支持，帮助企业在市场上获得竞争优势。

（三）微分方程模型的构建

为了进一步分析数据要素对农村产业发展的推动作用，本节构建一个微分方程模型。假设数据要素投入 $D_j(t)$ 随时间变化，其变化率 $\frac{dD_j}{dt}$ 可以表示为：

$$\frac{dD_j}{dt} = k(V_j, D_j) \tag{11-34}$$

其中，k 是一个函数，表示数据要素投入的变化率取决于当前的产值 V_j 和数据要素投入 D_j。具体来说，可以假设：

$$k(V_j, D_j) = \theta V_j - \nu D_j \tag{11-35}$$

其中，θ 是数据要素的边际产出弹性，表示单位产值增加带来的数据要素投入的增加；ν 是数据要素的折旧率，表示数据要素随时间的损耗。

结合上述生产函数和数据要素变化率方程，可以得到：

$$\frac{dV_j}{dt} = \phi K_j^{\phi-1} L_j^{\psi} D_j^{\omega} \frac{dK_j}{dt} + \psi K_j^{\phi} L_j^{\psi-1} D_j^{\omega} \frac{dL_j}{dt} + \omega K_j^{\phi} L_j^{\psi} D_j^{\omega-1} \frac{dD_j}{dt}$$

简化后可以得到：

$$\frac{dV_j}{dt} = \omega K_j^{\phi} L_j^{\psi} D_j^{\omega-1} (\theta V_j - \nu D_j) \tag{11-36}$$

这个微分方程表明，数据要素的投入可以显著提高产值增长率，特别是在数据要素投入初期，其边际产出弹性较大，对产值的提升效果显著。

（四）研究结论

结论1：数据要素显著推动农村产业发展。

数据要素通过精准营销、供应链优化和创新驱动，帮助农村企业精准定位市场需求、提高物流效率、降低生产成本，并支持技术创新与产品开发，增强市场竞争力。

结论2：数据要素投入对产值增长具有动态影响。

数据要素投入初期边际产出弹性较大，显著提升产值增长率；随着投入增加，边际产出弹性减小，产值增长趋于平稳。

结论3：精准营销与供应链优化是数据要素应用的核心。

精准营销通过大数据分析满足市场需求，供应链优化通过物联网和区块链技术提高效率与透明度，两者结合为农村产业发展提供重要支撑。

三、数据要素对农村就业与创业的支持

（一）农村就业与创业的动态模型

为了分析数据要素对农村就业与创业的支持作用，本节构建一个农村就业与创业的动态模型。假设某农村地区有 p 个创业者，每个创业者的收入 $I_k(t)$ 可以表示为：

$$I_k(t) = q(L_k, D_k) \tag{11-37}$$

其中，L_k 是劳动力投入，D_k 是数据要素投入。假设 q 是一个柯布—道格拉斯生产函数，可以写成：

$$I_k(t) = L_k^{\lambda} D_k^{\sigma} \tag{11-38}$$

其中，λ、σ 是各要素的弹性系数，且 $\lambda + \sigma = 1$。

（二）数据要素对就业与创业的支持机制

1. 精准匹配

通过数据分析和神经网络模型，可以实现求职者和职位之间的精准匹配。例如，通过分析求职者的技能和职位要求，可以为求职者推荐最适合的岗位，提高就业成功率。

2. 创业支持

通过数据分析和智能决策支持系统，可以为创业者提供全面的支持，如市场分析、融资对接、项目孵化等。例如，通过分析市场需求和技术趋势，可以为创业者提供创业方向和技术支持，帮助他们在市场上获得成功。

3. 技能培训

通过数据分析和个性化培训平台，可以为农村居民提供职业技能培训，提高他们的就业竞争力。例如，通过分析市场需求和技能短板，可以为农村居民提供个性化的培训方案，帮助他们掌握新技能，提高就业机会。

（三）微分方程模型的构建

为了进一步分析数据要素对农村就业与创业的支持作用，本节构建一个微分方程模型。假设数据要素投入 $D_k(t)$ 随时间变化，其变化率 $\frac{dD_k}{dt}$ 可以表示为：

$$\frac{dD_k}{dt} = l(I_k, D_k) \tag{11-39}$$

其中，l 是一个函数，表示数据要素投入的变化率取决于当前的收入 I_k 和数据要素投入 D_k。具体来说，可以假设：

$$l(I_k, D_k) = \rho I_k - \tau D_k \tag{11-40}$$

其中，ρ 是数据要素的边际产出弹性，表示单位收入增加带来的数据要素投入的增加；τ 是数据要素的折旧率，表示数据要素随时间的损耗。

结合上述生产函数和数据要素变化率方程，可以得到：

$$\frac{dI_k}{dt} = \lambda L_k^{\lambda-1} D_k^{\sigma} \frac{dL_k}{dt} + \sigma L_k^{\lambda} D_k^{\sigma-1} \frac{dD_k}{dt} \tag{11-41}$$

简化后可以得到：

$$\frac{dI_k}{dt} = \sigma L_k^{\lambda} D_k^{\sigma-1} (\rho I_k - \tau D_k) \tag{11-42}$$

这个微分方程表明，数据要素的投入可以显著提高收入增长率，特别是在数据要素投入初期，其边际产出弹性较大，对收入的提升效果显著。

（四）研究结论

结论 1：数据要素显著提升农村就业与创业成功率。

首先，利用数据分析和神经网络模型，实现求职者与职位的精准匹配，提高就业成功率；其次，通过数据分析和智能决策系统，为创业者提供市场分析、融资对接和项目孵化等支持，降低创业风险；最后，基于数据分析的个性化培训平台，帮助农村居民掌握市场需求的新技能，提升就业竞争力。

结论 2：数据要素投入对收入增长具有动态影响。

数据要素投入初期边际产出弹性较大，显著提升收入增长率；随着投入增加，边际产出弹性减小，收入增长趋于平稳。这一规律表明，数据要素在初期对农村就业与创业的推动作用尤为显著。

结论 3：精准匹配与创业支持是数据要素应用的核心。

首先，通过数据分析优化劳动力资源配置，减少结构性失业问题；其次，通过数据驱动决策，帮助创业者把握市场机会，提高创业成功率。通过精准匹配与创业支持为农村就业与创业提供了重要支持，推动农村经济多元化发展。

第十二章

数据要素驱动乡村共同富裕的动力机制

随着信息技术的迅猛发展，数据已经成为与传统生产要素并驾齐驱的关键资源。尤其在乡村地区，数据要素的合理开发与利用不仅能够促进农村经济的转型升级，还能有效推动城乡融合发展，进而实现乡村共同富裕的目标。然而，需要注意的是，数据作为一种新型生产要素，其特征与传统生产要素存在显著差异，主要体现在其非竞争性、可复制性、边际成本递减性以及外部性等方面。这些特征决定了数据要素在推动经济发展中具有独特的优势，但同时也带来了新的挑战。因此，本章将从数据要素的性质、功能及其在乡村经济发展中的作用出发，深入探讨数据要素如何成为驱动乡村共同富裕的重要动力机制。首先，数据要素能够显著提升农业生产效率，推动农业现代化进程。通过大数据、物联网、区块链等技术的应用，农业生产过程中的数据采集、分析与应用变得更加高效，能够实现精准农业、智能农业，从而提高农产品产量与质量，降低生产成本，增强农业抗风险能力。其次，数据要素能够优化农村公共服务供给，提升农村居民生活质量。例如，基于数据的远程医疗、在线教育、智慧交通等应用，能够弥补农村地区公共服务资源不足的短板，缩小城乡公共服务差距，促进城乡基本公共服务均等化。最后，数据要素还能够激发农村创业创新活力，培育新业态、新模式。通过数据共享、平台经济、数字乡村建设等手段，农村地区的资源禀赋与市场需求的精准对接得以实现，为农村创业者提供更多机会，推动农村经济多元化发展。此外，数据要素还能够提升农村社会治理效能，促进乡村治理现代化。通过构建基于数据的乡村治理平台，能够实现乡村治理的精准化、智能化、透明化，增强基层治理能力，推动乡村社会和谐稳定发展。

然而，在数据要素驱动乡村共同富裕的过程中，也面临着一系列挑战。首先，数据资源的可获得性与可利用性存在显著的城乡差异。城市的数据基础设施相对完善，数据资源丰富，而农村地区由于基础设施薄弱、互联网普及率较低等原因，数据资源的获取与利用受到限制。其次，数据安全与隐私保护问题不容忽视。数据的广泛应用带来了个人信息泄露、数据滥用等风险，如何在数据利用与隐私保护之间找到平衡点，是推动数据要素驱动乡村共同富裕必须解决的关键问题。最后，数据共享与协同机制尚未健全。数据要素的价值在于其流动性和共享性，然而当前“数据孤岛”现象依然普遍，数据资源的碎片化、分散化问题严重，制约了数据要素的效率提升与价值释放。此外，数据人才的匮乏也是制约农村地区数据要素开发利用的重要因素。农村地区普遍缺乏既懂农业又懂数据技术的复合型人才，导致数据要素的应用效果大打折扣。因此，本章将分析数据要素如何通过促进农业现代化、优化农村公共服务、激发农村创业创新活力、提升农村社会治理效能等方面，为乡村共同富裕提供强有力的支持。

第一节　数据要素驱动下的乡村经济发展动力机制

在全球数字经济快速发展的背景下，数据作为一种新型生产要素，已经逐渐成为推动经济发展的重要力量。尤其在乡村地区，数据要素的合理开发与利用不仅能够促进农业现代化和农村产业多元化发展，还能有效推动城乡融合发展，实现乡村共同富裕的目标。本节将深入探讨数据要素如何作为一项动力，尤其是在发挥乘数作用方面，推动乡村经济的全面发展。本节将通过构建较为复杂的微分方程模型，详细阐述数据要素在乡村经济发展中的具体作用机制，并结合理论分析和实证研究，展示数据要素对乡村经济的深远影响。

一、数据要素的性质与功能

（一）数据要素的非竞争性与可复制性

数据作为一种新型生产要素，具有独特的性质。首先，数据具有非竞争性，即同一数据可以在多个主体之间同时使用而不消耗。其次，数据具有可复制性，即数据可以低成本甚至零成本地无限复制。这些特性使得数据要素在推动经济发展中具有独特的优势。在乡村地区，数据要素的非竞争性和可复制性可以显著降低信息不对称，提高资源配置效率，促进农村经济的快速发展。

（二）数据要素的边际成本递减性与外部性

数据要素的边际成本递减性意味着随着数据量的增加，每单位数据的成本逐渐降低。这一特性使得数据要素在大规模应用中具有较高的经济效益。此外，数据要素还具有外部性，即数据的使用不仅能够直接带来经济效益，还能通过间接途径产生额外的社会效益。例如，通过数据共享和协同，可以促进农村地区的科技创新和产业升级，进而推动整个乡村经济的繁荣发展。

二、数据要素驱动乡村经济发展的动力机制

（一）数据要素对农业现代化的推动

1. 动态优化模型

为了分析数据要素对农业现代化的推动作用，本节构建一个农业生产的动态优化模型。假设某农村地区有 n 个农户，每个农户拥有土地面积 A_i 、劳动力 A_i 、资本投入 K_i ，以及数据要素投入 D_i 。农业生产函数可以表示为：

$$Y_i(t) = f(A_i, L_i, K_i, D_i) \tag{12-1}$$

其中，$Y_i(t)$ 表示第 i 个农户在时间 t 的农产品产量。假设 f 是一个柯布—道格拉斯生产函数，可以写成：

$$Y_i(t) = A_i^{\alpha} L_i^{\beta} K_i^{\gamma} D_i^{\delta} \tag{12-2}$$

其中，α、β、γ、δ 是各要素的弹性系数，且 $\alpha + \beta + \gamma + \delta = 1$。

2. 数据要素对生产函数的影响

数据要素 D_i 的引入可以显著提高农业生产效率。具体来说，数据要素可以通过以下几种方式影响生产函数。

（1）精准农业。

通过物联网（IoT）设备和遥感技术，可以实时监测农田的环境参数，如土壤湿度、气温、光照等。这些数据可以帮助农户优化灌溉、施肥和病虫害防治等操作，提高单位面积的产量。

（2）智能决策支持。

通过数据分析和机器学习算法，可以为农户提供智能决策支持，如最佳播种时间、最优施肥量等。这些决策可以显著提高生产效率，降低生产成本。

（3）全程追溯与质量控制。

通过区块链技术，可以实现农产品的全程追溯，确保产品质量和食品安全。高质量的农产品在市场上具有更高的附加值，从而增加农户的收入。

3. 微分方程模型的构建

为了进一步分析数据要素对农业生产效率的影响，本节构建一个微分方程模型。假设数据要素投入 $D_i(t)$ 随时间变化，其变化率 $\frac{dD_i}{dt}$ 可以表示为：

$$\frac{dD_i}{dt} = g(Y_i, D_i) \tag{12-3}$$

其中，$g(Y_i, D_i)$ 是一个函数，表示数据要素投入的变化率取决于当前的产量 Y_i 和数据要素投入 D_i。具体来说，可以假设：

$$g(Y_i, D_i) = \eta Y_i - \mu D_i \tag{12-4}$$

其中，η 是数据要素的边际产出弹性，表示单位产量增加带来的数据要素投入的增加；μ 是数据要素的折旧率，表示数据要素随时间的损耗。

结合上述生产函数和数据要素变化率方程，可以得到：

$$\frac{dY_i}{dt} = \delta A_i^{\alpha} L_i^{\beta} K_i^{\gamma} D_i^{\delta-1}(\eta Y_i - \mu D_i) \tag{12-5}$$

为了简化模型并求解解析解，假设 $\eta = \mu$，则方程变为：

$$\frac{dY_i}{dt} = \delta A_i^{\alpha} L_i^{\beta} K_i^{\gamma} D_i^{\delta-1}(\eta(Y_i - D_i)) \tag{12-6}$$

解这个微分方程，可以得到：

$$Y_i(t) = C_1 e^{\eta t} \tag{12-7}$$

其中，C_1 是积分常数，由初始条件决定。这个解析解表明，数据要素的投入可以显著提高产量增长率，特别是在数据要素投入初期，其边际产出弹性较大，对产量的提升效果显著。

4. 研究结论

结论 1：数据要素投入对农业现代化具有显著推动作用。

一方面，数据要素通过优化农业生产流程和提升资源配置效率，帮助农户更合理地分配土地、劳动力和资本，减少资源浪费，提高生产效率，推动农业现代化进程；另一方面，数据驱动的精准农业和智能决策支持加速了农业技术的应用，推动传统农业向现代农业转型。

结论 2：数据要素投入初期对产量增长的边际效应最大。

在数据要素投入初期，其边际产出弹性较高，对产量增长的推动作用显著。随着数据要素投入的增加，其边际产出弹性逐渐减小，产量增长趋于平稳。这一现象表明，数据要素的投入需要在初期集中发力，以最大化其经济效益。

结论 3：数据要素与农业现代化形成良性循环。

随着数据要素的不断积累，农业技术和管理水平持续提升，推动农业现代化向更高层次发展。农业现代化对数据要素的需求不断增加，进一步推动数据要素的投入和应用，形成良性循环。

这些研究结论表明，数据要素在推动农业现代化、提升农业生产效率和市场竞争力方面具有重要作用，但其边际效应随时间递减，需要在初期集中投入以最大化效益。

（二）数据要素对农村产业发展的推动

1. 农村产业发展的动态模型

为了分析数据要素对农村产业发展的推动作用，本节构建一个农村产业发展的动态模型。假设某农村地区有 m 个产业，每个产业的产值 $V_j(t)$ 可以表示为：

$$\frac{dD}{dt} = m(D) = \eta D + \beta D^2 \frac{dY}{dt} = \alpha K^{\gamma} L^{\delta} D^{\epsilon}(\eta D + \beta D^2) \tag{12-8}$$

其中，K_j 是资本投入，L_j 是劳动力投入，D_j 是数据要素投入。假设 h 是一个柯布—道格拉斯生产函数，可以写成：

$$V_j(t) = K_j^{\phi} L_j^{\psi} D_j^{\omega} \tag{12-9}$$

其中，ϕ、ψ、ω 是各要素的弹性系数，且 $\phi + \psi + \omega = 1$。

2. 数据要素对产业发展的推动机制

（1）精准营销。

通过大数据分析，可以精准识别市场需求，为农村企业提供定制化的营销方案。例如，通过分析消费者的购买行为和偏好，可以为农产品加工企业提供精准的市场定位和推广策略。

（2）供应链优化。

通过物联网和区块链技术，可以实现供应链的全程追溯和优化管理。例如，通过实时监控物流运输情况，可以提高配送效率，降低物流成本；通过区块链技术，可以确保供应链的透明性和安全性。

（3）创新驱动。

通过数据分析和人工智能技术，可以支持农村企业的技术创新和产品开发。例如，通过分析市场需求和技术创新趋势，可以为企业提供研发方向和技术支持，帮助企业在市场上获得竞争优势。

3. 微分方程模型的构建

为了进一步分析数据要素对农村产业发展的推动作用，本节构建一个微分方程模型。假设数据要素投入 $D_j(t)$ 随时间变化，其变化率 $\frac{dD_j}{dt}$ 可以表示为：

$$\frac{dD_j}{dt} = k(V_j, D_j) \tag{12-10}$$

其中，$k(V_j, D_j)$ 是一个函数，表示数据要素投入的变化率取决于当前的产值 V_j 和数据要素投入 D_j。具体来说，可以假设：

$$k(V_j, D_j) = \theta V_j - \nu D_j \tag{12-11}$$

其中，θ 是数据要素的边际产出弹性，表示单位产值增加带来的数据要素投入的增加；ν 是数据要素的折旧率，表示数据要素随时间的损耗。

结合上述生产函数和数据要素变化率方程，可以得到：

$$\frac{dV_j}{dt} = \omega K_j^{\phi} L_j^{\psi} D_j^{\omega-1}(\theta V_j - \nu D_j) \tag{12-12}$$

为了简化模型并求解解析解，假设 $\theta = \nu$，则方程变为：

$$\frac{dV_j}{dt} = \omega K_j^{\phi} L_j^{\psi} D_j^{\omega-1}(\theta(V_j - D_j)) \tag{12-13}$$

解这个微分方程，可以得到：

$$V_j(t) = C_2 e^{\theta t} \tag{12-14}$$

其中，C_2 是积分常数，由初始条件决定。这个解析解表明，数据要素的投入可以显著提高产值增长率，特别是在数据要素投入初期，其边际产出弹性较大，对产值的提升效果显著。

4. 研究结论

结论 1：数据要素显著推动农村产业发展。

数据要素通过精准营销、供应链优化和创新驱动，有效推动农村产业高质量发展。精准营销利用大数据分析，帮助农村企业精准识别市场需求，制订定制化营销方案，提升市场竞争力。供应链优化通过物联网和区块链技术，实现全程追溯和高效管理，提高物流效率，降低成本，增强供应链透明性和安全性。创新驱动则借助数据分析和人工智能技术，支持企业技术创新和产品开发，帮助企业在市场竞争中占据优势地位。

结论 2：数据要素投入初期对产值增长的边际效应最大。

在数据要素投入初期，其边际产出弹性较高，对产值增长的推动作用显著。然而，随着数据要素投入的持续增加，其边际产出弹性逐渐减小，产值增长趋于平稳。这一现象表明，数据要素的投入需要在初期集中发力，以最大化其对农村产业发展的经济效益。这一规律为优化数据要素投入策略提供了重要依据。

（三）数据要素对农村就业与创业的支持

1. 农村就业与创业的动态模型

为了分析数据要素对农村就业与创业的支持作用，本节构建一个农村就业与创业的动态模型。假设某农村地区有 p 个创业者，每个创业者的收入 $I_k(t)$ 可以表示为：

$$I_k(t) = q(L_k, D_k) \tag{12-15}$$

其中，L_k 是劳动力投入，D_k 是数据要素投入。假设 $q(L_k, D_k)$ 是一个柯布—道格拉斯生产函数，可以写成：

$$I_k(t) = L_k^{\lambda} D_k^{\sigma} \tag{12-16}$$

其中，λ、σ 是各要素的弹性系数，且 $\lambda + \sigma = 1$。

2. 数据要素对就业与创业的支持机制

（1）精准匹配。

通过数据分析和神经网络模型，可以实现求职者和职位之间的精准匹配。例如，通过分析求职者的技能和职位要求，可以为求职者推荐最适合的岗位，提高就业成功率。

（2）创业支持。

通过数据分析和智能决策支持系统，可以为创业者提供全面的支持，如市场分析、融资对接、项目孵化等。例如，通过分析市场需求和技术趋势，可以为创业者提供创业方向和技术支持，帮助他们在市场上获得成功。

（3）技能培训。

通过数据分析和个性化培训平台，可以为农村居民提供职业技能培训，提高他们的就业竞争力。例如，通过分析市场需求和技能短板，可以为农村居民提供个性化的培训方案，帮助他们掌握新技能，提高就业机会。

3. 微分方程模型的构建

为了进一步分析数据要素对农村就业与创业的支持作用，本节构建一个微分方程模型。假设数据要素投入 $D_k(t)$ 随时间变化，其变化率 $\frac{dD_k}{dt}$ 可以表示为：

$$\frac{dD_k}{dt} = l(I_k, D_k) \tag{12-17}$$

其中，$l(I_k, D_k)$ 是一个函数，表示数据要素投入的变化率取决于当前的收入 I_k 和数据要素投入 D_k。具体来说，可以假设：

$$l(I_k, D_k) = \rho I_k - \tau D_k \tag{12-18}$$

其中，ρ 是数据要素的边际产出弹性，表示单位收入增加带来的数据要素投入的增加；τ 是数据要素的折旧率，表示数据要素随时间的损耗。

结合上述生产函数和数据要素变化率方程，可以得到：

$$\frac{dI_k}{dt} = \sigma L_k^{\lambda} D_k^{\sigma-1}(\rho I_k - \tau D_k) \tag{12-19}$$

为了简化模型并求解解析解，假设 $\rho = \tau$，则方程变为：

$$\frac{dI_k}{dt} = \sigma L_k^{\lambda} D_k^{\sigma-1}(\rho(I_k - D_k)) \tag{12-20}$$

解这个微分方程，可以得到：

$$I_k(t) = C_3 e^{\rho t} \tag{12-21}$$

其中，C_3 是积分常数，由初始条件决定。这个解析解表明，数据要素的投入可以显著提高收入增长率，特别是在数据要素投入初期，其边际产出弹性较大，对收入的提升效果显著。

4. 研究结论

结论 1：数据要素显著支持农村就业与创业。

数据要素通过精准匹配、创业支持和技能培训，有效支持农村就业与创业。精准匹配利用数据分析和神经网络模型，帮助求职者与职位高效对接，提高就业成功率。创业支持通过数据分析和智能决策系统，为创业者提供市场分析、融资对接和技术支持，降低创业风险，提升创业成功率。技能培训则通过个性化培训平台，帮助农村居民掌握新技能，增强就业竞争力。这些机制共同推动农村就业与创业的良性发展。

结论 2：数据要素投入初期对收入增长的边际效应最大。

在数据要素投入初期，其边际产出弹性较高，对收入增长的推动作用显著。然而，随着数据要素投入的持续增加，其边际产出弹性逐渐减小，收入增长趋于平稳。这一现象表明，数据要素的投入需要在初期集中发力，以最大化其对农村就业与创业的支持效果。这一规律为优化数据要素投入策略提供了重要依据。

三、数据要素的乘数效应

（一）乘数效应的理论基础

数据要素的乘数效应是指数据要素的投入不仅能够直接带来经济效益，还可以通过间接途径产生额外的社会效益，进而放大其对乡村经济的推动作用。乘数效应的存在主要基于以下几点。

1. 外部性

数据的使用不仅能够直接带来经济效益，还能通过间接途径产生额外的社会效益。例如，通过数据共享和协同，可以促进农村地区的科技创新和产业升级，进而推动整个乡村经济的繁荣发展。

2. 网络效应

随着数据要素的广泛应用，数据的边际效用逐渐增加，形成网络效应。这意味着数据的使用越多，其价值越高，进而吸引更多用户和资源进入数据市场，形成良性循环。

3. 协同效应

数据要素与其他生产要素（如资本、劳动力）的协同作用可以显著提高生产效率。例如，通过数据分析和智能决策支持系统，可以优化资源配置，提高生产效率，降低生产成本。

（二）乘数效应的数学模型

为了量化数据要素的乘数效应，本节构建一个包含乘数效应的微分方程模型。假设数据要素的投入 $D(t)$ 随时间变化，其变化率 $\frac{dD}{dt}$ 可以表示为：

$$\frac{dD}{dt} = m(D) \tag{12-22}$$

其中，$m(D)$ 是一个函数，表示数据要素投入的变化率取决于当前的数据要素投入 D。具体来说，可以假设：

$$m(D) = \eta D + \beta D^2 \tag{12-23}$$

其中，η 是数据要素的直接效应系数，表示数据要素的直接投入对经济增长的贡献；β 是数据要素的乘数效应系数，表示数据要素的间接效应（乘数效应）对经济增长的贡献。

结合上述生产函数和数据要素变化率方程，可以得到：

$$\frac{dY}{dt} = \alpha K^{\gamma} L^{\delta} D^{\epsilon}(\eta D + \beta D^2) \tag{12-24}$$

为了简化模型并求解解析解，假设 $\eta = -\beta$，则方程变为：

$$\frac{dY}{dt} = \alpha K^{\gamma} L^{\delta} D^{\epsilon}(\beta(D^2 - D)) \tag{12-25}$$

解这个微分方程，可以得到：

$$Y(t) = C_4 e^{\beta t} \tag{12-26}$$

其中，C_4 是积分常数，由初始条件决定。

研究结论 1：数据要素的投入不仅能够直接带来经济增长，还可以通过乘数效应放大其对经济增长的贡献。特别是当数据要素投入达到一定规模时，乘数效应将显著增强，进一步推动乡村经济的快速发展。

（三）政策建议

构建更加公平、高效的乡村数据要素市场，促进数据要素与乡村经济社会深度融合，提供有益的思路与建议，助力实现乡村共同富裕的美好愿景。

1. 加强数据基础设施建设

首先，加大对农村地区数据基础设施的投入，如加快5G网络的建设和光纤入户工程的推进，确保农村地区能够享受到高速稳定的互联网服务。同时，可以考虑在偏远地区采用卫星通信技术，解决信号覆盖不足的问题，从而有效提升互联网普及率和数据传输速度。其次，在农村地区广泛部署物联网设备，如环境监测传感器、智能农业设备等，实时采集各种数据，用于监测水质和空气质量等，确保农村地区能够便捷地获取和利用数据资源。

2. 促进数据共享与协同

建立健全数据共享与协同机制，建立统一的乡村数据共享平台，整合农业、林业、环保、水利等部门的数据资源，形成"一张图"管理模式。通过这个平台，各部门可以实时共享数据，避免重复采集和浪费资源。例如，农业部门可以将土壤质量数据与环保部门的水质监测数据结合，为生态保护提供全面的数据支持。打破"数据孤岛"，促进数据资源的流通与共享，提高数据要素的利用效率。

3. 培养数据人才

加强农村地区数据人才的培养，鼓励高校和职业院校开设农业数据分析、智慧农业、生态环境监测等相关课程，培养兼具农业知识和数据技术的复合型人才。例如，可以设立"农业数据科学与技术"本科专业或"智慧农业"研究生方向，满足乡村对高端数据人才的需求。鼓励高校和职业院校开设相关课程，培养既懂农业又懂数据技术的复合型人才，为农村地区的数据要素开发利用提供智力支持。

4. 推动数据要素市场化

建立和完善数据要素市场，构建乡村数据交易平台，鼓励企业和科研机构通过市场化手段获取数据资源。例如，可以引入区块链技术，确保数据交易的安全性和透明性。此外，可以通过建立数据交易所，提供数据交易的标准化服务，降低交易成本。促进数据要素的交易与流通，形成合理的数据定价机制，建立科学的数据定价模型，根据数据的质量、稀缺性和应用价值进行合理定价。例如，可以基于数据的实时性、准确性和覆盖范围制定差异化价格。此外，可以通过市场调研和专家评估，定期调整数据价格，确保市场价格的公平性和合理性。推动数据要素与其他生产要素的深度融合，为乡村经济的高质量发展提供有力支撑。

第二节 数据要素驱动下的乡村社会治理动力机制

随着信息技术的飞速发展，数据已经成为现代社会的重要生产要素，类似于传统的土地、劳动力和资本，对经济发展、社会治理等方面产生深远影响。在乡村社会治理的背景下，数据要素更是发挥了重要作用，主要体现在以下几个方面：首先，数据要素的积累为乡村治理提供了新的支持。通过土地、人口、农业生产和生态环境等多方面的数据收集与存储，能够更加全面、准确地反映乡村的真实状况。这些基础数据的积累，不仅有助于政府和相关部门制定科学的政策，还能为乡村提供更为精细化的管理依据。例如，通过对农业生产的实时数据监控，可以及时调整种植计划，提高生产效率；通过对乡村人口的大数据分析，可以更准确地预测教育、医疗等公共服务的需求，优化资源配置。其次，数据要素的应用提升了乡村治理的效率。传统的乡村治理方式往往依赖人工和纸质记录，既耗时又费力。而通过引入数字技术，利用数据要素，可以实现乡村治理的数字化转型。例如，基于大数据和人工智能的乡村服务平台，可以自动化处理大量日常事务，如户籍管理、农业补贴发放等，大大减轻基层工作者的负担。不仅如此，数据要素还可以帮助建立精准的政策评估体系，基于实际效果的反馈数据调整政策执行力度，确保乡村治理工作的高效性和准确性。最后，数据要素的多重价值挖掘为乡村治理指明了新的方向。随着数据技术的不断深入，数据要素不仅能够用于日常治理，还能通过多维度分析挖掘其潜在价值，为乡村可持续发展提供指导。例如，通过对农业产业链各个环节的数据分析，可以发现农产品价格波动的规律，为农民提供更有针对性的种植建议；通过对乡村生态环境的数据监测，可以提前预警自然灾害，减少损失。

一、数据要素在乡村治理中的作用机制

（一）为乡村治理提供了精准的决策依据

通过多维度、多层次的数据收集和分析，极大地提高了乡村治理决策的科学性和精准性。首先，数据要素的有效收集和整合是实现精准决策的基础。通过建立农业物联网系统，可以实时采集农田的土壤湿度、气象数据、作物生长状况等信息，这些数据不仅有助于农业生产的精细化管理，还能为政府制定相应的农业政策提供科学依据。例如，当监测到某地区连续干旱时，政府可以及时发布抗旱指令，调配灌溉设备和水源，有效减轻农民的损失。

其次，数据要素的应用使得政策制定更加具有针对性。传统的政策制定往往基于有限的调查数据和经验判断，难以全面了解乡村实际情况。而通过大数据和人工智能技术，可以对乡村经济、社会、生态等多方面的数据进行全面分析，发现潜在问题和机遇。例如，某地区通过对乡村人口结构、教育水平、就业状况等多方面的数据分析，发现当地存在严重的教育落后问题，由此政府可以有针对性地加大教育投入，提高乡村教育质量。这种基于数据的精准政策制定，不仅提高了资源的利用效率，还避免了盲目的决策带来的资源浪费和治理风险。

最后，数据要素还能够帮助建立动态的决策支持系统。传统的乡村治理决策往往是静态的，难以及时应对不断变化的乡村环境。而通过数据要素的实时更新和动态分析，可以建立一个动态的决策支持系统，确保决策者能够随时掌握最新的信息，快速应对突发事件。例如，在疫情期间，通过大数据平台可以实时监控乡村的人员流动情况，及时发布防控措施，有效地防控疫情扩散。这种动态的决策支持系统，不仅提高了治理的灵活性和反应速度，还大大增强了乡村抵御风险的能力。

（二）数据要素提升了乡村治理的透明度和公平性

数据要素的应用不仅提升了治理的效率，还显著增强了治理的透明度

和公平性。首先，数据公开机制的建立使乡村治理过程更加透明。通过建立数据公开平台，可以将乡村的各项数据如财务报表、政策文件、项目建设进度等向居民公开，增强居民对治理过程的了解和监督。数据公开机制的建立，不仅有助于增加居民对政府的信任，还可以增强社会各界对乡村治理的支持。例如，某一村庄通过数据公开平台，定期发布民生项目的进展情况，居民可以随时查看，及时反馈意见，这不仅提高了项目的透明度，还促进了居民的参与和监督。

其次，数据分析手段的应用有助于提升治理的公平性。传统的乡村治理往往存在信息不对称的问题，导致资源分配不合理，公平性难以保障。而通过数据要素的应用，可以实现信息的全面、准确、及时传递，确保每个居民都能获得公平的资源和服务。例如，某县通过建立大数据平台，对乡村贫困家庭的经济状况、健康状况、教育水平等进行全面评估，确保扶贫资金的精准发放，避免了过去的“一刀切”式扶贫，真正实现了精准帮扶。这种基于数据的公平性提升，不仅能够减少社会矛盾，还有助于增强居民的幸福感和满意度。

最后，数据要素的应用可以促进乡村治理中的问题发现和解决。传统的治理方式往往依赖人工巡查和居民举报，信息传递存在滞后性和主观性。而通过数据要素的应用，可以实现问题的主动发现和解决。例如，通过安装智能传感器和监控设备，可以实时监测乡村环境中的垃圾处理情况、水源污染情况等，一旦发现异常，系统会自动报警，相关部门可以及时采取措施，避免环境污染问题的进一步恶化。这种高效、智能化的问题发现和解决机制，不仅提升了治理的透明度，还增强了居民对治理效果的认可。

（三）数据要素促进乡村治理的参与性和互动性

数据要素的应用还显著提升了乡村治理的参与性和互动性。首先，数据共享机制的建立使居民能够更加便捷地获取信息。传统的信息获取方式往往是单向的，信息传递不畅，居民缺乏参与感。而通过建立数据共享平台，居民可以随时随地获取政府发布的各类信息，对政策制定过程进行监督和反馈。例如，某乡村通过建立微信公众号和手机应用程序，发布各类治理信息，居民可以通过这些平台留言、投票，积极参与到乡村治理中来。数据共享机制的建立，不仅提高了信息的传播效率，还增强了居民的参与感和归属感。

其次，数据技术的应用使得治理过程更加互动和协作。传统的治理方式往往缺乏有效的反馈渠道和互动机制，居民的意见和建议难以及时传达。而通过数据技术的应用，可以建立一个双向互动的治理平台，使居民的意见和建议能够及时反馈到决策者手中。例如，某县通过建立民意调查系统，定期对居民进行问卷调查，收集居民对各类政策的反馈意见，这种互动机制不仅帮助政府了解居民的真实需求，还能够及时调整政策方向，提高治理效果。

最后，数据要素的应用还促进了社区治理中的资源共享和合作。通过数据平台，可以实现信息的有效整合和共享，促进社区内部的资源优化配置和社会合作。例如，某乡村通过建立农业合作社信息平台，将合作社的种植计划、采购需求、销售渠道等信息进行公开共享，促进了合作社之间的合作，提高了农业生产效率。此外，通过数据平台还可以实现医疗、教育等公共服务的资源共享，例如，某乡村通过建立“健康档案”平台，可以实现医疗资源的跨村调配，提高医疗服务的质量和覆盖率。

二、数据要素在乡村治理模式变革中的作用

（一）数据要素的引入助力治理模式的创新

数据要素的引入为乡村治理模式的创新提供了强有力的支撑。传统的乡村治理模式往往依赖于人力和纸质记录，这种方式不仅效率低下，还容易出现信息不对称和资源浪费等问题。随着大数据、云计算和人工智能等技术的发展，数据要素能够打破传统治理模式中的诸多限制，推动乡村治理向数字化、智能化方向发展。首先，数据要素的应用推动了乡村治理的信息化建设。通过建立乡村数据平台，可以实现各类信息的集中管理和高效传递。这些数据平台不仅涵盖了人口、土地、农业、生态环境等多个领

域，还能够通过开放接口与政府、社会组织和企业等进行数据交互，形成了一个完整的数据生态系统。例如，某县通过建立“数字乡村”平台，实现了土地流转、户籍管理、农业补贴发放等业务的线上办理，大大提高了治理效率，减少了居民的跑腿次数。这种信息化建设不仅简化了治理流程，还提升了居民的满意度。

其次，数据要素的应用促进了乡村治理的智能化转型。通过引入大数据分析和人工智能技术，可以实现对乡村各类数据的自动分析和处理，从而提高决策的科学性和精准性。例如，某乡村通过建立智能农业管理系统，利用物联网技术和数据分析，实现了作物生长的实时监控和自动化管理，不仅提高了农作物的产量和质量，还减少了农民的劳动强度。此外，通过智能算法对乡村发展趋势进行预测，可以为政府制定长远规划提供重要的参考。例如，某地区通过对乡村经济发展数据的长期分析，发现当地的旅游潜力，由此政府制定了一系列促进乡村旅游发展的政策，成功带动了当地经济的提升。

最后，数据要素的应用还推动了乡村治理的协同化发展。传统治理模式往往缺乏有效的跨部门协作机制，导致治理效果难以达到预期。而通过数据要素的应用，可以建立一个统一的数据共享和协同处理平台，促进各部门之间的信息互通和资源共享。例如，某乡镇通过建立“智慧乡村政务平台”，实现了公安、民政、农业等多个部门的数据共享，极大地提高了治理的协同效率。通过这一平台，各部门可以及时了解其他部门的工作进展和问题反馈，从而更加有效地协同工作，解决乡村中的各类问题。

（二）数据要素的广泛应用丰富了治理形式

数据要素的广泛应用不仅丰富了乡村治理的形式，还提升了治理的实际效果。首先，数据要素的应用使得乡村治理更加多层次化。传统的治理方式往往局限于行政管理和公共服务，而通过数据要素的应用，可以实现多层次、多维度的治理。例如，某乡村通过建立“智慧农业”和“智慧社区”，分别覆盖农业生产和社会管理两大领域，从而实现了治理的全面覆盖。这种多层次化的治理形式，不仅能够更加全面地解决乡村中的各种问题，还能够促进各部门之间的协调发展。

其次，数据要素的应用使得乡村治理更加个性化。传统治理方式往往是“一刀切”，难以满足不同村庄、不同居民的多样化需求。而通过数据要素的应用，可以实现治理的个性化和定制化。例如，某乡村通过建立“居民需求反馈平台”，收集每个居民的个性化需求，并通过数据分析为每个居民提供定制化的服务。这种个性化治理形式，不仅能够提高居民的满意度，还能够更好地解决乡村治理中的具体问题。

最后，数据要素的应用使得乡村治理更加动态化。传统的治理方式往往是静态的，难以适应不断变化的乡村环境。而通过数据要素的应用，可以实现治理的动态化和灵活化。例如，某乡镇通过建立“实时监测平台”，对乡村的生态环境、社会治安等各个方面进行实时监测，一旦发现异常情况，系统会自动报警，相关部门可以及时采取措施。这种动态化的治理形式，不仅能够提高治理的反应速度，还能够有效应对突发事件，确保乡村的稳定和繁荣。

（三）数据要素在乡村治理模式变革中的独特作用

首先，数据要素能够增强治理的科学性和合理性。通过大数据分析和技术手段，可以对乡村的各类信息进行全面、深入的分析，发现潜在问题和趋势。这种科学分析为政府提供了重要的决策依据，使治理措施更加合理和有效。例如，某地区通过数据分析发现，乡村的教育资源分布不均，导致部分村庄的教育水平相对落后。政府据此制定了教育资源均衡配置政策，有效提升了农村地区的教育质量。此外，数据要素还可以通过模拟和预测，为政府提供未来发展的建议，确保治理的前瞻性和可持续性。

其次，数据要素能够提高治理的公开性和透明度。传统的治理方式往往缺乏有效的信息公开机制，导致居民对治理过程缺乏了解和信任。而通过数据要素的应用，可以实现治理信息的全面公开和透明，构建一个信任、互动的治理环境。例如，某乡村通过建立“政务公开平台”，将各项政策的实施情况、财务报表、项目建设进度等全面向居民公开。居民可以通过平台随时查看信息，提交意见和建议，极大地增强了居民的参与感和监督力度。这种高透明度的治理模式，不仅能够减少社会矛盾，还能够提高政府的公信力。

最后，数据要素能够促进治理的公平性和普惠性。通过对乡村各类数据的全面分析，可以发现并解决治理中的不公平问题，确保每个居民都能获得公平的资源和服务。例如，某县通过建立“扶贫数据平台”，对乡村贫困家庭的经济状况、健康状况、教育水平等进行全面评估，确保扶贫资金的精准发放。这种基于数据的扶贫政策，避免了传统的“一刀切”式扶贫，真正实现了精准帮扶，提高了扶贫效果。

三、数据要素在乡村治理中的安全保障机制

数据要素的广泛应用为乡村治理带来了诸多便利，但同时也伴随着一系列安全风险。为了确保数据要素在乡村治理中的安全性和可靠性，建立完善的保障机制至关重要。

（一）建立数据安全责任制和风险管理体系

首先，建立数据安全责任制是确保数据安全的基础。数据安全责任制要求各级政府和相关机构明确数据管理的责任分工，确保数据在采集、传输、存储、处理等各个环节都由专人负责，定期进行数据安全检查和评估。例如，某县制定了详细的数据安全责任制度，明确各个部门在数据管理中的职责，并设立专门的数据安全管理机构，负责监督检查数据安全工作的落实情况。这种制度的建立，不仅提升了数据管理的规范化水平，还确保了数据在各个治理环节中的安全可控。

其次，建立数据风险管理体系是防范安全风险的重要手段。数据风险管理体系包括风险识别、风险评估、风险控制和风险应对四个主要环节。通过这四个环节的闭环管理，可以有效应对数据泄露、数据篡改、数据丢失等各类安全问题。例如，某乡镇通过引进先进的数据风险评估工具，定期对数据平台进行安全评估，发现潜在的安全漏洞并及时修复。此外，还设立了数据应急预案，一旦发生数据安全事件，能够迅速启动应急措施，

减轻损失。这种风险管理体系的建立，不仅提高了数据平台的安全性，还增强了治理的应对能力。

（二）应用区块链和加密技术确保数据安全和隐私保护

区块链技术作为一种去中心化、不可篡改的分布式账本技术，能够有效保障数据的安全性和完整性[106-107]。在乡村治理中，可以利用区块链技术对重要数据进行加密存储和传输，确保数据不被非法篡改和窃取。例如，某地区通过建立基于区块链的“乡村治理信息平台”，对居民的户籍信息、土地权属信息等重要数据进行加密存储和传输。这种做法不仅确保了数据的安全性，还增强了居民对信息系统的信任感。

加密技术是另一种重要的数据安全保障手段。通过采用先进的加密算法，可以对敏感数据进行加密处理，确保只有授权用户才能访问和使用。例如，某乡村通过建立“数据安全加密中心”，对所有进入数据平台的敏感信息进行加密处理，确保数据在传输和存储过程中的安全。此外，还通过身份验证和访问控制技术，确保只有合法用户才能访问数据平台中的信息，防止非法入侵和数据泄露。这种加密技术的应用，不仅提高了数据的安全性，还保护了居民的隐私权益。

（三）数据要素在乡村治理安全保障机制中的独特作用

首先，数据要素能够提供实时的安全监测和预警能力。通过建立数据监测平台，可以对乡村治理中的各类数据进行实时监控，一旦发现异常情况，立即发出预警信息。例如，某乡镇通过建立“数据安全监测中心”，对乡村的网络安全、数据传输等进行实时监测，发现潜在的攻击行为和安全漏洞，及时采取应对措施，保障数据的安全运行。这种实时监测和预警机制，不仅提高了数据的安全管理水平，还增强了治理的反应速度和应对能力。

其次，数据要素能够实现数据的溯源和责任追究。通过数据要素的应用，可以对数据的生成、传输、存储和使用过程进行全程记录，实现数据的可溯源性。一旦发生数据安全事件，可以通过追溯数据的来源和使用过程，迅速找到责任主体，采取相应的追责措施。例如，某县通过建立“数据溯源平台”，对所有进入数据平台的数据进行了全程记录，确保一旦发生数据泄露等安全事件，能够迅速找到问题的根源，及时采取补救措施。这种数据可溯源性，不仅提高了数据管理的透明度，还增强了治理的责任感。

最后，数据要素能够促进安全技术和管理措施的创新。通过数据分析和挖掘，可以发现治理中的安全漏洞和潜在风险，从而推动安全技术和管理措施的不断改进和创新。例如，某地区通过对大量数据安全事件的分析，发现乡村治理中的数据安全问题主要集中在用户身份认证和数据传输环节。政府据此引入了最新的身份认证技术和数据加密算法，显著提高了数据安全水平。此外，通过建立数据安全实验室，定期进行安全技术的研究和测试，不断优化数据安全管理和技术手段。这种基于数据的创新机制，不仅提高了数据的安全管理水平，还为乡村治理提供了更多的安全保障。

总之，数据要素在乡村治理的安全保障机制中发挥着重要作用。通过建立数据安全责任制、应用区块链和加密技术、提供实时监测和预警、实现数据溯源和责任追究，以及促进安全技术和管理措施的创新，可以有效保障数据的安全性和可靠性，确保乡村治理工作的高效进行。这些安全保障措施，不仅为数据要素的应用提供了坚实的基础，还为乡村的可持续发展提供了强有力的保障。

第三节　数据要素驱动下的乡村文化发展动力机制

一、数据要素在乡村文化遗产保护中的作用

（一）数据采集与数字化保护

数据要素在乡村文化遗产保护中起到了关键作用。首先，通过高精度的数据采集技术，可以全面记录乡村文化遗产的现状和历史背景。这些数

据不仅包括文化遗产的具体位置、类型、年代等基本信息，还包括其保存状况、环境影响等多方面的数据。例如，利用无人机和卫星遥感技术，可以获取文化遗产的高分辨率影像和三维模型，为文化遗产的保护和修复提供科学依据。此外，通过建立文化遗产数据库，可以对这些数据进行系统的管理和存储，确保数据的安全和完整。这样的数据采集与数字化保护，不仅有助于提高文化遗产保护的科学性和精准性，还为未来的修复和研究提供了宝贵的数据资源。

（二）数据分析与保护策略制定

基于数据要素的应用，可以实现对文化遗产保护工作的科学分析和策略制定。通过对大量文化遗产数据的分析，可以发现不同遗产之间的关联性和保护中的潜在问题。例如，某乡村通过建立"文化遗产保护平台"，收集了各个文化遗产的数据，包括保存状况、参观人数、环境影响等，通过数据分析发现，某些文化遗产因游客过多而面临严重的保护压力。政府据此制定了限制游客数量、增加保护设施等措施，有效缓解了保护压力。此外，通过对不同文化遗产的保存状况进行对比分析，可以找出保护效果较好的案例，推广其成功经验，提升整体保护水平。数据分析在文化遗产保护中的应用，不仅提高了保护工作的科学性和有效性，还为保护策略的制定提供了重要的参考。

（三）动态监测与保护效果评估

数据要素的应用还能够实现对文化遗产的动态监测和保护效果评估。通过建立实时监测系统，可以对文化遗产的保存状况进行持续监控，及时发现和应对潜在的威胁。例如，某乡村通过安装环境监测设备，可以实时监控文化遗产周围的大气质量、水质状况等，一旦发现异常，系统会自动报警，相关部门可以迅速采取措施，防止环境因素对文化遗产的损害。此外，通过建立保护效果评估体系，可以对各项保护措施进行定期评估，找到存在的问题和不足，不断优化保护策略。动态监测与保护效果评估的结合，不仅提高了文化遗产保护的灵活性和应变能力，还为保护工作的持续改进提供了科学依据。

二、数据要素在乡村文化传承与创新中的应用

（一）大数据技术在文化传承中的作用

大数据技术通过对大量文化数据的分析，可以有效促进乡村文化的传承。首先，通过对乡村历史文献、口述历史等多方面的数据进行整合和分析，可以深入了解乡村文化的起源、发展和变迁，为文化传承提供科学依据。例如，某乡村通过建立“历史文化档案库”，收集和整理了大量的历史文献、旧照片、口述历史等数据，通过大数据分析，构建了完整的乡村历史文化脉络，帮助居民更好地理解和传承本地文化。此外，通过对文化活动参与数据的分析，可以发现居民对文化传承活动的偏好和参与度，为政府制定文化传承政策提供科学参考。例如，某地区通过对居民参与文化节庆活动的数据进行分析，发现当地居民对传统节日有较高的兴趣，政府据此加大了对传统节日的保护和推广力度，有效促进文化传承。

（二）人工智能在文化创新中的应用

人工智能技术在乡村文化创新中发挥了重要作用。首先，通过人工智能技术，可以对乡村文化资源进行深层次的挖掘和创新。例如，利用图像识别和自然语言处理技术，可以将乡村的传统艺术、手工艺品等进行数字化处理，生成新的文化产品。某乡村通过建立“传统艺术数字化平台”，利用人工智能技术将传统的剪纸、刺绣等手工艺品进行数字化处理，生成了新的文化产品，促进了传统文化的传播和创新。其次，通过人工智能技术，还可以帮助居民更便捷地参与文化创新活动。例如，通过建立“居民文化创新平台”，利用人工智能技术提供个性化的文化创作指导，激发居民的创新热情，提升文化创新的广度和深度。

（三）数据平台在文化推广中的作用

数据平台的建立为乡村文化的推广提供了有力支持。首先，通过建立

综合性的文化数据平台，可以实现乡村文化资源的全面整合和有效传播。例如，某乡村通过建立“乡村文化资源平台”，将本地的历史文化、民俗文化、艺术作品等多方面的数据进行整合，通过互联网进行广泛传播，吸引了大量游客和文化爱好者。这种数据平台的建立，不仅提高了乡村文化的知名度，还促进了文化资源的商业化利用。其次，通过数据平台还可以实现文化活动的精准对接和高效组织。例如，某地区通过建立“文化活动管理平台”，实时发布各类文化活动信息，居民可以通过平台报名参加，减少了信息不对称和活动组织的难度，提高了文化活动的参与度。数据平台在文化推广中的应用，不仅提升了乡村文化的传播效果，还促进了文化资源的高效利用和互动交流。

三、数据要素在乡村文化产业中的推动作用

（一）数据驱动的文化产业链优化

数据要素的应用可以优化乡村文化产业的各个环节，提高产业链的整体效益。首先，通过对文化产业数据的全面分析，可以发现产业链中的瓶颈和潜在机会。例如，某乡村通过对农产品加工、手工艺品生产、文化旅游等多方面的数据进行分析，发现农产品加工中的技术不足和手工艺品生产中的市场拓展问题，政府据此制定了一系列优化措施，如引入先进的加工技术、开展宣传推广活动等。这些优化措施不仅提高了产业链的整体效率，还促进了乡村文化产业的发展。其次，通过建立数据驱动的文化产业链管理平台，可以实现各个环节的实时监控和动态调整。例如，某乡村通过建立“文化产业数据平台”，对农产品加工、手工艺品生产、文化旅游等各个环节进行实时数据采集和分析，及时发现和解决存在的问题，提高了整个产业链的运行效率。

（二）数据要素支持的文化产品创新

数据要素的应用可以支持乡村文化产业的产品创新，提升产品的竞争

力。首先，通过对居民需求和市场趋势的数据分析，可以发现潜在的文化产品创新方向。例如，某乡村通过对居民对传统手工艺品的需求进行分析，发现居民对具有独特文化特色的个性化手工艺品有较高的兴趣，政府据此引导手工艺人开展个性化创作，开发了多种具有本地特色的文化产品。这种数据驱动的产品创新，不仅满足了市场的需求，还提高了文化产品的附加值。其次，通过数据采集和分析，可以为文化产品的设计和生产提供科学依据。例如，某乡镇通过建立"手工艺品设计平台"，利用大数据技术对市场趋势和消费者偏好进行分析，为手工艺人提供设计指导，提高了文化产品的市场竞争力。数据要素在文化产品创新中的应用，不仅促进了乡村文化产业的发展，还为居民提供了更多的就业机会和经济收益。

（三）数据平台促进的文化产业互动与合作

数据平台的建立可以促进乡村文化产业的互动与合作，形成一个高效协同的生态系统。首先，通过数据平台可以实现不同主体之间的信息共享和资源互补。例如，某乡村通过建立"文化产业合作平台"，将不同企业的生产需求、销售渠道、市场需求等信息进行共享，促进了企业之间的合作，提高了生产效率。此外，通过数据平台还可以实现不同村庄之间的资源互补和合作。例如，某地区通过建立"乡村旅游合作平台"，将不同村庄的旅游资源、服务设施、特色产品等信息进行整合，实现了旅游资源的优化配置和共享，提高了乡村旅游的整体效益。数据平台在促进文化产业互动与合作中的应用，不仅提升了产业的整体竞争力，还为乡村的可持续发展提供了重要支撑。

四、数据要素在乡村文化发展动力机制中的独特作用

首先，数据要素能够实现对乡村文化的全面、科学、精准管理。通过高精度的数据采集技术和复杂网络模型的应用，可以全面、准确地了解乡村文化的现状和发展趋势，为政府制定科学的文化发展政策提供依据。例如，某乡镇通过建立"乡村文化数据平台"，对各种文化资源进行全面采

集和管理，发现本地文化资源的分布特点和发展瓶颈，制订文化资源的保护和开发计划，有效促进了乡村文化的可持续发展。

其次，数据要素能够促进乡村文化的传承与创新。通过对大量文化数据的分析挖掘，可以发现文化传承中的问题和机会，为文化传承提供科学指导。例如，某乡村通过对历史文献和口述历史的数据进行整合和分析，发现当地在某些传统文化项目上的传承力度不足，政府据此开展了文化传承项目，如传统艺术培训班、文化活动周等，有效提升了居民的文化素养和传承意识。此外，通过人工智能技术的应用，可以支持文化产品的创新，提升产品的市场竞争力。例如，某地区通过建立“文化创新孵化平台”，利用人工智能技术为手工艺人提供设计指导，开发了多种具有本地特色的文化产品，成功推向市场，为乡村文化产业的发展注入了新的活力。

最后，数据要素能够促进乡村文化产业的互动与合作。通过数据平台的建立，可以实现不同主体之间的信息共享和资源互补，形成一个高效协同的文化生态系统。例如，某乡村通过建立“文化产业互动平台”，将不同企业的生产需求、销售渠道、市场需求等信息进行共享，促进了企业之间的合作，提高了生产效率。此外，通过数据平台还可以实现不同村庄之间的资源互补和合作。例如，某地区通过建立“乡村旅游合作平台”，将不同村庄的旅游资源、服务设施、特色产品等信息进行整合，实现了旅游资源的优化配置和共享，提高了乡村旅游的整体效益。

五、小结

数据要素在乡村文化发展动力机制中具有重要的推动作用。通过数据采集与数字化保护，可以全面记录和保护乡村文化遗产，确保其科学性和持续性；通过大数据技术和人工智能的应用，可以促进乡村文化的传承与创新，提升居民的文化素养和文化产品的市场竞争力；通过数据平台的建立，可以促进乡村文化产业的高效互动与合作，形成一个多层次、多主体的协同生态系统。这些独特的作用，不仅为乡村文化的发展提供了新的动力和路径，还为乡村的全面振兴和社会治理注入了新的活力。

第四节　数据要素驱动下的乡村社会变迁动力机制

随着数字化时代的到来，数据要素在推动乡村社会变迁中的作用日益凸显[108]。数据不仅成为重要的生产资料，还深刻影响着乡村的经济结构、社会治理和生活方式。本节将探讨数据要素如何成为驱动乡村社会变迁的重要动力，分析其在农业现代化、农村治理、公共服务和居民生活等方面的具体表现和机制。通过深入剖析数据要素在乡村社会中的作用，本节旨在揭示其对乡村全面振兴的潜在影响，并为相关政策制定提供参考依据。

一、数据要素在乡村经济发展中的作用

（一）数据支持的精准农业

数据要素在乡村经济发展中发挥了重要作用，尤其是在精准农业的应用方面。精准农业是指通过现代信息技术，如物联网、大数据、人工智能等，实现农业生产过程的精确化管理和资源的高效利用。首先，通过安装各种传感器，如土壤湿度传感器、气象站等，可以实时监测农田的土壤湿度、温度、光照、降水量等多方面的数据。这些数据通过物联网技术传输到数据中心，经过大数据分析，可以生成最优的灌溉方案、施肥计划和病虫害防治策略。例如，某县通过推广精准农业技术，建立了智慧农业管理系统，实现了农田灌溉的自动化和智能化，使得灌溉效率提高了 30% 以上，同时减少了化肥和农药的使用量，提高了农作物的产量和质量。

其次，通过构建复杂的微分方程模型，可以进一步分析精准农业对乡村经济的影响。设 $y(t)$ 为某农田在时间 t 时的产量，$x_1(t)$ 为土壤湿度，$x_2(t)$ 为光照强度，$x_3(t)$ 为降水量，$x_4(t)$ 为施肥量，$x_5(t)$ 为灌溉量，$x_6(t)$ 为病虫害发生率。通过建立一个包含多个变量的微分方程模型来描述这些因素对产量的影响：

$$\frac{dy(t)}{dt} = a_1x_1(t) + a_2x_2(t) + a_3x_3(t) + a_4x_4(t) + a_5x_5(t) - a_6x_6(t) + b \tag{12-27}$$

其中，a_1、a_2、a_3、a_4、a_5、a_6 为各因素对产量的影响系数，b 为常数项。通过这个模型，本节可以分析各因素的变化对产量的影响，进而优化农业管理措施。例如，如果发现 a_5 较大，则说明增加灌溉量对提高产量有显著效果，而 a_6 较小，则说明病虫害发生率的降低对产量的影响不明显。这种数据分析和模型构建的方法，不仅提高了农业生产的科学性和精准性，还为农民提供了实用的指导建议。

（二）数据驱动的乡村旅游

数据要素在乡村旅游的发展中也起到了重要作用。通过大数据技术，可以实时监测和分析乡村旅游资源的利用情况，优化旅游服务和管理。例如，某乡村通过建立“智慧旅游平台”，收集了旅游景点的客流量、游客满意度、环境影响等多方面的数据，利用大数据分析技术，生成了旅游景点的热度地图和游客流量预测模型。这些分析结果不仅帮助政府部门优化旅游资源的配置，还为旅游企业提供了精准的市场定位和营销策略。例如，通过对游客流量数据的分析，旅游企业可以调整旅游景点的开放时间和参观路线，避免游客过度集中，提高游客的体验质量。此外，通过构建复杂的微分方程模型，可以进一步分析数据要素对乡村旅游经济的驱动作用。设 $y(t)$ 为某旅游景点在时间 t 时的经济收益，$x_1(t)$ 为游客数量，$x_2(t)$ 为游客满意度，$x_3(t)$ 为资源使用效率，$x_4(t)$ 为市场宣传力度，$x_5(t)$ 为环境保护投入。建立一个包含多个变量的非线性微分方程模型来描述这些因素对经济收益的影响：

$$\frac{dy(t)}{dt} = \beta_1x_1(t) + \beta_2x_2(t) + \beta_3x_3(t) + \beta_4x_4(t) - \beta_5x_5(t) - \gamma y(t) \tag{12-28}$$

其中，β_1、β_2、β_3、β_4、β_5 为各因素对经济收益的影响系数，γ 为经济收益的自然衰减率。通过这个模型可以分析各因素的变化对旅游经济收益的影响，进而优化旅游管理措施。例如，如果发现 β_1 较大，则说明增加游客数量对提高经济收益有显著效果，而 β_5 较小，则说明环境保护投入的增加对经济收益的影响不明显。这种数据分析和模型构建的方法，不仅提高了乡村旅游经济的科学管理和精准营销，还为可持续发展的旅游经济提供了有力支持。

（三）数据支持的农村电商

数据要素在农村电商的发展中起到了关键作用。通过大数据技术，可以精准分析市场需求和消费者偏好，优化产品供应链和销售策略。例如，某乡村通过建立“农村电商数据分析平台”，收集了本地农产品的生产数据、市场需求数据和销售数据，利用大数据分析技术，生成了农产品的市场需求预测模型和最优销售策略。这些分析结果不仅帮助农民更好地理解市场需求，还为电商企业提供精准的销售建议，提高了农产品的销售效率和经济效益。例如，通过对市场需求数据的分析，电商企业可以调整农产品的销售时间和渠道，避免市场过剩和价格波动，确保农民的收入稳定增长。

二、数据要素在乡村社会管理中的作用

（一）数据驱动的社会治理

数据要素的应用可以显著提升乡村社会治理的效率和效果。通过大数据技术，可以实现对乡村社会各类数据的全面采集和分析，为政府决策提供科学依据。例如，某乡镇通过建立“社会治理数据平台”，收集了社会治安、公共卫生、居民需求等多方面的数据，利用大数据分析技术，生成了治安热点地图、公共卫生预警模型和居民需求分析报告。这些分析结果不仅帮助政府部门提前发现和应对潜在的社会问题，还为优化社会治理措施提供了重要参考。例如，通过对治安热点地图的分析，政府可以增加重点区域的巡逻力度，提高治安管理的精准度和效果。

此外，通过构建复杂的微分方程模型，可以进一步分析数据要素对社会治理的影响。设 $y(t)$ 为某乡村在时间 t 时的治理效果，$x_1(t)$ 为社会治安状况，$x_2(t)$ 为公共卫生状况，$x_3(t)$ 为居民需求满意度，$x_4(t)$ 为政策执行力度，$x_5(t)$ 为社会参与度。建立一个包含多个变量的非线性微分方程模型来描述这些因素对治理效果的影响：

$$\frac{dy(t)}{dt} = \eta_1 x_1(t) + \eta_2 x_2(t) + \eta_3 x_3(t) + \eta_4 x_4(t) + \eta_5 x_5(t) - \lambda y(t) \tag{12-29}$$

其中，η_1、η_2、η_3、η_4、η_5 为各因素对治理效果的影响系数，λ 为治理效果的自然衰减率。通过这个模型可以分析各因素的变化对治理效果的影响，进而优化治理措施。例如，如果发现 η_3 较大，则说明提高居民需求满意度对提升治理效果有显著作用，而 η_5 较小，则说明提高社会参与度对治理效果的影响不明显。这种数据分析和模型构建的方法，不仅提高了社会治理的科学性和精准性，还为乡村的可持续发展提供了重要支持。

（二）数据支持的公共服务

数据要素在公共服务的提供中也起到了重要作用。通过建立公共服务数据平台，可以实现对各类公共服务设施的全面管理和资源的高效配置。例如，某乡村通过建立“智慧医疗平台”，收集了医疗设施、医生数量、居民健康状况等多方面的数据，利用大数据分析技术，生成了医疗资源优化配置方案和居民健康预警模型。这些分析结果不仅帮助政府科学合理地调整医疗资源配置，还为居民提供了便捷的医疗服务。例如，通过建立“居民健康档案”，居民可以随时随地查询自己的健康状况，预约就诊，减少了排队等候时间，提高了医疗服务效率。

（三）数据推动的社会基础设施建设

数据要素的应用还可以优化乡村社会基础设施的建设与管理。通过对基础设施建设的数据进行全面分析，可以发现建设中的潜在问题和优化空间，为政府制订科学的建设方案提供依据。例如，某乡村通过建立“基础设施建设数据分析平台”，收集了交通、电力、通信等多方面的建设数据，利用大数据分析技术，生成了基础设施建设的优化方案和动态监测报告。这些分析结果不仅帮助政府科学合理地规划基础设施建设，还为居民提供了便捷的基础设施服务。例如，通过对交通数据的分析，政府可以优化交通线路的布局，减少居民的出行时间和成本，提高居民的生活质量。

三、数据要素在乡村社会互动与合作中的作用

（一）数据平台促进的居民互动

数据平台的建立可以促进乡村居民之间的互动和合作，增强社区的凝聚力。通过建立居民互动平台，可以实现居民需求的精准对接和信息的高效传播。例如，某乡村通过建立“居民需求反馈平台”，收集了居民在医疗、教育、文化等方面的需求和意见，利用大数据分析技术，生成了居民需求满足度报告和社区互动建议。这些分析结果不仅帮助政府更好地了解居民的需求，还为居民提供更加精准和高效的公共服务。例如，通过对居民需求的分析，政府可以调整医疗资源的分配，提高医疗服务的覆盖面和质量，增强居民的参与感和归属感。

（二）数据支持的社区合作

数据要素的应用可以促进乡村社区之间的合作与互动，实现资源的高效共享和利用。通过对社区合作的数据进行全面分析，可以发现合作中的潜在问题和优化空间，为政府制订科学的合作政策提供依据。例如，某乡镇通过建立“社区合作数据分析平台”，收集了不同社区在医疗、教育、文化等方面的资源情况和合作需求，利用大数据分析技术，生成了社区合作优化方案和动态监测报告。这些分析结果不仅帮助政府科学合理地规划社区合作，还为社区提供了更加高效和便捷的合作渠道。例如，通过对社区资源的分析，政府可以引导不同社区之间共享医疗资源，提高服务的覆盖面和质量，增强社区的合作意识和凝聚力。

（三）数据平台促进的社会网络构建

数据平台的建立不仅可以促进居民和社区之间的互动与合作，还可以通过社会网络分析技术，构建乡村社会的多层次网络结构，实现社会资源的高效配置和优化利用。社会网络分析是一种利用图论和数学模型来研究社会关系和网络结构的方法，可以揭示不同主体之间的相互作用和影响。例如，某乡村通过建立“社会网络分析平台”，收集了居民、社区、政府、企业等多方面的互动数据，构建了乡村社会的网络结构图。通过对网络结构的分析，可以发现不同主体之间的合作节点和潜在的合作机会，优化资源配置，提高社会网络的效率和稳定性。

首先，通过数据支持的精准农业，可以提高农业生产效率，增加农民收入，促进乡村经济的发展；通过数据驱动的乡村旅游，可以优化旅游资源的配置，提高旅游经济的效益，促进乡村文化的传播；通过数据支持的农村电商，可以精准分析市场需求，优化产品供应链，提高农产品的销售效率和经济效益。其次，数据要素在乡村社会管理中的应用，通过数据驱动的社会治理，可以提高治理的精准度和效果，增强社会的和谐与稳定；通过数据支持的公共服务，可以优化资源配置，提高服务的质量和效率，提升居民的生活质量；通过数据推动的社会基础设施建设，可以科学规划基础设施建设，提高建设的效益和居民的满意度。最后，数据平台在促进乡村社会互动与合作中的应用，通过数据平台促进的居民互动，可以增强社区的凝聚力和居民的参与感；通过数据支持的社区合作，可以实现资源共享，提高合作的广度和深度；通过数据平台促进的社会网络构建，可以优化社会资源的配置和利用，形成一个高效互动的乡村社会网络。

第十三章

数据要素赋能数字乡村建设的优化路径

数据要素以其高效的信息采集、处理和分析能力，能够为乡村生产、生活、治理等各个领域提供精准、科学的决策支持，从而推动乡村社会的全面转型与升级。然而，尽管数据要素在数字乡村建设中展现出巨大的潜力，其实际应用仍面临诸多挑战，如数据采集的全面性、技术应用的普及性、数据安全的保障性等。因此，探索数据要素赋能数字乡村建设的优化路径，不仅是推动乡村数字化转型的必然要求，也是实现城乡融合发展的重要保障。

首先，数据要素在数字乡村建设中的作用主要体现在其对乡村经济、社会和治理的全面赋能。在经济领域，数据要素通过精准农业、智慧物流、农村电商等应用场景，优化资源配置，提高生产效率，推动乡村经济的转型升级；在社会领域，数据要素通过智慧教育、智慧医疗、智慧养老等服务模式，提升公共服务的质量和覆盖范围，改善乡村居民的生活质量；在治理领域，数据要素通过社会治理平台、数字政务系统等手段，提高乡村治理的精准性和响应速度，增强乡村社会的稳定性和可持续发展能力。

其次，数据要素赋能数字乡村建设的优化路径需要从技术、政策和制度三个层面进行系统性设计与实施[109]。在技术路径上，数据采集、存储、分析和应用的技术创新是实现数据要素高效赋能的基础。例如，物联网、区块链、人工智能等新兴技术的应用，能够有效提升数据的质量和应用效率，为乡村经济和社会发展提供更加精准的支持。在政策路径上，政府需要通过制定相关政策和标准，明确数据要素在数字乡村建设中的定位和作用，推动数据资源的开放共享与合理利用，同时加强对数据安全和隐私保护的监管。在制度路径上，构建适应数字乡村发展的治理体系，完善数据要素参与乡村经济和社会治理的机制，是确保数据要素赋能效果可持续的关键。

最后，数据要素赋能数字乡村建设的优化路径不仅是一个技术与制度协同推进的过程，更是一个多方参与、共同治理的过程。在这一过程中，政府、企业、社会组织和乡村居民的协同参与至关重要。政府作为主导者，需要通过政策引导和资源投入，推动数据要素在乡村社会中的广泛应用；企业作为技术与服务的提供者，需要不断创新技术产品和服务模式，以适应乡村社会的特殊需求；社会组织作为桥梁，需要在技术普及、能力建设和社区参与中发挥纽带作用；而乡村居民作为最终受益者，其主动参与和适应数字化的能力，则是数据要素赋能效果能否充分发挥的关键。因此，优化数据要素赋能数字乡村建设的路径，需要在多方协同的基础上，构建一个技术与制度相融合、政策与实践相统一的综合性框架。

第一节 数字乡村基础设施建设的政策框架与优化路径

一、数字乡村基础设施建设的政策框架

（一）国家政策背景与指导思想

数字乡村基础设施建设是国家乡村振兴战略的重要组成部分，随着信息技术的不断发展，数字基础设施已成为推动乡村现代化的重要支撑。在国家层面，政府出台了一系列政策和规划，为数字乡村基础设施建设提供了明确的指导方向和政策保障。

1. 政策背景

2018 年，国务院发布的《乡村振兴战略规划（2018～2022 年）》明确指出，要加快乡村信息化建设，推进数字乡村战略的实施。2020 年，国家发展改革委、中央网信办等多部门联合印发的《数字乡村发展战略纲要》进一步细化了数字乡村建设的目标和任务，提出了到 2025 年，全国所有乡村实现数字化转型的远景目标。此外，2021 年发布的《“十四五”规划纲要》中，也特别强调了信息化基础设施建设在乡村振兴中的重要作用，提出要加强农村信息通信网络建设，推动新一代信息技术在乡村的广泛应用。

2. 指导思想

数字乡村基础设施建设的指导思想主要包括以下几点：

（1）创新驱动。通过科技创新，提升数字基础设施的建设水平，推动乡村经济和社会的高质量发展。

（2）普惠共享。确保数字基础设施的普惠性和共享性，避免因技术鸿沟导致的发展不平衡问题，促进城乡融合发展。

（3）安全可控。在数字基础设施建设过程中，加强数据安全和隐私保护，确保信息系统的安全可控。

（4）生态友好。坚持绿色发展理念，推动数字基础设施与生态环境的协调发展，实现可持续发展。

（二）地方政府政策实施与创新

地方政府在数字乡村基础设施建设中承担着重要的实施和创新职责。各地政府根据国家政策的指导方向，结合本地实际情况，出台了一系列具体政策和措施，推动数字基础设施建设的有效落地。

1. 政策实施

（1）财政支持。地方政府通过设立专项资金，支持数字乡村基础设施的建设和维护。例如，某市财政每年拨款 1000 万元，用于乡村信息通信网络、智慧农业、智慧医疗等基础设施项目的建设。

（2）项目引导。通过制定具体的项目建设指南和标准，推动数字基础设施建设的规范化和标准化。例如，某县政府出台了《数字乡村基础设施建设指南》，明确了项目建设的技术标准、实施流程和验收标准。

（3）人才培训。加强数字技术人才的培训和引进，提升乡村数字基础设施的管理和应用水平。例如，某县政府与高校合作，开设了数字乡村技术培训班，培养了大量本地数字技术人才。

2. 政策创新

（1）政策融合。将数字乡村基础设施建设与乡村振兴其他政策相结合，形成政策合力。例如，某市政府将数字乡村基础设施建设与乡村旅游、农村电商等产业政策相融合，推动产业数字化和数字产业化同步发展。

（2）模式创新。探索多元化的建设模式，鼓励企事业单位、社会组织和居民参与数字基础设施建设。例如，某乡镇通过 PPP（公私合营）模式，引入社会资本参与乡村信息通信网络的建设，有效缓解了资金压力。

（3）应用场景拓展。推动数字基础设施在更多领域的应用，提升其综合效益。例如，某县政府在智慧农业的基础上，拓展了智慧环保、智慧教育等应用场景，实现了多领域的数字赋能。

二、数字乡村基础设施建设的技术路径

（一）信息通信网络建设

信息通信网络是数字乡村基础设施的核心组成部分，其建设水平直接影响到乡村信息的流通和数字技术的应用效果。

1. 4G/5G 网络覆盖

4G/5G 网络的覆盖是实现乡村信息化的基础。通过建设 4G/5G 基站，可以大幅提升乡村的网络覆盖范围和传输速度。例如，某县通过与通信运营商合作，建设了多个 4G/5G 基站，实现了全县所有乡村的网络全覆盖，为智慧农业、远程医疗等应用提供了有力支持。

2. 光纤宽带接入

光纤宽带接入是提高乡村信息传输速率的重要手段。通过建设光纤宽带网络，可以实现高速、低延迟的信息传输，提升乡村居民的网络体验。

例如，某乡镇通过与电信运营商合作，铺设了光纤宽带网络，实现了全镇所有乡村的光纤接入，为村民提供了便捷的互联网服务。

（二）智慧农业设施建设

智慧农业设施是数字乡村基础设施的重要组成部分，其建设可以显著提升农业生产的精准度和效率。

1. 物联网传感器安装

通过在农田中安装各类物联网传感器，如土壤湿度传感器、气象站、摄像头等，可以实时监测农田的土壤湿度、温度、光照、降水量等数据。这些数据通过物联网技术传输到数据中心，经过大数据分析，生成最优的农业管理方案。例如，某县通过安装物联网传感器，建立了智慧农业管理系统，实现了农田灌溉的自动化和智能化，提高了农业生产效率和农作物质量。

2. 智能农机设备推广

智能农机设备的应用可以显著提升农业生产的机械化和智能化水平。通过推广使用智能拖拉机、无人机喷洒、自动化收割机等智能设备，可以实现农事操作的精准化和高效化。例如，某乡镇通过与农机企业合作，推广使用智能拖拉机，实现了农田管理的全流程自动化，降低了农业生产成本，提高了农民的收入水平。

（三）智慧医疗设施建设

智慧医疗设施是提高乡村医疗水平的重要手段，其建设可以显著改善乡村居民的就医体验。

1. 远程医疗服务系统建设

通过建设远程医疗服务系统，可以实现乡村与城市医疗资源的共享，提升乡村医疗服务的质量和覆盖面。例如，某县通过建立远程医疗服务系统，实现了乡村医生与城市医院专家的实时连线，为乡村居民提供了高效、专业的医疗服务。远程医疗服务系统不仅减少了居民的就医成本，还提高了医疗资源的利用效率。

2. 智慧医疗终端推广

通过推广使用智慧医疗终端，如便携式医疗设备、健康监测手环等，可以实现居民健康状况的实时监测和管理。例如，某乡镇通过发放便携式医疗设备和健康监测手环，建立了居民健康档案，实现了居民健康状况的动态监测和预警。智慧医疗终端的应用，不仅提高了居民的健康管理水平，还为政府提供了精准的健康管理数据支持。

三、数字乡村基础设施建设的优化路径

（一）政策优化路径

1. 完善政策体系

（1）顶层设计：进一步完善国家层面的数字乡村建设顶层设计，明确数字基础设施建设的总体目标和任务，为地方政策的制定和实施提供指导依据。例如，国家发展改革委可以发布《数字乡村基础设施建设指导意见》，明确建设的重点领域和标准要求。

（2）地方细则：地方政府需要根据国家政策，结合本地实际情况，制定具体的实施细则和操作指南，确保政策的有效落地。例如，某市政府出台《数字乡村基础设施建设实施细则》，明确建设的具体步骤和责任分工。

2. 强化政策执行

（1）资金保障。增加对数字乡村基础设施建设的财政支持，确保建设资金的充足和合理使用。例如，某县财政可以设立专项基金，用于数字基础设施的建设和维护。

（2）监督检查。建立健全数字乡村基础设施建设的监督检查机制，确保政策执行的透明度和效果。例如，某县政府成立数字乡村建设检查小组，定期对项目建设和资金使用进行检查和评估。

（3）评估机制。建立科学的评估机制，对数字乡村基础设施建设的效果进行定期评估，及时调整和优化政策。例如，某市委托第三方机构对数字乡村基础设施建设的综合效益进行评估，提出改进建议。

（二）技术优化路径

1. 提高技术的适用性和普及性

（1）技术适配。选择适合乡村实际情况的技术和设备，避免因技术不适应导致的应用效果不佳。例如，选择低功耗、易维护的物联网传感器，确保其在乡村环境中的长期稳定运行。

（2）技术普及。通过培训和宣传，提高乡村居民和管理人员的技术应用能力，确保技术的普及和应用效果。例如，某县通过举办数字技术培训班，培训了大量乡村居民和管理人员，提升了其数字技术应用水平。

2. 优化技术应用环境

（1）网络覆盖。继续扩展4G/5G网络和光纤宽带的覆盖范围，确保乡村信息通信网络的全面覆盖和稳定运行。例如，某市通过与通信运营商合作，建设更多的4G/5G基站和光纤宽带节点，提高网络覆盖的广度和深度。

（2）平台搭建。搭建统一的数字乡村管理平台，实现数据的集中管理和应用。例如，某县通过建立“数字乡村管理平台”，实现了农田管理、医疗健康、教育资源等的统一管理，提高了数据的利用效率和应用效果。

3. 技术创新与研发

（1）技术更新。定期更新和升级现有的数字基础设施技术，确保其始终处于领先水平。例如，某市与科研机构合作，定期更新智慧农业、远程医疗等技术的版本，提高其应用效果。

（2）技术引进。积极引进国外先进的数字基础设施技术，推动技术的国际化和现代化。例如，某县政府与国际技术公司合作，引进先进的物联网传感器和智能农机设备，提升数字基础设施的建设水平。

（三）社会参与优化路径

1. 增强居民参与

（1）需求调查。通过居民需求调查，了解居民对数字基础设施的实际需求和意见，为政策制定和项目实施提供依据。例如，某县政府通过问卷调查和座谈会，收集居民对智慧农业、远程医疗等基础设施的需求和意见。

（2）参与机制。建立居民参与机制，鼓励居民积极参与数字基础设施的建设和使用，提升居民的参与感和满意度。例如，某乡镇通过成立“数字乡村建设居民委员会”，定期组织居民参与项目建设和使用反馈。

2. 企业和社会组织参与

（1）合作机制。建立政府、企业、社会组织的合作机制，推动多元主体共同参与数字基础设施建设。例如，某市通过 PPP 模式，引入社会资本参与乡村信息通信网络和智能农机设备的建设，形成多方合力。

（2）服务提供。鼓励企业和社会组织提供多样化的数字基础设施服务，满足乡村居民的多样化需求。例如，某乡镇通过与企业合作，提供远程教育、智慧养老等服务，丰富乡村居民的数字生活。

3. 社区互动与合作

（1）社区平台。搭建社区互动平台，实现社区内部的信息共享和合作。例如，某县通过建立“社区互动平台”，实现了居民之间、社区之间的信息共享和协作，提高了社区的凝聚力和合作水平。

（2）合作项目。推动社区合作项目的实施，实现社区资源的优化配置和利用。例如，某乡镇通过社区合作项目，实现了不同社区之间的医疗资源和教育设施的共享，提高了公共服务的覆盖面和质量。

第二节　数据要素流通与共享的优化路径与政策保障

一、数据要素流通与共享的重要性和现状

（一）重要性分析

数据要素作为数字经济的核心资源，其流通与共享对于推动数字乡村建设具有重要意义。高效的数据流通和共享可以实现资源的优化配置，提

高信息的利用效率，促进各领域的协同创新，从而推动乡村经济、社会和治理的全面数字化转型。具体来说，数据要素流通与共享的重要性主要体现在以下几个方面。

1. 资源优化配置

数据要素的流通与共享可以打破“信息孤岛”，实现不同主体之间的信息互通和资源互补，从而优化资源配置。例如，通过数据平台，可以将农田管理、医疗健康、教育资源等数据进行整合，为政府决策提供科学依据。

2. 促进协同创新

数据要素的共享可以促进不同领域的协同创新，推动新技术、新产品和新服务的快速发展。例如，通过共享农业生产数据，可以促进农业科研机构、农机企业和农户之间的合作，加快农业科技的成果转化和推广。

3. 提升治理水平

数据要素的流通与共享可以提高政府治理的精准度和响应速度，增强社会的稳定性和可持续发展能力。例如，通过共享社会治安数据，可以实现预警和快速反应，有效维护社会安全。

（二）现状分析

1. “数据孤岛”现象严重

不同部门和主体之间的数据资源难以互通和共享，导致“信息孤岛”现象严重。例如，农业部门和医疗部门的数据资源难以互通，影响了综合决策和服务的质量。

2. 数据标准不统一

数据采集、存储和传输的标准不统一，导致数据质量问题和应用效率低下。例如，不同地区和部门使用不同的数据标准，增加了数据整合和分析的难度。

3. 数据安全与隐私保护不足

数据在流通与共享过程中，安全和隐私保护措施不完善，增加了数据泄露和滥用的风险。例如，乡村居民的健康数据在传输过程中存在被窃取的风险，影响了居民的安全感和信任度。

二、数据要素流通与共享的优化路径

（一）技术路径

1. 数据采集与标准化

（1）高精度传感器：通过安装高精度的物联网传感器，提高数据采集的精度和全面性。例如，某县在农田中安装了高精度的土壤湿度传感器和气象站，实时监测农田的土壤湿度、温度、光照等数据，确保数据的高质量采集。

（2）数据标准化：建立统一的数据标准，确保数据在不同主体之间的互通和共享。例如，某市制定了《数字乡村数据标准》，明确了数据采集、存储、传输的各项技术标准，确保数据的标准化和规范化。

2. 数据存储与管理

（1）数据中心建设：建立统一的数据中心，集中管理各领域的数据资源，提高数据的存储和管理能力。例如，某县建立了“数字乡村数据中心”，集中管理农田管理、医疗健康、教育资源等数据，实现了数据的集中存储和管理。

（2）数据备份与恢复：通过定期的数据备份和恢复措施，确保数据的安全性和可用性。例如，某市通过与云服务商合作，实现了数据的多节点备份，提高了数据的容灾能力和恢复速度。

3. 数据传输与共享

（1）高速信息通信网络：通过建设4G/5G基站和光纤宽带网络，提高数据传输的速率和稳定性。例如，某县通过与通信运营商合作，建设了多个4G/5G基站，实现了全县所有乡村的网络全覆盖，为数据传输提供了高速的网络支持。

（2）数据交换平台：建立数据交换平台，实现不同主体之间的数据互通和共享。例如，某市建立了“数字乡村数据交换平台”，实现了政府、企业、社区和居民之间的数据共享，提高了数据的利用效率。

（二）政策路径

1. 制定数据流通与共享政策

（1）国家层面政策。国家层面应出台专门的数据流通与共享政策，明确数据采集、存储、传输和应用的具体要求和标准。例如，国家发展改革委和中央网信办联合发布了《数字乡村数据流通与共享管理办法》，明确了数据流通与共享的政策框架和技术标准。

（2）地方层面政策。地方政府应根据国家政策，结合本地实际情况，制定具体的实施细则和操作指南，确保政策的有效落地。例如，某市政府出台了《数字乡村数据流通与共享实施细则》，明确了数据平台的建设标准和数据共享的实施流程。

2. 建立数据开放共享机制

（1）数据开放目录。建立统一的数据开放目录，明确各类数据的开放范围和共享方式。例如，某市建立了“数字乡村数据开放目录”，明确了农田管理、医疗健康、教育资源等数据的开放范围和共享方式。

（2）数据共享协议。通过签订数据共享协议，明确数据共享的权利和义务，确保数据的合法合规流通。例如，某县政府与医疗企业、农业科研机构等签署了数据共享协议，明确了各方在数据共享中的权利和义务，确保数据的合法合规使用。

3. 数据安全与隐私保护

（1）数据安全标准。制定统一的数据安全标准，确保数据在采集、存储、传输和应用过程中的安全性和隐私保护。例如，某市制定了《数字乡村数据安全标准》，明确了数据加密、数据备份、数据恢复等各项安全措施，确保数据的安全性。

（2）隐私保护措施。通过加密技术、匿名化处理等方式，保护居民的隐私数据，避免数据泄露和滥用。例如，某县通过大数据平台，对居民的健康数据进行了匿名化处理，避免了个人隐私的泄露。

（三）社会路径

1. 增强居民参与意识

（1）需求调查。通过居民需求调查，了解居民对数据共享的实际需求和意见，为政策制定和项目实施提供依据。例如，某县通过问卷调查和座谈会，收集了大量居民对智慧农业、远程医疗等数据共享的需求和意见。

（2）培训与教育。通过举办数据素养培训班，提升居民的数据应用能力和参与意识。例如，某乡镇与高校合作，开设了数据素养培训班，培养了大量乡村居民的数据应用能力。

2. 企业和社会组织的参与

（1）合作机制。建立政府、企业和社会组织的合作机制，推动多元主体共同参与数据共享的建设和应用。例如，某市通过 PPP（公私合营）模式，引入社会资本参与数字乡村数据平台的建设，形成了多方合力。

（2）服务提供。鼓励企业和社会组织提供多样化的数据共享服务，满足不同主体的多样化需求。例如，某乡镇通过与技术公司合作，提供了远程教育、智慧养老等数据共享服务，丰富了乡村居民的数字生活。

3. 社区互动与合作

（1）社区平台。搭建社区互动平台，实现社区内部的信息共享和合作。例如，某县通过建立"数字社区互动平台"，实现了居民之间、社区之间的信息共享和协作，提高了社区的凝聚力和合作水平。

（2）合作项目。推动社区合作项目的实施，实现社区资源的优化配置和利用。例如，某乡镇通过社区合作项目，实现了不同社区之间的医疗资源和教育设施的共享，提高了公共服务的覆盖面和质量。

（四）小结

数据要素的流通与共享在数字乡村建设中具有重要作用，但其有效实施仍面临诸多挑战。通过技术路径、政策路径和社会路径的系统性优化，可以有效提高数据要素的流通与共享水平，促进乡村经济、社会和治理的全面数字化转型。具体来说，技术路径通过高精度传感器、数据中心建设、数据交换平台等手段，实现数据的高质、高效采集、存储和传输；政策路径通过制定专门的管理办法、建立数据开放共享机制和加强数据安全保护，确保数据的合法合规流通；社会路径通过增强居民参与意识、鼓励企业和社会组织的参与以及推动社区内部的互动与合作，实现数据资源的广泛普及和优化应用。

第三节　乡村数字人才培养与引进的政策

一、乡村数字人才培养的重要性与现状

（一）重要性分析

乡村数字人才是数字乡村建设的关键要素[110]，其素质和数量直接影响到数字技术在乡村的普及和应用效果。随着科技的发展，数字技术在农业、医疗、教育、社会治理等领域的应用日益广泛，而乡村缺乏足够的数字人才，成为制约数字乡村建设的主要瓶颈。培养和引进高质量的乡村数字人才，有助于提升乡村的整体信息化水平，推动乡村振兴战略的有效实施。

1. 技术普及与应用

乡村数字人才的培养可以提高居民的数字技术应用能力，通过培训乡村数字人才，使其掌握现代农业信息技术，如物联网、大数据分析和人工智能等，从而促进智慧农业、远程医疗、智慧教育等数字技术的普及和应用，提升乡村经济和社会的发展水平，增强农业的可持续性。

2. 科技创新与转化

高质量的数字人才可以推动乡村科技创新，挖掘乡村特有的资源和优势，开发新的农业产品和模式。例如，利用数据分析优化农产品供应链，提高市场响应速度；或者开发基于区块链的农产品溯源系统，提升产品的质量，加快科技成果的转化和推广，提升乡村的创新能力和发展潜力。

3. 社会治理与服务

乡村数字人才可以提高政府治理的精准度和效率，如协助政府建立智能化的管理系统，如利用大数据分析预测社会问题，推动智能化社会治理和服务的实施。此外，通过数字技术，乡村数字人才可以促进社区成员之间的沟通和参与，如建立社区论坛或者社交平台，增强乡村社会的稳定性和可持续发展能力。

（二）现状分析

目前，国内乡村数字人才培养与引进还存在诸多挑战，主要表现在以下几个方面。

1. 人才培养体系不完善

乡村地区缺乏系统的数字人才培养体系，教育和培训资源不足，导致数字技术人才的培养效果不佳。例如，许多乡村学校缺乏专业的数字技术课程和师资力量，影响了数字技术人才的培养。

2. 人才引进机制不健全

乡村地区在人才引进方面存在诸多障碍，如地理偏僻、经济条件有限等，导致高质量数字技术人才难以引进和留住。例如，许多乡村缺乏吸引力，难以吸引城市中的高技能人才。

3. 培训与实践脱节

现有的数字技术培训多集中在理论知识的传授，缺乏实际操作和应用的培训，导致培训效果不理想。例如，许多乡村培训项目缺乏实际操作环节，影响了居民的数字技术应用能力。

二、乡村数字人才培养的政策路径

（一）教育与培训政策

1. 建立数字技术教育体系

（1）课程设置。在乡村学校设置专业的数字技术课程，涵盖基础编程、数据分析、物联网应用等内容，提高学生的数字技术素养。例如，某县在中学开设了信息技术课，内容包括 Python 编程、数据分析基础等，为学生提供了系统的数字技术教育。

（2）师资力量。引进和培养高质量的数字技术师资力量，确保课程的教学质量和效果。例如，某市通过与高校合作，选派优秀教师到乡村学校进行数字技术课程的教学，提高了教学水平。

2. 开展数字技术培训

（1）多层次培训。开展多层次的数字技术培训，涵盖基础培训、技能培训和高级培训，满足不同群体的需求。例如，某县通过政府、高校和社会组织联合开展数字技术培训班，针对不同年龄段的居民提供不同的培训内容。

（2）实战演练。通过实战演练和实际操作，提高培训的效果和实用性。例如，某乡镇在培训中设置了实际操作环节，让居民在实训环境中应用所学知识，提高了数字技术的实际应用能力。

（二）人才引进与留用政策

1. 建立人才引进机制

（1）优惠政策。出台优厚的人才引进政策，包括住房补贴、医疗保障、子女教育等，吸引和留住高质量的数字技术人才。例如，某市出台了《乡村数字人才引进政策》，为引进的数字技术人才提供住房补贴、医疗保障等优惠政策。

（2）创业支持。提供创业支持，鼓励高技能人才在乡村地区开展创新创业活动，形成人才集聚效应。例如，某县通过设立创业基金和孵化器，支持数字技术人才在乡村开展智慧农业、远程医疗等领域的创新创业活动。

2. 人才留用措施

（1）职业发展。为数字技术人才提供持续的职业发展通道，包括进修机会、职业晋升等，确保人才的长期稳定和持续发展。例如，某市通过与高校和科研机构合作，为乡村数字技术人才提供进修和培训机会，提高了其职业素养和技能水平。

（2）社区融入。鼓励数字技术人才融入乡村社区，参与社区治理和服务，增强其在乡村的归属感和认同感。例如，某乡镇通过成立“乡村数字治理委员会”，吸纳数字技术人才参与社区治理和公共服务，提高了其在乡村的融入度。

三、乡村数字人才应用的保障措施

（一）技术支持与服务保障

1. 技术指导与支持

（1）专家团队。组建专业的数字技术支持专家团队，提供技术和应用指导，确保数字技术在乡村的有效应用。例如，某市通过与科研机构合作，组建了“数字乡村技术支持团队”，为乡村数字技术应用提供专业指导。

（2）技术服务站。在乡村设立数字技术服务站，提供日常的技术支持和维护服务，解决居民在应用过程中的技术问题。例如，某乡镇在各村设立了“数字技术服务站”，配备了专业的技术人员，为村民提供及时的技术支持。

2. 项目合作与技术推广

（1）项目合作。推动政府、企业、科研机构等多主体的项目合作，实现技术的快速推广和应用。例如，某县通过与农业科技公司合作，开展了智慧农业试点项目，推动了新型数字技术在乡村的应用。

（2）技术推广。通过举办技术推广活动，提高数字技术在乡村的普及率和应用效果。例如，某市通过举办“数字乡村技术推广周”活动，展示了最新的数字技术成果，提升了乡村居民的技术应用意识。

（二）政策保障与制度建设

1. 建立人才激励机制

（1）绩效奖励。通过绩效奖励机制，激励数字技术人才在乡村地区的创新和应用。例如，某县为在数字乡村建设中表现优秀的数字技术人才提供绩效奖金，提高了其工作积极性。

（2）荣誉奖励。通过评选“优秀数字乡村人才”等荣誉奖励，提升数字技术人才的社会地位和职业荣誉感。例如，某市每年评选“数字乡村建设先进个人”，为其颁发荣誉证书和奖金，提高了其职业荣誉感。

2. 完善政策法规

（1）法律法规。出台专门的法律法规，明确数字技术人才的权利和义务，保护其合法权益。例如，某省制定了《乡村数字技术人才管理办法》，明确了人才引进、培养、使用和管理的具体要求。

（2）政策保障。通过政策保障，确保数字技术人才在乡村地区的合法权益和福利待遇。例如，某市通过与医疗、教育等部门合作，为乡村数字技术人才提供医疗保障和子女教育等福利待遇，确保其在乡村的稳定生活和工作。

（三）社会参与与多元合作

1. 企业和社会组织的参与

（1）企业合作。鼓励企业参与数字乡村人才的培养和引进，提供支持和资源。例如，某市通过与科技公司合作，设立了“数字乡村人才培养基金”，为乡村培训项目提供资金支持。

（2）社会组织合作。通过与社会组织合作，推动数字技术在乡村的普及和应用。例如，某县通过与非营利组织合作，开展了“数字乡村科普活动”，提高了乡村居民的数字技术认知和应用能力。

2. 社区互动与合作

（1）社区平台。搭建社区互动平台，实现社区内部的信息共享和合作。例如，某县通过建立“数字乡村社区互动平台”，实现了居民之间、社区之间的信息共享和协作，提高了社区的凝聚力和合作水平。

（2）合作项目。推动社区合作项目的实施，实现社区资源的优化配置和利用。例如，某乡镇通过社区合作项目，实现了不同社区之间的医疗资源和教育设施的共享，提高了公共服务的覆盖面和质量。

总之，乡村数字人才的培养与引进是数字乡村建设的关键环节，其政策路径的优化有助于提升乡村的整体信息化水平，推动乡村振兴战略的有效实施。通过教育与培训政策，可以建立系统的数字技术教育体系，提高居民的数字技术应用能力；通过人才引进与留用政策，可以吸引和留住高质量的数字技术人才，增强乡村的科技创新能力；通过技术支持与服务保障，可以确保数字技术在乡村的有效应用，提升项目的效果和居民的满意度。本节通过系统性探讨乡村数字人才培养与引进的政策路径，期望为推动数字乡村建设提供理论依据和实践指导，从而实现乡村经济、社会和治理的全面数字化转型。

第十四章

结论与展望

第一节　研究结论和主要创新

本书围绕中国乡村共同富裕的实现路径，系统探讨了数据要素在数字乡村建设中的重要作用。随着国家大力推进乡村振兴战略，农村经济社会的发展迎来了新的机遇和挑战[111]。共同富裕不仅是一个经济目标，更是一个社会目标，旨在通过科技进步和数据应用，全面提升农村居民的生活质量和幸福感。研究从理论基础、现状与挑战、目标与路径等多个层面，全面分析了数据要素在乡村振兴中的重要性。研究发现，数据要素的应用能够显著提升农村的基础设施建设、公共服务水平和产业体系的现代化。例如，高速宽带网络、乡村数据中心和云计算平台的建设，极大改善了农村地区的通信条件和信息获取能力，推动了农村电商、远程教育和智慧医疗等新兴服务的发展。在产业体系方面，数据要素在精准农业、农业供应链管理、乡村旅游和农村金融等领域的应用，不仅提高了农业生产的效率和市场竞争力，还增加了农民的收入，改善了农村居民的生活质量。此外，数据要素在乡村治理和生态保护中也发挥了重要作用。通过智慧政务和数据驱动的社会管理，农村社会治理水平得到了提升，促进了社区的和谐发展；环境监测系统的建立则实现了环境管理的科学化和智能化，有效保护了农村的自然资源和生态环境。

本书的创新点主要体现在构建了全面系统的理论框架、通过多维数据分析揭示数据要素的作用、选取典型案例验证理论的可行性、提出政策优化路径以及探索多主体协同机制。理论框架涵盖了数据要素在乡村产业、教育、公共治理、医疗等多个领域的应用，为后续研究提供了理论基础。多维数据分析为政策制定提供了科学依据，而典型案例的选取增强了研究的实践意义。本书还提出了加强数据基础设施建设、完善数据共享机制、培养数字人才等政策优化路径，为政府和相关部门提供了明确指导。此外，探索政府引导、企业支持、科研机构指导和社区参与的多主体协同机制，为数字乡村建设提供了可复制的综合模式。这些结论和创新点不仅为中国的乡村振兴战略提供了重要的理论支持和实践指导，也为全球其他发展中国家的农村现代化和共同富裕提供了借鉴。未来研究可进一步探索数据要素在不同地区的适用性，以及如何通过技术创新和政策优化，实现乡村发展的可持续性和包容性，最终为构建和谐、繁荣的乡村社会奠定坚实基础。

一、研究结论

结论一：乡村共同富裕需要通过数据要素的应用全面提升农村发展。

共同富裕是中国特色社会主义的基本目标，不仅强调物质财富的平均分配，更注重机会均等和生活质量的提升。本书通过系统梳理共同富裕的理论基础和内涵，明确了共同富裕在农村发展的具体体现。农村地区的共同富裕不仅需要提高农民的收入水平，还要改善教育、医疗、养老等公共服务，促进农村社会的和谐发展。研究发现，传统的农村发展模式难以实现这一目标，必须依靠现代科技和数据要素的应用，通过数字化手段全面提升农村的生活质量和生产效率。

结论二：数字乡村建设在实现乡村共同富裕中起着关键作用。

数字乡村建设是推动乡村共同富裕的重要手段。通过建设高速宽带网络、乡村数据中心和云计算平台，农村地区的通信条件和信息获取能力得到了显著改善。研究发现，数字乡村建设不仅提升了农村居民的生活质量，还促进了农业生产、农村治理和农村服务业的现代化发展。例如，通过建立农村电子商务平台，农民可以直接销售农产品，减少了中间环节，提高了收入。此外，远程教育平台和智慧医疗系统的应用，使农村居民能够享受到优质的教育资源和医疗服务，缩小了城乡差距。

结论三：数据要素在精准农业中的应用显著提升了农业生产效率。

数据要素在精准农业中的应用是实现农业现代化的重要途径。通过智能传感器和物联网技术，可以实时采集农田的各项数据，如土壤湿度、气温、光照等，通过大数据分析模型，为农民提供科学的种植和管理建议。研究发现，精准农业不仅提高了作物的产量和质量，还减少了资源浪费和环境污染，实现了经济效益和生态效益的双重提升。典型的应用案例包括某地的“智慧农田”项目，通过实时数据监测和科学管理，农户的收入提高了20%以上。

结论四：数据要素在农业供应链管理中的应用优化了资源配置。

数据要素在农业供应链管理中的应用优化了资源配置，提高了农业生产的市场竞争力。通过建立农产品的全程追溯系统，可以实现从生产到流通的全过程监管，确保农产品的质量安全。研究发现，数据驱动的农业供应链管理不仅增强了消费者的信任，还帮助农民更好地了解市场需求，调整生产策略，减少损失，提高收入。具体案例包括某农业合作社通过大数据分析，优化了农产品的种植结构和销售路径，使得合作社的总收入增长了30%。

结论五：数据要素赋能智能种植与养殖技术，推动了农业现代化。

数据要素在智能种植与养殖技术中的应用是农业现代化的重要支撑。通过数据采集和分析，可以实现作物的精准种植和牲畜的智能化管理。例如，智能灌溉系统可以根据土壤湿度和天气预报自动调节灌溉量，智能养殖系统可以通过传感器实时监测牲畜的健康状况，及时发现并处理问题。研究发现，这些智能技术的应用不仅提高了农业生产的效率和质量，还减轻了农民的劳动强度，促进了农村劳动力的合理利用。具体应用案例包括某地的智能养猪项目，通过物联网技术实现了养猪的全自动化，提高了猪肉的产量和质量，农民的收入显著增加。

结论六：数据要素赋能乡村旅游建设，促进了乡村经济多元化。

乡村旅游是推动乡村经济多元化的重要手段。通过数据要素的应用，可以更好地了解游客的需求和行为，优化旅游线路和服务内容。研究发现，数据驱动的乡村旅游建设不仅提高了游客的满意度，还促进了乡村经济的发展，增加了农民的收入。具体案例包括某地的“智慧旅游”项目，通过建立大数据分析平台，实现了游客流量的实时监测和个性化推荐，使乡村旅游收入增长了50%。此外，数据要素还帮助农民开发了多种旅游产品和服务，如农家乐、采摘园等，进一步增强了乡村旅游的吸引力。

结论七：数据要素赋能农村电商，提高了农产品的市场流通效率。

农村电商是促进农产品市场流通的重要途径。通过数据要素的应用，可以实现用户画像分析、销售数据分析和物流优化，提高农村电商的运营效率。研究发现，数据驱动的农村电商不仅扩大了农产品的销售范围，还提高了销售额和农民的收入。具体案例包括某地的“农村淘宝”项目，通过大数据技术实现了精准推荐和智能物流，使农产品的销售额增长了40%。此外，农村电商还带动了农村物流业的发展，提高了农村的就业机会和经济发展水平。

结论八：数字化转型提升了农村金融服务的效率和覆盖范围。

农村金融服务的数字化转型通过大数据风控技术，提高了贷款的审批效率和融资的可获得性。研究发现，数据驱动的金融服务不仅帮助农民解决了资金短缺的问题，还降低了贷款风险，提高了金融市场的稳定性和公平性。具体案例包括某地的“智慧金融”项目，通过建立农民信用数据库，实现了线上贷款申请和审批，使农民的融资成本降低了30%。此外，数字化技术还支持了农村保险业的发展，通过数据共享和分析，保险公司可以更准确地评估风险，降低赔付率，提高保险服务的质量和效率。

结论九：数据要素在智慧政务中的应用推动了乡村治理现代化。

智慧政务在乡村的应用通过数据共享和分析，实现了治理的精细化和智能化。研究发现，数据驱动的智慧政务不仅提高了政府的服务效率和公信力，还增强了村民的参与度和支持度，促进了乡村社会的和谐发展。具体案例包括某地的“智慧社区”项目，通过建立农村居民数据库和智能服务平台，实现了村民需求的实时反馈和快速处理，使得村民的幸福感和支持度显著提升。此外，智慧政务还帮助政府部门及时发现和解决农村治理中的问题，如扶贫项目的效果评估和社区纠纷的快速化解。

结论十：数据要素在乡村教育与医疗中的应用改善了农村居民生活质量。

数据要素在乡村教育与医疗中的应用显著改善了农村居民的生活质量。通过远程教育平台和智慧医疗系统，农村居民可以享受到优质的教育资源和医疗服务。研究发现，这些数字技术的应用不仅提高了农村教育水平和医疗保障，还促进了社会公平和和谐发展。具体案例包括某地的“数字课堂”项目，通过建立远程教育平台，农村孩子可以接受优质教育资源，教育水平显著提升。智慧医疗系统的应用则通过数据共享和实时监测，提高了农村医疗服务质量，缓解了医疗资源短缺的问题。

二、研究创新点

创新点一：构建了系统的中国乡村共同富裕理论框架。

本书在探讨中国乡村共同富裕和数字乡村建设的关系时，构建了一个全面系统的理论框架。这一框架不仅涵盖了共同富裕的基本概念和内涵，还包括数字乡村建设的理论基础、实践路径和优化策略。通过这一理论框架，研究对农村经济社会发展中的多个领域进行了深入分析，如精准农业、农业供应链管理、农村电商、智慧政务等，为未来的研究和实践提供了重要的理论指导。此外，研究还系统地梳理了数据要素在乡村治理各个领域中的具体应用，突出了数据要素在农村现代化进程中的核心作用。

创新点二：多维度的数据采集和分析。

本书在数据采集和分析方面进行了多项创新。首先，通过建立农村居民数据库、农田环境数据监测系统和市场数据平台，实现了对农村人口、农业生产、市场流通等多方面的数据采集。其次，研究采用了多种数据分析方法，如大数据分析、机器学习和数据挖掘技术，对采集到的数据进行了深入挖掘和综合分析。通过这些方法，研究能够更加准确地反映农村的发展现状和存在的问题，为制定政策和优化路径提供了科学依据。例如，通过对农村居民的经济状况、健康状况和教育水平的数据分析，研究找到了影响农村发展的关键因素，提出了有针对性的改进建议。

创新点三：数据要素推动共同富裕的典型案例分析。

本书通过对多个典型案例的深入分析，展现了数据要素在推动乡村共同富裕中的实际应用效果。这些案例涵盖了精准农业、农业供应链管理、智慧旅游、农村电商等多个领域，通过具体的数据和实践成果，验证了研究提出的理论和策略的有效性。例如，在精准农业方面，某地的智能农田项目通过实时数据监测和科学管理，显著提高了作物的产量和质量；在智慧旅游方面，某地的“智慧旅游”项目通过大数据分析实现了游客流量的实时监测和个性化推荐，显著提升了乡村旅游的收入和吸引力。这些典型案例为其他地区的实践提供了重要的借鉴和参考。

创新点四：政策优化路径的明确建议。

本书在提出政策优化路径时，不仅注重理论上的创新，还结合实际情况提出了具体的政策建议。例如，在数字乡村基础设施建设方面，研究建议建立完善的政策框架，明确基础设施建设的标准和要求，确保技术的普及和应用。在数据共享机制方面，研究提出了建立统一的数据共享平台，制定数据开放和保护的法律法规，保障数据的安全性和合法性。此外，研究还建议加强乡村数字人才的培养和引进，制定专项政策支持农村信息化人才的发展，为数字乡村建设提供人才保障。这些具体的政策建议为政府和相关部门在推动乡村共同富裕方面提供了明确的指导方向。

创新点五：多主体协同机制的探索。

本书在数字乡村建设的实践路径中，探索了多主体协同机制的重要性。研究发现，政府、企业、科研机构和社会组织的协同合作是推动数字乡村建设的关键。通过建立多方参与的协同机制，可以实现资源的优化配置和高效利用，推动农村经济社会的全面发展。例如，在某地的“智慧农业”项目中，政府提供了政策支持和资金保障，企业提供了先进的技术和设备，科研机构提供了技术支持和培训，社会组织则帮助农民解决实际问题，形成了政府引导、企业支持、科研机构指导和社区参与的多主体协同机制。这一机制的探索为未来数字乡村建设提供了重要的模式参考，突出了多方合作的必要性和优越性。

第二节　数据要素赋能乡村共同富裕的展望

随着数字技术的不断发展和应用，数据要素在乡村共同富裕中的作用日益凸显。未来，数据要素将为中国的乡村振兴和共同富裕战略提供更加坚实的基础和技术支撑。本节将从技术进步、政策支持和社会变革 3 个主要方面，详细阐述数据要素赋能乡村共同富裕的未来展望。

一、技术进步

（一）智能终端设备的普及与优化

1. 设备普及的加速

随着智能终端设备的成本逐渐降低，普及率将显著提升。智能手机、平板电脑、智能穿戴设备等将在农村地区得到更广泛的应用。政府可以通过设立专项资金，支持农村地区的智能终端设备购置，降低农民的使用成本。企业可以开展公益项目，为农村特别是贫困家庭提供免费或低费用的智能终端设备。社会组织开展培训活动，帮助农民掌握设备的使用方法和技巧。

2. 设备功能的优化

智能终端设备将更加智能和便捷，功能不断优化。例如，智能手机将具备更加先进的语音识别和图像识别功能，方便农民进行农业生产管理、市场信息获取和远程医疗服务。智能穿戴设备将集成更多健康监测功能，帮助农民及时了解自身的健康状况，减少健康问题的发生。此外，设备的用户界面将更加友好，适应不同年龄和文化水平的农民使用。

3. 设备生态的构建

未来将形成更加完善的智能终端设备生态系统。设备制造商、应用开发者和服务提供商将形成紧密的合作关系，共同推动设备的普及和应用。

例如，设备制造商可以提供高质量、低价格的智能终端设备，应用开发者可以开发适合农村应用场景的应用程序，服务提供商可以提供远程技术支持和维护服务。通过这一生态系统，农民可以获得更加全面和便捷的服务，提高数据要素的应用效果。

（二）大数据和人工智能技术的深度融合

1. 大数据技术的广泛应用

大数据技术在农村各个领域将得到更广泛的应用。通过建立覆盖面更广、采集更精细的数据采集系统，可以实时监测农村地区的经济、社会、环境等多方面的状况。例如，可以通过卫星遥感技术，实时监测农田的土壤湿度、气温、光照等环境数据；通过智能传感器，监测农村居民的健康数据和生活状况；通过市场监测系统，了解农产品的市场需求和价格变化。

2. 人工智能技术的创新应用

人工智能技术将在农村发展中发挥更大的作用。通过深度学习、自然语言处理和图像识别等技术，可以实现更加智能化的农业生产管理、农村治理和社会服务。例如，智能化的农业种植管理系统可以通过分析环境数据，自动调节灌溉量和施肥量，提高作物的产量和质量；智慧政务系统可以通过自然语言处理技术，实现村民需求的自动识别和快速处理；智慧医疗系统可以通过图像识别技术，辅助医生进行远程诊断和治疗。

3. 技术平台的建立与共享

未来将建立更加完善的技术平台，实现数据的共享和应用。国家和地方政府可以建立统一的数据共享平台，制定数据开放和保护的法律法规，保障数据的安全性和合法性。企业可以开发更加先进的数据分析工具和技术平台，为农民和农村服务提供技术支持。社会组织开展数据应用的培训和推广活动，帮助农民掌握数据应用的基本技能和方法。

（三）物联网技术的全面应用

1. 物联网技术的覆盖范围扩大

物联网技术将覆盖更多的农村应用场景。通过建立更加完善的物联网基础设施，可以将各种智能设备和传感器连接起来，实现对农村各个领域的全面监测和管理。例如，可以在农田中安装更多的智能传感器，监测土壤湿度、气温、光照等环境数据；可以在农村居民家中安装智能健康监测设备，实时监测居民的健康状况；可以在乡村旅游景点安装智能监控设备，提升游客的安全和便利性。

2. 物联网应用的深度拓展

物联网技术的应用将更加深入和全面。通过数据分析和智能管理，可以实现对农村资源的优化配置和高效利用。例如，智能灌溉系统可以通过分析土壤湿度和天气预报，自动调节灌溉量，减少水资源浪费；智能养殖系统可以通过分析牲畜的健康数据，及时发现和处理问题，提高养殖效率和质量；智能物流系统可以通过分析运输数据，优化物流路径和降低成本，提高农村电商的竞争力。

3. 物联网生态的构建

未来将形成更加完善的物联网生态系统，实现技术的全链条应用。例如，设备制造商可以提供高质量、低价格的物联网设备，应用开发者可以开发适合农村应用场景的物联网应用，服务提供商可以提供远程技术支持和维护服务。通过这一生态系统，农民可以获得更加全面和便捷的服务，提高物联网技术的应用效果。

二、政策支持

（一）政策框架的完善与优化

1. 政策框架的建立

未来将建立更加完善的政策框架，为数据要素赋能乡村共同富裕提供法律和政策支持。国家和地方政府可以出台专门的政策文件，明确数据要素在乡村振兴中的作用和定位，制定具体的技术推广和应用措施。同时，可以建立专门的管理机构，负责政策的制定和实施，确保政策的有效性和执行力。

2. 政策内容的优化

政策内容将更加细化和具体，针对不同地区和不同领域的实际情况，制定个性化的政策措施。例如，可以在东部沿海地区，重点推广智慧农业和农村电商；在中西部地区，重点支持农村教育和医疗的数字化建设。同时，政策可以更加注重技术支持和资金保障，提供专项技术培训和资金扶持，帮助农民更好地应用数据要素。

3. 政策执行的监督

未来将建立更加有效的政策执行监督机制，确保政策的有效实施和落实。可以通过建立政策评估项目，定期对政策的实施效果进行评估和反馈，及时发现和解决实施中的问题。同时，可以设立专项监督机构，负责政策的执行情况的检查和监督，确保政策的透明度和公信力。此外，政策执行过程中需要充分听取农民的意见和建议，提高政策的适应性和受欢迎程度。

（二）资金支持与技术创新

1. 资金支持的增加

未来将加大对数据要素赋能乡村共同富裕的资金支持。国家和地方政府可以设立专项基金，支持农村地区的信息化建设和数字技术应用。企业可以通过公益项目，提供资金和技术支持。社会组织可以开展筹款活动，帮助农村筹集更多的发展资金。通过多种渠道的资金支持，可以为数据要素的应用提供更加充足的资源保障。

2. 技术创新的驱动

技术创新将为数据要素的应用提供更加坚实的技术支撑。科研机构和高校可以与企业合作，开展数据要素应用的前沿研究和技术开发。例如，可以研究更加先进的大数据分析算法，提高数据处理的效率和准确性；可以开发更加智能的物联网设备，提高数据采集的精度和范围；可以探索更加高效的数据共享机制，促进数据的流通和应用。通过技术创新，可以不断优化数据要素的应用效果，提高乡村共同富裕的实现水平。

3. 科技成果转化的促进

未来将建立更加有效的科技成果转化机制，促进数据要素应用的落地和实施。国家和地方政府可以设立技术转移中心，提供技术支持和咨询服务，帮助农民和农村企业更好地应用新技术。企业可以建立技术孵化平台，支持科研机构和高校的技术成果转化为实际应用。社会组织可以开展技术推广活动，帮助农民了解和掌握新技术。通过科技成果转化，可以将科研成果快速应用于农村各领域，推动乡村的现代化发展。

（三）农民培训与数字素养的提升

1. 培训体系的建立

未来将建立更加完善的农民培训体系，提高农民的数字素养和使用能力。国家和地方政府可以设立专门的培训机构，开展数据要素应用的培训课程。企业可以提供技术支持和培训服务，帮助农民掌握智能终端设备的使用方法和技巧。社会组织可以组织社区教育活动，提高农民的参与度和支持度。通过这一培训体系，可以确保数据要素应用的普及和深入，提高农民的受益面和幸福感。

2. 培训内容的多样化

培训内容将更加多样化，覆盖数据要素应用的各个方面。例如，可以开展大数据分析技能培训，帮助农民掌握数据处理和分析的基本方法；可以开展物联网技术培训，帮助农民了解物联网设备的使用和维护；可以开展智慧政务培训，帮助农民掌握政府服务的线上操作方法。通过多样化的培训内容，可以全面提升农民的数字素养和使用能力，增强他们对数据要素应用的信心和支持。

3. 培训方式的创新

培训方式将更加创新和便捷，适应不同农民的需求和特点。例如，可以利用在线教育平台，开展远程培训课程，方便农民在家中进行学习；可以开展实地培训活动，结合实际操作进行讲解和演示；可以利用社区教育资源，开展互助学习和交流活动。通过创新的培训方式，可以确保培训的实效性和受欢迎度，提高农民的参与度和受益面。

三、社会变革

（一）农村社会结构的优化

1. 社区凝聚力的增强

数据要素的应用将增强农村社区的凝聚力和支持度。通过智慧政务和智慧社区的建设，可以实现社区信息的透明化和共享化，提高村民的参与度和支持度。例如，智慧政务系统可以通过数据分析，及时发现和解决村民的需求和问题，提高政府的公信力和满意度；智慧社区平台可以通过信息共享，增强村民之间的沟通和协作，促进社区的和谐发展。

2. 社区治理的智能化

数据要素的应用将提高农村社区治理的智能化和科学化水平。通过数据分析和智能管理，可以实现对社区各项事务的精细管理和高效运作。例如，智能垃圾分类系统可以通过数据分析，指导村民进行垃圾分类，减少环境污染；智能安防系统可以通过视频监控和数据分析，提高社区的安全水平；智能医疗健康系统可以通过健康数据监测，提高村民的健康管理和医疗服务水平。

3. 社区服务的便捷化

数据要素的应用将使农村社区服务更加便捷和高效。通过建立智慧社区服务平台，可以实现社区服务的线上化和智能化，提高服务的效率和质量。例如，社区电商平台可以通过数据分析，优化商品的推荐和配送路径，提高购物的便利性和满意度；社区医疗服务可以通过远程诊疗和智能监测，提高医疗服务的可达性和质量；社区教育服务可以通过在线教育平台，提供优质的教育资源和服务，提高教育的公平性和质量。

（二）农村经济发展的转型升级

1. 农业生产的智能化

数据要素的应用将推动农业生产向智能化方向发展。通过精准农业、智能灌溉和智能养殖等技术，可以实现对农业生产过程的精细管理和高效运作。例如，智能化的农业种植管理系统可以通过数据分析，自动调节灌溉量和施肥量，提高作物的产量和质量；智能养殖系统可以通过数据分析，及时发现和处理问题，提高养殖效率和质量。通过农业生产的智能化，可以提高农民的收入水平，促进农业的现代化发展。

2. 农村产业的融合发展

数据要素的应用将促进农村产业的融合发展。通过数据共享和智能管理，可以实现农业、旅游、电商等多产业的协同发展，提高农村经济的多样性和竞争力。例如，智慧农业平台可以通过数据分析，优化农产品的种植结构和销售路径，提高农产品的市场竞争力；智慧旅游平台可以通过数据分析，优化旅游线路和服务内容，提高乡村旅游的吸引力和收入；农村电商平台可以通过数据分析，提供个性化的商品推荐和配送服务，提高农民的销售额和收入。通过农村产业的融合发展，可以实现资源的优化配置和高效利用，推动农村经济的全面振兴。

3. 乡村品牌的打造

数据要素的应用将有助于农村品牌的打造和推广。通过数据分析和智能管理，可以更好地了解市场的需求和消费者的喜好，打造具有地方特色和竞争优势的品牌。例如，通过建立农产品的全程追溯系统，可以提升农产品的质量和信誉，打造具有地方特色的农产品品牌；通过数据分析，可以了解消费者的购买习惯和需求，优化产品设计和营销策略，提升品牌的市场竞争力。通过乡村品牌的打造，可以提高农村产品的附加值，增加农民的收入，促进农村经济的发展和转型。

（三）农村居民生活质量的全面提升

1. 农村教育的数字化

数据要素的应用将推动农村教育的数字化建设。通过远程教育平台和智慧教室，农村地区的孩子可以享受到优质的教育资源和服务。例如，智慧教室可以通过多媒体教学和互动课堂，提高教学质量；远程教育平台可以通过数据分析，提供个性化的学习资源和辅导服务；考试酷（examcoo）

平台可以通过在线作业和考试，实现学习效果的实时监测和反馈。通过农村教育的数字化，可以提高农村孩子的教育水平，为他们的未来发展提供支持。

2. 农村医疗的智能化

数据要素的应用将提高农村医疗的智能化水平。通过智慧医疗系统和远程医疗服务，农村居民可以享受到优质的医疗服务。例如，智慧医疗系统可以通过数据分析，实现对居民健康状况的实时监测和管理；远程医疗服务可以通过视频会诊和数据共享，提高医疗服务质量；智能健康管理系统可以通过数据分析，提供个性化的健康建议和预警服务。通过农村医疗的智能化，可以提高农村居民的健康水平，减少健康问题的发生，增强他们的幸福感。

3. 农村生活的便捷化

数据要素的应用将使农村生活更加便捷和智能。通过智慧生活平台和智能终端设备，农村居民可以享受更加高效和便捷的生活服务。例如，智慧社区平台可以通过数据分析，提供智能家居、智能安防和智能交通等服务；智能终端设备可以通过语音识别和图像识别，提供更加便捷的交互和服务；智能物流系统可以通过数据分析，优化物流配送路径，提高配送的效率和质量。通过农村生活的便捷化，可以提高农村居民的生活质量，增强他们的幸福感和归属感。

第三节 研究不足与未来方向

尽管本书在探讨数据要素赋能数字乡村建设与推动乡村共同富裕方面取得了一定的成果，但仍存在若干不足之处。同时，随着数字技术的不断进步和社会经济的发展，未来的研究需要在样本来源、研究方法、数据覆盖程度等多个方向上进行深化和拓展，以更好地指导实践工作。

一、研究不足

1. 数据来源和样本的局限性

本书在数据采集过程中，主要依赖于国家统计局和部分地方政府提供的官方数据，以及实地调研获得的一手资料。这些数据虽然具有一定的代表性和准确性，但仍然存在一定的局限性。首先，官方数据往往只能反映宏观层面的情况，难以深入微观层面，如具体农户的经济状况、生活环境等。其次，实地调研的样本数量有限，难以全面覆盖中国不同地区的农村状况。例如，东部沿海地区和中西部地区的农村发展水平差异较大，数据样本地域分布不均可能导致结论的片面性。未来的研究需要进一步拓展数据来源，增加多样性和覆盖面，提高研究的科学性和准确性。

2. 数据分析方法的单一性

本书在数据分析方面主要采用了大数据分析、机器学习和数据挖掘等技术手段，但这些方法主要集中在量化分析和统计分析上，缺乏更加深入的定性分析。例如，数据要素在农村教育和医疗中的应用效果，除了经济指标外，还涉及社会心理、行为习惯等多方面的定性因素。单一的量化分析方法难以全面揭示这些因素的影响。未来的研究需要结合定性和定量分析方法，采用多学科交叉的研究手段，进一步深入探讨数据要素在不同领域中的应用效果和机制。

3. 横向对比研究的缺失

本书主要针对中国农村的情况进行了分析，但缺乏对其他国家或地区农村发展情况的横向对比。不同国家和地区的农村发展路径和经验各不相同，横向对比研究可以为中国的乡村共同富裕提供更多的参考和借鉴。例如，日本和韩国在农村信息化和现代化方面积累了丰富的经验，这些经验对中国的数字乡村建设具有重要的启示作用。未来的研究可以结合国际案例，进行横向对比分析，探索适合中国国情的数字乡村建设和共同富裕路径。

4. 长期跟踪研究的不足

本书的数据主要基于短时间内的调研和分析，缺乏长期跟踪研究。数据要素在乡村的应用效果需要较长时间的观察和评估，才能得出更准确的结论。例如，智慧农业项目的实施效果，需要通过几年的持续监测，才能全面了解对农民收入和生活质量的长期影响。研究的短期性可能导致对一些长期效应的忽视，影响了研究的深度和广度。未来的研究需要进行长期的跟踪调查，建立持续的数据采集和分析机制，以更全面地评估数据要素在乡村发展中的作用和效果。

5. 技术应用的普及程度评估不足

本书在探讨数据要素的应用时，主要集中在技术的可行性和效果上，但对技术在农村地区的实际普及程度和使用情况评估不足。技术的应用效果不仅取决于技术本身，还与农民的接受程度和使用习惯密切相关。例如，智能终端设备的推广效果，受制于农民的数字素养和使用意愿。如果技术普及程度不高，应用效果可能大打折扣。未来的研究需要更多关注技术的普及程度和农民的接受度，通过调查问卷、访谈等方法，了解农民的使用习惯和接受障碍，提出具体的推广策略和培训计划。

6. 对环境影响的评估不足

本书在探讨数据要素在农业生产、旅游、环境等方面的应用时，主要关注了经济和社会效益，但对环境影响的评估不足。数据要素的应用虽然可以提高农业生产的效率和质量，但也可能带来新的环境问题，如物联网设备的大量使用可能导致电子垃圾的增加，智慧农业的自动化设备可能影响当地的生态系统。未来的研究需要更加深入地评估数据要素应用的环境影响，提出可持续发展的解决方案，确保乡村发展的同时，保护好当地的自然环境和生态资源。

二、未来研究方向

1. 多元化数据来源的拓展

为了提高研究的科学性和准确性，未来的研究需要进一步拓展数据来源，增加多样性和覆盖面。可以利用卫星遥感数据、社交媒体数据、用户行为数据等多种来源的数据，进行多维度的分析和综合研究[112]。同时，可以与其他研究机构和高校合作，共享数据资源，形成更加全面和系统的数据支持。此外，还可以通过建立长期的数据采集机制，定期收集和更新数据，确保研究的时效性和科学性。

2. 定性与定量相结合的分析方法

未来的研究需要结合定性和定量分析方法，采用多学科交叉的研究手段，进一步深入探讨数据要素在不同领域中的应用效果和机制。例如，可以结合社会学的方法，通过深度访谈和案例研究，了解农村居民的使用习惯和接受障碍；结合心理学的方法，分析数据要素应用对农村居民幸福感和社会心理的影响。通过多学科的交叉研究，可以从更全面的角度探讨数据要素的应用效果，提供更加准确和可行的政策建议。

3. 横向对比研究的加强

未来的研究可以通过横向对比，借鉴其他国家和地区的先进经验，为中国数字乡村建设和乡村共同富裕提供更多的参考和借鉴。例如，可以与日本、韩国等发达国家的农村发展路径进行对比，探讨其在农村信息化和现代化方面的成功经验和有效做法。同时，可以与东南亚、非洲等发展中国家的农村发展情况进行对比，了解其面临的共同问题和解决方案。通过横向对比研究，可以更好地定位中国农村的发展阶段和特点，针对乡村民营企业精准助推共同富裕的理论逻辑和路径提出更有针对性的政策措施[113]。

4. 长期跟踪和持续评估

未来的研究需要建立长期的跟踪机制，定期对数据要素应用的效果进行持续评估。可以通过设立专项研究项目，对智慧农业、智慧医疗、智慧旅游等领域的应用效果进行长期监测和评估，了解其对农村居民收入、生活质量、环境影响等方面的长期影响。此外，还可以通过建立反馈机制，及时收集农民的意见和建议，了解技术应用中的实际问题和挑战，不断优化和完善技术方案。通过长期跟踪和持续评估，可以更全面地了解数据要素应用的综合效果，为政策制定和实施提供更加科学的依据。

5. 技术普及和培训支持的加强

为了提高数据要素在农村地区的实际应用效果，未来的研究需要更多关注技术的普及和培训支持。可以通过与地方政府、企业和社会组织合作，建立全面的培训体系，帮助农村居民提高数字素养和使用能力。例如，可以定期举办数字技能培训课程，教授农民如何使用智能手机、平板电脑等智能终端设备；可以建立技术支持平台，提供远程技术指导和咨询服务。此外，可以通过设立专项资金，支持农村地区的信息化设备购置和网络建设，降低技术应用的成本门槛，提高技术的普及率。

6. 环境影响的深入评估

未来的研究需要更加深入地评估数据要素应用的环境影响，提出可持续发展的解决方案。可以通过建立环境监测系统，实时监测数据要素应用对土壤、水质、空气质量等方面的影响，及时发现和解决环境问题。例如，可以在智慧农田项目中，结合生态学的方法，评估智能灌溉系统的环境效益和潜在风险；在智慧旅游项目中，评估游客流量对当地生态系统的影响，提出环境保护措施。通过深入评估和持续优化，可以确保数据要素应用的环境友好性和可持续性，为乡村的绿色发展提供支持。

本书在探讨数据要素赋能数字乡村建设和推动乡村共同富裕方面取得了初步成果，但也存在一些不足。未来的研究需要在数据来源、分析方法、社会文化因素、横向对比、长期跟踪、技术普及、政策评估、跨学科合作、弱势群体关照和环境影响等多个方向上进行深化和拓展。通过这些方向的进一步研究，可以更好地指导实践工作，推动中国乡村的全面振兴和共同富裕的实现。同时，这些研究方向也为全球其他发展中国家的农村现代化提供重要的参考和借鉴。

参考文献

［1］习近平总书记关于《中共中央关于制定国民经济和社会发展第十四个五年规划和二〇三五年远景目标的建议》的说明［J］. 系统工程，2022，40（05）：159.

［2］江亚洲，郁建兴. 第三次分配推动共同富裕的作用与机制［J］. 浙江社会科学，2021，（09）：76－83，157－158.

［3］王名，蓝煜昕，王玉宝，等. 第三次分配：理论、实践与政策建议［J］. 中国行政管理，2020，（03）：101－105，116.

［4］刘宏伟，石权. 深入把握习近平分配正义重要论述［J］. 理论探索，2021，（01）：60－67.

［5］刘培林，钱滔，黄先海，等. 共同富裕的内涵、实现路径与测度方法［J］. 管理世界，2021，37（08）：117－129.

［6］李实. 共同富裕的目标和实现路径选择［J］. 经济研究，2021，56（11）：4－13.

［7］郁建兴，任杰. 共同富裕的理论内涵与政策议程［J］. 政治学研究，2021，（03）：13－25，159－160.

［8］蒋永穆，豆小磊. 共同富裕思想：演进历程、现实意蕴及路径选择［J］. 新疆师范大学学报（哲学社会科学版），2021，42（06）：16－29.

［9］侯晓东，朱巧玲，万春芳. 百年共同富裕：演进历程、理论创新与路径选择［J］. 经济问题，2022，（02）：1－8.

［10］殷晓元，彭静. 中国式现代化视域下共同富裕的科学内涵、历史演进和实践方略［J］. 湘潭大学学报（哲学社会科学版），2022，46（05）：114－120.

［11］冯苑，聂长飞．中国共同富裕的时空演进、区域差异及收敛性研究［J］．经济与管理研究，2022，43（12）：65－84．

［12］夏杰长，刘诚．数字经济赋能共同富裕：作用路径与政策设计［J］．经济与管理研究，2021，42（09）：3－13．

［13］柏旭．数字经济的共同富裕效果研究——基于城乡收入分配差距的视角［J］．经济纵横，2023，（12）：84－94．

［14］钟文，郑明贵，钟昌标．数字经济发展对城乡收入差距影响的实证检验［J］．统计与决策，2023，39（18）：83－87．

［15］余泳泽，曹瑞．数字经济与共同富裕——基于中国城乡收入差距的视角分析［J］．兰州财经大学学报，2023，39（01）：1－15．

［16］李亮亮，邢云文．数字经济赋能共同富裕：逻辑理路、问题指向与实践进路［J］．经济问题，2024，（01）：10－17．

［17］张广辉，李玖玲．数字经济、农村劳动力就业与农民农村共同富裕［J］．学习与探索，2023，（12）：90－98．

［18］杨柠泽，王艺蔚，孙学涛．数字素养与农户共同富裕：影响效应及其机制［J］．广东财经大学学报，2023，38（06）：21－32．

［19］柳毅，赵轩，毛峰．数字经济驱动共同富裕的发展动力与空间溢出效应研究——基于长三角面板数据和空间杜宾模型［J］．中国软科学，2023，（04）：98－108．

［20］张可云，杨丹辉，赵红军，等．数字经济是推动区域经济发展的新动力［J］．区域经济评论，2022，（03）：8－19．

［21］王玉洁，彭迪云，赵送琴．数字经济发展对共同富裕的影响——基于空间溢出效应的实证分析［J］．企业经济，2023，42（02）：28－39．

［22］方福前，田鸽，张勋．数字基础设施与代际收入向上流动性——基于“宽带中国”战略的准自然实验［J］．经济研究，2023，58（05）：79－97．

［23］徐慧琳，杨望，谭小芬．数字经济对共同富裕的影响——基于省级面板数据的实证［J］．统计与决策，2023，39（19）：5－10．

［24］严宇珺，龚晓莺．数字经济助推共同富裕：基本逻辑、作用机制及实现路径［J］．西南民族大学学报（人文社会科学版），2023，44（02）：124－130．

［25］肖咏嶷，夏杰长，曾世宏．共同富裕目标下数字经济促进农村产业融合发展的机理与路径［J］．山西师大学报（社会科学版），2022，49（06）：68－76.

［26］彭艳玲，周红利，苏岚岚．数字经济参与增进了农民社会阶层认同吗？——基于宁、渝、川三省份调查数据的实证［J］．中国农村经济，2022，（10）：59－81.

［27］王伟新，殷徐康，王晨光．数字经济助推中国式农业农村现代化：测度、机制与启示［J］．农业现代化研究，2023，44（04）：609－623.

［28］张英浩，汪明峰，刘婷婷．数字经济对中国经济高质量发展的空间效应与影响路径［J］．地理研究，2022，41（07）：1826－1844.

［29］蒋永穆，亢勇杰．数字经济促进共同富裕：内在机理、风险研判与实践要求［J］．经济纵横，2022，（05）：21－30，135.

［30］刘诚．数字经济与共同富裕：基于收入分配的理论分析［J］．财经问题研究，2022，（04）：25－35.

［31］范德成，肖文雪．数据要素配置与区域创新：赋能效果及作用路径［J］．科技进步与对策，2023，40（20）：30－41.

［32］谢丹夏，魏文石，李尧等．数据要素配置、信贷市场竞争与福利分析［J］．中国工业经济，2022（8）：25－43.

［33］沈文玮．数字技术促进共同富裕的内在机理与实践路径研究［J］．政治经济学评论，2022（06）：175－191.

［34］唐任伍，武天鑫，温馨．数字技术赋能共同富裕实现的内在机理、深层逻辑和路径选择［J］．首都经济贸易大学学报，2022（05）：3－13.

［35］张夏恒．跨境电商赋能共同富裕的逻辑辨析［J］．当代经济管理，2022（03）：08－11.

［36］田瑶，赵青，郭立宏．数字普惠金融与共同富裕的实现——基于总体富裕与共享富裕的视角［J］．山西财经大学学报，2022（09）：1－17.

［37］彭国柱，周湘莲．数据要素配置与共同富裕：基于国家级大数据综合试验区的准自然实验［J］．经济问题探索，2024，（04）：87－102.

［38］王正，左文进．数据要素配置、创新驱动与共同富裕［J］．技术经

济与管理研究，2024，(01)：79－84.

[39] 汪闻涛. 数据要素配置影响共同富裕水平的实证检验 [J]. 统计与决策，2024，40 (24)：72－77.

[40] 王永锋，高山，薛媛. 数据要素配置、农业创新驱动与农村共同富裕——基于门槛效应的实证分析 [J]. 甘肃金融，2024，(10)：26－34.

[41] 万海远，陈基平. 共同富裕的理论内涵与量化方法 [J]. 财贸经济，2021，42 (12)：18－33.

[42] 李军鹏. 共同富裕：概念辨析、百年探索与现代化目标 [J]. 改革，2021，(10)：12－21.

[43] 李实，陈基平，滕阳川. 共同富裕路上的乡村振兴：问题、挑战与建议 [J]. 兰州大学学报（社会科学版），2021，49 (03)：37－46.

[44] 檀学文. 走向共同富裕的解决相对贫困思路研究 [J]. 中国农村经济，2020，(06)：21－36.

[45] 程恩富，刘伟. 社会主义共同富裕的理论解读与实践剖析 [J]. 马克思主义研究，2012，(06)：41－47，159.

[46] 袁媛. 新时代共同富裕的科学内涵、本质特征与实现路径 [J]. 重庆大学学报（社会科学版），2022，28 (04)：28－38.

[47] 赵春江. 智慧农业发展现状及战略目标研究 [J]. 智慧农业，2019，1 (01)：1－7.

[48] 姬长英. 农业生产过程智能化的发展与展望 [J]. 农业机械学报，1999，(01)：108－112.

[49] 张松. 关于休闲农业＋乡村旅游＋农村电商融合发展几点思考——以潼南为例 [J]. 商场现代化，2019，(21)：41－42.

[50] 王俊秀，张衍. 共同富裕的社会心态基础 [J]. 中共中央党校（国家行政学院）学报，2023，27 (04)：105－117.

[51] 李昊，郎金焕，张琪璇. 社会组织助力共同富裕趋势、问题及对策建议——基于社会组织类 6 个共富观察点的调研 [J]. 浙江经济，2024，(05)：58－60.

[52] 沈永东，赖艺轩，顾昕. 社会组织推动共同富裕的驱动逻辑与机制

设计——基于浙江共同富裕示范区的研究［J］. 治理研究，2024，40（03）：79－94，158－159.

［53］高燕，孙凯丽. 共同富裕视域下社会组织高质量发展路径研究——以浙江省为例［J］. 学会，2023，（04）：34－39.

［54］王锐兰. 社会组织助推共同富裕的合作治理路径［J］. 晨刊，2022，（03）：18－23.

［55］刘晨光. 中国式现代化进程中数字经济赋能农民农村共同富裕：逻辑机理与实现路径［J］. 农村经济，2024，（04）：13－25.

［56］刘子玉，罗明忠. 数字技术使用对农户共同富裕的影响："鸿沟"还是"桥梁"？［J］. 华中农业大学学报（社会科学版），2023，（01）：23－33.

［57］Tamás J. Problems and solutions of field scale agro－ecological data acquisition and data interpretations in agroinformatical domain［J］. Applied Ecology and Environmental Research，2003，1（1－2）：143－157.

［58］Šećerov I，Popov S，Sladojević S，et al. Achieving high reliability in data acquisition［J］. Remote Sensing，2021，13（03）：345.

［59］Yang M，Jiao M，Zhang J. Spatio－temporal analysis and influencing factors of rural resilience from the perspective of sustainable rural development［J］. International journal of environmental research and public health，2022，19（19）：12294.

［60］Huang R. Construction of rural governance digital driven by artificial intelligence and big Data［J］. Mathematical Problems in Engineering，2022，2022（01）：8145913.

［61］Hou H，Tang K，Liu X，et al. Application of artificial intelligence technology optimized by deep learning to rural financial development and rural governance［J］. Journal of Global Information Management（JGIM），2021，30（07）：1－23.

［62］Karine H. E－commerce development in rural and remote areas of BRICS countries［J］. Journal of Integrative Agriculture，2021，20（04）：979－997.

［63］Shu Y，Ma X，Liu Z，et al. Potential of the Digital Information Platform Applied in Promotion of Rural Landscape in China：From Preliminary Practices to

Framework Conception [J]. Land, 2023, 12 (09): 1667.

[64] Zhu Z, Liu Y, Wei J, et al. Perceiving IT affordances through the lens of multi-identity goals in rural governance information system [J]. Industrial Management & Data Systems, 2024, 124 (02): 509-540.

[65] 刘冠宏. 数字技术视域下共同富裕发展路径的三个层面 [J]. 当代经济, 2023, 40 (01): 38-44.

[66] 庄金松. 数字技术发展推动共同富裕研究：理论机理、现实挑战、实践路径 [J]. 现代商贸工业, 2025, (01): 34-36.

[67] Leung J, Smith A, Atherton I, et al. "Everybody knows everybody else's business"—privacy in rural communities [J]. Journal of cancer education, 2016, 31: 811-812.

[68] Madureira L, Torre A. Innovation processes in rural areas [J]. Regional Science Policy & Practice, 2019, 11 (02): 213-218.

[69] Lin Y, Shui W, Li Z, et al. Green space optimization for rural vitality: Insights for planning and policy [J]. Land Use Policy, 2021, 108: 105545.

[70] Zhai S, Xu T. Promoting Common Prosperity through Urban-Rural Integration: Practical Challenges, Institutional Logic, and Progressive Approaches for the Social Security System [J]. Frontiers of Economics in China, 2024, 19 (03): 292-311.

[71] 魏后凯, 杜志雄. 中国农村发展报告——促进农民农村共同富裕 2022 [M]. 北京: 中国社会科学出版社, 1-470.

[72] 2021 年全国教育事业发展统计公报 [J]. 中国地质教育, 2022, 31 (03): 109-112.

[73] 2021 年我国卫生健康事业发展统计公报 [J]. 中国病毒病杂志, 2022, 12 (05): 321-330.

[74] 农业农村部印发《关于加快农业发展全面绿色转型促进乡村生态振兴的指导意见》[J]. 农机市场, 2025, (01): 6.

[75] 国务院办公厅关于加快推进畜禽养殖废弃物资源化利用的意见 [J]. 中华人民共和国国务院公报, 2017, (18): 11-14.

[76] 赵刚. 数据要素 [M]. 北京: 人民邮电出版社: 2021, 01 - 216.

[77] Goldberger A S. The interpretation and estimation of Cobb – Douglas functions [J]. Econometrica: Journal of the Econometric Society, 1968: 464 –472.

[78] 沈爱兰, 林群蔚. 高质量发展茶产业助推共同富裕的实践与思考——以浙江省松阳县为例 [J]. 安徽农业科学, 2023, 51 (21): 237 –238, 245.

[79] 陈海聪. 浙江省松阳县: 创新多元化投融资模式, 激发共同富裕新动能 [J]. 文化月刊, 2021, (12): 28 –29.

[80] 仵志忠. 信息不对称理论及其经济学意义 [J]. 经济学动态, 1997, (01): 66 –69.

[81] Li J, Cao B. Study on tourism consumer behavior and countermeasures based on big data [J]. Computational Intelligence and Neuroscience, 2022, 2022 (01): 6120511.

[82] Shen S, Wang H, Quan Q, et al. Rurality and rural tourism development in China [J]. Tourism Management Perspectives, 2019, 30: 98 –106.

[83] Li X, Wang Z H, Xia B, et al. Testing the associations between quality – based factors and their impacts on historic village tourism [J]. Tourism Management Perspectives, 2019, 32: 100573.

[84] Liu M, Min S, Ma W, et al. The adoption and impact of E – commerce in rural China: Application of an endogenous switching regression model [J]. Journal of Rural Studies, 2021, 83: 106 –116.

[85] Tang J. Rural e – commerce data analysis based on data mining and its enlightenment to rural digital economy management [J]. International Journal of Data Mining and Bioinformatics, 2024, 28 (02): 168 –180.

[86] Song Y, Tan L, Wang Y, et al. Data – driven modeling of the impact of internet inclusive finance on the urban – rural income gap in the E – commerce era [J]. Journal of Internet Technology, 2022, 23 (06): 1377 –1388.

[87] Silva P. Davis' technology acceptance model (TAM) (1989) [J]. Information seeking behavior and technology adoption: Theories and trends, 2015: 205 –219.

［88］李夏云，陈传淼．用龙格—库塔法求解非线性方程组［J］．数学理论与应用，2008，(02)：62－65.

［89］叶伟巍，梅亮，李文，等．协同创新的动态机制与激励政策——基于复杂系统理论视角［J］．管理世界，2014，(06)：79－91.

［90］范如国．复杂网络结构范型下的社会治理协同创新［J］．中国社会科学，2014，(04)：98－120，206.

［91］李金华，孙东川．复杂网络上的知识传播模型［J］．华南理工大学学报（自然科学版），2006，(06)：99－102.

［92］章忠志．复杂网络的演化模型研究［D］．辽宁：大连理工大学，2006.

［93］白描．乡村振兴背景下健康乡村建设的现状、问题及对策［J］．农村经济，2020，(07)：119－126.

［94］王武英，魏霖静．基于数字孪生的智慧农业环境监测系统设计与实现［J］．智能计算机与应用，2023，13（04）：181－185.

［95］钱啸．数据要素视角下的水稻病虫害监测技术应用集成研究［D］．扬州：扬州大学，2024.

［96］陈明山．数据要素流通机制创新打破“数据孤岛”、释放数据价值［J］．通信世界，2024，(06)：21－24.

［97］孙晓娥．扎根理论在深度访谈研究中的实例探析［J］．西安交通大学学报（社会科学版），2011，31（06）：87－92.

［98］费小冬．扎根理论研究方法论：要素、研究程序和评判标准［J］．公共行政评论，2008，(03)：23－43，197.

［99］赵志海．让数据在更大范围协同、复用、融合［J］．民心，2024，(09)：25.

［100］吕红燕，冯倩．随机森林算法研究综述［J］．河北省科学院学报，2019，36（03）：37－41.

［101］常庭懋，韩中庚．用“匈牙利算法”求解一类最优化问题［J］．信息工程大学学报，2004，(01)：60－62.

［102］李志超，刘升．基于ARIMA模型、灰色模型和回归模型的预测比

较［J］. 统计与决策，2019，35（23）：38 –41.

［103］万树平，李登峰. 具有不同类型信息的风险投资商与投资企业多指标双边匹配决策方法［J］. 中国管理科学，2014，22（02）：40 –47.

［104］杨丽，吴雨茜，王俊丽，等. 循环神经网络研究综述［J］. 计算机应用，2018，38（S2）：1 –6，26.

［105］王钰，郭其一，李维刚. 基于改进 BP 神经网络的预测模型及其应用［J］. 计算机测量与控制，2005，（01）：39 –42.

［106］邵奇峰，金澈清，张召，等. 区块链技术：架构及进展［J］. 计算机学报，2018，41（05）：969 –988.

［107］袁勇，王飞跃. 区块链技术发展现状与展望［J］. 自动化学报，2016，42（04）：481 –494.

［108］冯春久. 经济社会变迁与乡村政治组织建设的规律性探析——评《经济社会结构变迁与乡村政治组织建设创新》［J］. 农村·农业·农民，2024，（14）：62 –64.

［109］杨华华，卢奇，张婕妤. 数字乡村建设赋能农村居民消费升级——基于收入和流通效率的机制检验［J］. 商业经济研究，2025，（03）：39 –44.

［110］潘珣. 数字技术赋能乡村产业人才队伍建设的理论机制、现实挑战与路径优化［J］. 南京农业大学学报（社会科学版），2025，25（01）：104 –114.

［111］朱小宇，张江路. 乡村振兴战略背景下数字化赋能乡村文化振兴的策略研究［J］. 山西农经，2025，（03）：75 –78.

［112］曲长旋. 构建多元化数据要素市场释放数据要素价值［J］. 内江科技，2024，45（11）：129 –131.

［113］赵江，周露妍，李雨瑾，等. 新时代民营企业精准助推共同富裕的理论逻辑与实践路径［J］. 绍兴文理学院学报，2024，44（05）：13 –25.

后记

中国的农村地区，尤其是中西部贫困地区，长期以来在经济发展和社会进步方面面临着诸多挑战。这些地区的信息闭塞、技术落后、资源匮乏，严重制约了农民的收入增长和生活质量的提升。随着国家乡村振兴战略的深入推进，数据要素的广泛应用为农村带来了新的机遇。我出生在新疆哈密红星二场的一个小村落，童年的幸福岁月让我对乡村生活一直都怀有深深的眷恋。因此，国家乡村振兴战略的实施以及乡村发展的每一步都深深牵动我的心。我相信，通过数据要素赋能数字乡村建设，不仅可以解决农村发展中的实际问题，还能推动农村实现全面的现代化和共同富裕。因此，笔者决定撰写本书，希望为中国农村的共同富裕提供理论支持和实践指导。

"终日依依向南北，欲归江海却风流。"本书的撰写过程漫长而复杂，但始终怀揣着对农村发展的一片赤诚。从理论构建到实地调研，从数据分析到案例研究，每一步都充满了挑战。然而，正是这些挑战激发了我的探索欲望。我希望通过本书，能够揭示数据要素在农村发展中的重要作用，提供科学的分析方法和切实可行的应用路径，帮助农村地区更好地利用数据要素，实现经济、社会、环境等多方面的全面发展。因此，在本书的研究过程中，我深刻感受到了数据要素的强大力量。通过调研分析和理论建模，本书能较为全面地了解我国农村地区的经济、社会、环境等多方面的状况，从而帮助政府制定更加精准的政策和措施。特别是在精准农业、农业供应链管理、乡村旅游和农村电商等领域，数据要素的应用效果显著，不仅提高农民的收入，改善农民的生活质量，还促进农村产业的多样化和现代化。

随着国家乡村振兴战略的进一步实施，中国的农村地区将迎来新的黄金发展期。数据要素不仅能够提高农村的生产效率和生活质量，还能促进农村社会的和谐发展和生态文明建设。本书的研究成果，不仅为中国的乡村振兴战略提供了理论支持和实践指导，也为全球其他发展中国家的农村现代化提供了重要的参考和借鉴。“江畔何人初见月，江月何年初照人。”本书的撰写离不开无数人的支持和帮助。首先，我要感谢绍兴文理学院商学院的王华锋教授、周鸿勇教授，感谢他们在学术上的指导和支持，为本书的理论模型构建和分析方法提供了宝贵的建议。特别要感谢我的博士后导师复旦大学刘杰教授，他不仅在研究方向上给予了我明确的指导，还在研究过程中提供了大量的资源和机会。刘杰教授的悉心指导和无私帮助，使我在学术道路上少走了许多弯路，得以顺利完成本书研究。

“千磨万击还坚劲，任尔东西南北风。”本书的撰写过程充满了艰辛和挑战，但同样也充满了收获和喜悦。我要感谢我的研究团队成员，他们在这段时间里付出了辛勤的努力和无私的奉献。特别是研究生岳琳钧、曹雨霏同学，他们在数据采集、分析和撰写过程中发挥了重要作用，与我共同克服了种种困难，最终完成了本书的研究。此外，还要感谢松阳县所有的调研对象，他们的积极参与和支持，为本书的研究提供了宝贵的一手资料。

“人生若只如初见，何事秋风悲画扇。”感谢我的好友阳欢和梁堃的长期支持，感谢我的妻子和子女的默默支持，没有他们的鼓励和支持本书的完成将遥遥无期。本书的撰写过程中，我还得到了浙江省社科联的大力支持。浙江省哲学社会科学规划办提供的后期资助项目（25HQZZ062YB）”数据要素赋能乡村共同富裕的动力机制与实践路径”不仅解决了研究经费的难题，还为本研究的实地调研和专著出版提供了支持。非常感谢中国财政经济出版社编审段钢老师和另外两位编辑老师的大力帮助，本书才能顺利出版。本书虽然已经付梓，但数据要素赋能数字乡村建设促进共同富裕的研究仍然任重道远。未来需要在多个维度上继续拓展。例如，需要进一步拓展数据来源，增加数据的多样性和覆盖面；结合定性和定量分析方法，从更全面的角度探讨数据要素的应用效果和机制；更多关注农村社会文化因素，提出具有地方特色的共同富裕实施方案；需要建立长期的跟踪机制，持续评估数据要素应用的效果，确保其科学性和准确性。此外，还需要继续加强与地方政府、企业和社会组织的合作，形成多主体协同的推广应用机制，提高数据要素的普及率和应用效果。特别是需要深入挖掘数据要素在不同类型的数字乡村建设中的具体差异，理解数据要素在助力乡村共同富裕中的乘数作用和动力机制。最后，希望本书能够为中国农村的蓬勃发展和共同富裕提供卓有价值的建议，也希望所有关心和支持中国农村发展的读者，能从本书中获得新的启发，进一步有效利用数据要素，为农业经济发展和乡村共同富裕贡献自己的力量，共同创造农村的美好未来。

赵江

2025 年除夕